La civilización romana

Historia

Biografía

Pierre Grimal fue uno de los más destacados latinistas y especialistas actuales en la antigüedad romana. Traductor de obras de Tácito, Plauto y Terencio, también fue profesor emérito de la Sorbona, presidente de la Asociación Vita Latina y miembro de la Sociedad Francesa de Arqueología Clásica, de la Sociedad de Egiptología, de la Real Academia Sueca de Historia y de la Real Academia Belga.

Además de sus obras editadas en Paidós, ha publicado, en castellano, *Las ciudades romanas, La civilización romana, La formación del Imperio Romano, El helenismo y el auge de Roma, El siglo de Augusto y Mitologías.*

Pierre Grimal

La civilización romana

Vida, costumbres, leyes, artes

PAIDÓS

Obra editada en colaboración con Editorial Planeta – España

Título original: *La civilisation romaine*

Publicado en francés, en 1981, por Flammarion, París
Traducción de J. de C. Serra Ràfols
Portada de Víctor Viano

Bajo el sello editorial PAIDÓS M.R.
Avenida Presidente Masarik núm. 111,
Piso 2, Polanco V Sección, Miguel Hidalgo
C.P. 11560, Ciudad de México
www.planetadelibros.com.mx
www.paidos.com.mx

Primera edición impresa en España: noviembre de 2013
ISBN: 978-84-493-0687-7

Primera edición impresa en México en Booket: junio de 2025
ISBN: 978-607-569-996-7

Impreso en los talleres de Impregráfica Digital, S.A. de C.V.
Av. Coyoacán 100-D, Valle Norte, Benito Juárez
Ciudad De Mexico, C.P. 03103
Impreso en México - *Printed in Mexico*

Sumario

PARTE I
HISTORIA DE UNA CIVILIZACIÓN

1. Leyendas y realidades de los primeros tiempos 11

2. De la República al Imperio 33

PARTE II
EL PUEBLO ELEGIDO

3. La vida y las costumbres 67

4. La vida y las leyes 95

5. Los conquistadores 125

6. La vida y las artes 147

Parte III
Roma familiar

7. Roma y la tierra 177

8. Roma, reina de las ciudades 205

9. Los placeres de la ciudad 251

10. La grandes ciudades imperiales 283

Conclusión 295

Bibliografía 303

Parte I

HISTORIA DE UNA CIVILIZACIÓN

Capítulo 1

Leyendas y realidades de los primeros tiempos

Zona brillante entre las tinieblas de la prehistoria italiana y las no menos densas en que la descomposición del Imperio sumergió al mundo occidental, Roma alumbra con una viva luz unos doce siglos de historia humana. Doce siglos en los que no faltan, sin duda, guerras y crímenes, pero cuya mejor parte conoció una paz duradera y segura: la paz romana, impuesta y aceptada desde las orillas del Clyde hasta las montañas de Armenia, desde Marruecos hasta las riberas del Rin, algunas veces incluso las del Elba, y no terminando hasta los confines del desierto, en las riberas del Éufrates. Todavía hay que añadir a este inmenso Imperio toda una teoría de Estados sometidos a su influencia espiritual o atraídos por su prestigio. ¿Cómo extrañarse de que estos doce siglos de historia figuren entre los más importantes para el desarrollo de la raza humana y de que la acción de Roma, a despecho de todas las revoluciones, de todas las ampliaciones y cambios de perspectiva sobrevenidos desde hace milenio y medio, se haga aún sentir, vigorosa y permanente?

Esta acción penetra en todos los dominios: cuadros nacionales y políticos, estética y moral, valores de todos los órdenes, armadura jurídica de los Estados, maneras y costumbres de la vida cotidiana; nada de lo que nos rodea habría sido lo que es si Roma no hubiese existido. La misma vida religiosa conserva la huella de Roma. ¿No fue en el interior del Imperio donde nació el cristianismo, donde consiguió sus primeras victorias, formó su jerarquía, y, en una cierta medida, maduró su doctrina?

Después de haber dejado de ser una realidad política, Roma se convirtió en un mito: los reyes bárbaros se hicieron coronar emperadores de Romanos. La noción misma de Imperio, tan fugitiva, tan compleja, sólo se comprende desde la perspectiva romana; la consagración de Napoleón, en Nuestra Señora de París, no podía ser oficiada de una manera válida sino por el propio obispo de Roma. La súbita reaparición de la idea romana no fue, en estos comienzos de diciembre de 1804, el producto de la fantasía de un tirano, sino la intuición política de un conquistador que, por encima de mil años de realeza francesa, volvía a encontrar una fuente viva del pensamiento europeo. Sería fácil evocar otras tentativas más recientes, cuyo fracaso no puede hacer olvidar que han desvelado poderosos ecos cuando todo un pueblo oyó proclamar que el Imperio renacía sobre las «colinas fatales de Roma».

Las colinas de Roma, las siete colinas, que los historiadores antiguos no sabían de una manera exacta cuáles eran, se elevan todavía en las riberas del Tíber. El polvo de los siglos, sin duda, se ha acumulado sobre los valles que las separan hasta el punto de embotar su relieve y hacerlas aparecer menos altas. Únicamente el esfuerzo de los arqueólogos puede descubrir la geografía de la Roma primitiva. No se trata de un juego inútil de erudición: conocer la geografía del lugar, en sus primeros tiempos, importa extremadamente a quien quiera comprender la extraordinaria suerte de la ciudad, y esto importa también para desenredar la madeja de tradiciones y de teorías sobre los comienzos de dicha fortuna.

Cicerón, en un pasaje célebre del tratado *Sobre la República*, elogia a Rómulo, el fundador de la ciudad, por haber escogido tan acertadamente el lugar donde trazar el surco sagrado, primera imagen del recinto urbano. Ningún otro lugar, dice Cicerón, estaba más adaptado a la función de una gran capital; Rómulo había evitado, muy sabiamente, la tentación de establecer su ciudad a la orilla del mar, lo que le habría dado, de momento, una fácil prosperidad. No solamente, argumenta Cicerón, las ciudades marítimas están expuestas a múltiples peligros, de parte de piratas y de invasores venidos del mar, cuyas incursiones son siempre repentinas y obligan a mantener una guardia incesante, sino que, sobre todo, la proximidad del mar acarrea más graves peligros: del mar afluyen las influencias corruptoras, las innovaciones traídas del extranjero, al mismo tiempo que las mercancías preciosas y el gusto inmoderado del lujo. Además, el mar —camino siempre abierto— invita diariamente al viaje. Los habitantes de las ciudades marítimas detestan permanecer en reposo en su patria; su pensamiento vuela, como sus velas, hacia países lejanos, y con él sus esperanzas. La perspicacia que Cicerón atribuye a Rómulo, le hizo preferir una tierra situada a una distancia suficiente de la costa para evitar estas tentaciones, pero lo bastante próxima, de todas maneras, para que Roma, una vez sólidamente asentada, pudiese comerciar cómodamente con los países extranjeros. Su río, el más caudaloso y el más regular de toda la Italia central, permitía el transporte de las mercancías pesadas, no solamente desde Roma hasta el mar, sino también hacia el interior, y cuando deja de ser navegable, su valle no deja de ser una vía de comunicación que penetra profundamente hacia el norte. Desde este punto de vista, el análisis de Cicerón es perfectamente justo: es cierto que el Tíber desempeñó un papel esencial en la grandeza de Roma, tanto permitiendo al joven Estado tener bien pronto «pulmón marítimo», que determinó en parte su vocación de metrópoli colonial, como, por otra parte, atrayendo hacia él muy pronto y sometiéndolas a su «control» las corrientes comerciales y étnicas que convergían de los valles apeninos y se dirigían hacia el sur.

De todas maneras, estas ventajas a largo plazo no eran inmediatamente apreciables, y Rómulo habría necesitado una penetración más que divina para ver, en una súbita iluminación, un mecanismo cuyas ruedas no se centraron sino en el curso de una muy larga evolución. Al fin y al cabo, las fatalidades geográficas apenas son sensibles más que por sus consecuencias y por quien remonta en dirección contraria las corrientes de la historia.

Cicerón presenta aún, para justificar la elección de Rómulo, otros argumentos que son mucho menos probatorios. Al hacer esto cierra deliberadamente los ojos a un cierto número de evidencias. Escribe, por ejemplo, que el Fundador «escogió un lugar rico en fuentes y salubre, en medio de una región por lo demás malsana, pues las colinas son bien aireadas y dan sombra a los valles». Es olvidar ciertas verdades que hoy día aparecen con claridad después de las excavaciones efectuadas en el Foro y en el Palatino. En realidad, la Roma de los primeros tiempos, aquella de la que se descubren los restos existentes en el subsuelo de la ciudad, pobres cabañas de las que subsisten los hogares y, a veces, los restos de las estacas que formaban sus armazones, era muy insana. Todo el centro de la futura ciudad, entre el Capitolio y la pequeña loma que llevó más tarde el nombre de Velia, no era más que un pantano que apenas sobresalía del Tíber y quedaba cubierto bajo las aguas a cada inundación. Los arroyos que descendían de las colinas se estancaban en el Campo de Marte, casi formado únicamente por los aluviones que serpenteaban entre las colinas vaticanas y las moles constituidas en su orilla izquierda por las rocas del Capitolio, del Palatino y del Aventino. Todas las partes bajas eran pantanosas. Los romanos tuvieron mucho trabajo en canalizar estas aguas caprichosas, obligar al Tíber a correr entre márgenes fijas y sanear su ciudad. Y —paradoja singular—, en este lugar sitiado por el elemento líquido, los romanos carecían de agua potable. Sin duda era posible procurársela perforando profundos pozos en las partes bajas, lo que no dejó de hacerse, pues las excavaciones han descubierto un número considerable de tales perforaciones en el Foro. Pero en las colinas fue preciso muy pronto construir cisternas, expediente costoso y precario. El problema del agua no fue verdaderamente resuelto por Roma hasta mediados del siglo III a.C., unos quinientos años después de la fundación, cuando se comenzaron a construir acueductos.

Todo esto hace muy improbable que el lugar fuese escogido por su comodidad material y su salubridad, pero nos deja entrever las verdaderas razones de la elección. Situado en el extremo occidental de una extensa meseta dominada al este por los montes Albanos, Roma parece haber sido primeramente una especie de puesto avanzado, un tentáculo lanzado hacia el oeste por los latinos establecidos en las alturas Alba. Los colonos latinos se habrían naturalmente instalado en un lugar fuerte; habían escogido las colinas de la Roma futura, que se elevaban en medio de un intrincado dédalo de pantanos protegidos por el Tíber, de aguas rápidas y profundas, frecuentemente desbordadas de sus orillas. Dos de estas colinas les parecieron muy particularmente propicias: el Capitolio y el Palatino, abruptos por todos sus lados y unidos únicamente al resto del país por una calzada natural muy estrecha. A menudo se ha repetido que Roma ha nacido de un vado sobre el Tíber y que, en su principio al menos, habría sido por excelencia una ciudad-puente. Pero todo muestra con evidencia que no hay nada de esto. Roma, al contrario, ocupa el único punto donde, en un valle bajo, el río es difícilmente franqueable. El vado realmente existía, pero varias millas aguas arriba, cerca de Fidene, y el futuro de Fidene estuvo lejos de parecerse a la fortuna de Roma.

Los caracteres geográficos de esta ciudad, cerrada en torno del Foro como una mano sobre sí misma, separada de la ribera derecha del río y durante largo tiempo sin comunicación con ella, pronto incluso aislada de su metrópoli albana por una enorme muralla de tierra cerrando la meseta de los Esquilios, corresponde bien al feroz particularismo de los romanos. Siempre —incluso en los tiempos de sus lejanas victorias— los romanos se sintieron sitiados. Sus conquistas no tenían otro objeto que mantener a distancia a algún temido posible agresor. No hubo para Roma un feliz nacimiento, una expansión tranquila, sino siempre la desconfianza de un pueblo en guerra contra una naturaleza hostil, inquieto por su propia seguridad y atrincherado del mundo.

La tradición de los historiadores antiguos sitúa la fundación de Roma a mediados del siglo VIII a.C., hacia el año 754. Largo tiempo aceptada sin discusión, después ásperamente criticada, esta tradición encuentra su confirmación en los descubrimientos arqueológicos. Una muy antigua necrópolis, excavada en el Foro a comienzos del presente siglo, y después, más recientemente, la continuación sistemática de las excavaciones del Palatino, han demostrado que había habitantes en aquel lugar de la ciudad desde mediados del siglo VIII a.C., es decir, desde los tiempos en que los primeros colonos helenos instalaron sus establecimientos «históricos» en la Italia meridional (Magna Grecia) y en Sicilia.

En Italia, la situación era compleja. Se distinguen diversos grupos de pueblos instalados en las diferentes regiones, y hay que decir que las noticias poco elaboradas de la prehistoria y de la protohistoria, es decir, la descripción de las *facies* de civilización, dan lugar a grandes divergencias de interpretación. Algunos hechos parecen, sin embargo, probados: una primera oleada de pueblos incineradores (es decir, que quemaban sus muertos) y que conocían el uso y la técnica del cobre, aparece en el norte de Italia durante el segundo milenio a.C.: se agrupan en poblados de forma regular (generalmente de trapecio), instalados a veces en los pantanos. Constituyen lo que se llama la «civilización de las terramaras», y se admite generalmente que representan a los primeros invasores indoeuropeos, llegados a Italia desde los países transalpinos. Una segunda oleada, de pueblos también incineradores, llega más tarde (a fines del segundo milenio a.C.) a superponerse a las gentes de las terramaras. Esta civilización, revelada por primera vez a mediados del siglo pasado por el descubrimiento de la rica necrópolis de Villanova, cerca de Bolonia, está especialmente caracterizada por sus ritos funerarios: las cenizas de los muertos eran depositadas en grandes urnas de barro cocido, tapadas con una especie de escudilla, que se colocaban en el fondo de un hoyo. La técnica industrial de los villanovienses señala asimismo un progreso sobre la de los terramarícolas; se caracteriza por el uso del hierro. Los villanovienses ocupaban una zona mucho más extensa que sus predecesores. Parece que su centro de difusión haya sido la costa tirrena de la Italia central y que no hayan llegado sino muy tarde al valle del Po, en el momento de su apogeo, pero su origen étnico no deja de ser septentrional.

Terramarícolas y villanovienses no llegaron a una Italia desierta. Encontraron en ella oblaciones aparentemente de origen mediterráneo, que continuaban las civilizaciones neolíticas. Estos «primeros» habitantes practicaban el rito de la inhumación, y habían sufrido en muchos lugares la influencia de los egeos. Sea lo que fuere, estas poblaciones, en contacto con los inmigrantes, no tardaron en evolucionar, dando nacimiento a civilizaciones originales, diferentes según las regiones. De esta manera, la costa adriática vio desarrollarse una cultura típica, que debe sin duda mucho a las relaciones establecidas con las poblaciones ilirias. Esta civilización, llamada «piceniana» (pues su centro se sitúa en la antigua Picenium), es un ejemplo del particularismo de pueblos que en la época histórica resistieron a la conquista romana y no se integraron en realidad a Roma sino después de luchas sangrientas, al comienzo del siglo I antes de nuestra era.

En el Lacio, una civilización de tipo villanoviano estaba sólidamente establecida al comienzo del primer milenio a.C. De todas maneras, la raza latina, aquella de la que salió Roma, no es un grupo étnico puro, sino el resultado de una lenta síntesis en la que los invasores indoeuropeos se asimilaron a los habitantes mediterráneos para dar nacimiento a un nuevo pueblo. Sin duda, al igual que en Grecia, la lengua que triunfó fue la de los arios, pero la adopción de un dialecto no supone la desaparición radical de los primeros habitantes del país. Esta compleja realidad se manifiesta en forma mítica en los historiadores romanos; contaban éstos que el pueblo latino surgió de la fusión de dos razas: los aborígenes, rudos habitantes del Lacio, cazadores seminómadas, adoradores de los poderes de los bosques, salidos ellos mismos del tronco de los árboles, y los troyanos, compañeros de Eneas, venidos de la lejana Frigia después del desastre que castigó a su patria. Sin duda hay una gran distancia entre esta leyenda y los datos arqueológicos. Retengamos, empero, esta concepción de un origen mixto del pueblo latino, en la que los elementos «nacidos en el suelo» habrían sido civilizados, vivificados por extranjeros. Acaso haya pasado lo mismo con la civilización etrusca, tan vecina de Roma, y llamada a ejercer una influencia tan profunda sobre la ciudad naciente.

Los historiadores están lejos de ponerse de acuerdo sobre el origen de los etruscos. Sabemos solamente de manera segura, por las excavaciones, que la civilización etrusca aparece en Italia central en el siglo VIII a.C. y que sucede, sin solución de continuidad aparente, a la civilización villanoviana. Su «acta de nacimiento» es para nosotros la aparición en los mismos lugares de un arte orientalizante. Pero esto no lleva consigo que tal nacimiento suponga la inmigración en masa de un pueblo oriental que habría venido hacia esta época a la Italia central. Este fenómeno parece haberse desarrollado más bien en el plano cultural que en el plano de la violencia. Todo pasa como si ciertas tendencias latentes se hubiesen desarrollado súbitamente, a la manera de los gérmenes llamados a una brusca expansión. Una hipótesis, formulada recientemente, explica de manera bastante exacta cómo ha podido producirse un fenómeno semejante: la civilización orientalizante de los etruscos, que de esta manera se ha desarrollado en el seno de la misma civilización villanoviana, y, en muchos puntos, en reacción contra ella (rito de la inhumación frente al rito de la incineración típico de los villanovianos; gusto por la riqueza y aun por el fasto, en contraste con la pobreza de las sepulturas anteriores), podría no ser más que un Renacimiento bajo la influencia de aportaciones nuevas llegadas de Oriente, y de la de elementos étnicos inmigrados del mundo egeo muchos siglos antes, acaso hacia el comienzo del siglo XII a.C., o incluso a finales del siglo XIII, es decir, en plena «edad heroica».

De la misma manera se ha modificado la idea tradicional que se hacían los historiadores de los orígenes de la ciudad de Roma y de la naturaleza misma de la «romanidad». En esta perspectiva, la síntesis postulada por los escritores antiguos entre los elementos itálicos y los inmigrados orientales, unión simbolizada por el casamiento de Eneas y Lavinia, hija del rey Latinus, no sería un sueño de poeta, sino una realidad. Sin duda, el pueblo romano siempre ha querido situarse en oposición al pueblo etrusco; se ha complacido en oponer su pobreza laboriosa, su valor militar, a la opulencia y a la molicie de los etruscos; a menudo ha manifestado su desprecio respecto a los «piratas tirrenos», ladrones sin fe y sin ley; pero estos contrastes son especialmente válidos para el período histórico, cuando el pueblo etrusco, enriquecido por el comercio y el pillaje marítimo, se había abandonado a una lenta decadencia. Si se remonta al pasado, la oposición se hace menos sensible, y es posible preguntarse si el Lacio no se había manifestado también, en otro tiempo, en favorable disposición para acoger las influencias llegadas del mar y si, en el alba de la protohistoria, no habían sido depositados allí, en las bocas del Tíber, gérmenes culturales llamados a desarrollarse mucho más tarde, cuando, en la época histórica, las corrientes comerciales salidas de Grecia comenzaron a helenizar en realidad el país latino.

De todas maneras, no es conveniente oponer *a priori* una Roma monolítica, de pura esencia aria, a una Grecia impregnada de pensamiento oriental. Si los indoeuropeos han impuesto su lengua al Lacio, mientras los etruscos conservaban hasta el comienzo del Imperio su antiguo dialecto pelágico, en otros puntos, especialmente en materia de creencias y de ritos, en política o en organización social, la vieja comunidad mediterránea señalaba con su huella indeleble la herencia de la ciudad que iba a nacer.

La fundación de Roma está rodeada de leyendas. Los historiadores cuentan que Rómulo y su hermano Remo, expuestos en las riberas del Tíber pocos días después de su nacimiento, fueron milagrosamente amamantados por una loba llegada de los bosques. Había sido enviada evidentemente por el dios Marte, que era el padre de los gemelos, y los romanos, hasta el fin de su historia, gustaron ser llamados «los hijos de la loba». Recogidos por un pastor, el buen Faustulus —cuyo nombre es por sí solo un augurio favorable, pues se deriva de *favere*—, Rómulo y Remo fueron criados por la mujer de aquél, Acca Larencia. Nombres de divinidades se encubren tras los de Faustulus y su mujer; el primero es muy semejante del de Faunos, el dios pastoral que frecuentaba los bosques del Lacio; el segundo recuerda el de los dioses Lares protectores de cada hogar romano, y en la misma Roma se rindió culto a una cierta Madre de los Lares, que podría no haber sido otra cosa, en definitiva, que la excelente nodriza de los gemelos, a menos que, y esto es lo más probable, la leyenda haya utilizado los nombres divinos para dar una identidad a sus héroes.

La cabaña de Faustulus se elevaba, si se cree a la tradición, en el Palatino, y en tiempos de Cicerón los romanos la enseñaban orgullosamente, todavía de pie, con su techumbre de paja y sus muros. Es de suponer que la leyenda de Faustulus se haya unido a esta cabaña, último vestigio del más antiguo poblado de pastores establecido en la colina y conservado como testimonio sagrado de la inocencia y de la pureza primitivas. La cabaña del Palatino no era, por otra parte, la única que subsistía de la Roma arcaica. Había otra en el Capitolio, delante del templo «mayor» de la ciudad, el de Júpiter Óptimo Máximo, y como las leyendas no se preocupan gran cosa de la coherencia, se aseguraba que esta cabaña capitolina también había abrigado a Rómulo o aun a su colega en realeza, el sabino Tito Tacio. No es la única vez que se multiplican las reliquias santas. Los recuerdos legendarios se encuentran, de todos modos, en este caso, plenamente confirmados por la arqueología. Los restos de poblados puestos a la luz del día en el Palatino y la necrópolis del Foro se remontan, como los caracteres de la cerámica encontrada en ellos lo demuestran, hasta mediados del siglo VIII a.C., y esta fecha se corresponde muy bien con la primera ocupación del suelo romano.

Es bien sabido que los dos gemelos, convertidos ya en hombres, se hicieron reconocer por su abuelo, al que restablecieron en el trono, y partieron luego para fundar una ciudad en el lugar que tan favorable les había sido. Rómulo escogió, después de consultar a los dioses, el Palatino, cuna de su infancia. Remo, sin embargo, se instaló al otro lado del valle del Circo Máximo, en el Aventino. Los dioses favorecieron a Rómulo enviándole el presagio extraordinario de un vuelo de doce buitres. Remo, en igual coyuntura, no vio más que seis. A Rómulo correspondíale, pues, la gloria de fundar la ciudad, lo que hizo enseguida, trazando en torno del Palatino un surco con un arado: la tierra así extraída simbolizaba el muro, el surco mismo el foso, y el emplazamiento de las puertas lo señalaba el mismo arado, que se alzaba dejando un paso.

Seguramente no todos los romanos creían en esta historia, pero no obstante la aceptaban; sabían que su ciudad no era solamente un conjunto de casas y de templos, sino un espacio de tierra consagrada (lo que expresan en casos diversos las palabras *pomerium* y *templum*), un lugar dotado de privilegios religiosos, donde el poder divino era particularmente presente y sensible. La continuación del relato afirmaba de manera dramática la consagración de la ciudad. Remo, burlón, había hecho escarnio del «muro» de tierra y de su foso irrisorio cruzándolos de un salto, pero Rómulo se había precipitado sobre él y lo había inmolado diciendo: «Perezca de esta manera todo aquel que en el porvenir cruce mis murallas». Gesto ambiguo, criminal, abominable, pues era la muerte de un hermano y ponía sobre el primer rey la mancha de un parricidio, pero, al mismo tiempo, gesto necesario, ya que determinaba místicamente el futuro y aseguraba, al parecer para siempre, la inviolabilidad de la ciudad. De este sacrificio sangriento, el primero que hubiese sido ofrecido a la divinidad de Roma, el pueblo conservará siempre un recuerdo espantoso. Más de setecientos años después de la Fundación, Horacio lo considera aún como una especie de pecado original cuyas consecuencias debían ineluctablemente provocar la ruina de la ciudad, empujando a sus hijos a darse mutuamente muerte.

En cada momento crítico de su historia, Roma se interrogará con la angustia de sentir sobre ella el peso de una maldición. De la misma manera que en su nacimiento no estaba en paz con los hombres, no lo estaba con los dioses. Esta ansiedad religiosa pesará sobre su destino. Es fácil —demasiado fácil— oponerla a la buena conciencia aparente de las ciudades griegas. Y, de todas maneras, Atenas también había conocido crímenes: en el origen del poder de Teseo estaba el suicidio de Egeo. La prehistoria mítica de Grecia está tan llena de crímenes como la leyenda romana, pero parece que los griegos hubiesen considerado que el funcionamiento normal de las instituciones religiosas bastaba para borrar las peores manchas. Orestes es siempre absuelto por el Areópago bajo la presidencia de los dioses. Y al fin y al cabo, la mancha que Edipo infligió a Tebas fue borrada por la expulsión del criminal; la sangre expiatoria que correrá más tarde será únicamente la de los Labdácidas. Roma, al contrario, se siente desesperadamente solidaria de la sangre de Remo. Parece que el optimismo griego le haya sido negado. Roma tiembla, como más tarde Eneas, en quien Virgilio querrá simbolizar el alma de su patria, temblará en la espera de un presagio divino.

La leyenda de los primeros tiempos de Roma está así llena de «signos» que se esfuerzan en descifrar los historiadores de hoy. Cualquiera que sea el origen de las diversas leyendas particulares (el rapto de las Sabinas, el crimen de Tarquino, la lucha de los Horacios y los Curiáceos y muchas otras), ya se tratase de recuerdos de hechos reales, de viejos ritos interpretados o de vestigios más antiguos aún, procedentes de teogonías olvidadas, estos relatos reflejan otras tantas convicciones profundas, actitudes determinantes para el pensamiento romano. Quienquiera que intente sorprender el secreto de la romanidad, debería tenerlas en cuenta, pues son estados de conciencia siempre latentes en el alma colectiva de Roma.

La leyenda continúa refiriendo cómo Rómulo atrajo primero hacia la ciudad a los jóvenes pastores vecinos; después a todas las gentes errantes, a todos los desterrados, a todos los apátridas del Lacio. Pero como era preciso asegurar el porvenir de la ciudad, y entre los inmigrantes no había mujeres, decidió celebrar unos juegos magníficos a los que acudirían los habitantes de las ciudades vecinas. A una señal dada en pleno espectáculo, los romanos se abalanzaron sobre las muchachas, y en pleno tumulto y confusión, las raptaron y las arrastraron después a sus casas. Este hecho fue el origen de una primera guerra, muy larga, que debieron sostener los raptores contra los padres de las jóvenes. Éstas eran en su mayor parte sabinas, originarias de pueblos situados al norte de Roma, no de raza latina. La segunda generación romana formará, pues, una población de sangre mezclada, como lo era ya la de los latinos.

Es sabido cómo terminaron las cosas. Las sabinas, bien tratadas por sus maridos, se precipitaron entre los combatientes y consiguieron la concordia. Por su consentimiento a sus forzadas nupcias borraron la violencia y el perjurio. Todavía hoy conviene reflexionar sobre la significación que para los romanos revestía esta anécdota dramática. Testimonia el lugar concedido a las mujeres en la ciudad. Si en apariencia la mujer es, según la palabra de los juristas, una eterna menor de edad, si no puede, en teoría, pretender alcanzar los mismos derechos que los hombres, no es menos depositaria y garantizadora del contrato sobre el cual la ciudad reposa. Es ella quien sobre el campo de batalla ha levantado acta de las promesas cambiadas entre romanos y sabinos, y la tradición pretendía que los primeros se hubiesen comprometido expresamente a ahorrar a sus esposas todo trabajo servil, no dejándoles más que el cuidado de «hilar la lana». La romana sabrá, pues, desde su origen, que no es una esclava, sino una compañera; que es una aliada protegida por la religión del juramento antes de serlo por las leyes. Ésta es la recompensa de la «piedad» de las sabinas al evitar a los suegros verter la sangre de sus yernos, y a éstos derramar la que muy pronto iba a correr por las venas de sus propios hijos.

Reconciliados con los compañeros de Rómulo, los sabinos decidieron en gran número instalarse en la ciudad, que así creció considerablemente. Al mismo tiempo, un rey sabino, Tito Tacio, fue invitado a compartir la realeza con Rómulo. Pero los historiadores antiguos, muy embarazados por este colega real, no le hacen desempeñar un papel muy activo y se apresuran a escamotearlo para dejar de nuevo a Rómulo como único monarca. Se han hecho, naturalmente, muchas preguntas sobre el sentido de este episodio. La respuesta más probable es la de que se trata de la proyección de un hecho político más reciente: el reparto colegial de las magistraturas. La organización del Consulado, en tiempos de la República, encontró en ello un precedente precioso, pero el conjunto de la leyenda sabina reposa, sin duda, sobre un recuerdo exacto, la aparición de tribus sabinas en el emplazamiento de Roma desde la segunda mitad del siglo VIII a.C., y su unión con los pastores latinos. Aquí la tradición tiene todavía un valor propiamente histórico.

Rómulo, después de haber fundado la ciudad, aseguró la perennidad de su población, organizó en líneas generales el funcionamiento de la ciudadanía, creando los senadores —los *patres*, jefes de familia— y una asamblea del pueblo; más tarde llevó a buen término algunas guerras menores y desapareció un día de tempestad ante todo el pueblo reunido en el Campo de Marte. La voz popular proclamó su paso al estado de divinidad. Se le rindió un culto bajo el nombre de Quirinus, vieja divinidad sabina que tenía un santuario en la colina del Quirinal.

La figura de Rómulo, síntesis compleja de elementos muy diversos, domina toda la historia de la ciudad: fundador «feliz», su filiación divina cuenta acaso menos que la suerte increíble que señaló sus primeros años y que hacía que toda empresa prosperase entre sus manos. La literatura —la poesía épica y sobre todo el teatro— han añadido a su leyenda elementos novelescos sacados del repertorio de narraciones míticas del mundo griego, pero sin alcanzar a encubrir ciertas líneas romanas características que permanecen fundamentales: Rómulo es un legislador, un guerrero y un sacerdote. Es todo ello a la vez, aunque sin gran coherencia, e inútilmente se intentaría encontrar en los actos que le son atribuidos la unidad de un carácter o de un espíritu. Lo que representa antes que nada es la figura ideal de lo que más tarde habrá de llamarse el *imperator*, a la vez intérprete directo de la voluntad de los dioses y especie de personaje fetiche, en posesión por sí mismo de una eficacia mágica, combatiente invencible a causa precisamente de la «gracia» de que está revestido, y árbitro soberano de la justicia entre su pueblo. La sola unidad de Rómulo es este «carisma» que perdurará durante toda la historia romana ligada a los reyes, primero, y después, por la sola virtud de su *renuntiatio* (su proclamación como elegidos del pueblo) a los magistrados de la República; por último, a los emperadores, que serán esencialmente magistrados vitalicios. La tentación de crear reyes permanecerá siempre muy viva en el seno del pueblo romano; la medida de ello nos es dada por el horror mismo que aparece ligado a dicha jerarquía. Si de tal manera se teme que un magistrado o incluso un particular se adueñe del poder real, es que se siente confusamente que éste está siempre pronto a renacer. Rómulo, encarnación ideal de Roma —de la que lleva el nombre—, llena las imaginaciones y varias veces pareció a punto de reencarnarse: en Camilo, en tiempos de la victoria de Veies; en Escipión, al coronar la victoria sobre Cartago; en Sila, en César, y únicamente por una hábil maniobra parlamentaria evitó el joven Octavio, vencedor de Antonio, el peligroso honor de ser proclamado un «nuevo Rómulo».

Estamos muy mal informados acerca de cómo se produjo en sus inicios el crecimiento de Roma. La importancia real del poblado establecido en el Palatino no parece haber respondido a la preeminencia que le atribuye la leyenda. En efecto, desde la segunda mitad del siglo VIII, el conjunto del lugar parece haber sido ocupado por poblados independientes; no sólo el Palatino, con sus dos cumbres —entonces separadas, hoy día reunidas por las construcciones de la época imperial—, sino el Capitolio, el Quirinal y las pendientes occidentales del Esquilino tenían habitantes. El valle del Foro, desecado muy pronto, formaba el centro de la vida social y de la vida religiosa. Es allí —y no en el Palatino— donde se encuentran los más antiguos santuarios y los más importantes, especialmente el de Vesta, hogar común junto al cual eran conservados los Penates del pueblo romano, misteriosos fetiches ligados a la salvación de la ciudad. A alguna distancia de este santuario se alzaba otro, llamado la *Regia* (es decir, el Palacio del Rey), morada de Marte y de la diosa *Ops*, que es la abundancia personificada. Se conservaban en él otros fetiches, escudos sagrados, uno de los cuales se supone haber caído del cielo, y que eran también garantía de la salvación común. Entre estos dos lugares de culto pasaba la vía Sacra, camino de procesiones solemnes que llevaban periódicamente al rey, acompañado de su pueblo, hasta la roca del Capitolio, donde reinaba Júpiter.

La tradición honraba como fundador de la organización religiosa de Roma al rey Numa, un sabino que habría reinado de 717 a 673 a.C. y que se decía que había sido iniciado en las cosas divinas por el mismo Pitágoras. Los historiadores romanos se daban cuenta ya del anacronismo: ¿cómo el rey Numa, que se aseguraba que había vivido hacia fines del siglo VIII, podía haber coincidido con el filósofo, cuyo magisterio en la Italia meridional no es anterior a mediados del VI? Pero se ha insistido también sobre el hecho de que el pitagorismo en la Magna Grecia contiene en sí elementos religiosos que existían con anterioridad a la venida del sabio, y nada impide admitir que se hayan puesto bajo el nombre del pitagórico Numa prácticas, creencias y ritos originarios de los países sabinos, en el sentido más amplio, es decir, del país interior italiano del centro y del sur. Numa simboliza formas de vida religiosa diferentes a las que se relacionan con el *imperator* Rómulo, y que no están orientadas hacia la acción —política o militar—, sino hacia un conocimiento más desinteresado de las realidades sobrenaturales. Así se expresaba una de las tendencias más vivaces de la religión romana y que llevaba a ésta a acoger favorablemente todas las formas de lo sagrado y de lo divino. Pero precisamente a causa de esta misma tendencia, de la que desconfiaban, ya que podía conducir al pueblo a todas las relajaciones y a todas las extravagancias, los romanos se esforzaban en ponerle mil obstáculos destinados a asegurar la estabilidad de la tradición. Numa fue, pues, un innovador, pero —como más tarde Augusto— tuvo la habilidad de inscribir sus innovaciones en la línea de las creencias ancestrales.

A las reformas de Numa atribuye la tradición la fundación del templo de Jano, edificio misterioso situado en el límite norte del Foro y consagrado a una divinidad de dos caras, sobre cuya naturaleza los teólogos de Roma se han interrogado largamente. Lo que es seguro es que Jano no es un dios de tradición latina. Además, Numa se aplicó a dividir las funciones sacerdotales entre varios colegios, en lugar de atribuirlas como antes al rey en exclusiva. A él se atribuía la fundación de los *flamines*, uno de los cuales atendía el culto de Júpiter y el otro el de Marte. Haciendo esto, continuaba sin duda una tradición indoeuropea, como lo testimonia el nombre mismo de estos sacerdotes, que la etimología aproxima al de los brahmanes. Pero al lado de los *flamines*, Numa creó u organizó el colegio de los *salios*, cuyas danzas guerreras en honor de Marte son un muy antiguo rito itálico testimoniado en diversas ciudades y cuyos accesorios, especialmente las *ancilas*, escudos a doble escotadura, testimonian una lejana influencia egea y proceden de la Grecia de la edad llamada geométrica. En efecto, la arqueología revela la presencia de escudos con escotaduras en diversos puntos de la península hacia el año 700 a.C. Todavía la tradición guarda el recuerdo de un hecho real. Tuvo el cuidado de designar un jefe encargado de velar por el exacto cumplimiento de los ritos y de evitar en el porvenir la introducción abusiva de novedades extranjeras. Este jefe fue el Gran Pontífice; el nombre de pontífice (*pontifex*) sigue siendo misterioso para nosotros. Los antiguos lo relacionaban con el vocablo que designaba los puentes, y de acuerdo con tal significado, los pontífices habrían sido en un principio los «constructores de puentes», pero parece bien poco probable que Roma, que no tuvo durante largo tiempo sino una comunicación muy precaria con la orilla derecha del Tíber, haya podido dar un lugar preeminente en la vida religiosa a un sacerdote que hubiese tenido por función esencial velar sobre el cruce del río. Si no estamos confundidos por una semejanza engañosa, y si los pontífices son realmente los «constructores de *pontes*», precisa que estos *pontes* no hayan sido en un principio más que caminos (sentido que justifica la comparación con otras lenguas del dominio indoeuropeo), y la imaginación sugiere que estos caminos pueden no haber sido otros sino los que permitían a la plegaria y al rito llegar al país de los dioses.

Sea lo que fuere, es durante el gobierno de Numa cuando los romanos adquieren su sólida reputación de piedad y cuando alzan un altar a la Buena Fe (*Fides*), fundamento de la vida social y también de las relaciones internacionales. Entrevemos ya el nacimiento de una organización de forma jurídica cuya ambición es regular de una vez para todas, conforme al orden del mundo, toda la vida de la ciudad. Roma es concebida según un sistema total armoniosamente inserto en el ritmo del universo. Es significativo, desde este punto de vista, que Numa haya sido considerado a la vez como el gran reformador del calendario, cuya reforma tenía por objeto hacer coincidir, tanto como fuese posible, los ciclos lunares y los ciclos solares. Imaginó para ello un sistema de meses intercalares que, en veinte años, debían producir nuevamente la coincidencia de una fecha dada con una posición determinada del sol.

Una tercera figura domina la formación de Roma, tal como ha querido dibujarla la tradición: la del rey Servio Tulio. Sexto rey, después de Rómulo (y Tito Tacio), Numa, Tulio Hostilio (estos tres últimos habrían reinado, según la tradición, respectivamente, de 679 a 641, de 639 a 616 y de 616 a 579 a.C.), Anco Marcio y Tarquino el Antiguo, hijo este último de una esclava de la casa real. Pero en su nacimiento se había producido un prodigio que le hizo merecer la adopción del rey Tarquino. Según la tradición etrusca, de la que el emperador Claudio se hizo eco, era un etrusco llamado Mastarna. Llegado a rey a la muerte de Tarquino, emprendió la reorganización de la sociedad romana. Dividió a los ciudadanos en cinco clases «censatarias». La primera comprendía a los ciudadanos más ricos, la última a los más pobres. Cada clase, a su vez —salvo la última, cuyos miembros estaban exentos del servicio militar—, estaba dividida en un número variable de centurias. Esta división en centurias tenía un carácter esencialmente militar y correspondía a una especialización de los ciudadanos dentro del ejército. Así, hubo centurias de caballeros, reclutados entre la aristocracia y entre los ciudadanos de la primera clase, los únicos bastante ricos para soportar la compra y el equipo de un caballo. Todas las clases —salvo la quinta— proporcionaban también centurias de soldados de infantería, cuyo armamento variaba según la fortuna. Además, el rey formaba centurias de soldados de «ingeniería», obreros especialistas en madera o en hierro, para el servicio del ejército, e incluso centurias de tocadores de cuerno y de trompeteros.

La división en centurias fue adoptada además con ocasión del ejercicio del voto, y esto tuvo por resultado práctico dar dentro de la ciudad la preeminencia a la aristocracia de la fortuna. Con ocasión de las votaciones, en efecto, cada centuria contaba con un solo voto, de modo que en las centurias que agrupaban el mayor número de ciudadanos —las de las clases más pobres—, la voz de cada individuo pesaba menos que en las otras. Además, y sobre todo, las operaciones comenzaban por las centurias de la primera clase y cesaban cuando había sido obtenida la mayoría, de tal modo que las centurias de las últimas clases no votaban nunca.

Este sistema censatario persistió hasta el fin de la República y sobrevivió incluso bajo el Imperio. Los comicios centuriatos, es decir, el pueblo convocado en sus cuadros militares, continuaron eligiendo, aun bajo la República, a los magistrados superiores y votando ciertas leyes importantes. Es muy probable que la organización de las clases servianas sea muy posterior al siglo VI, pero es muy significativo que la tradición haya hecho instaurador de ella al rey de origen servil, que habría osado, si no romper los viejos cuadros sociales, por lo menos superponerles una jerarquía basada en la riqueza.

Antes de Servio Tulio existía otro sistema que databa del reinado mismo de Rómulo: el pueblo entero estaba dividido en tres tribus que llevaban los nombres arcaicos de Ramnes (o Ramnenses), de Ticios y de Luceros. Acaso, como se ha supuesto, estas tres tribus conservaban el recuerdo de una división tripartita de la sociedad, característica de los pueblos indoeuropeos; acaso, por el contrario, se tratase de una división étnica. Cada tribu formaba diez curias y el conjunto de las treinta curias constituía la asamblea del pueblo. Las atribuciones de estos comicios curiatos eran sin duda, en su origen, muy extensas, pero después de la reorganización serviana fueron restringiéndose. Como su papel esencial había sido primitivamente el de investir al rey sometido a su sufragio por la *auctoritas* del Senado y conferirle el *imperium*, fue siempre a ellos a quienes perteneció, aun bajo la República, conferir el mismo *imperium* a los magistrados elegidos por los comicios centuriatos. Se les consultaba también para acciones jurídicas concernientes a la religión, como las adopciones. La organización curiata de la ciudad reposaba, en efecto, sobre vehículos religiosos, en especial la participación en el culto común de la curia, cuyo sacerdote llevaba el nombre de *curion*: de tal manera que existía entre los miembros de una misma curia como una suerte de fraternidad sagrada.

Un tercer sistema de clasificación de los ciudadanos se superpuso a los dos precedentes cuando, con los progresos de la plebe, ésta obtuvo el reconocimiento oficial de sus asambleas orgánicas, que pasaron a ser entonces los comicios tributos. Estos comicios tuvieron por cuadros las tribus —no las tres tribus de Rómulo, sino cuatro tribus de carácter topográfico instituidas por Servio Tulio—. Estas cuatro tribus correspondían solamente a cuatro regiones —nosotros diríamos «barrios»— entre las cuales este rey había dividido la ciudad. Más tarde, el número de las tribus fue aumentado, cuando se crearon, al lado de las tribus urbanas, otras tribus rústicas que agrupaban a los ciudadanos que residían en sus dominios, fuera de Roma.

Grande era la complejidad de un sistema en el que las reformas sucesivas se habían superpuesto sin que nadie pensase en suprimir el antiguo estado de cosas. Como suele acontecer, el conservadurismo fundamental del pensamiento político romano no evitaba de ninguna manera las reformas, pero hacía más difícil su realización y, sobre todo, tenía por resultado crear una organización cada vez más complicada. No obstante, la evolución de las costumbres y el aumento del cuerpo ciudadano hicieron inevitables ciertas simplificaciones. Así fue como los comicios curiatos, que no tenían, después de la institución de los comicios centuriatos, más que una simple función formal, pues se limitaban a ratificar las decisiones de aquéllos dándoles una especie de consagración religiosa, fueron reducidos en la práctica a algunos figurantes, simbolizando un simple lictor a cada curia.

Es de notar, pues, cómo la tradición unía al nombre de Servio un trabajo de organización administrativa cuyas consecuencias se habían desarrollado a través de toda la historia de la República; con él, la ciudad, hasta entonces formada de elementos independientes de la fortuna y de la residencia, se encontró de golpe fijada en su mismo suelo y también como laicizada. La obra de Servio puede ser por tanto considerada como una tercera fundación, esta vez en el plano de la vida política. Es a él a quien se atribuye la creación del *census*, operación que consistía en redactar cada cinco años la lista de los ciudadanos para asignar a cada uno su justo lugar en la ciudadanía, según su edad y su fortuna y también según su valor moral. Este *cens*, que más tarde será realizado por magistrados especiales, los censores, se acompañaba, naturalmente, de ciertos ritos religiosos, el más esencial de los cuales consistía en una purificación de todo el pueblo: los ciudadanos, reunidos en el Campo de Marte, se formaban por centurias en su rango de soldados; el celebrante, bien fuese rey o más tarde censor, hacía caminar en torno de la multitud tres animales: una cerda, una oveja y un toro; después sacrificaba las tres víctimas a los dioses. Con esta ceremonia se cerraba el lustro o período de cinco años en el curso del cual la clasificación establecida permanecía válida.

Las reformas servianas fueron acompañadas de una extensión material de la ciudad, y, al decir de los historiadores antiguos, de la construcción de un recinto continuo, que llevó el nombre de muro serviano. Muchas controversias se han suscitado en torno al trazado de este recinto, del que los historiadores modernos han querido rebajar la fecha, pretendiendo que en el siglo VI, doscientos años después de su fundación, Roma no podía haberse extendido lo bastante para llenar todo el espacio contenido en el interior de lo que se designaba en la época clásica con el nombre de recinto serviano. De hecho, la mayor parte de las objeciones opuestas a la tradición son menos sólidas de lo que pudiera pensarse. Es, después de bien pesadas todas las razones, extremadamente probable que una muralla continua fuese establecida en el siglo VI, en el transcurso de esta realeza etrusca sobre la cual insistiremos en las páginas siguientes, de manera que cerrase no solamente el Foro, sino también el Capitolio, el Palatino, el Aventino, el Celio, la mayor parte de la meseta del Esquilino, el Viminal y el Quirinal. Este trazado responde, en efecto, a necesidades militares; es el único capaz de asegurar una defensa eficaz de los habitantes aposentados, muy pronto, en los valles y sobre las colinas. Entre los numerosos vestigios que se han encontrado de un recinto arcaico, un cierto número parecen, efectivamente, ser fechables en el siglo VI antes de nuestra era. Que todo el espacio protegido de esta manera no haya sido, efectivamente, ocupado por viviendas y que subsistiesen vastos terrenos libres, es cosa cierta. Era, además, necesario que fuese así para que la ciudad pudiese dar asilo, en caso de necesidad, a las poblaciones campesinas, y se comprueba, un poco en todas partes, que las ciudades antiguas, a diferencia de las ciudades fortificadas de la Europa medieval, preveían en el interior de las murallas espacios vacíos de edificios: sabemos que todavía ocurre así en las grandes ciudades del mundo musulmán, en el que se conservan muchas tradiciones de la antigüedad clásica.

En el tiempo en que fue construida la muralla serviana, Roma parecía estar formada de un cierto número de aglomeraciones dispersas, en las que se habían instalado colonias de diversas razas. Al lado de colonos latinos, en su colina, el Palatino, se supone la existencia de un «poblado» sabino en el Quirinal, acaso prolongado hasta la cumbre norte del Capitolio; un establecimiento etrusco en el Celio, y muchos otros, formados por emigrados itálicos, en las otras colinas. La reforma serviana testimonia, pues, bajo diferentes aspectos, un solo pensamiento directriz: sustituir a los antiguos cuadros religiosos por una doble organización a la vez censataria y topográfica. Servio realizó un verdadero sinoecismo: dotando a la ciudad de un recinto común tradujo sobre el terreno la unidad de Roma, que consagraba ya la división en clases y la distribución en tribus geográficas. Es seguramente difícil pretender que esta reforma fuese verdaderamente la obra de un solo hombre, pero no se puede negar a los historiadores antiguos, que han dado consistencia a la figura del rey Servio, una visión clara y coherente de lo que fue el nacimiento de Roma como ciudad y como Estado.

Si se considera ya no el desarrollo de las instituciones, sino los acontecimientos mismos que señalan los dos primeros siglos de Roma, se adivina, a través del relato de Tito Livio y gracias al descubrimiento de algunos restos arqueológicos, que la ciudad fue el teatro de numerosas luchas cuya importancia la tradición se ha esforzado visiblemente en minimizar.

Situada en los límites del país latino, en contacto con pueblos etruscos o etrusquizados, expuesta a las invasiones periódicas de los montañeses sabinos, Roma era una presa tentadora, y el carácter mixto de su población aseguraba a un enemigo, viniese de donde viniese, fáciles complicidades. La realeza doble de Rómulo y de Tito Tacio, la alternancia de un rey latino y de un rey sabino, nos deja entrever la existencia de un compromiso entre los dos elementos étnicos más importantes. Pero se deduce también que elementos etruscos ejercieron más tarde, en el curso del siglo VI a.C., una supremacía de hecho. Los dos reyes a los que la tradición da el nombre de Tarquino son indudablemente etruscos. El hecho está probado a la vez por las referencias de los historiadores antiguos y también por la célebre «tumba

François», en la que figuran un Tarquino de Roma presentado entre los héroes etruscos, y sin duda el mismo Servio Tulio bajo el nombre de Mastarna.

Tito Livio cuenta que el primer Tarquino era hijo de un corintio llamado Demarato, expulsado de su patria por los trastornos políticos y que se instaló en la ciudad etrusca de Tarquinia. Uno de sus hijos, que llevaba el nombre de Lucumon (de hecho, este pretendido nombre es un título en lengua etrusca que significa «jefe»), vino a buscar fortuna a Roma, donde supo hacerse admitir en la intimidad del rey Anco Marcio. A la muerte de éste, fue candidato a la realeza, y el pueblo, seducido por su riqueza, su habilidad como orador y su buena presencia, le escogió por rey. Esta narración enmienda, sin duda, considerablemente la verdad; es muy probable que este «lucumon» —que tomó, una vez en el poder, el nombre de Tarquino, es decir, «el hombre de Tarquinia»— debiese su elevación a la violencia; acaso se apoyase en los descendientes de los etruscos inmigrados a Roma desde el tiempo de la Fundación. Sea lo que fuere, su reinado señala el triunfo en la joven civilización romana de tendencias y costumbres importadas de Etruria. Se atribuyen al primer Tarquino guerras contra los latinos. Es cierto que hacia esta época —comienzos del siglo VI— la influencia etrusca se extendía sobre el Lacio; Roma parecía volverse contra sus hermanos de raza, y, de bastión avanzado de los latinos que había sido en su origen, pasa a figurar como su rival.

Los historiadores romanos intercalan entre Tarquino el Antiguo y su hijo Lucio Tarquino —al que su tiranía hizo bien pronto llamar «el Soberbio»— el reinado de Servio Tulio, que fue también un condotiero toscano: la dominación de los reyes etruscos se continuó sin interrupción. Roma no fue liberada del yugo extranjero —extranjero al menos a los ojos de los latinos y de los sabinos de la ciudad—, sino con la revolución que puso fin al régimen de los reyes e instituyó la República. Este período etrusco de Roma, que corresponde a la mayor extensión del Imperio etrusco en Italia central (es el momento en que los etruscos alcanzan las ciudades campanianas, ocupan Capua, y llegan a las riberas del golfo de Salerno), fue decisivo para la formación de la futura civilización romana, y aquí los testimonios de la arqueología nos sitúan en el terreno sólido de los hechos probados. Entonces fueron construidos los primeros grandes santuarios de la ciudad y muy particularmente el que debía llegar a ser el símbolo del poder romano, el templo de Júpiter Óptimo y Máximo, en el Capitolio. Tito Livio asegura que había sido prometido a los dioses por Tarquino el Antiguo y que su construcción, aplazada bajo el reinado de Servio, fue, efectivamente, emprendida por Tarquino el Soberbio. De esta manera fue instalado en el Capitolio el culto de la tríada divina: Júpiter acompañado de Juno y de Minerva.

Júpiter (cuyo nombre indoeuropeo no es más que la síntesis del término que designa el Día [la Jornada] y de un epíteto ritual, *pater* [padre], aplicado en las invocaciones a las grandes divinidades) era ya adorado por los latinos, y sin duda también por los sabinos. Poseía en el Lacio un santuario «federal» en la cumbre del monte Albano —el actual monte Cavo que domina el lago Nemi y el de Alba—, en el que todas las ciudades latinas le rendían un culto común. Pero Júpiter pertenecía también, con el nombre de Tinia, al panteón etrusco, y la agrupación de divinidades por tríadas es igualmente una huella de la religión etrusca, pues las excavaciones han revelado, en las ciudades de Etruria, templos con tres capillas. Con la fundación del templo capitolino nos es posible captar un episodio de la lenta síntesis que dio nacimiento a la religión romana de la edad clásica. Las viejas divinidades traídas por los invasores indoeuropeos acaban de precisarse mediante el préstamo de huellas sacadas de tradiciones religiosas llegadas de todos los horizontes del Mediterráneo. Ya en la época prehistórica, el Lacio había visto operarse combinaciones análogas. En Roma, crisol de razas, encrucijada de influencias —y ello desde su origen—, el movimiento se acelerará. Los romanos no han negado jamás su deuda religiosa con Etruria. Esta deuda es doble: por una parte, la práctica de una teurgia al lado de la cual los viejos ritos latinos no eran más que contorsiones salvajes; por otra, el sentido de la jerarquía divina, el conocimiento de una «ciudad de los dioses».

La construcción del Capitolio tuvo igualmente otra significación: marcó la introducción en Roma del arte etrusco y el nacimiento de un arte nacional. Los talleres etruscos, por lo menos desde hacía un siglo, habían adquirido una maestría extraordinaria en todos los dominios de la plástica. Bajo la influencia del arte jonio, habían multiplicado, especialmente, las placas de barro cocido, decoradas con relieves, destinadas a ser empotradas en la fachada de los templos, en forma de frisos. Habían aprendido también a cocer estatuas de barro de grandes dimensiones, cuyo tipo más acabado está representado para nosotros por el Apolo de Veies, que data de los últimos años del siglo VI, y es, por consiguiente, contemporáneo del templo construido por Tarquino el Soberbio en el Capitolio. Los historiadores, cuyas narraciones se encuentran confirmadas por el resultado de las excavaciones, aseguran que para decorar el templo de Júpiter, Tarquino llamó a los artistas de Veies. Roma se encuentra, pues, desde entonces, abierta a las corrientes del arte helénico por el intermedio de Etruria y gracias al predominio momentáneamente adquirido, en el interior mismo de Roma, por los elementos etruscos. Roma entra de esta manera en la vasta comunidad de la civilización mediterránea, en el mismo momento en que en la Grecia de las ciudades va a dilatarse el helenismo.

En este final del siglo VI antes de nuestra era, el Estado romano está ya constituido; materialmente su poder ha aumentado y domina todo el Lacio. Alba, destruida desde hace más de un siglo, ha sido arrasada y sus habitantes trasladados a Roma; las otras ciudades han debido formar, bajo la hegemonía romana, una confederación latina; la antigua colonia de pastores, a su vez, ha llegado a metrópoli. Pero sobre todo —lo que aquí nos importa más— se ha constituido el armazón de la civilización romana. Los cuadros de la vida política están formados; de la realeza desmembrada nacerán poco a poco las magistraturas de la República. Roma tiene sus dioses, sus templos, sus ritos; las grandes formas de su pensamiento están ya bosquejadas. Tiene sus mitos, que permanecerán fijos por siempre en su conciencia; es un organismo original, que poco a poco se ha constituido a partir de los elementos diversos que hemos intentado definir, y de los que ahora es conveniente seguir su desarrollo a través de los siglos.

Capítulo 2

De la República al Imperio

En el curso de los últimos años del siglo VI a.C., Roma, cuenta la tradición, se libró del yugo de Tarquino el Soberbio y abolió la realeza. Los reyes fueron reemplazados por dos magistrados, pretores, después cónsules, elegidos anualmente. Con la realeza acabó el predominio de los etruscos en la ciudad. Por la misma época, Atenas, como se sabe, expulsó a los pisistrátidas y recobró la libertad. Esta coincidencia ha aparecido como sospechosa a muchos historiadores modernos, que se han negado a admitir la fecha del 509, tradicionalmente asignada al establecimiento de la República. Pero esta coincidencia, por sí sola, no es una razón suficiente para dudar de la afirmación de un hecho tan importante, cuya fecha, por lo menos aproximada, no podía dejar de ser conocida por todos. Ciertos argumentos, por otro lado, militan contra este escepticismo. Se comprueba, por ejemplo, que la influencia helénica, tan sensible en la Roma etrusca, disminuye notablemente en el siglo V. Ahora bien, sabemos que el comienzo del siglo V señala en Italia el retroceso del poder etrusco, que sufre una primera serie de reveses y abandonando sus recientes conquistas tiende a encerrarse de nuevo en la Etruria propiamente dicha.

Sea como fuere, Roma perdió en esta época una parte de su brillo y acaso de su poder. La liga latina, dominada al parecer hasta entonces por una

Roma fuerte y etrusquizada, volvió a conseguir su independencia. Ciertas ciudades etruscas parecen, por otra parte, haber tenido la tentación, si no de restaurar a los Tarquinos en Roma, por lo menos de heredarlos, aprovechándose de la complicidad del clan etrusco que allí había quedado. Pero los romanos hicieron frente al peligro exterior, liquidaron en el interior las facciones peligrosas, supieron mantener buenas relaciones con varias ciudades etruscas, por ejemplo Caere, y romper la coalición de los latinos en la batalla del lago Regilo, en el territorio de Tusculum, en el año 499. No obstante, a pesar de las ventajas conseguidas, Roma sufre el destino de una ciudad sitiada; la paz es siempre precaria, renacen sin cesar coaliciones amenazadoras que comprenden a pueblos de razas diversas que veían en el joven Estado romano un enemigo terrible. Es probable también que los desterrados dispersos por la revolución intrigasen un poco en todas partes y contribuyesen a mantener la agitación en el Lacio.

Hacia mediados del siglo v fue convenida la paz entre Roma y las ciudades latinas. Paz que era impuesta por una nueva amenaza. En todas partes, en la Italia central y meridional, los pueblos de la montaña bajan hacia las llanuras costeras. En Campania, los samnitas se apoderan de Capua y de la colonia griega de Cumas, y fundan un verdadero Estado campaniense. Sus hermanos de raza, los lucanos, al sur de la punta de Salerno, extienden su dominación por el país de Paestum. En la vertiente adriática, las colonias griegas, más prósperas y más sólidas que las de la vertiente del Tirreno, consiguen resistir la oleada de las invasiones sabélicas, pero quedan profundamente debilitadas. El Lacio no se libra de estos acontecimientos. Los sabinos, que no son más que una rama de la raza samnita, ocupan los países etrusquizados del valle medio del Tíber, por ejemplo, la ciudad de Faleria. Al sur de Roma avanzan hasta las montañas que bordean el horizonte de la ciudad y ocupan la ruta de la Campania. Una vez más Roma consigue contener a los invasores —por lo menos si hay que creer a los historiadores antiguos y si no se admite un período sabino como antes había habido un período etrusco.

Como quiera que fuese, e incluso si el equilibrio interior de la ciudad se encontró en algún momento del siglo v modificado en favor de los sabinos, Roma no perdió por ello su unidad ni su independencia política, y, pasando a su vez a la ofensiva, quiso protegerse hacia el norte, apoderándose de la ciudad etrusca de Veies, en los bordes de la Cremera. Es posible, por otra parte, que esta tentativa contra Veies tuviese por objeto no tanto dificultar eventuales ataques de los etruscos como cerrar a los sabinos —al establecer una base sólida sobre la orilla derecha del Tíber— toda posibilidad de invadir el Lacio, utilizando el valle del río. La guerra contra Veies fue de larga duración. Se dice que la ciudad resistió el mismo tiempo que Troya; sólo fue tomada durante los primeros años del siglo IV (en el año 396 según la cronología de Tito Livio) por el dictador Furio Camilo.

En su historia interna, el siglo V está ocupado por una larga serie de luchas que enfrentaron a los patricios y la plebe, las dos clases en que estaba dividida la sociedad romana de entonces. Esta oposición puso en peligro por un momento la existencia misma del Estado romano. Es fácil adivinar que el conflicto tenía por causa el deseo entre los primeros de mantener sus prerrogativas políticas, y entre los segundos conquistar la igualdad de derechos; pero ignoramos cómo se había instituido este estado de hecho y cuáles son exactamente los respectivos orígenes del patriciado y de la plebe.

Aparentemente, el conflicto comenzó con los mismos orígenes de la República, acaso porque ésta fue en un principio —como aconteció a menudo en las ciudades griegas— no una verdadera democracia, sino una oligarquía, y las circunstancias en que se produjo la revolución de 509 dieron el poder a una aristocracia lentamente constituida en el curso de los siglos anteriores. Parece que los patricios eran miembros de ciertas grandes familias en las que las tradiciones gentilicias mantenían una organización de carácter arcaico. Los jefes de estas familias se sentaban en el Senado, consejo de los Ancianos instituido por los reyes, y que sobrevivió a la caída de la realeza. Estos *patres* tenían en torno a ellos, para aumentar su influencia, no solamente a sus parientes y aliados, sino a sus «clientes», hombres que no poseían por sí mismos ninguna fortuna y se ligaban a un rico y noble «patrón» del que recibían ayuda y protección a cambio de ciertas obligaciones definidas. Esta costumbre de la clientela —propia de las *gentes* patricias— no es, por otra parte, en manera alguna, exclusiva de Roma; se encuentra también, por ejemplo, en diversas sociedades célticas; y es lógico suponer que se remonta a un lejano pasado y que las *gentes* patricias representaban la supervivencia de un antiquísimo estado social propio de los invasores indoeuropeos y común, por lo tanto, a los latinos y a los sabinos. Pero hay que añadir inmediatamente una restricción: en Roma, las *gentes* no parecen haber formado en su origen un cuadro oficial de la ciudad. Los patricios comienzan a aparecer en el siglo V como grandes propietarios rurales, dedicados sobre todo a la ganadería. Los plebeyos, al contrario, son antes que nada cultivadores o bien, cuando residen en la ciudad, artesanos, gente sin importancia que no sostiene ni encuadra las tradiciones de ninguna *gens*.

Desde el punto de vista religioso, los patricios poseen un privilegio que pronto se demostrará como de una gran importancia: el de tomar los «auspicios», es decir, interpretar directamente, sin el auxilio de un sacerdote, la voluntad divina. Se aprecia la importancia de tal poder si se piensa que todo acto público debía estar precedido de un entendimiento con los dioses. De esta manera, los patricios no tardaron en reivindicar el monopolio de las magistraturas que llevaban aparejadas la toma de los auspicios, es decir, en la práctica el consulado y las demás magistraturas mayores que, poco a poco, emanaron de él. Este aspecto religioso de la oposición contribuyó fuertemente a endurecerla y a crear entre las dos mitades de la sociedad romana una diferencia que pronto pareció irreductible.

La revolución de 509, por las razones que hemos expuesto, no hizo más que exasperar un conflicto hasta entonces latente. La plebe, excluida del poder, puesto que no podía tener acceso al consulado, que había reemplazado a la función real, amenazó con la secesión. Se retiró fuera del *pomerium* a su colina, el Aventino, donde se elevaba el templo de Ceres, que era por excelencia la diosa de los plebeyos, y declaró su pretensión de fundar una ciudad separada de Roma. Los patricios cedieron entonces y aceptaron que fuesen creados dos magistrados plebeyos, encargados de proteger a la plebe contra todo abuso de poder de los otros magistrados. De esta manera se constituyó el colegio de los tribunos de la plebe, primeramente en número de dos y ampliado después a cinco miembros. Estos tribunos gozaban de poderes extraordinariamente amplios, pues tenían el derecho de detener la acción de no importa qué magistrado por su solo *veto*, y ellos mismos eran inviolables en su persona y en sus bienes, siendo ésta una de las instituciones más curiosas de la República. Considerados como sagrados, es decir, literalmente intocables, llevaron hasta el Imperio una existencia aparte en la jerarquía de las magistraturas, e incluso, una vez borradas todas las diferencias entre patricios y plebeyos, siguieron siendo sacrosantos.

La creación de los tribunos tuvo varias consecuencias; para elegir estos magistrados particulares de la plebe y sus asistentes, ediles plebeyos, fue preciso legalizar una nueva asamblea, el consejo de la plebe (*concilium plebis*), que se reunió en el cuadro de las tribus. Desde tiempos de Servio, nuevas tribus habían sido agregadas a las cuatro antiguas; había ahora diecisiete, que se llamaban rústicas porque su territorio se extendía fuera de Roma, en la campiña latina. Muy pronto, el *concilium plebis*, no contento con elegir los magistrados plebeyos, votó mociones de interés general que, naturalmente, no tenían fuerza de ley, pero tendían a influir en las decisiones de los comicios centuriatos, donde los patricios, en atención a su fortuna y al juego de la jerarquía censataria, ejercían la preponderancia.

Frente a una plebe organizada de tal manera, los privilegios legales de los patricios no podían mantenerse largo tiempo. En efecto, los plebeyos reclamaron muy pronto el derecho de llegar a cónsules. Los patricios les objetaron que esto era imposible, pues un cónsul debía tomar por sí mismo los auspicios, y esta función no podía ser asumida más que por un patricio. En fin, después de muchas dificultades, se adoptó un compromiso: el consulado sería reemplazado por un tribunado militar con poderes consulares, al cual podrían ser elegidos los plebeyos. Esta solución no fue definitiva; algunos años seguía habiendo cónsules patricios y no se recurría al expediente de los tribunos militares más que los años en que la plebe, particularmente inquieta, conseguía imponer sus demandas a los patricios.

La tradición coloca a mediados del siglo V la redacción de un código de las leyes que, hasta aquel momento, habían quedado secretas, siendo conocidas tan sólo por los pontífices y por los magistrados patricios. Una comisión de diez juristas, naturalmente patricios, los *decemviri*, que durante dos años ejerció el poder de hecho en la ciudad, fue encargada de aquel trabajo. El resultado fue la publicación de doce tablas de leyes, que sirvieron de base a todas las leyes futuras.

Roma evolucionaba, pues, lentamente hacia un régimen de más amplitud democrática, a despecho de los egoísmos de clase y también de las dificultades opuestas por la religión, prudentemente tradicionalista, cuando sobrevino una catástrofe que, por un momento, pareció que iba a poner fin a su existencia misma. Desde los últimos años del siglo V, bandas célticas habían aparecido en el norte de Italia, donde se aplicaron a la empresa de desalojar a los etruscos. Una de estas bandas, formada por senones, se lanzó valientemente hacia el sur y llegó hasta Roma. Movilizado apresuradamente el ejército romano, que comprendía todos los hombres válidos, salió a su encuentro. La batalla tuvo lugar a alguna distancia de Roma, en las orillas del Alia. Presas del pánico, los romanos huyeron. El camino de Roma quedaba abierto. Los galos, desconfiados, avanzaron con prudencia. Esperaban encontrar una fuerte resistencia, pero pronto debieron rendirse a la evidencia: puertas abiertas, murallas desguarnecidas, Roma no se defendía. Entonces el enemigo se esparció por toda la ciudad, saqueó, incendió las casas y los templos. Los pocos defensores, con las mujeres y los viejos, se habían atrincherado en el Capitolio, en la ciudadela. Pero sitiados, acuciados por el hambre, se vieron obligados a comprar la retirada de los galos mediante un gravoso rescate.

La invasión de los galos no fue duradera, pero dejó tras de sí espantosas ruinas. Y lo que era más grave aún, había roto la confianza que los romanos tenían depositada en los destinos de la ciudad, hasta el punto de que muchos de ellos pensaron seriamente en abandonar el suelo profanado e instalarse más al norte, en Veies, recientemente conquistada. El patriotismo prevaleció de todas maneras; sin duda se pensó que, no habiendo sido el Capitolio ocupado por el enemigo, el honor estaba a salvo y clara la voluntad de los dioses de quedarse donde se los había instalado desde la fundación.

Siguió a la catástrofe un período de desórdenes, lo mismo en el interior que en el exterior. En el interior, los problemas tradicionales continuaron planteándose agudamente: la cuestión de las deudas, que gravitaban pesadamente sobre toda una parte de la población; el usufructo de los territorios conquistados (*ager publicus*), que los patricios, principalmente ganaderos, tenían tendencia a acaparar en detrimento de los pequeños agricultores; la obstinada resistencia, por último, de los patricios al acceso de los plebeyos al consulado. Finalmente, las leyes licinianas, votadas en el año 366, aportaron soluciones, por lo menos provisionales, y señalaron un nuevo progreso de la plebe. Desde aquel momento, uno de los dos cónsules podría ser plebeyo; bien pronto, incluso, esta posibilidad se convirtió en una obligación y las dos mitades de la ciudad fueron regularmente representadas en la magistratura suprema.

La ampliación de los cuadros de la vieja ciudadanía tuvo un resultado inmediato; puesto que los patricios no tenían ya el monopolio del consulado, éste se convirtió en accesible a los recién llegados a la ciudadanía romana, y las ciudades que aceptaron ligar su suerte a la de Roma podían verse tratadas como iguales. El Estado romano se suavizaba y tomaba desde entonces lo que debía ser uno de sus caracteres más originales, aquella facultad de acoger, si no a los enemigos, por lo menos a los extranjeros de la víspera, ofreciéndoles la plenitud de los derechos.

La concordia asegurada en el interior por las leyes licinianas permitió a Roma remontar la crisis exterior que había puesto a sus ejércitos en lucha con sus vecinos, los etruscos de Tarquinia y de Caere, y también con los latinos. Bien pronto, su territorio estuvo rodeado por una serie de ciudades federadas, ligadas a ella por tratados de alianza; en las bocas del Tíber, la colonia de Ostia (fundada, quizá, durante el reinado de Anco Marcio) desempeña un papel importante, y un asentamiento romano efectivo se extiende a lo largo de la costa en la región pontina, hasta Antium y Terracina.

Las ciudades latinas federadas acabaron por ser pura y simplemente anexionadas. Al mismo tiempo, Roma, cada vez más inquieta por la amenaza que continuaban haciendo pesar sobre las llanuras los pueblos sabélicos, se ve forzada a intervenir en la Campania, adonde fue llamada por la aristocracia local. Era para ella una ocasión inesperada de consolidar su conquista de la costa latina y de proteger sus colonias. De esta manera se había creado, hacia el año 340, un Estado romano-campaniano, en el cual los caballeros de Capua —es decir, la nobleza— obtuvieron el derecho de ciudadanía romana. Esta nueva situación no tenía sólo ventajas para Roma; le creaba también la obligación imperiosa de llevar de ahora en adelante la lucha contra los samnitas, lo que la empeñó en una guerra que duró cerca de setenta años y que fue jalonada por terribles reveses, como la captura de todo un ejército romano en el paso de Caudium (las Horcas Caudinas).

Las guerras samnitas fueron una ruda escuela para el ejército romano, que salió de ellas mucho más sólido, más manejable, entrenado para soportar operaciones de larga duración, bien diferentes de las expediciones organizadas contra las ciudades vecinas de Roma. Las legiones comenzaron a recorrer la península, a franquear montañas y bosques, y todos los obstáculos naturales, que hasta entonces habían limitado su acción. Además, el Estado romano, convertido en potencia marítima, asegura con una flota la integridad del litoral.

A finales del siglo V, Roma se había convertido en la mayor potencia de toda Italia. Por la Campania estaba en contacto con las colonias griegas, que veían en ella su mejor aliada contra las poblaciones itálicas del interior. Ya en otro tiempo Roma había contribuido a aliviar la amenaza etrusca que pesaba sobre la colonia focea de Marsella, y es posible que desde fines del siglo VI, los romanos hubiesen enviado oficialmente diputados para consultar al oráculo de Delfos. Existía en Roma toda una corriente filohelénica cuya acción sobre el pensamiento y la vida de los romanos fue bien pronto considerable, aunque no sea posible seguir sino difícilmente sus diversas manifestaciones. Esta corriente se encontró reforzada por el renacimiento que conocieron las colonias griegas de la Italia meridional durante las últimas décadas del siglo IV, y también por la nueva ola de helenismo que vino entonces a vivificar la civilización etrusca.

Desde hacía largo tiempo, ciertamente, Roma no era ignorada por los griegos, pero sólo la conocían de una manera bastante vaga. Se la consideraba como una ciudad griega fundada en los tiempos heroicos por algún superviviente de la epopeya troyana. Los griegos van adquiriendo un conocimiento más directo de la nueva potencia a medida que ciudadanos romanos o federados se ponen a comerciar con países helénicos No es posible creer que Roma, de la noche a la mañana, pueda haber formado una flota comercial completa. Las poblaciones costeras del Lacio tenían sus marinos, por lo general piratas, como los de Antium. Después de la conquista, el pabellón romano cubrió su actividad pacificada, y no podría extrañarnos que, desde el año 306, Roma hubiese firmado un tratado con los rodios, que eran en esta época, y lo seguirían siendo aún por más de un siglo, los más activos navegantes del Mediterráneo oriental. Tres años más tarde, otro tratado entre Roma y Tarento prohibía a los navíos romanos rebasar, hacia el este, el cabo Lacinio.

Pero entre las ciudades de la Magna Grecia y Roma la armonía no fue duradera. El conflicto estalló en Tarento, la primera guerra que puso a Roma en lucha con los helenos. El pretexto invocado por los tarentinos fue que los romanos habían violado las cláusulas del tratado del año 303 enviando una flota al mar Jónico. En realidad, Tarento se sentía amenazada por los progresos de Roma, que llevaba una política tortuosa, tan pronto aliándose con los lucanos, tan pronto sosteniendo contra ellos a los griegos de Thurii, rivales particularmente detestados por los tarentinos, y fundando en la costa adriática varias colonias que podían servir de bases a sus escuadras. Siguiendo una costumbre ya antigua, los tarentinos llamaron a un ejército extranjero; se dirigieron al rey de Epiro, Pirro, que pretendía descender de Neoptolomeo, el hijo de Aquiles.

Pirro llegó a Tarento en el 280 a la cabeza de un ejército de tipo helenístico que comprendía —innovación táctica impresionante— elefantes de combate. Consiguió la victoria en Heraclea del Siris. Después, confiando en su fuerza, y también en su diplomacia, emprendió una marcha sobre Roma, esperando firmemente que su aproximación provocaría el levantamiento de las ciudades sometidas a ella. Consiguió avanzar hasta Preneste, a la vista de Roma, pero no se produjo ninguna de las defecciones previstas, y tenía todavía ante él a ejércitos romanos para cerrarle el paso. Se retiró a la Campania, desde donde envió una embajada conducida por Cineas para pedir la paz. Pero el antiguo censor Appio Claudio Caecus, interviniendo en el Senado, obtuvo que estos avances fuesen rechazados: «Sería —dijo— vergonzoso para Roma firmar la paz mientras un rey extranjero estuviese en Italia». Desde el año siguiente (279), los acontecimientos dieron la razón a Appio Claudio. Pirro, después de una batalla indecisa en Ausculum, se retiró de hecho de la guerra; otras ambiciones se le presentaban. Los sicilianos lo llamaban para organizar la lucha contra Cartago. Cedió a esta tentación, y durante tres años fue el amo de la isla, pero al final de este tiempo, las ciudades sicilianas, cansadas de él y de sus amigos, se sublevaron, y Pirro, cruzando no sin trabajo el estrecho de Mesina, reapareció en Tarento. Durante su ausencia los romanos habían recuperado sus ventajas y concluido una alianza con Cartago. Pirro fue vencido cerca de Benevento y esta vez abandonó definitivamente la partida. La guarnición que dejó en Tarento debía capitular en 272 y entregar la plaza en manos del cónsul L. Papirius Cursor. Seis años más tarde, en Etruria, la ciudad santa de Volsinios, capital religiosa de la confederación, era tomada y saqueada por los romanos. La aventura de Pirro, rey caballeresco y político atrevido, se terminó en provecho de Roma; reforzada ésta por sus éxitos en Italia meridional, liquidó toda posibilidad de renacimiento etrusco y quedó dueña incontestada de la península al sur de una línea que iba aproximadamente de Pisa a Rímini.

La guerra contra Pirro prefigura desde muchos puntos de vista la larga serie de luchas que ocupan la segunda mitad del siglo III y no encontraron su conclusión definitiva hasta 146, con la destrucción de Cartago. Ésta, fundada por los tirios a finales del siglo IX a.C., había conseguido constituir una vasta talasocracia en el Mediterráneo occidental, a menudo a costa de los comerciantes y de los colonos griegos. La rivalidad en Sicilia se había agravado hasta el punto de provocar guerras incesantes entre los púnicos y las ciudades griegas. La intervención de Roma en la Magna Grecia, después de su victoria sobre Pirro, precipitó el conflicto. Los habitantes de Mesina, itálicos que se habían apoderado algunos años antes de la ciudad griega, se vieron obligados, para evitar ser avasallados por Cartago, a recurrir a los romanos. Éstos, no sin ciertas dudas, aceptaron ayudarlos en el 254. Así comenzó la primera guerra púnica.

Muy rápidamente, el ejército romano obtuvo grandes éxitos en Sicilia, lo que le valió la alianza del tirano de Siracusa, Hierón II. Duilio, que mandaba la flota romana, consiguió por su lado una victoria en Mylae, en el 260. Animados, los romanos hicieron suyo un proyecto del siracusano Agátocles y organizaron una expedición en dirección a África y a Cartago; la jefatura fue confiada al cónsul Atilio Régulo. Consiguió desembarcar, pero después de un comienzo favorable se vio obligado a capitular. Su derrota había sido la obra de un griego, un jefe de mercenarios, el espartano Jantipo.

Este fracaso prolongó la guerra. Una serie de reveses de las escuadras romanas devolvieron a Cartago el dominio del mar. De ahora en adelante las principales operaciones se desarrollaron en Sicilia, sobre todo alrededor de Palermo. Del lado de Cartago eran conducidas por Amílcar Barca, que, aprovechándose de la supremacía naval de Cartago, ejecutaba numerosos golpes de mano contra las costas italianas. Hasta el día en que Roma, cansada, construyó una nueva flota, con la cual el cónsul C. Lutatius Catulus consiguió sobre los cartagineses la decisiva victoria de las islas Aegates, en la primavera del 241. Cartago, agotada por una lucha que duraba desde hacía veintitrés años, no insistió e hizo la paz. Los cartagineses evacuaron Sicilia y se comprometieron a pagar una gravosa indemnización de guerra. Bien pronto los romanos añadieron otras exigencias: los cartagineses debían cederles Cerdeña y Córcega, lo cual hicieron.

Los cartagineses, y sobre todo el clan de los Barca, decidieron buscar compensaciones en otros lugares y construirse otro Imperio en España. El año mismo en que Roma comenzó la ocupación de Cerdeña, Amílcar emprendió la conquista del territorio español. Según su idea, se trataba sobre todo de procurarse nuevos recursos para obtener con éxito la represalia. No tardó en perecer combatiendo contra una tribu ibérica, pero su yerno Asdrúbal, que le sucedió, continuó su política, fundando Cartago Nova (Cartagena). Roma se inquietó. Siguió los progresos de la conquista de los bárquidas, informada probablemente por sus aliados de Marsella. Para prevenirse tanto como fuese posible contra el peligro, obligó a Asdrúbal a firmar el tratado del Ebro, estipulando que los cartagineses no debían pasar este río —de hecho, no el Ebro moderno, sino el Júcar— ni atentar en nada contra la independencia de las ciudades griegas establecidas en la costa.

Durante los años que separan las dos primeras guerras púnicas, Roma no quedó inactiva. La expansión de su actividad marítima la había llevado a intervenir en los asuntos ilirios. Población turbulenta, los ilirios ejercían la piratería en el Adriático y hostigaban sin cesar a los griegos hasta Élida y Mesenia. Hubo un momento en que parecieron incluso capaces de fundar un verdadero Imperio ilirio en detrimento de los epirotas. Para proteger a sus connacionales, los comerciantes y navegantes italianos que traficaban en estos parajes, Roma hubo de enviar una expedición que ocupó Apolonia y Epidamno. Los ilirios, asustados, reconocieron el protectorado de Roma: ésta pasó a ser la potencia preponderante en el Adriático y adquirió una cabeza de puente en la península balcánica. Embajadores romanos pudieron anunciar oficialmente en Corinto el fin de la pesadilla iliria, y los corintios, en agradecimiento, concedieron a Roma el derecho a participar en los juegos ístmicos.

Hacia la misma fecha, los ejércitos romanos penetraron en la Italia del norte, donde estaban instalados los invasores galos. Rompieron una ofensiva gala y ocuparon Mediolanum (Milán) en el 222. Poco tiempo después fueron fundadas las dos colonias de Cremona y de Plasencia, puestos avanzados de la ocupación romana en la Galia cisalpina.

Roma parecía estar en el buen camino para terminar la conquista de Italia, cuando la voluntad de Aníbal, el hijo de Amílcar, replanteó las cosas de nuevo. La guerra de Aníbal —como denominaron los romanos a la segunda guerra púnica— no fue grave solamente porque la existencia misma del Estado romano se encontró amenazada, sino porque todo el pensamiento, toda la civilización de Roma sufrieron una crisis de la que salieron profundamente modificados. Como ocurre con frecuencia, la victoria final sobrevino demasiado tarde para permitir volver, pura y simplemente, al antiguo estado de cosas. Roma comenzó la guerra en parte para defender los intereses del helenismo occidental; la terminó como enemiga o, por lo menos, como rival de los reinos helenos de Oriente. Al principio estaba todavía abierta a todas las corrientes del helenismo; al final se había cerrado sobre sí misma, endurecida en su voluntad de resistencia, orgullosa de haber triunfado sobre Aníbal, jefe genial formado en la escuela de los tácticos griegos. Había tomado conciencia de sus propios valores tradicionales, y en vez de abandonarse a la corriente que la llevaba desde varios siglos hacia el helenismo, iba a esforzarse ahora por confiscar en su provecho, mejor que asimilársela francamente, a una civilización que su política va a precipitar en la decadencia. Las operaciones militares comenzaron a consecuencia de una provocación consciente de Aníbal, quien en el año 219 cruzó el Júcar y atacó Sagunto. El Senado pidió a Cartago la reparación de esta violación del tratado. Los cartagineses no quisieron desaprobar al Bárquida, y éste se puso en marcha, a lo largo de las costas españolas, a la cabeza de un formidable ejército. Algunos combates, pero sobre todo el terror que inspiraba, le abrieron paso. Sus enviados le habían procurado complicidades desde largo tiempo atrás. Había provocado, en la Galia cisalpina, una rebelión de los insubrios y de los boyanos, que retrasó los preparativos romanos. Cuando el ejército romano se presentó en el Ródano, fue para enterarse de que Aníbal había cruzado los Alpes, sin duda por el collado del Pequeño San Bernardo. Los romanos, atacados de flanco, no pudieron detenerlo y el levantamiento de los galos acabó de desorganizar la defensa.

En la primavera del 217, Aníbal, descendiendo de los Apeninos, apareció en la Italia central. Uno de los cónsules, C. Flaminio, le esperaba en la región de Arretium (Arezzo), pero se dejó sorprender en las orillas del lago Trasimeno, y su ejército fue destrozado. El camino de Roma estaba libre. No obstante, Aníbal se guardó —como en otro tiempo Pirro— de atacar de frente el Lacio. Ganó la costa del Adriático, y desde allí intentó, por la persuasión o la fuerza, unir a su causa las poblaciones recientemente sometidas a Roma y muy particularmente los campanios. Esta política dio algún respiro a los romanos, que tuvieron tiempo de confiar un ejército a Q. Fabio, uno de los más tradicionalistas entre los aristócratas. Fabio, por su táctica prudente de contemporizador, habría podido restablecer la situación si uno de los cónsules del 216, C. Terencio Varrón, no hubiese cedido a la tentación de librar una batalla en las orillas del Aufidio. Una vez más, Aníbal fue el vencedor en el campo de batalla de Cannas. Esta derrota, un desastre sin precedentes para Roma, acabó de disipar las dudas de los campanienses; toda la Italia del sur se decidió por Cartago. Capua abandonó también a su aliada.

Los romanos, de todas maneras, no se dejaron desalentar. Opusieron a Aníbal una estrategia de tierra quemada. El púnico, alejado de sus bases, sufría grandes trabajos para aprovisionarse. Entre tanto, los ejércitos romanos habían escogido Capua como objetivo, y, lentamente, apretaron el cerco en torno a ella. La ciudad fue tomada en el 211; la aristocracia fue pasada a cuchillo, la plebe entregada a la esclavitud, las casas abandonadas, sin que Aníbal hubiese podido intentar nada para salvar a su aliada.

Después de la toma de Capua, Aníbal pensó en ampliar el conflicto; dirigiéndose al mundo griego, negoció una alianza con el rey de Macedonia, Filipo V. Este tratado preveía un verdadero reparto del mundo entre griegos y cartagineses; los primeros debían conseguir el Oriente, los segundos el Occidente. Roma fue puesta por casualidad al corriente de estos tratos, lo que contribuyó a aumentar la desconfianza que se comenzaba a sentir en relación con los reinos helenísticos. Más que nunca los hombres de Estado romanos pudieron tener la convicción de que luchaban para defender una civilización que apreciaban, contra la barbarie púnica y la corrupción cínica de los reyes orientales.

De todas maneras, la ayuda prestada por Filipo V a Aníbal se mostró poco eficaz y la suerte de la guerra se jugó fuera de Italia. Precisamente en España, donde los bárquidas continuaban reuniendo refuerzos, les fue asestado el primer golpe. Un hombre muy joven, P. Cornelio Escipión, obtuvo del pueblo el encargo de dirigir las operaciones de España, donde su padre y su tío acababan de morir. En algunos meses invirtió el equilibrio de las fuerzas. Y se apoderó de Cartago Nova (Cartagena), pero no pudo impedir que Asdrúbal, hermano menor de Aníbal, franquease los Pirineos con un ejército. Aníbal se preparaba a marchar hacia el norte desde el Bruttium, donde las legiones romanas le tenían a raya. Roma parecía a punto de sucumbir ante este doble asalto, llevado a cabo simultáneamente por los dos hermanos. Pero se produjo un verdadero milagro que salvó a Roma. Los mensajeros de Asdrúbal fueron capturados por soldados romanos. El cónsul Claudio Nerón, que tenía por misión vigilar a Aníbal en Apulia, tuvo conocimiento de la llegada de refuerzos procedentes de España. Valientemente salió a su encuentro, y no dejando ante Aníbal más que una débil cortina de tropas, se reunió con su colega Livio Salinator en las orillas del Metauro. Los dos ejércitos romanos aplastaron a Asdrúbal, que, desesperado, se hizo matar en la lucha (207). Algunos días más tarde, su cabeza, mensaje fúnebre lanzado por los romanos, rodaba a los pies de Aníbal en su campamento.

Desde este momento la iniciativa pertenecía a Roma. Escipión obtuvo del Senado autorización para pasar a África, y en el año 204 desembarcaba a la vista de Útica. Aníbal hubo de abandonar Italia para socorrer a su patria, pero todo su genio no pudo evitar la derrota de Zama, que en el 202 puso fin a la guerra.

Roma salía de la segunda guerra púnica dolorida pero endurecida y provista de un prestigio extraordinario en todo el mundo mediterráneo. Dueña de toda Italia, habiendo reducido Sicilia a la calidad de provincia, no pudo evitar ser arrastrada a intervenir en los asuntos de Oriente. Temiendo la constitución de un vasto reino macedonio, que habría amenazado directamente a la Italia del norte, declaró la guerra a Filipo V. Una victoria decisiva obtenida en el 197, en Cinoscéfalos, permitió a Roma liberar a las ciudades griegas del yugo macedonio: en los juegos ístmicos del 196, las ciudades griegas fueron declaradas independientes y libres de administrarse por sí mismas.

Esta primera intervención en Oriente fue seguida de una acción contra el rey de Siria Antíoco III, que soñaba también con fundar un gran Imperio. Expulsado de Grecia por la victoria de los romanos en las Termópilas, fue definitivamente deshecho, en el 189, en la batalla de Magnesia.

En el interior, el Senado, que había sido el alma de la lucha, gozaba de un renovado prestigio. Pasado el peligro, el viejo espíritu oligárquico dominaba de nuevo, y se había visto a Escipión, el vencedor de Aníbal, refugiarse en un destierro orgulloso, en Literno, huyendo de los enredos de un Catón. Una gran parte de los senadores podían tener la impresión de que la obra de Roma estaba a la sazón terminada y que todo el esfuerzo posible debía tender a conservar este equilibrio victorioso.

Pero desde aquel mismo momento eran demasiados factores los que intervenían en la política romana para que fuese posible mantener tan sabia actitud. Los soldados y los jefes habían gustado del pillaje, de la embriaguez del poder sin límites, y poco a poco los espíritus comenzaban a entrever la posibilidad de nuevas conquistas. El renacimiento de una Macedonia fuerte bajo el gobierno de Perseo creó nuevos temores, y trajo una nueva guerra que terminó con la victoria de Paulo-Emilio en Pidna, en el 167; era el fin de una Macedonia independiente; pronto, ante la anarquía en la que cayó Grecia, los romanos debieron reducirla a provincia (148).

Poco a poco, bajo la presión de Roma, el equilibrio político del Oriente helenístico se fue desquiciando. Para abatir a los rodios, el Senado decidió crear un puerto franco en Delos, que arruinó el comercio de aquéllos y desarrolló considerablemente la actividad de los negociantes italianos, que desde entonces dirigieron hacia Roma las riquezas del Oriente.

Hacia mitad de siglo, el poder romano se había instalado en todo el contorno del Mediterráneo. Cartago, arruinada por las exigencias romanas, fue sitiada y tomada por Escipión Emiliano, el segundo Africano, por la misma época en que Corinto era también tomada y saqueada. En España, donde la resistencia de las poblaciones indígenas se mantuvo largo tiempo, la pacificación fue llevada adelante sin tregua. En Asia, el último rey de Pérgamo, Atalo III, legó su reino a los romanos, que aceptaron la herencia y constituyeron de esta manera el primer núcleo de la provincia de Asia. Pero esta obra inmensa tuvo sobre la política interior muy graves consecuencias que, finalmente, debían acarrear el fin de la República y del régimen oligárquico.

Los principales beneficiarios de las conquistas habían sido los aristócratas, que habían adquirido dominios inmensos, en los que sus esclavos, en bandas innumerables, se dedicaban al cultivo y sobre todo a la ganadería. El comercio había enriquecido, por su parte, a los caballeros, que formaban una burguesía poderosa y activa. Frente a estas clases privilegiadas, la plebe de Roma y de los campos permanecía en una situación económica precaria. El desarrollo de la economía capitalista, la rapacidad de los hombres de negocios y de los publicanos, por lo general asociados al conservadurismo senatorial, engendraban la miseria de los pequeños propietarios. En la ciudad misma, el crecimiento del Imperio había atraído a gran cantidad de emigrantes sin recursos, italianos desarraigados, griegos en busca de protectores, y, sobre todo, libertos de todas las razas que formaban una masa miserable y ociosa. Esta plebe necesitada encontró defensores en el seno mismo de la aristocracia, en hombres que habían conocido las ideas formuladas por los filósofos griegos en nombre de la justicia y de la humanidad.

En el 133, Tiberio Graco, nieto por su madre de Escipión, el primer Africano, fue elegido tribuno de la plebe, y enseguida hizo suya la causa de los pobres. Propuso una ley agraria, pidió que se limitase el derecho de ocupación del *ager publicus* por los grandes propietarios y que se atribuyese a los ciudadanos desprovistos lotes de tierra inalienables. Los oligarcas irreductibles promovieron contra él un motín en el que pereció. Su programa fue entonces continuado por su hermano, Cayo Graco, con una nueva amplitud. Comprendiendo que no podían obtenerse serios resultados si no era con una reforma profunda del Estado, intentó limitar por medio de diversas medidas los poderes del Senado y llamar al derecho de ciudadanía a las masas italianas. Pero también como su hermano cayó víctima de la violencia. No obstante, la obra de los Gracos, muy pobre si se consideran únicamente sus resultados prácticos, se reveló muy importante al provocar la formación de un partido popular cuyos jefes hostigaron hasta el fin de la República al partido senatorial, provocando y acrecentando el malestar que pronto estalló en una crisis que sacudió los cimientos mismos del poder romano.

Los italianos, en efecto, descontentos de ser excluidos de la ciudadanía romana, amenazados de ver sus territorios ocupados por colonos a consecuencia de las leyes agrarias, se sublevaron en el 91. Los viejos odios llamearon de nuevo. Los más encarnizados entre los insurgentes fueron los pueblos samnitas, que fundaron una capital de nombre simbólico, Itálica, e intentaron arrastrar con ellos a los campanienses y etruscos. El temor arrancó a la nobleza romana concesiones negadas hasta entonces. La guerra social se terminó con la victoria de Roma, e Italia salió de ella transformada: la vieja ciudad-Estado estaba en camino de convertirse en una nación, la nación italiana. En el conjunto de municipios, organizados sobre el modelo de la metrópoli, todos los habitantes gozaban de la integridad de derechos de los ciudadanos de la misma Roma.

Pero nuevos desórdenes trastornaron a Roma. Apenas ganada la guerra social, he aquí que se abre la era de las guerras civiles, que no se terminarán sino con la dictadura de Octavio y el advenimiento del Imperio. Luchas multiformes, fecundas en peripecias, pero cuyo resultado será el mismo cualquiera que sea la personalidad de los protagonistas. Se trata de saber en provecho de quién, de qué grupo social, de qué hombre será explotado el inmenso dominio que pertenece a la ciudad. Roma atraviesa entonces, durante tres cuartos de siglo, una crisis de crecimiento: la ciudad oligárquica, ya conmovida por la guerra social, se ensancha en Imperio. Para ello, las instituciones deben adaptarse, a veces incluso transformarse radicalmente, lo que lleva consigo, como puede imaginarse, choques graves y multiplicados. Se ven aparecer intereses nuevos con la aparición de una clase media enriquecida por el comercio (era el caso, en particular, de los nuevos ciudadanos salidos de las ciudades italianas después de la guerra social) y la recaudación de los impuestos en las provincias; el número de libertos y de peregrinos que habitaban en Roma crece sin cesar; es difícil no tener en cuenta esta masa, con frecuencia turbulenta, a merced de los agitadores. La historia de este período, tan rico en conflictos personales, tan fecundo en héroes y en episodios pintorescos, presenta, a pesar de todo, una unidad profunda: el viejo mundo cruje por todas partes, las instituciones tradicionales no pueden seguir soportando el peso del Imperio y, a despecho de las oscilaciones que en ciertos momentos parecen detener la evolución, su lento trabajo sigue obscura e irresistiblemente hasta que la máquina se haya adaptado a las nuevas necesidades.

El primer episodio de las guerras civiles fue la lucha entre Mario, campeón del partido popular, y Sila, vencedor en Oriente del rey del Ponto, Mitrídates (121-64). Mario, del que Salustio ha narrado sus brillantes comienzos durante la campaña contra Yugurta, había a continuación salvado a Roma de una doble invasión bárbara, triunfando sobre los teutones y sobre los cimbrios en Aix-en-Provence y en Verceil (102-101). Sila había sido elevado por el favor de los aristócratas. Fue él quien consiguió al final la victoria, pero ésta costó mucha sangre. Cosa más grave aún: precisó, para restablecer la paz, suspender el juego normal de las instituciones republicanas y atribuir a Sila poderes extraordinarios que hicieron de él un rey sin título y le permitieron proceder impunemente a dictar proscripciones, es decir, a hacer asesinar a sus enemigos políticos, que eran los enemigos de la oligarquía senatorial. Sila se dedicó a restaurar el poder del Senado, derribando los obstáculos que se habían opuesto hasta entonces, desde hacía unos cuarenta años, al gobierno de la aristocracia. Decidió, por ejemplo, que los tribunales estarían compuestos únicamente por senadores, con exclusión de los caballeros, lo que aseguraba automáticamente la impunidad de los gobernadores prevaricadores de las provincias, seguros de comparecer, si eran acusados, delante de sus pares, la indulgencia de los cuales les estaba asegurada a cambio de servicios semejantes. Los poderes de los tribunos fueron restringidos y la plebe tuvo la impresión de que lo conseguido en siglos de lucha quedaba abolido y se volvía a los tiempos más sombríos de la opresión del pueblo por los nobles.

Realizadas sus reformas, Sila abdicó la dictadura (79). Habría podido ser rey a la manera de los monarcas orientales o, mejor aún, apoderarse de la «tiranía», como había pasado en otro tiempo en Grecia. Tuvo la sabiduría de renunciar a esta tentación, contenido acaso por el instinto de un romano, para quien la realeza era un objeto de horror. Fuese como fuese, su obra no tardó en ser deshecha. Era imposible remontar una corriente tan poderosa como la que condujo a la ciudadanía romana a una mayor humanidad y justicia política. Desde este momento hasta el advenimiento de Augusto vamos a asistir a los últimos estertores de la oligarquía senatorial para conservar sus privilegios.

Muchos de los problemas que Sila se imaginaba haber resuelto, se plantearon de nuevo, tras él, con agudeza renovada. El dictador había creído unificar Italia imponiendo en todas partes el mismo tipo de constitución municipal. Pues bien, en España, un italiano, Sertorio, se proclamó el defensor de sus compatriotas contra la tiranía romana. En el sur de Italia, los esclavos sublevados se agruparon en torno del tracio Espartaco, y fueron necesarias diez legiones para reducirlos. La plebe continuaba entre tanto su agitación y reclamaba tierras y distribuciones de trigo. El aprovisionamiento de la ciudad no estaba, en efecto, asegurado con una suficiente regularidad; Roma, tributaria para su consumo del trigo de lejanas provincias, no podía subsistir si las comunicaciones marítimas no estaban aseguradas. Ahora bien, todo el Mediterráneo estaba recorrido por piratas que interceptaban los convoyes.

Todas estas dificultades, cada una de las cuales por sí misma no parecían capaces de sobrepasar las fuerzas de Roma, acabaron por conjugarse para crear una amenaza mortal, sobre todo cuando el rey Mitrídates, reanudando la lucha después de dos guerras sin éxito, intentó coordinar las fuerzas de los enemigos de Roma. El gobierno senatorial, fundado sobre la alternancia regular de las magistraturas entre los diferentes grupos y familias de la aristocracia, había quebrado. Bajo la presión no solamente de la plebe, sino de los caballeros, y, generalizando aún más, de toda la burguesía de propietarios, el Senado tuvo que aceptar concesiones más y más graves. Se devolvió a los tribunos sus antiguas atribuciones, se abrieron de nuevo los tribunales a los caballeros —el escándalo de Verres no fue extraño a esta medida— y sobretodo fue necesario confiar un gran poder a un solo hombre, poder que sobrepasara las atribuciones de un magistrado. Este hombre, Pompeyo, que gozaba de la confianza de los caballeros y más particularmente de los publicanos —a quienes correspondía el cargo y el precioso privilegio de arrendar la recaudación de los impuestos en las provincias—, era un antiguo lugarteniente de Sila y uno de los vencedores de Sertorio. En algunos meses acabó con los piratas; después, con gran rapidez, pacificó y puso fin a la guerra contra Mitrídates. Acabando la obra comenzada un siglo antes, expulsó de Siria a los últimos Seléucidas y transformó el país en provincia. Desde aquel momento, en las costas del Mediterráneo no hay más que un reino libre: Egipto.

No obstante, estas victorias exteriores no resolvían todos los problemas del Estado, y en particular la grave crisis económica que, a consecuencia del desarrollo del comercio con el Oriente, absorbía la mayor parte del numerario en las empresas de importación y hacía el crédito cada vez más caro para los pequeños y medianos propietarios de tierras. Los descontentos de toda laya se agruparon en torno de Catilina, un aventurero no desprovisto de prestigio, y en el año 63, sin la vigilancia del cónsul Cicerón, el régimen habría sucumbido en el incendio y las matanzas. Simples medidas policiales tomadas a tiempo frustraron la conjuración, pero fue precisa una batalla campal para terminar con la sublevación que se produjo en Etruria entre los antiguos veteranos de Sila y algunos elementos italianos siempre dispuestos a tomar de nuevo las armas contra el orden romano. Sobre todo se murmuraba que Catilina había encontrado un cómplice en la persona de un senador, aún joven y devorado por la ambición, candidato al consulado para un año próximo, C. Julio César.

Ante la carencia de las instituciones tradicionales, todas las ambiciones podían encontrar vía libre. Desde el año 60, tres hombres, Pompeyo, César y Craso (el más rico personaje de su tiempo), se unieron secretamente para dominar la vida política y conducir el Estado a su gusto. Acordaron la alianza que se ha llamado el Primer Triunvirato, fuera de toda legalidad y dirigido al provecho de sus intereses particulares.

Seguro del apoyo de sus dos cómplices, César obtiene el consulado en el año 59, e inmediatamente reanuda la vieja política de los «populares». Hizo votar dos leyes agrarias, limitó los privilegios de los gobernadores de provincias; después, a fin de rehacer su fortuna, agotada por sus prodigalidades, se hizo atribuir para el año siguiente el gobierno de las dos Galias: la Galia cisalpina y la Galia transalpina. Pero antes de su partida había dejado a uno de sus partidarios, el demagogo Clodio, plena libertad de acción. Clodio atacó enseguida a Cicerón, al que hizo desterrar, y obtuvo después el voto de leyes que daban de hecho el predominio a las asambleas populares.

Mientras tanto, César, llevado a una aventura de la que acaso en un principio no había medido toda su amplitud, reducía una a una las ciudades galas: Besanzón, Bibractium, Avaricum y, en fin, Alesia, donde capitulará Vercingétorix en el otoño del 52, Pompeyo accedía lentamente al primer lugar. Craso, el tercer triunviro, empeñado en una expedición contra los Partos, se hacía matar en el campo de batalla de Carrhes, en el 53. Entre los dos supervivientes aumentó por momentos la rivalidad. Y acabó por parecer a los aristócratas —lo que en el fondo no era sino una ilusión— que Pompeyo era aún el mejor fiador de la legalidad republicana ante César, conquistador afortunado pero apoyado en el solo poder de sus armas.

El conflicto se agudizó a comienzos del año 49, cuando el Senado decidió quitar a César su mando de la Galia. César, negándose a obedecer, cruzó el Rubicón —el pequeño río que indicaba el límite de su provincia, entre Rávena y Rímini— y se dirigió hacia el sur. Persiguiendo a Pompeyo, que se sustrajo al peligro y acabó por pasar a Grecia acompañado de la mayor parte de los senadores, ocupó Roma, se hizo conceder la dictadura por el pueblo, después el consulado —en forma legal— y comenzó la «conquista» del Imperio. En algunas campañas fulminantes, redujo a España y aplastó a Pompeyo y al ejército senatorial en Farsalia. Pompeyo, vencido, huyó a Egipto, donde un eunuco del rey le hizo asesinar. Después de haber pacificado el Oriente, he aquí de nuevo a César en Roma, después en África y de nuevo en España, donde aplastó a los últimos ejércitos republicanos que se habían agrupado de nuevo. La paz vuelve al fin al mundo romano y César se prepara a reorganizar el Estado en plena descomposición política. Se adivina en él un pensamiento que ha meditado sobre los problemas fundamentales: ha comprendido que las antiguas formas de la vida política están caducas, que el fracaso del régimen no proviene de los hombres, sino de las instituciones que una larga evolución no ha podido adaptar convenientemente a las necesidades imperiales. Se le ve, por ejemplo, llamar al Senado a hombres nuevos, originarios de las provincias; conceder ampliamente el derecho de ciudadanía romana a pueblos enteros, como los galos cisalpinos; fundar colonias fuera de Italia para acoger una parte de la plebe, y, al mismo tiempo, crear núcleos de romanización; restaurar la autonomía municipal en las ciudades provinciales; reglamentar las asociaciones privadas —los colegios— que, en Roma, habían provocado siempre desórdenes; proteger a los provinciales contra los excesos de los gobernadores y, sobre todo, de los publicanos. En resumen, intenta imponer en todas partes el orden y la justicia. Atormentado por el gran recuerdo de Alejandro, piensa en acabar la conquista de Oriente atacando a los Partos, para borrar la vergüenza de Carrhes, y, acaso más todavía, para sobrepasar la gloria del macedonio. Pero Roma tenía enraizado profundamente el odio a los reyes, y el 15 de marzo del 44, César fue asesinado por un puñado de conjurados.

El asesinato de César fue el gesto de una minoría de aristócratas, persuadidos de que la persona del «tirano» era el único obstáculo que impedía el retorno al estado político anterior. Inconscientes de la profundidad de la crisis, atribuían a móviles humanos lo que era en realidad una causalidad más lejana. De esta manera los idus de marzo no cambiaron en gran cosa el curso de la historia: todo lo más prolongaron la anarquía y las guerras civiles durante quince años.

Antonio, un lugarteniente de César, que era entonces cónsul, se esforzó en salvar aquello que podía ser salvado de la obra emprendida; obtuvo sin gran dificultad la convalidación de los actos de César, es decir, su ratificación por el Senado. De esta manera, el cesarismo sobrevivió a los idus de marzo. Acaso se habría llegado a un compromiso entre los aristócratas y los cesarianos, que tenían el apoyo total del pueblo, del ejército y de los antiguos soldados desmovilizados de César, si no hubiese nacido una nueva ambición para añadirse a la confusión reinante. El año anterior, César había adoptado a su sobrino, C. Octavio, que después de su adopción había tomado el nombre de C. Julio César Octaviano. Heredero legal del dictador asesinado, Octavio —como lo llama la tradición de los historiadores franceses— regresó de Apolonia, donde presidía los preparativos de la expedición a Oriente proyectada por su tío. Tenía sólo diecinueve años, pero no escuchando más que a su ambición, no dudó en presentarse como rival de Antonio. Muy hábilmente se presentó como un aliado de los senadores —y especialmente de Cicerón, al que engañó sin escrúpulos— y acabó por imponerse a Antonio. Los dos, con la ayuda de Lépido, el antiguo jefe de la caballería de César, obligaron a los conjurados de marzo a emigrar a Oriente. Y la guerra civil se reanudó, en condiciones análogas a las del año 49. De nuevo los republicanos fueron vencidos —esta vez en Filippos—, en el mes de octubre del 43.

La historia parecía repetirse. Octavio, Antonio y Lépido habían formado también un triunvirato para luchar contra los republicanos, pero esta vez no se trataba de una asociación privada como la de César, Pompeyo y Craso; el título había sido adoptado públicamente. Los triunviros se habían hecho encomendar una misión oficial; dotar a Roma de una nueva constitución, y para hacer esto tenían todos los poderes.

Después de la victoria de Filippos, los triunviros se repartieron el mundo. Antonio obtuvo el Oriente, donde esperaba llevar a buen término los ambiciosos proyectos de César; Lépido obtuvo el África; Octavio, el resto de Occidente. Después, mientras Lépido se dejaba olvidar, Octavio se preparó, organizando el Occidente, a eliminar a Antonio. Éste, no pensando más que en su sueño de realeza oriental, cometió graves faltas que le enajenaron poco a poco a todos sus partidarios romanos. Octavio, mirado en un principio con recelo, tuvo la habilidad de provocar en torno suyo una gran unión nacional y presentar su rivalidad con Antonio como una lucha de Roma contra un Oriente monstruoso, tiránico y enemigo del «nombre romano». La prueba decisiva tuvo lugar en Accio el 2 de septiembre del 31. Antonio y su esposa —y aliada— Cleopatra, la última de los Ptolomeos, fueron vencidos en mar y tierra. Octavio era desde aquel momento el único amo del mundo.

Una vez asegurada la reconquista de Oriente, Octavio regresó a Roma. Había sobrepasado todos los obstáculos que le separaban del poder, pero, ¿qué uso había de hacer de este poder adquirido a tan alto precio? Más prudente que César, instruido por la lección de los idus de marzo, comenzó ganando tiempo. Al fin y al cabo, sólo tenía treinta y dos años. Pacientemente, afectando no tener otro deseo que volver a ser un simple ciudadano, una vez restablecido el orden en el Estado, reunió en torno suyo a los restos del partido senatorial, y cuando fue necesario precisar su propia posición, no aceptó otro título que el de *Augustus*, y no el de rey, que partidarios torpes —o pérfidos— le proponían abiertamente. El epíteto de *Augustus* era una vieja palabra del ritual que expresaba el carácter «feliz» y fecundo de la persona misma de Octavio. La palabra, emparentada con el término religioso *augur*, significaba que el nuevo amo tenía el poder divino de comenzar toda cosa bajo felices auspicios. Sin prejuzgar nada sobre la forma misma del régimen, tenía el mérito de «aislar» en la idea de rey lo que los romanos habían siempre echado de menos en ella, y lo que las magistraturas republicanas habían intentado conservar, el carácter irreemplazable y casi mágico de la persona real. La sesión del Senado celebrada el 16 de enero del 27, en la cual Octavio fue llamado por primera vez *Augustus*, adquiere así casi el valor de una segunda Fundación: un pacto entre la ciudad y los dioses, encarnado en la persona sagrada del príncipe.

El reinado de Augusto duró cuarenta y siete años, medio siglo durante el cual el problema constitucional no fue jamás planteado explícitamente, sino resuelto diariamente en la práctica. El príncipe supo dar la impresión de que no imponía un sistema político, sino que Roma misma descubría cada vez las soluciones necesarias. Tuvo la habilidad de no romper jamás —como había hecho César— el diálogo con el pueblo romano, diálogo infinitamente matizado cuyos interlocutores eran, según los momentos, todos los órdenes de la ciudad, a veces los provinciales, a veces los aristócratas, a veces la burguesía italiana, a veces los soldados, incluso los esclavos y libertos. El genio de Augusto consistió en dar audiencia a todas las voces de la inmensa comunidad romana sin ahogar ninguna de ellas. Se encontraron para celebrar el advenimiento de una romanidad imperial poetas y pensadores que supieron deducir lo que, en la tradición, había sido preparado desde hacía largo tiempo, hasta el punto de que Roma llegó a creer en un renacimiento, cuando la faz de ella misma que se le mostraba al presente era poco más que un sueño.

La ambición de Augusto, sin duda, ha salvado la civilización romana al mismo tiempo que le ha permitido definirse, «acabarse» material y moralmente e imponerse un tiempo suficientemente largo para dejar en la historia humana una huella duradera. El equilibrio antiguo, que oponía a las provincias conquistadas la sola ciudad de Roma, es reemplazado por un orden nuevo, en el que el peso de los pueblos dominados aumenta de día en día. El Senado no es ya el único amo: no es más que, al lado del príncipe, el consejo en el que se reúnen los grandes funcionarios del Imperio. Las intrigas sutiles entre las facciones no son ya el único resorte de la vida política: los administradores no están ya a merced de rivalidades ambiciosas; son los verdaderos agentes de un gobierno fuerte al que deben rendir cuentas. Los jefes del ejército no persiguen, como en el pasado, conquistas personales; no son más que los lugartenientes del príncipe, único *imperator*, único detentor de los auspicios.

En el Imperio, de esta manera renovado, en el que todos los poderes emanan en última instancia de la persona de Augusto, la paz fue rápidamente restablecida. Las fronteras fueron aseguradas, las provincias pacificadas —o que exigió a veces largos esfuerzos, como en España y en los valles alpinos—, y, al fin de su reinado, después de algunas tentativas desgraciadas de subyugar la Germania, parecía que la dominación de Roma había alcanzado la mayor extensión posible.

La debilidad del sistema, no obstante, residía en lo mismo que había permitido los éxitos personales de Augusto: en derecho subsistía la República con sus engranajes tradicionales; de hecho, todo dependía del emperador. Por ello, a cada cambio de reinado, todo se encontraba puesto de nuevo en tela de juicio. Augusto había tenido una clara conciencia del problema; en varias ocasiones se había preocupado de designar un sucesor, pero la duración de su reinado había hecho que uno después de otro hubiesen desaparecido los hombres en los cuales pensaba para su sucesión. Finalmente en el año 14 d.C., a su muerte, la carga del gobierno recayó en su yerno Tiberio. Esta elección, impuesta por las circunstancias, no era muy afortunada. Tiberio era, en el fondo —según se dice— de corazón republicano y no aceptó sino con repugnancia el dominio de un Senado para el cual, al principio, no tenía más que simpatías. Pero desengañado, pronto se retiró a la soledad de Capri y abandonó la dirección de los negocios a su prefecto del Pretorio, Sejano. Cuando la tiranía de Sejano, y sobre todo sus intrigas, hubieron hecho odioso al favorito, Tiberio no dudó en sacrificarlo y el fin de su reinado zozobró en el terror.

Las tentativas de Tiberio para restaurar la autoridad del Senado habían fracasado y se percibe en los sucesivos reinados, hasta la muerte de Nerón (68), el último de los descendientes de Augusto, hasta qué punto esta decadencia de la aristocracia romana era irremediable. Cada vez más tentados por las formas orientales del poder, los emperadores, a pesar de algunos breves períodos en los que parecían volver a una concepción más tradicional del gobierno, llegaban a ejercer su autoridad por el ministerio de su propia «casa», de sus libertos y sus funcionarios particulares, reclutados entre los caballeros, y no dejaban a los senadores más que las apariencias de la libertad. Entre tanto, sólo la administración de las provincias quedaba mejor asegurada, y, si se dan de lado algunas sublevaciones en regiones aún poco romanizadas, como la Bretaña, la paz y la prosperidad dejan sentir sus beneficios en todas partes. En torno de un Mediterráneo recorrido por innumerables flotas de comercio, los intercambios espirituales son más intensos que nunca y las provincias orientales reconquistan poco a poco en prestigio lo que las armas les habían hecho perder en otro tiempo. Este desquite del este es muy visible en gran número de dominios. Los emperadores mismos dan el ejemplo. Calígula es devoto de divinidades egipcias y se inspira, hasta en su vida privada, en las costumbres lágidas. Nerón se hizo iniciar por un príncipe armenio en la religión mazdeísta y pretende asimilarse al Sol-Rey, pero al mismo tiempo el pueblo bajo acoge con fervor todas las formas exóticas del misticismo. Los aristócratas, más circunspectos en materia de religión, se helenizan con la lectura de los filósofos y muchos se ejercitan en declamar el griego, rivalizando de esta manera con los retóricos de profesión.

La revolución del 68, que puso fin a la dinastía original en Augusto, fue el resultado de varias causas. Y la rápida sucesión de los tres emperadores que alcanzaron el poder hasta el advenimiento de Vespasiano indica bien esta diversidad de factores. Herencia del pasado, la tendencia republicana y senatorial está en el origen del movimiento que llevó a Galba al poder. En el mismo tiempo, Otón, que había sido el primer marido de Popea y uno de los compañeros de Nerón en su común juventud, reunió en torno suyo las esperanzas de la plebe helenizada, que había conservado por Nerón una admiración y un duradero afecto. Pero un tercer concurrente, Vitelio, comandante de los ejércitos del Rin, se levantó entonces contra Otón: por vez primera son los soldados fronterizos quienes pretenden hacer un emperador a su manera. En réplica a esta pretensión de sus camaradas del Rin, los soldados de Oriente, desde Siria al Danubio, se adhirieron a otro general, Vespasiano, entonces ocupado en pacificar Judea. Finalmente, fue Vespasiano quien impuso su ley.

Es notable que el Imperio no haya perecido en el curso de este terrible año «de los tres emperadores». En un punto solamente la unidad de la romanidad pareció comprometida: en Galia, donde un bátavo, Julius Civilis —cuyo nombre nos dice que su familia debía el derecho de ciudadanía a uno de los primeros emperadores—, dio la señal de la revuelta, y el movimiento, explotado por los druidas, creció de tal manera que los insurgentes proclamaron su independencia y fundaron un Imperio de las Galias: tentativa curiosa, que prueba la persistencia de un nacionalismo galo más de un siglo después de la conquista. No es, por otra parte, improbable que este nacionalismo haya debido a la unificación romana el haber adquirido una conciencia tan clara de sí mismo. En todo caso, sólo en un cuadro político romano podía engendrarse la secesión. Hacia el fin del mismo año 70, los insurgentes fueron aplastados ante Tréveris por Petilius Cerialis. La insurrección no había durado más que un año y ya todo el resto del Imperio había reconocido a Vespasiano.

Aunque Vespasiano hubiese sido llevado al poder por la voluntad de los soldados, no tardó en comportarse como el emperador de los italianos y de la burguesía provincial. El Imperio no es ya la propiedad de una gran familia romana, por encima, sin duda, de las otras gentes de la aristocracia, pero sin dejar por ello de ser una de tales familias por su pasado, por todos los lazos de la tradición y de la cultura y por las complicidades de la conquista. El Imperio es confiado al nieto de un centurión, descendiente de una oscura familia de la Sabinia y que debe únicamente a su mérito, acaso incluso a su oscuridad, haber sido en el momento oportuno designado por las aclamaciones de sus tropas. El advenimiento de Vespasiano señala el fin irremediable de la ley de los conquistadores.

Vespasiano, que no era un gran señor, quiso en un principio introducir en el Estado una parsimonia bien provincial. Se consideró como el administrador de los bienes del Imperio —un administrador implacable, en la tradición de los antiguos «padres de familia» del campo italiano—. Al mismo tiempo se dedicó a crear una nueva aristocracia, llevando al Senado a advenedizos: antiguos oficiales, grandes burgueses de provincias. El Senado acaba siendo lo que las reformas de Augusto habían comenzado a hacer de él: un consejo de funcionarios reclutados en todo el Imperio pero sobre todo en Occidente. Parece que Vespasiano se haya sentido algo desconfiado del Oriente, que no obstante había sido el testimonio benévolo de su elevación. Desconfiaba también de los filósofos, cuyas audacias de palabra habían inspirado en el pasado a muchos oponentes en la acción. Mientras escuchaba con gusto sus consejos en otro tiempo —y Filostratos asegura, por ejemplo, que debió mucho en este tiempo a los de Apolonios de Tiana—, una vez emperador los expulsó de Roma, lo que le mereció por parte del sabio cartas muy ásperas.

Si el poder de Vespasiano se encontró en cierta manera legitimado por el hecho de encarnar en un buen momento las tendencias y las aspiraciones dominantes, es difícil extraer de este estado de hecho un principio sucesorio, y una vez más el Imperio chocó, como en tiempo de Augusto, con el problema de una legitimación «trascendente» del principado. Como buen padre de familia, Vespasiano transmitió el poder a sus hijos: Tito, al que había asociado en vida al ejercicio del gobierno, y Domiciano, el menor, que volvió a adoptar métodos de Tiberio y diezmó cruelmente el Senado. Domiciano murió asesinado el 16 de septiembre del 96, no sin que los conjurados se hubiesen previamente asegurado de que un senador respetado, Cocceius Nerva, aceptaría enseguida hacerse cargo del poder.

Nerva fue aclamado por el Senado como liberador. Pudo parecer que el principado de Augusto iba a volver y el poder del Senado a renacer bajo la autoridad de un «protector». Pero los tiempos habían cambiado después de siglo y medio. Nerva era viejo. Sabiamente, puso todos sus cuidados en resolver el problema de la sucesión, problema cuya importancia primordial no se le escapaba. Se trataba de encontrar un principio sobre el cual todo el mundo estuviese de acuerdo para designar a los emperadores; la designación divina de Augusto no había podido ser en el pasado sino una excepción; la filiación natural no se había mostrado más satisfactoria con la tiranía de Domiciano. Nerva recurrió a la adopción. Sin duda Augusto y los julio-claudios habían ya adoptado sucesores, pero lo habían hecho más por necesidad que por elección, y sin salir de su familia. Nerva no tuvo cuenta alguna de su parentesco y escogió un hombre capaz de mantener después de él la cohesión del Imperio, un emperador que por sus orígenes y su anterior carrera fuese susceptible de conciliar la unanimidad y el consentimiento de Roma y de las provincias, sin los cuales no podía haber más que anarquía. El santo y seña oficial fue que el Imperio debería pertenecer «al más digno». El hijo adoptivo de Nerva, M. Ulpius Trayanus (Trajano), era un hispano que en el 97 había mandado legiones de la Germania Superior. De esta manera unía en él todas las condiciones necesarias: provincial, hombre de acción, entrenado en la vida militar, estaba adornado de todos los prestigios. Con Trajano comienza una nueva dinastía, la de los Antoninos —del nombre del emperador Antonino Pío—, bajo los cuales el Imperio entero vivió su edad de oro (96-192).

Nos asombra a veces comprobar que los Antoninos, que aparentemente hicieron la felicidad del mundo romano, eran de hecho soberanos absolutos tan inclinados como Nerón o Domiciano a hacerse adorar como dioses y muy poco dispuestos a dejar a los senadores, e incluso a los consejos municipales de las ciudades provinciales, la menor iniciativa. Es notable como Plinio el Joven se dirige al emperador sobre cuestiones que hoy día no sobrepasarían de la competencia de un consejo de subprefectura. En fin, Trajano mismo, el prudente Trajano, al fin de su reinado alardea de Hércules —cuando Roma se había escandalizado de la audacia de Nerón al dar los rasgos de su cara a una estatua colosal del Sol—. La «monarquía ilustrada» de los Antoninos fue, en realidad, una dominación muy estricta que intentaba fundarse en un derecho divino, poco más o menos como lo habían intentado Calígula, Nerón y Domiciano. Pero los emperadores julio-claudios habían sido condenados por la opinión, pues no había llegado aún la hora de realizar su designio. En su tiempo, la divinización de un emperador viviente no era todavía más que un acto de orgullo. En el siglo de Trajano, de Adriano y de Marco Aurelio, llega a afirmarse que las virtudes del príncipe lo igualan a los dioses, es decir, a los seres que, según la opinión de los filósofos y especialmente de los estoicos, son la imagen de toda excelencia moral. Pero lo que a los ojos de la minoría cultivada es un símbolo filosófico, es para el resto de los hombres una verdad al pie de la letra: el emperador posee —según se cree— un numen que lo eleva por encima de los demás hombres. Es una divinidad que se invoca en las dificultades de la vida cotidiana y por la cual se teme jurar. Respeto que no es solamente el producto de una prudencia humana, en guardia contra posibles delatores; la persona imperial es sagrada; hacer intervenir este nombre reverenciado es poner en movimiento un mecanismo religioso, cuyas consecuencias son imprevisibles.

En el Imperio, en el que provincias latinas y provincias helénicas son tratadas con una igualdad absoluta (hay, en tiempo de Adriano, tantos senadores originarios de Oriente como los hay venidos de Galia, de Hispania o de África), las ideas circulan libremente, sin que incluso la diferencia de lenguas sea un obstáculo, pues en las ciudades, por lo menos, todos los romanos ilustrados son bilingües y no hay apenas ningún comerciante, soldado o pequeño propietario de Occidente que no pueda hacerse entender en griego. La afluencia de esclavos procedentes de los países helenizados ha tenido por resultado habituar a los occidentales no solamente a comprender los vocabularios técnicos (desde largo tiempo, médicos, músicos, escribas, cocineros y muchos otros «técnicos» empleados en las grandes casas han introducido en Roma la lengua de su oficio), sino también a pensar y a sentir a la manera de los griegos. Es bien significativo que el emperador Marco Aurelio, cuya familia era de origen hispano, haya redactado en griego su libro de *Reflexiones*; un siglo antes, Séneca, también hispano, estoico y hombre de Estado, fue un gran escritor en lengua latina. Parece que el pensamiento viviente en el siglo II no pueda expresarse verdaderamente sino en la gran lengua cultural del Oriente. Aunque mientras la literatura latina no produce más que obras sin gran brillo en las manos de literatos aficionados, Grecia ve desarrollarse lo que se llama la segunda sofística, cuyo nombre más ilustre es el de Plutarco. Al mismo tiempo, la novela de amor, salida de una vieja tradición popular, conquista una dignidad nueva y en los grandes centros intelectuales, Atenas, Pérgamo, Alejandría, la especulación filosófica busca nuevos caminos que conducirán pronto, en torno de Plotino, al neoplatonismo. En filosofía, en literatura como en política, Italia ve disminuir su influencia, al mismo tiempo que aparecen los primeros síntomas de una decadencia económica que no deja de inquietar a los emperadores.

El régimen de los Antoninos, con su administración minuciosa, sus funcionarios numerosos —con el loable designio de hacer la justicia más rápida y más accesible a todos—, el control muy estricto de las finanzas, la organización de un correo oficial para transmitir más eficazmente los despachos y las órdenes de Roma, todo anuncia ya el Bajo Imperio, y lo que ha sido concebido para ayudar al gobierno en su tarea no tardará en revelarse como uno de tantos estorbos que ahogan poco a poco a las provincias.

Augusto había deseado hacia el fin de su vida que los límites del Imperio no fuesen modificados. Desde entonces habían sido emprendidas algunas nuevas conquistas: la de la Bretaña, lentamente continuada y que Adriano decidió limitar a los territorios situados al sur de una muralla limitando Escocia; la de Armenia, con peligro de destruir el equilibrio que tendía a establecerse de hecho en Oriente entre los romanos y el Imperio parto. Trajano decidió afianzar en el curso inferior del Danubio el establecimiento de una frontera sólida, y poco a poco se vio obligado a conquistar el reino, hasta entonces independiente, de los Dacios, y hacer de él una provincia del Imperio. Las preocupaciones estratégicas no habían sido seguramente las únicas que invitaron a Trajano a aquella aventura. La Dacia era muy rica, poseía minas de oro y de hierro. El botín conquistado al rey Decébalo fue considerable y las finanzas imperiales se encontraron a rebosar por el oro de los dacios. Por lo menos permitió compensar por algún tiempo la hemorragia de oro que drenaba, hacia los partos y el lejano Oriente, el comercio de las especias y de los tejidos de seda.

Trajano mismo era bien consciente de esta amenaza económica, e intentó hacerle frente extendiendo hacia el este los límites del Imperio con la aparente esperanza de reducir los exorbitantes derechos de tránsito que percibían los pueblos del desierto. Se anexionó de esta manera el reino de los árabes nabateos, lo que le permitió trazar un camino entre la frontera de Siria y el mar Rojo a fin de asegurar comunicaciones rápidas y transportes económicos.

Acaso hay que considerar como una consecuencia de esta política de las caravanas la guerra entre Roma y los partos que tuvo lugar en el 112. O bien los partos se inquietaron por las usurpaciones de Trajano en Arabia o bien Trajano provocó el conflicto a fin de tener un pretexto para prolongar más hacia el este el camino de las especias. Lo cierto es que invadió Armenia en el 114 y dos años más tarde alcanzaba el golfo Pérsico. Las provincias que creó, Mesopotamia y Asiria, señalan el momento de la mayor expansión del Imperio (115), pero estas conquistas no fueron duraderas y el mismo Trajano debió resignarse a establecer un principado parto «protegido» en estos territorios que, apenas anexionados, se le escapaban al Imperio.

A partir del siglo II, Roma comienza a entrever un peligro que, a decir verdad, la había siempre amenazado, pero que iba creciendo y será uno de los males que ocasionarían su periclitar, el de las invasiones bárbaras. Este peligro era particularmente temible en la frontera de la Germania y todas las tentativas romanas para ocupar al menos una parte de este inmenso territorio y pacificar sus tribus habían fracasado. Todo lo más consiguieron establecer una ancha banda romanizada en la orilla derecha del Rin, instalando en ellas colonias y trazando rutas estratégicas. Adriano (117-138) creyó haber encontrado una solución definitiva estableciendo un *limes*, es decir, una línea continua fortificada de Andernach a Ratisbona. Pero, ¿cómo esperar que una empalizada, incluso flanqueada de fortines, pudiera mantenerse contra hordas innumerables? Irresistiblemente, la presión de los pueblos germanos se hizo sentir; primero los cuados (166), después los lombardos y los marcomanos comenzaron a descender hacia el sur, y en el año 167 se presentaron ante Aquileya, la gran ciudad comercial de Iliria. El emperador Marco Aurelio marchó personalmente a la cabeza de las cohortes pretorianas a combatir a los bárbaros. El enemigo no intentó resistir y se replegó, pero fueron necesarios no menos de dos años para liberar definitivamente las provincias invadidas. Este resultado no bastó al emperador, quien, ponderando el peligro, tomó medidas excepcionales para poner en pie una expedición destinada a prevenir el retorno de tales catástrofes. Se vendió el guardarropa imperial, se reclutaron esclavos y gladiadores y la guerra comenzó. Sus principales episodios han sido narrados en la columna de Marco Aurelio, alzada a imitación de la que glorificaba la memoria de Trajano y la conquista de la Dacia. En una campaña llevada adelante con gran energía, Marco Aurelio obtuvo la capitulación de los cuados y deshizo a los marcomanos. Pero este resultado fue sólo de corta duración. Al año siguiente los cuados reanudaron la lucha. El ejército romano, por más que avanzaba y daba muerte a más enemigos, obteniendo la restitución de los prisioneros romanos y de los cautivos arrebatados con ocasión del avance victorioso de los bárbaros, veía aparecer la victoria definitiva siempre igualmente lejana. Y he aquí que el levantamiento de Casio, el jefe del ejército de Siria, llegó a impedir al emperador la continuación de su esfuerzo. Una vez conseguida la victoria sobre Casio, Marco Aurelio volvió a la frontera danubiana, pero murió entre su ejército, arrebatado por la epidemia de peste que hacía estragos entonces (17 de marzo de 180). Commodo, su hijo, detuvo inmediatamente la interminable guerra, aumentó el número de fuertes de la frontera del Danubio y estableció tratados de paz, pronto caducados, con los pueblos bárbaros.

La historia de esta invasión de los cuados y de los marcomanos es característica del estado en que se encontraba entonces el mundo romano. Al término del «siglo de oro» de los Antoninos las amenazas se perfilan; Roma sigue siendo aquello que temió ser a todo lo largo de su existencia: una ciudad sitiada. Pero mientras su territorio había conservado dimensiones razonables —Italia, después las provincias directamente bañadas por el Mediterráneo— le era posible defenderse. Ahora, su acción defensiva era necesaria en todas partes y los asaltantes eran innumerables. Llegaban del fondo de la inmensa llanura de la Germania y de la Escitia, y en oleadas más y más densas rompían la ridícula barrera que se pretendía oponerles. Habría sido preciso, para conservar una esperanza, oponer contra aquella marea humana de ejércitos siempre renovados. Ahora bien, los romanos, como suele acontecer, habían ido olvidando poco a poco el oficio de las armas. La prosperidad material del «siglo de oro» es en buena parte responsable de tal desafección. Cuando es posible comerciar, enriquecerse, vivir en la paz y el bienestar, ¿quién escogería la precaria existencia de los soldados? Como consecuencia, los ejércitos, formados enteramente de profesionales, llegaron a formar una verdadera clase social. Indispensables para asegurar la protección de las fronteras, pretendieron cada vez más intervenir en la vida política. La autoridad de los emperadores se veía amenazada sin cesar por levantamientos y pronunciamientos que les obligaban a restablecer el orden abandonando todos los demás asuntos —aun cuando se tratase de la salvación misma del Imperio—. Ello incitaba a los príncipes a evitar las concentraciones militares, a dispersar los efectivos situados a lo largo de las fronteras, para disminuir los peligros de un levantamiento militar. Intentaron reemplazar a las legiones por obras defensivas. Septimio Severo, que debía perecer en York, en la proximidad del «muro de Adriano», inició de esta manera, después de los desórdenes que le habían llevado al poder, un gran esfuerzo para reanudar y restaurar las fortificaciones existentes. Pero esta política no devolvió la estabilidad a las fronteras ni al seno mismo del Imperio. Desde entonces, bajo los Severos (193-238), y después durante todo el siglo III, desórdenes y amenazas van proliferando.

Las guerras exteriores, el desarrollo de la burocracia, los períodos de anarquía consecutivos a las sublevaciones militares, acabarán por arruinar al Imperio. De todos lados se elevan quejas sobre el peso de los impuestos y el empobrecimiento es general en contraste con las fortunas inmensas de algunos privilegiados poseedores de desmesurados dominios. El viejo orden social no es más que un recuerdo. La antigua aristocracia romana ha cedido hace tiempo su lugar a toda clase de advenedizos, y los emperadores, cuando intentan restaurar su autoridad, no pueden apoyarse en ella. El régimen tiende cada vez más a convertirse en una realeza igualitaria mientras la burguesía se debilita. Los sistemas suceden a los sistemas, pero ninguna reforma consigue durar el tiempo suficiente para ser eficaz.

El fin del siglo III pareció, por un momento, bajo algunos príncipes enérgicos, poder aportar al Imperio una apariencia de salvación. Aureliano, un oficial de origen ilirio, fue llamado al poder en plena crisis (271). Los alamanes estaban en Italia. Un ejército romano fue aplastado en Plasencia y el terror se apoderó de los romanos hasta el punto de que Aureliano ordenó construir a toda prisa un recinto fortificado en torno de Roma —aquel cuyos restos podemos ver hoy día—. Después, en algunas campañas felices, expulsó a los enemigos y restableció en todas partes el nombre romano, pero pereció en Oriente, asesinado en una pequeña ciudad de Tracia hacia el 275. Siguió un período de anarquía hasta el momento en que, después de diversos reinados muy cortos, el poder cayó en manos de Diocleciano (284-305), también un ilirio, que tuvo la posibilidad de efectuar profundas reformas.

Juzgando con razón que el Imperio era demasiado extenso para ser efectivamente gobernado por un solo hombre, Diocleciano se agregó un colega, Maximiano, y cada uno de los dos emperadores adoptó a un «César» más joven y destinado a sucederle. Este sistema tomó el nombre de tetrarquía. Tenía por objeto dividir las tareas del poder permitiendo a una «persona imperial» estar presente en todos los frentes a la vez. Los resultados de tal sistema fueron de momento satisfactorios, pero llevaba en sí mismo, a la larga, un germen de fatal descomposición para el Imperio. Pues si la tetrarquía de Diocleciano todavía no es más que una simple división de responsabilidades y no de territorios, es de todos modos una etapa hacia la desmembración final.

Si Diocleciano se decidió a multiplicar los emperadores en vez de agregarse simplemente colaboradores, es que la tetrarquía era al mismo tiempo un sistema teológico que respondía a las exigencias de una política muy consciente. En el curso del siglo III se había acelerado el movimiento que tendía a divinizar al emperador viviente. Todos los príncipes de aquel tiempo se hacían representar en sus monedas, con la cabeza rodeada de una corona radiada, lo que expresaba su pretensión de ser considerados divinidades solares. Es probable que esta ambición, ya sensible en Nerón —y de la que no es imposible encontrar huellas en el apolonismo de Augusto—, se encontrase reforzada, sobre todo después de Heliogábalo, por los Severos, cuyos lazos sirios explican el misticismo y su afección particular por el dios Sol de Emeses. Aureliano había establecido oficialmente en Roma un culto del Sol, cuyo magnífico templo sobrepasaba en grandiosidad a los de las viejas divinidades nacionales. En aquella época, el Sol, astro benéfico por excelencia, era el gran dios de la religión sincrética en la que se mezclan creencias mazdeístas y semíticas, y el emperador, al identificarse con él, se afirma como *Pantocrator*, amo del universo, del cosmos entero.

Bajo la tetrarquía, la divinidad de los príncipes se expresa no en términos de teología solar, sino según un simbolismo más tradicional y más típicamente romano. Diocleciano se hace llamar *Jovius* (esto es, Jupiteriano), mientras que su asociado Maximiano es *Herculius* (es decir, Herculeano). Hércules (Heracles), a quien el viejo mito griego hacía nacer de Júpiter (Zeus), había llegado a ser muy pronto, en Roma, el símbolo de toda virtud. Patrón de los triunfadores, era venerado por haber enseñado a los hombres el camino del cielo y por haber obtenido la inmortalidad al término de una vida llena toda ella de esfuerzos y consagrada a la felicidad de los mortales. Júpiter, origen y fuente del *Imperium*, era considerado desde hacía siglos, en el pensamiento de los filósofos, como el dios supremo, si no el único, y el símbolo del alma del mundo. La aproximación de los dos epítetos *Jovius* y *Herculius* es por sí solo una teología del poder: Diocleciano semejante a Júpiter y a su lado su «hijo» y «agente» Maximiano, emanación de su pensamiento y de su eficacia, y divino como él. El Estado romano es oficialmente erigido en realeza teocrática y absoluta —a imagen del universo de los filósofos—, fundado en la práctica en la fuerza de los ejércitos y regido por la «divina Providencia» de los príncipes.

Bajo el rudo impulso de Diocleciano, esta Providencia se manifiesta por un aumento de la actividad administrativa. Los agentes imperiales intervienen en todas partes, los gobernadores se multiplican por la división de las provincias, y a estas provincias disminuidas se superpone una nueva organización en doce diócesis, que corresponden con frecuencia a unidades históricas o étnicas destinadas a afirmarse en una evolución ulterior. Así, hay una diócesis de África —comprendiendo el Magreb—, una diócesis de Hispania comprendiendo la península Ibérica entera, una doble Italia —la diócesis de Milán con el norte, y la de Roma con la mitad sur—. Se dibuja ya el mundo medieval.

Pero estas reformas traen consigo gastos considerables, y el estado precario de la economía no mejoró gran cosa. El coste de la vida aumentaba sin cesar, hasta el punto de que en el 301 fue necesario establecer una tasación general de los precios. Fue el *edicto del maximum*, que acabó por imponer —no sin grandes resistencias— servidumbres peligrosas a toda la economía romana.

La abdicación de Diocleciano abrió un nuevo período de desórdenes, que no cesaron —aunque de una manera muy relativa— sino con el advenimiento de Constantino, convertido en amo único del Imperio (394). Es sabido cómo las dos grandes fracciones de la romanidad, la población pagana que permaneció fiel a los cultos ancestrales, y los cristianos, cuyo número iba creciendo, encontraron en él un mediador. A partir de este príncipe, cristiano de hecho, acaso de creencia, comienza un mundo nuevo, y la larga querella del arrianismo anuncia ya las guerras de religión —fenómeno perfectamente desconocido hasta entonces en el Imperio—. Se puede admitir que con la victoria del puente Milvio sobre su rival Majencio y el edicto de Milán (313) deja de existir para nosotros la civilización romana, aunque el Imperio romano subsiste aún materialmente. No está todavía oficialmente dividido en dos partes coexistentes y pronto enemigas, pero Constantino crea una segunda capital, haciendo de la vieja Bizancio la ciudad de su predilección —Constantinopla, futura capital del Imperio de Oriente (330)—. Y esto basta para probar hasta qué punto los lazos con el pasado habían sido rotos desde aquel momento; aunque deba tenerse en cuenta, sin duda, que Constantinopla debe en parte su razón de ser a consideraciones estratégicas. Más cercana que Roma a los puntos neurálgicos del Imperio, constituye un lugar de mando más central, a medio camino del frente danubiano y del frente sirio. Pero también, y es lo que marcará claramente su suerte, está instalada en el centro del Oriente donde se ha formado y de donde irradia el pensamiento cristiano, nutrido de las especulaciones del helenismo y del judaísmo. La civilización romana, ciertamente, no ha muerto, pero únicamente en la medida en que da nacimiento a otra cosa que no es ella misma está llamada a asegurar su supervivencia hasta nosotros.

Parte II

EL PUEBLO ELEGIDO

Capítulo 3

La vida y las costumbres

En el 167 a.C., un joven hiparca de la Liga aquea, Polibio, fue llevado a Roma con otros mil rehenes acusados de haber organizado en Grecia el partido antirromano. Y esta circunstancia nos ha permitido poseer el testimonio de un griego, de espíritu abierto y dotado de un sentido histórico muy seguro, que se encontró mezclado íntimamente en la elaboración de la conquista romana en un momento decisivo. A los ojos de Polibio hay un hecho que domina a todos los demás y que considera milagroso: ¿cómo esta ciudad italiana ha podido, en menos de un siglo, no solamente afirmar su supremacía en la península, sino resistir al ataque formidable de la poderosa República cartaginesa, y después, como llevada de su impulso, sacudir los viejos reinos helénicos e imponer su ley al Oriente? Como todos los milagros, éste tiene seguramente un origen divino, y Polibio no tiene inconveniente en atribuirlo a la Fortuna de Roma, su «daimon» particular, responsable de su maravilloso destino, pero sabe también que la intervención divina utiliza vías humanas para llegar a sus fines. Y si Roma ha alcanzado tan pronto esta especie de invulnerabilidad que la hace triunfar ante todos sus enemigos, es porque sus tradiciones y sus costumbres le aseguran una superioridad de hecho sobre los otros hombres; austeridad, disciplina, fidelidad a los compromisos, estricta honestidad, hacen de ella una ciudad única entre todas. Tranquilamente, Polibio comprueba que un griego, comprometiéndose por juramento en presencia de diez testigos, encontrará siempre la manera de burlar su compromiso, mientras que la palabra de un romano, «aunque sea pretor o cónsul», será su ley.

Es bien cierto que esta imagen idílica de un pueblo virtuoso, en la que se complacieron los mismos romanos y que imaginaron haber sido la de sus primeros tiempos, no puede haber sido absolutamente verídica. Pero es también cierto que los romanos manifestaron siempre muy altas exigencias morales y que, habiéndose fijado un ideal de virtud, lo llevaron hasta el pasado, confiriéndole el valor de un mito del que se esforzaron en mostrarse dignos.

Esta virtud romana está hecha de voluntad, de severidad (la *gravitas*, la seriedad, exenta de toda frivolidad), de abnegación por la patria. Acaso incluso es este último sentimiento el que determina y orienta a todos los demás. No se parece más que en apariencia al patriotismo moderno, con el cual frecuentemente se le ha querido confundir; es más bien, en su esencia, la conciencia de una jerarquía que subordina estrictamente el individuo a los diferentes grupos sociales, y a estos grupos mismos, los unos a los otros. Los imperativos más apremiantes emanan de la ciudadanía; los más inmediatos, de la familia. El individuo no cuenta gran cosa fuera de su función en el grupo; soldado, pertenece en cuerpo y alma a su jefe; labrador, debe hacer valer su tierra al máximo; al servicio de su padre, o de su amo, si es simple miembro de una *familia*; por el bien de la *familia* misma, presente o futura, si es padre de familia o responsable de un dominio, por reducido que sea. Magistrado, se siente delegado por sus iguales a una función, y ésta no debe valerle la menor ventaja personal; si es preciso, deberá sacrificar a ella todo lo que aprecia hasta su vida.

Los «conflictos del deber» que se producen a veces al comienzo de la República, han sido celebrados por los historiadores. Recuérdese el sacrificio de Bruto, el liberador de Roma, ordenando él mismo el sacrificio de sus propios hijos, culpables de haber conspirado para obtener el retorno de los reyes. El mismo año, el otro cónsul, Tarquino Colatino, se había resignado voluntariamente al destierro y retirado a Lavinium porque su persona y el nombre que llevaba eran considerados como una amenaza permanente contra la libertad. Estos sacrificios no hacen, sin duda, más que perpetuar otras formas de «abnegación» practicadas en la mayor parte de las sociedades primitivas —se las encuentra, por ejemplo, en las leyendas áticas—; por ejemplo, el suicidio, realizado por la salvación de la patria. Existía en el Foro un lugar marcado, el lago Curcio, antiguo pantano casi totalmente desecado, donde la tierra, según se contaba, se había hundido en la época de los reyes; todos los esfuerzos de los hombres para llenar la grieta habían sido vanos; consultados los hechiceros, contestaron que la tierra quedaría abierta hasta que se tirase en este hoyo, en ofrenda a los dioses de las profundidades, «lo que hacía la fuerza principal de Roma». Y todos se preguntaban el sentido del oráculo; sólo un joven, llamado Curcio, comprendió que la fuerza principal de Roma residía en su juventud, y se tiró al abismo, que inmediatamente se cerró. Este tipo de sacrificio se llamaba la *devotio*; la víctima se consagraba por sí misma, espontáneamente, a los dioses infernales para aplacar su cólera, para restablecer el orden del mundo cuyo trastorno amenazaba la estabilidad, incluso hasta la existencia de la colectividad. La *devotio* se practicó frecuentemente en la época histórica por los jefes militares o por guerreros notables. Cualesquiera que pudiesen ser sus lejanos orígenes —sin duda tiene sus raíces en el pasado mágico de la realeza tribal—, parecía a los romanos un gesto casi normal, el de la consumación solemne del sacrificio implícitamente consentido por cada miembro de la comunidad de manera permanente, tanto durante la guerra como en la paz.

Es muy probable que esta concepción tiránica del deber cívico fuese impuesta sobre todo por la sociedad patricia que se apoderó del poder en el 509 a.C.; es la *gens* que contribuyó a mantener la estricta jerarquía de los elementos sociales, asegurando materialmente la dependencia de los individuos en relación al clan, perpetuando la autoridad del *pater familias* dispensador del alimento diario, aglutinando a los miembros de la casa en una red de prácticas religiosas, que simbolizaban el carácter eminente de las *gens* en relación con cada uno de aquéllos. Y fue en tal momento cuando se impusieron, nacidas de un medio ambiente campesino, las grandes virtudes romanas. La virtud esencial —cardinal— para un romano es, precisamente, la que responde más directamente al ideal campesino: la virtud de «permanencia». Se mirará como conforme al bien todo lo que tenga por efecto mantener el orden existente, la fecundidad de la tierra, la esperanza de la cosecha, el retorno repetido de los años, la renovación regular de la raza, la estabilidad de la propiedad. Se condenará, por el contrario, todo lo que es anárquico, innovador, todo lo que amenaza la regularidad de los ritmos, todo lo que desorienta. La historia de una palabra llamada a tener una gran fortuna, la palabra *luxus*, permite comprender este estado de espíritu. El término pertenece ante todo a la lengua campesina: designaba la vegetación espontánea e indeseable que, por «indisciplina», compromete la cosecha. Exuberancia de los trigos verdes, demasiado tupidos; exuberancia de la viña que crece toda en hojas, en detrimento de los racimos. *Luxus* (o *luxuries*) es todo lo que rompe la medida; puede ser, por ejemplo, la huida de un caballo mal adiestrado; pero es también, para el hombre, todos los excesos que le llevan a buscar una superabundancia de placer o incluso simplemente a manifestarse de una manera demasiado violenta por su fasto, por sus vestidos, por su apetito de vivir. Sin duda, el lujo, en el sentido moderno, es condenado por sus efectos morales, porque desarrolla el gusto del lucro, que aparta al individuo de sus verdaderas tareas y favorece la pereza. Pero estas quejas no son más que secundarias; la moral romana no sabría mostrarse tan severa contra todo abuso en la vida diaria si no reposase en la desconfianza, esencialmente campesina, contra toda novedad, toda falta a la disciplina ancestral, todo lo que tiende a desbordar el cuadro de la ciudadanía. Quienquiera que se abandone al lujo testimonia por esto que está falto de disciplina sobre sí mismo, que cederá a sus instintos: a la atracción del placer, a la avidez y a la pereza y, sin duda también, llegado el día, en el campo de batalla, al miedo —que no es, al fin y al cabo, más que el muy natural instinto de conservación.

Esta moral romana está muy netamente orientada: su fin es la subordinación de la persona a la ciudadanía, y hasta los últimos tiempos el ideal seguirá siendo el mismo, a despecho de todas las transformaciones económicas y sociales. Cuando un romano, incluso bajo el Imperio, hable de *virtus* (la palabra de la cual hemos derivado «virtud» y que significa, propiamente, la cualidad de ser un hombre, *vir*), sobrentenderá menos la conformidad a los valores abstractos que la afirmación en acto voluntario de la cualidad viril por excelencia, el dominio de sí mismo —concediendo, no sin desdeño, a la debilidad femenina la *impotentia sui*, la incapacidad de dominar su naturaleza—. En todo esto no existe ningún valor que sea de orden religioso en el sentido que determina el pensamiento moderno. Los dioses romanos no han promulgado jamás un decálogo, ni la sociedad ha efectuado este rodeo a fin de imponer sus imperativos. La religión, no obstante, está lejos de hallarse ausente de la vida moral, pero interviene en ella como una ampliación de la disciplina, una prolongación de la jerarquía. Los dioses no ordenan a los hombres conducirse diariamente de tal o cual manera; no les exigen otra cosa que el cumplimiento de los ritos tradicionales. A este precio, prometen mantener su acción benefactora: Júpiter enviará la lluvia e inspirará a los magistrados de la ciudad; *Ops* asegurará la abundancia en los campos; Ceres hará crecer el trigo; *Liber Pater* hará madurar los racimos y fermentar el vino; Marte protegerá a los ejércitos, combatirá del lado de los romanos, inflamará el corazón de los soldados. Pero, sobre todo, esta acción divina se revelará eficaz para apartar los mil peligros que amenazan a cada instante las actividades humanas. *Robigo*, convenientemente rogado, ahorrará a los trigos la roya, la diosa Fiebre asegurará la salud, Cloacina purificará la ciudad de las miasmas, Fauno y Pales darán caza a los lobos y los alejarán de los rebaños.

Considerada de esta manera, la religión romana parece con frecuencia muy fría y los historiadores modernos le reprochan repetidamente haber reducido la vida religiosa al cumplimiento, sobre todo formal, de un contrato entre el hombre y las divinidades. Ven en ello una de las razones profundas por las cuales Roma se mostró muy pronto acogedora de los cultos orientales más emotivos, más susceptibles de satisfacer las necesidades profundas del alma; en otras palabras, el formalismo vacío de la religión romana habría preparado el camino del cristianismo. Cuando las obligaciones sociales se relajaron, cuando el patriotismo, con el engrandecimiento casi infinito del Imperio y el acceso incesante a la ciudadanía romana de poblaciones cada vez más numerosas y extrañas a la tradición nacional, se encontró sin objeto, los romanos habrían pedido a un dios trascendente este «primer motor» de la moral que no les proporcionaba ya la ciudadanía. Pero este punto de vista teórico no resiste mucho al análisis. La vida religiosa de los romanos era infinitamente más compleja de lo que creen los que consideran únicamente la religión oficial y dejan en la sombra las manifestaciones cotidianas, extremadamente numerosas, de un sentimiento de lo sagrado que nunca faltó a los romanos.

El término mismo *religio* es oscuro. En un comienzo no designa tan sólo el culto rendido a las divinidades, sino un sentimiento bastante vago, de orden instintivo, de prohibición de un acto dado, la impresión confusamente sentida de encontrarse ante un peligro de orden sobrenatural. Este sentimiento se experimenta, por ejemplo, en el momento de pisar un suelo consagrado o de partir para un viaje; tiene parte del presentimiento, de la intuición supersticiosa. Es el que hace dejar para mañana la acción que no se presenta «bajo auspicios felices». Basta para ello un pájaro que pasa, una palabra fortuita que se oye y que es de «mal augurio». Esta actitud es universal; los modernos tampoco la ignoran; surge espontáneamente en el alma infantil y en todas aquellas ocasiones en que un hombre tiene la impresión de que el universo, en torno suyo, se hace incomprensible, entregado a la fantasía y al capricho de seres invisibles... Ahora bien, esta impresión, los romanos la sentían en el más alto grado. Imaginaban por todas partes «demonios», poderes sobrenaturales, con frecuencia sin nombre, que surgían del más allá para ayudar a los hombres y, más frecuentemente acaso, para atormentarlos. Los antepasados mismos de la familia no quedaban encerrados en la tumba: ciertos días del año salían de ella. Las puertas del infierno se abrían y los vivos debían apaciguar a los manes, que eran llamados con un nombre destinado a hacerlos propicios (manes significa, en efecto, «buenos»), porque en realidad se les sabía capaces de ser muy malos. Dichos días el padre de familia, mientras toda ella estaba al abrigo en torno del hogar, salía solo en plena noche y tiraba a los malos espíritus un puñado de habas cocidas. En ciertas circunstancias los muertos volvían oficialmente. Así, aparecían en los cortejos que acompañaban a los difuntos a la pira, representados por actores revestidos de las máscaras de los antepasados y a veces incluso de los antepasados de las familias aliadas. Eran los muertos que acogían al recién llegado; éste, por lo demás, estaba también presente. La costumbre quería —por lo menos desde el tiempo de Augusto, pero sin duda también, con otra forma, desde una época más antigua— que un actor, con la cara cubierta bajo la máscara del difunto, precediese a las angarillas en las que era llevado el cadáver, imitando la manera de andar del muerto, sus modales, y en cierta manera prolongando su vida hasta la destrucción final del cuerpo.

En el campo, la vida cotidiana estaba, acaso todavía más que en la ciudad, impregnada de religión. La ciudad no se interponía entre el hombre y las divinidades y era el campesino mismo quien cumplía personalmente los actos destinados a mantener la paz con el mundo sobrenatural. Se suponía que en torno de la finca andaban, girando sin cesar, dos dioses lares que eran representados bajo la forma de jóvenes con las manos llenas de frutos. Su ronda alejaba los demonios maléficos y aseguraba la prosperidad en el interior del patrimonio. Tampoco se dejaba de ofrecerles, cada mes, pasteles de harina y de miel, leche, vino, flores, recompensas por sus buenos oficios. La casa misma poseía su *genius*, como lo poseía cada lugar, demonio protector del que se sospecha o se teme la presencia. Este genio recibía también ofrendas ante el altar doméstico. Fuera de la casa y del dominio, la presencia de lo sobrenatural no era menos familiar. Los árboles perdidos en los campos, los troncos con los que el arado evitaba cuidadosamente tropezar, los baldíos invadidos por la maleza, las viejas piedras semienterradas, colocadas allí por manos desde hacía largo tiempo desaparecidas, eran otros tantos santuarios naturales, reservas visibles de lo divino sobreviviendo al tiempo en que la naturaleza entera estaba en la posesión indiscutida de los faunos y de las ninfas.

La religión oficial no era indiferente a este animismo espontáneo, por lo menos en su finalidad práctica. Tendía a mantener el orden establecido mediante el cumplimiento de ceremonias sin las cuales el equilibrio siempre inestable, siempre amenazado, entre lo humano y lo divino, se habría roto. Los romanos designaban con el nombre de *pietas* la actitud que consistía en observar escrupulosamente no sólo los ritos, sino también las relaciones existentes entre los seres en el interior mismo del universo. La *pietas* era en principio una especie de justicia de lo inmaterial, manteniendo las cosas espirituales en su lugar o volviéndolas a poner en él cada vez que un accidente había revelado la existencia de alguna perturbación. El término está en estrecha relación con el verbo *piare*, que designa la acción de borrar una mancha, un mal presagio, un crimen. En el orden interior, la *pietas* consistirá para un hijo en obedecer a su padre, en respetarlo y tratarlo conforme a la jerarquía natural. Un hijo que desobedece a su padre, que le pega, es un *monstrum*, un prodigio contrario al orden natural. Su acto debe ser expiado religiosamente para que este orden sea restablecido. La expiación, por lo general, consistía en la muerte del culpable, que era declarado *sacer*; por ello pertenecía a los dioses y dejaba de participar en la comunidad humana. Su lugar ya no estaba en la ciudadanía, ni tampoco en ningún lugar sobre la tierra. Debía desaparecer.

Hay, pues, una *pietas* hacia los dioses, pero también hacia los miembros de los diversos grupos a los cuales se ha pertenecido, hacia la ciudad misma, y más allá de ella, finalmente, hacia todos los seres humanos. Esta última extensión de la *pietas* no fue tan lenta y tardía como se ha dicho a veces. Se manifestó muy pronto por la noción jurídica del *jus gentium* («el derecho de gentes»), que imponía deberes incluso hacia los extranjeros. Pero es bien cierto que no se dilató plenamente hasta la influencia de la filosofía helénica, cuando se definió con claridad la concepción de la *humanitas*, la idea de que el solo hecho de pertenecer a la especie humana constituía un verdadero parentesco análogo al que unía los miembros de una misma *gens* o de una misma ciudad y creaba deberes de solidaridad, de amistad o, por lo menos, de respeto. Para nosotros, la *humanitas* hace su aparición, en los textos literarios, con una frase famosa de Terencio que, en su *Heautontimoroumenos* (*El verdugo de sí mismo*), hace decir a uno de sus personajes: «Hombre soy, y nada de lo que es humano me es extraño». Acaso al decir esto Terencio se limitaba a traducir un verso de Menandro, su modelo, pero es interesante comprobar que esta frase fue repetida, meditada, comentada por muchos escritores latinos y cada vez más enriquecida. Hicieron de ella una especie de fórmula de la justicia universal: la *civitas romana* se ensanchaba en *civitas humana*. Puede creerse que la fórmula de los filósofos griegos no habría adquirido tal eficacia si los romanos no hubiesen descubierto en ella la expresión de un sentimiento que llevaban en sí mismos de manera latente y que se encontró repentinamente iluminada por la revelación venida de Oriente.

Una de las manifestaciones más primitivas de la *pietas* era el respeto de los compromisos, la *fides*. Fides divinizada figura en el Capitolio, donde tiene su templo al lado del de Júpiter Óptimo Máximo. Está allí para garantizar la buena fe en toda la vida social. Lleva oficialmente el título de *Fides Populi Romani* (la Buena Fe del Pueblo Romano), y, lo mismo que el dios vecino, *Terminus*, garantiza la subsistencia de los bornes o hitos (fronteras de la ciudad, límites de los campos, y todo lo que debe quedar en su lugar para que el orden de las cosas sea salvaguardado), Fides garantiza las relaciones entre los seres, lo mismo en los contratos que en los tratados, y más profundamente aún en el contrato implícito, definido por las diferentes costumbres, que liga a los ciudadanos entre sí. «*O Fides Quiritum!*», («¡Oh buena fe de los ciudadanos!»), gritan los personajes del teatro cómico cuando cae sobre ellos alguna catástrofe. Esta llamada de socorro invoca la solidaridad que se deben los miembros de la ciudad. Faltar a ella tiene por consecuencia comprometer todo el edificio ciudadano. Es fácil comprender por qué la *fides* era una de las virtudes cardinales de la moral romana.

Virtus, *pietas*, *fides*, disciplina, respeto, fidelidad a los compromisos, tal es el ideal romano. Esta trilogía domina todos los aspectos de la vida —militar, familiar, económica y social— y ya hemos visto que la religión no hacía más que garantizarla asegurando su eficacia más allá del mundo visible, por el sistema total de las cosas. La religión garantizaba estas virtudes cardinales, pero no las fundaba. Era como si la moral se dedujese lógicamente de los imperativos necesarios al mantenimiento del orden en todos los dominios, a la perennidad de lo que existe y que el tiempo amenaza. Roma tiene la ambición de prevenirse, a fuerza de sabiduría y de disciplina, contra la pobreza, la servidumbre y la muerte. En este sentido, toda su moral aparece como esencialmente defensiva, lo que, como hemos visto, no excluye el reconocimiento de los valores altruistas, pues lo que se trata de defender no es el individuo, sino el grupo, desde la familia a la ciudad.

Platón, en una página célebre, escribe que el amor no es otra cosa que el deseo por el hombre de perpetuarse en y para la belleza; podemos fácilmente concebir que esta exigencia del alma personal haya podido parecer a los atenienses del siglo V a.C. como la razón profunda y el fin de toda actividad humana. Pero Roma no se defiende contra la muerte por la belleza; entiende hacerlo por la virtud y, más allá de ella, por la gloria. Nada importa tanto a un romano como poseer en vida una buena reputación y dejar después de la muerte un renombre de virtud. La tumba no es solamente para él un lugar de reposo en el que sus cenizas vuelvan a encontrar el «sueño de la tierra», en el que sobrevivirán confusamente sus manes, que reanimarán cada año las ofrendas rituales; es antes que todo un monumento, un signo dirigido a los vivientes, y que perpetúa el recuerdo de sus acciones. Por ello las tumbas aparecen en tan gran número junto a las puertas y a lo largo de los caminos que conducen a las ciudades; cuanto mayor número de transeúntes haya para leer la inscripción fúnebre, para pronunciar, aunque sea de una manera maquinal, el nombre del difunto, tanto más éste estará satisfecho, y tanto más será perpetuo «en los labios de los hombres». Es también la razón por la que las tumbas serán adornadas con estatuas y con bustos tallados a semejanza de aquellos a quienes contienen; arte con frecuencia rudo, despreocupado en idealizar a sus modelos pero hábil en fijar sus trazos en la piedra.

Esta preocupación de gloria, de renombre eterno, es sin duda el desquite del individuo al que la sociedad tenía en vida atado de mil maneras; magistrado, no ha podido continuar su obra más allá del año de su cargo; jefe militar, si no ha tenido la suerte de alcanzar una victoria decisiva en el tiempo del mandato conferido, ha debido dejar a su sucesor el cuidado de recoger los laureles. En la muerte, llega a ser, en fin, él mismo, su vida adquiere valor ejemplar en la medida misma en que ha respetado la disciplina bajo todas sus formas: *virtus*, *pietas* y *fides*.

Esta armadura de la moral romana será sólida hasta el final; resistirá todas las tentativas de crítica. Más todavía, acabará por asimilarse incluso las doctrinas de los filósofos y por renovarlas, a despecho de todas las divergencias de principio.

Cuando, en el curso del siglo II a.C., Roma se abrió al pensamiento de los filósofos helenos, la *gravitas* romana realiza instintivamente una selección entre las diversas doctrinas. Mientras los epicúreos son considerados sospechosos, porque ponían el Soberano Bien en el Placer —a pesar del ascetismo muy estricto de su vida—, los estoicos serán bien acogidos enseguida. Predican una doctrina que parece hecha para justificar, desde el punto de vista de la razón, la moral instintiva de los romanos. Sin preocuparse de momento de las sutilezas dialécticas de la demostración, retuvieron su idea esencial: para los estoicos, el fundamento de la moral es la conformidad con la naturaleza, es decir, con todo lo que es tanto la naturaleza propia del hombre como el orden del mundo material y divino, y también la ciudadanía. La labor del hombre consiste en esforzarse en percibir este orden en todos los dominios y a conformarse con él. Pero mientras los primeros estoicos acentuaban sobre todo las virtudes de contemplación y el conocimiento teórico, dialéctico primero y después científico, que da acceso a la Verdad y por ello al pensamiento divino, los romanos fueron seducidos por las virtudes de la acción —dominio de sí mismo, templanza, justicia, valor—, que, para los teóricos griegos, eran dadas de añadidura por la sabiduría. Muy hábilmente, Panetius, que fue el gran filósofo estoico en la Roma de la segunda mitad del siglo II a.C., inclinó la doctrina en el sentido deseado por sus auditores. Encontró una comparación que se ha hecho célebre y que ilustra muy bien el alcance de su enseñanza. «La Virtud —decía— es una, pero presenta diferentes aspectos, a la manera de un blanco dividido en sectores de diferentes colores. Si se apunta al blanco y se le alcanza, poco importa el sector que tocará la flecha, el tirador habrá ganado.» De esta manera, el ideal tradicional de los romanos, la *virtus*, se sentía ennoblecida. Pero las enseñanzas de Panetius tuvieron consecuencias más importantes aún que las de asegurar una buena conciencia a los tradicionalistas. Contribuyó a ensanchar las antiguas concepciones nacionales, y es a él sobre todo y a sus discípulos directos e indirectos —entre ellos Cicerón— a quienes debe Roma el haberse humanizado. Las concepciones helénicas se encontraron de alguna manera garantizadas por la caución de moralidad que les proporcionaba el estoicismo, y los romanos las acogieron sin oposición, diciéndose que, al fin y al cabo, su sola culpa hasta entonces había sido no haber pensado en ello, ocupados como estaban en conquistar el mundo.

Así se formó, a partir del siglo I a.C., esta amplia concepción del humanismo, inseparable para nosotros de la literatura y del pensamiento antiguos. La filosofía griega por sí sola no había podido cristalizar en un ideal tan fácilmente accesible a todos los espíritus; en ella el pensamiento debía atender a un número excesivo de tendencias contradictorias. Su esteticismo fundamental, su tentación a la anarquía (pues en una amplia medida, los pensadores griegos, sobre todo después de Sócrates, han tenido la tendencia a librarse de la ciudad, es decir, de la ciudadanía) podían seducir a los individuos, pero les faltaba ser traducidos en hechos, poder «informar» una política y una sociedad vivientes. Al fracaso de la república platónica se opone victoriosamente el principado estoicista de Roma.

El estoicismo se generaliza en el momento oportuno. Desde el fin de la segunda guerra púnica había podido asistirse a la relajación gradual de las obligaciones colectivas. Los peligros excepcionales que corría el Estado condujeron a buscar medidas excepcionales de salud, y así se vio a Escipión, el primer Africano, llamado a restablecer la situación en España a una edad en la que, normalmente, habría debido solamente acceder a las magistraturas inferiores. Poco a poco sus éxitos le elevaron por encima de los otros senadores y su persona adquirió un prestigio casi divino, que mantuvo diciéndose familiar de Júpiter y pasando largas horas solo en el templo del dios. Después de la victoria definitiva, Escipión no podía, como tantos otros antes de él, volver a filas. Su personalidad vigorosa continuaba dominando la política romana hasta el día en que la tradición igualitaria, representada por el «pequeño-burgués» Catón, después de muchos ataques, consiguió expulsarlo de Roma y le obligó a encerrarse en Literno, en un destierro orgulloso. Pero el éxito de Catón y de todo lo que representaba debía ser sólo efímero. Otros héroes surgieron para acabar la conquista del mundo. Mientras fue posible enviar hacia lejanos campos de batalla tal superabundancia de jefes, se pudo mantener el régimen tradicional, pero llegó un día en que las rebeliones se hicieron más numerosas; rebeliones de los Gracos en nombre de la *humanitas*, para dar a los italianos y a la plebe romana medios de existencia que les negaba la oligarquía senatorial; rebelión también de los ambiciosos que no estaban satisfechos de ser únicamente un engranaje en el juego de las captaciones y pretendían imponer su supremacía falseando el funcionamiento de las leyes. Después de los tribunos facciosos, llegó el «salvador» Mario, que continuó ilegalmente los consulados hasta el momento en que otro ambicioso, Sila, se arrogó el poder dictatorial; luego, cuando estaba a punto de hacerse rey, cambió bruscamente de política y restauró la preeminencia del Senado. Pero veinte años más tarde iba a abrirse una crisis en la que se hundiría la República. Después de la victoria de César, y acaso más aún después de su desaparición, Roma parecía la presa propicia de no importa qué aventurero que supiera imponerse. Fue entonces cuando se formó, en el curso de las guerras civiles, la doctrina política de donde iba a salir la salvación.

Ya durante los últimos años de la República había aparecido la concepción de un Estado en el que el poder no sería ejercido por cónsules anuales, no prorrogables, sino detentado por un «primer ciudadano» (*princeps*) moderador del Estado, protector de todos los órdenes, designado para este papel por su valor, su autoridad, sus méritos y también por esa indefinible cualidad que hace que un hombre tenga «la mano feliz», que goce de la visible protección de la divinidad. Los estoicos aseguraban que un tal régimen era posible con la condición de que el «protector» elegido fuese un «sabio». De buen grado, aristócratas en su pensamiento, afirmaban la desigualdad de los espíritus —de hecho si no de derecho—. A la multitud de los ignorantes —*indocti* o *stulti*, los tontos, que acarrean opiniones irracionales— oponen las almas selectas, poseedoras de la verdadera luz y únicas capaces de concebir y de realizar el bien, porque son las únicas capaces de «pensar» el orden del mundo en toda su complejidad.

Muchas de las reformas de Augusto, tanto políticas como religiosas, responden a esta concepción del hombre excepcional, encargado de una misión por la divinidad y preocupado de asegurar el equilibrio amenazado por los excesos que por todas partes aparecen. Por ello Augusto se esforzó en restaurar los antiguos valores morales y en restringir el lujo dando él mismo ejemplo de austeridad; de devolver su santidad al matrimonio, amenazado por la generalizada mala conducta y la práctica abusiva del divorcio, mientras devolvía la primacía a los viejos cultos caídos en desuso y encargaba a Virgilio cantar la santidad de la vida campestre, asilo de pureza y de simplicidad. El principado augusteo aparece como una tentativa de retorno al tiempo pasado, pero justificando por todos los medios posibles esta restauración de lo que no había sido en el pasado más que instinto y feliz fortuna de los romanos.

El papel preponderante de los senadores adeptos del estoicismo en el curso de las vicisitudes del régimen durante el siglo I de nuestra era, enseña bien la profunda concordancia existente entre esta filosofía, convertida en la expresión por excelencia de la vida moral romana, y el principado augusteo. Cada vez que los emperadores se desvían de la línea política augustea, se desvela la oposición estoica; por el contrario, los príncipes pueden contar con la colaboración de esta parte del Senado cuando vuelven a los principios de Augusto. Cuando al comienzo de su reinado afirma Nerón su voluntad de romper con las prácticas administrativas de Claudio y gobernar según las máximas del fundador del Imperio, entusiasma a los senadores. Séneca, que ejercía de hecho el poder en nombre del joven emperador, y que era también un estoico, pareció a todos el garantizador de su sinceridad. Así, los cinco primeros años del reinado transcurrieron en una atmósfera de concordia y de colaboración leal. Pero este pacto implícito fue roto cuando, caído Séneca en semidesgracia, Nerón se puso a gobernar como un déspota oriental. La conjuración de Pisón se formó, no tanto en torno de éste, que no fue escogido sino por la antigüedad de su nobleza, como en torno de Séneca, considerado como el más sabio de su tiempo.

Algunos años más tarde, Galba, uno de los emperadores efímeros que se sucedieron después de la caída del tirano, intentó restaurar este reino de la virtud que parecía característico del principado augusteo. Tentativa interrumpida por el motín y la intervención de los ejércitos del Rin y de Oriente, pero que sería reanudada a la caída de Domiciano, en ocasión de presentarse condiciones semejantes a las que habían provocado la revolución del 68. El reinado de los Antoninos señala el triunfo de esta monarquía, ilustrada de inspiración estoica, en la que, a despecho de todas las revoluciones, sobrevive el viejo espíritu romano.

A pesar de todos sus defectos, e incluso a veces de sus vicios, de su cobardía y su complacencia hacia los príncipes —ya que nada hay que hacer contra un amo que dispone él solo de la fuerza—, el Senado, bajo el Imperio, contribuyó a mantener los antiguos valores morales. Incluso cuando la aristocracia verdaderamente romana hubo desaparecido, las selecciones provinciales que la reemplazaron tuvieron empeño en perpetuar un ideal que, para ellas, era inseparable del nombre romano. En tiempo de Domiciano y de Trajano, dos advenedizos, Plinio el Joven y Tácito, dos cisalpinos (el origen del primero es seguro, el del segundo, objeto únicamente de conjeturas), se mostraron más intransigentes en el respeto de la tradición que los últimos representantes de familias célebres desde la época de Aníbal. Debieron este sentimiento, sin duda, a la admiración que les inspiraba el pasado de Roma, en las tradiciones provinciales de su pequeña ciudad, frecuentemente inspiradas en un ideal semejante al de los romanos, que les había sido transmitido por la enseñanza de los retóricos y de los filósofos. Siendo jóvenes, habían celebrado en sus declamaciones las virtudes de Fabricio, de Fabio el Contemporizador, de Escipión; habían infamado a los Gracos, acusado a Catilina. Los antiguos valores morales les habían sido impuestos desde la escuela, y la enseñanza de los filósofos confirmaba con los argumentos de la razón aquello que habían sido habituados a mirar como el ideal natural del hombre. La influencia de la enseñanza fue ciertamente uno de los factores que más contribuyeron a estabilizar y conservar el espíritu tradicional romano. Al dirigirse sobre todo a los hijos de las clases «ilustradas», formaba a los futuros gobernadores de provincia, a los grandes administradores, a los jefes militares, a los jueces, a todos los hombres que entrarían un día en el Senado para representar a la elite del Imperio. Los senadores, impregnados de Tito Livio, de Virgilio, en quienes el ideal romano tradicional se unía a la espiritualidad helénica, no podían dejar de traducir en los hechos —es decir, en la administración misma del mundo— aquel humanismo ilustrado que había acabado, lentamente, por desprenderse de las antiguas obligaciones de la ciudadanía y que se ha perpetuado hasta nosotros.

Para aquella elite del humanismo romano, el fin esencial del hombre era la sabiduría, el perfeccionamiento interior que conducía a la práctica de las grandes virtudes de justicia, de energía, de valor ante la muerte —y no faltan los ejemplos que prueban su práctica efectiva—. El lugar de los dioses en este ideal es el que le asignaban los filósofos: el detalle de las prácticas religiosas es respetable en la medida en que pertenece al orden de la ciudad y contribuye a mantener la cohesión social; hay también entre ellas algunas que tienen un valor efectivo, porque responden a tal o cual exigencia divina, como la plegaria «pronunciada con un corazón puro», el sacrificio, que es la ofrenda voluntaria, el homenaje libremente tributado por la criatura al Creador. Por otro lado, este racionalismo moral no excluye alguna creencia en lo sobrenatural; Plinio el Joven cuenta imperturbablemente las más extraordinarias historias de fantasmas y cita coincidencias turbadoras y hasta espíritus fuertes que creían firmemente en la influencia de los astros sobre los destinos y las mismas almas de los seres humanos. Estoicismo y platonismo están de acuerdo en postular intercambios constantes entre lo divino y lo humano. Las divinidades de la religión oficial son aceptadas a título de símbolos o de aproximaciones. Los epicúreos mismos, a los que se acusa sin razón de ateísmo, hacen de ellas los símbolos de la felicidad suprema y piensan que su contemplación serena puede contribuir a conducir el alma hacia la felicidad. En cuanto al resto de lo que hoy día se considera como perteneciente a la religión, el problema de la inmortalidad y del más allá, se abandona al libre albedrío; el reconocimiento de lo divino no implica entonces, en modo alguno, que se crea en la persistencia de la persona después de la disolución del cuerpo. Las doctrinas más espiritualistas admiten como posible una divinización del alma separada de su envoltura terrestre; el alma, suficientemente purificada por la práctica de la virtud, suficientemente disciplinada por haber discernido y desarrollado en sí misma los gérmenes de lo divino, volará hacia las altas regiones del cielo y contemplará las verdades eternas. Todavía aquí platonismo y estoicismo convergen y están de acuerdo en proponer la inmortalidad astral, es decir, el retorno del alma individual al seno del Alma del mundo como recompensa de una vida pura. Pero se trata más bien de un mito, es decir, de una bella esperanza, que de una fe. Y, por otra parte, esta apoteosis personal no podía ser más que una excepción: se ofrece solamente a las almas escogidas, capaces de realizaciones y de virtudes inaccesibles al común de los hombres. El hombre divino es el gran político, el gran poeta, el pensador; en él se unen y se equilibran sabiduría y cultura, y si llega a ser un dios es que ha podido en vida, gracias tanto a la posesión de felices cualidades como a su energía y a su voluntad, ser plenamente un «hombre».

Este desarrollo moral y casi místico del humanismo romano no es seguramente más que el patrimonio de una elite de la clase dirigente. Nos equivocaríamos de todas maneras si lo creyésemos muy restringido. En cada ciudad provincial, a veces incluso en las más pequeñas, de la misma manera que el lujo material y los refinamientos del urbanismo habían encontrado la manera de introducirse, la cultura era honrada y buscada. No había municipalidad, por modesta que fuese, que no desease asegurarse el concurso de buenos maestros para los hijos de la burguesía. Esta ambición, testificada desde el siglo I de nuestra era, fue creciendo hasta el tiempo de las invasiones bárbaras. En esta época funcionaban un cierto número de verdaderas universidades provinciales, por ejemplo, en Autun, en Burdeos, en Tréveris; allí iban maestros de todas las regiones del Imperio. No era extraordinario encontrar junto a un retórico galo a un hispano y a un ateniense, todos hablando la misma lengua, el latín, y enseñando la misma moral y la misma estética. Gracias a ellos, las doctrinas elaboradas en el mundo griego ocho o nueve siglos antes continuaron operando sobre las almas. Virgilio era comentado, su *Eneida*, considerada como la Biblia de la romanidad, era aprendida de memoria. Se leía a Terencio y a Lucano. La literatura latina había llegado a ser el patrimonio común de la humanidad civilizada y su supervivencia preparaba los renacimientos futuros.

No obstante, al lado de los núcleos selectos de la capital y de las provincias, la gran masa de los habitantes del Imperio —aun dejando aparte a los campesinos, que llevaban con frecuencia una vida casi salvaje— debía encontrar fuera de la vida intelectual sus razones de vivir y de esperar. Sobre esta masa especialmente obraron las religiones orientales, es decir, las creencias y las prácticas originarias de Egipto, de Siria, del Asia Menor, de las provincias danubianas, que prometían a los fieles, en recompensa por su fe, la prosperidad en este mundo y la salvación en el otro. Estos cultos, anteriores a la conquista romana, habían mantenido su existencia en las provincias orientales. La inmensa mezcla de poblaciones provocada por la unidad del Imperio había diseminado a sus fieles, que, al establecerse en el extranjero, habían llevado consigo a sus dioses. Isis, la egipcia, fue introducida en Roma en tiempo de Sila, y se formó desde esta época una primera comunidad isíaca que no tardó en desarrollarse. Pronto tuvo su templo en el Campo de Marte, a despecho de las medidas tomadas contra ella en diversas ocasiones. Pero desde el comienzo del Imperio, acaso ya en el reinado de Augusto, Isis fue definitivamente adoptada por Roma.

Sus fieles se reclutan en un principio, naturalmente, entre los egipcios establecidos en Italia, pero también entre las mujeres, sobre todo las libertas, por lo general también de origen oriental, que eran particularmente sensibles a todo lo que, en el culto de esta diosa, se dirigía a lo afectivo. Isis exigía, por encima de todo, las lentas procesiones, los himnos, la música hechizadora de la flauta y de los sistros, el ritmo de los tamboriles, el olor de encendidos aromas. Y además tenía sus sacerdotes vestidos de lino, con la cabeza rapada, poseedores de secretos arrancados del fondo de los tiempos, amos de los demonios, iniciados en los misterios más secretos del universo. Se decía que eran inaccesibles a las debilidades humanas; se abstenían de la carne, de todo lo que había tenido un alma; rechazaban los placeres amorosos y los fieles debían también, ciertos días, permanecer puros para tener el derecho de presentarse a la diosa. Y, no obstante, Isis, como los mortales, había conocido el dolor de perder a aquel a quien amaba, y cada año lo lloraba antes de encontrar su cuerpo embalsamado en el cedro. Madre de los dolores, acogía a las pecadoras que conocían, cerca de ella, las voluptuosidades de la penitencia y de la redención.

Hacia el siglo I d.C. comenzó a extenderse por el Imperio la religión de Mitra. Mitra era un dios persa cuyo culto se había desarrollado sin duda en las riberas del Ponto Euxino; en un principio parece haber sido, sobre todo, el protector de los soldados y en su religión se mezclaron las aportaciones venidas de todas las regiones del Asia Menor y las creencias iránicas impregnadas de una teología de origen semítico. A los ojos de sus fieles, Mitra es el Sol-Rey, el Sol Invencible. Se contaba que había nacido sobre una roca el día del solsticio de invierno y que los pastores habían acudido espontáneamente a ofrecerle los productos de sus rebaños. De sus orígenes iranios Mitra había heredado una leyenda de significación cósmica. Se le mostraba en lucha con un toro, al que finalmente inmolaba clavándole un cuchillo en la garganta. Y la sangre sagrada del animal, derramada sobre la tierra, la fecundaba. De ella nacían las plantas nutritivas. Se decía que los hombres eran acreedores a Mitra de una infinidad de beneficios, entre ellos todos los que prodiga la naturaleza, y Mitra, como en otro tiempo Hércules, había combatido para apartar de la tierra los azotes que la destrozaban.

La liturgia mitriática simbolizaba las diferentes peripecias de su mito y revestía por esta razón un carácter violentamente dramático. El lugar del culto era con frecuencia subterráneo; debía, en efecto, evocar la caverna en la que el dios había nacido, en la oquedad de una roca. La bóveda de esta caverna simbolizaba el cielo estrellado. El momento más sagrado era el de la inmolación del toro —el *taurobolio*—. El animal era degollado sobre un foso y su sangre chorreaba sobre uno de los fieles, que esperaba, de pie en el foso, aquel bautismo fecundante.

Los fieles estaban agrupados en verdaderas iglesias, bajo la autoridad de un clero jerarquizado. Prestaban juramento a su dios y prometían observar sus mandamientos. Cuáles eran exactamente éstos lo ignoramos; adivinamos solamente que formaban una moral de inspiración muy elevada, fundada en la lealtad, el horror a la mentira, la fraternidad humana, y también el deseo de pureza. El aspecto militar de la religión mitriática tenía valores para seducir a muchos romanos, y no es asombroso encontrar en Roma y en todo el Occidente (pero no en la propia Grecia) un gran número de *mithraea* instalados un poco en todas partes a partir de finales del siglo I d.C. Hemos dicho ya que esta seducción se había ejercido sobre Nerón, quien se había hecho iniciar por Tiridato en los misterios de Mitra y que había tendido, a partir del año 64, a identificarse con el Sol-Rey. Debemos subrayar aún la importancia de esta concepción sobre el porvenir del culto imperial, que se transformó, al menos parcialmente, en una teología solar. Pero la religión de Mitra contribuyó también a preparar los caminos del cristianismo, no solamente extendiendo el monoteísmo, que hasta entonces era tan sólo una doctrina esencialmente filosófica, no compartida por la masa del pueblo, sino también al popularizar la demonología oriental y oponer al principio del Bien, representado por Mitra, los poderes del Mal, en lucha contra él.

La religión de Mitra, por su carácter mixto en el que se reunían elementos mazdeístas y astrología babilónica, fue acaso el vehículo más poderoso de estas ideas en Occidente, pero concepciones y creencias análogas penetraron también por otros caminos, y ello desde el siglo II a.C. Fueron traídas primeramente por los esclavos sirios vendidos en Italia después de las guerras contra los Seléucidas. Estos sirios adoraban a una diosa particularmente suya, la diosa siria Atargatis, asociada al dios Hadad. Poco a poco, los sirios, gracias a su habilidad, adquirieron una influencia considerable en la vida comercial del Imperio. El ejemplo célebre de Trimalción, contemporáneo de Nerón, enseña hasta qué grado de fortuna pudieron llegar algunos de ellos, una vez liberados. En el Imperio romano se encuentran sirios por todas partes, instalados en todas las factorías y en las ciudades comerciales. Y con ellos, sus divinidades. Además de Atargatis y de Hadad, se extendió en Occidente el culto de Adonis, señor de la vida y dios de la vegetación, cuya muerte lloraban las mujeres cada primavera, cantando luego la resurrección. Igualmente fue popularizada por los sirios la astrología caldea, que los filósofos de inspiración neopitagórica habían ya intentado fundamentar científicamente mediante razonamientos, pero cuyas prácticas alcanzaron a todas las capas sociales hasta el punto de que los emperadores debieron tomar, en repetidas ocasiones, severas medidas contra los magos y los que se llamaban los «caldeos». No es que los emperadores hubiesen querido de tal manera proteger al pueblo contra el error, sino porque, persuadidos ellos mismos de la verdad de la ciencia astrológica, temían sus efectos y querían reservarla para su propio uso.

Roma, desde los orígenes, conocía la magia, puesto que en las Doce Tablas figura una ley prohibiendo el *malum carmen*, el encantamiento maléfico. Sobre un terreno tan favorable, las prácticas de la magia oriental no podían menos que prosperar. Fueron sobre todo las mujeres las que se entregaron a este oficio —muy lucrativo al parecer—. Horacio nos ha conservado el recuerdo de la horrible Canidia, experta en nigromancia, que iba a desenterrar en los osarios los cadáveres que despedazaba para procurarse los ingredientes necesarios a sus filtros y que incluso no vacilaba en matar de hambre, enterrándolo hasta el cuello, a un niño cuya médula se encontraba de esa manera llena de virtudes mágicas. Como sucede comúnmente, esas hechiceras, a las que se pedían filtros de amor, sabían también, por medio de secretos venenos, suprimir a los maridos molestos o a los padres que tardaban demasiado en morir.

Astrólogos, hechiceros, adivinadores de toda clase dominaban, bajo el Imperio, la vida religiosa cotidiana. Se han conservado buen número de tablillas de maleficio grabadas en láminas de plomo, invocando a las divinidades infernales (los *demons* de las religiones orientales); tan pronto se trataba de asegurar la victoria de un concurrente a las carreras de carros provocando la derrota de los demás, como, también con frecuencia, de pedir a los demonios la enfermedad o la muerte de un enemigo. Estas tablillas muestran, en una inextricable confusión, nombres de dioses bárbaros que aparecen a menudo rayados. Todo se junta en ellas: demonios mazdeístas, dioses itálicos, divinidades egipcias y todo lo que ha podido sugerir la imaginación de los hechiceros. El viejo animismo romano encontraba su lugar en estas prácticas; lo que subsistía de magia primitiva en la religión oficial había sido disciplinado desde hacía largo tiempo, convertido en inofensivo por la reglamentación de los pontífices. De esta manera, magia y cultos orientales ofrecían una fácil satisfacción a esa tendencia profunda de la raza y una suerte de liberación de las obligaciones.

La religión de Estado, controlada por los colegios sacerdotales oficiales, era menos rígida de lo que con frecuencia se ha dicho. Supo admitir, sobre todo en período de crisis, las innovaciones más atrevidas. Así, aceptó en los tiempos de Aníbal la introducción en Roma del culto de la diosa frigia Cibeles, culto de carácter violentamente orgiástico, celebrado por sacerdotes eunucos que en el entusiasmo de sus danzas sagradas se mutilaban a latigazos y a puñaladas, haciendo correr su sangre. Nada podía oponerse más directamente a la antigua disciplina de la *virtus*. Pero una necesidad más alta impuso la adopción de Cibeles, como si en los años sombríos de la guerra de Aníbal las divinidades tradicionales no poseyesen ya bastante poder sagrado y fuese preciso volver a tomar un contacto directo con las fuerzas orgiásticas. Se fue, pues, con gran pompa, a buscar en Pesinonte, Frigia, la piedra santa que representaba a la diosa y se la instaló en el Palatino, en el corazón mismo de la ciudad de Rómulo. No obstante, el Senado no permitió que el culto bárbaro fuese celebrado en toda su violencia; fue instituido un clero jerarquizado, las prácticas fueron dulcificadas, las fiestas solemnizadas; el beneficio de la transferencia fue conseguido de esta manera sin los peligros que llevaba consigo.

De tiempo en tiempo, una ola de misticismo recorría la península. Se asistía al despertar de los ritos más naturalistas y se veía formarse colegios de místicos para celebrar en común ceremonias orgiásticas. Pero las autoridades romanas intervenían y por medio de severas medidas policiales hacían que todo volviese al orden. Un caso célebre fue el de la religión dionisíaca, que al comienzo del siglo II a.C. se extendió de manera inquietante por los campos y las ciudades. Los iniciados, hombres y mujeres, se reunían y se abandonaban a los transportes de las bacantes, llegando incluso hasta consumar sacrificios humanos. La reacción del Senado romano fue implacable. Un senado consulto prohibió, bajo pena de muerte, formar asociaciones dionisíacas. Pero el culto del dios mismo no fue prohibido, a condición de ser celebrado abiertamente y oficiado por un sacerdocio sometido a la vigilancia de los magistrados. No podríamos, sin embargo, hablar en este caso de tolerancia romana. El sentimiento que animaba a los senadores no era en modo alguno el respeto de la libertad de conciencia, sino una elemental prudencia ante lo que consideraban como una evidente manifestación de lo divino. Conscientes de la riqueza infinita de ello, no ignoraban que la religión oficial no lo abarcaba todo y estaban dispuestos a asegurar al Estado el beneficio de toda nueva teurgia. Pero, en desquite, exigían que las prácticas toleradas no pusiesen en peligro el equilibrio y la disciplina de la ciudad.

Este estado de espíritu, que persistió hasta el fin de Roma, explica en buena parte la política seguida por los emperadores frente al cristianismo. No había en éste nada que pudiese escandalizar profundamente a la conciencia religiosa de los romanos; la religión de Mitra también afirmaba un monoteísmo exclusivo y poseía su jerarquía interna, su moral, su bautismo y su teología. La religión isíaca, igualmente, imponía a sus adeptos prácticas ascéticas y ceremonias cotidianas, así como, en ciertas circunstancias, un vestido especial y prohibiciones alimenticias. No obstante, ni Mitra ni Isis provocaron persecuciones. La predicación cristiana, se ha dicho a veces, ofrecía el riesgo de comprometer la organización social, predicando la igualdad de los hombres ante Dios. Pero tales ideas eran a menudo expresadas por los filósofos, y la evolución social bajo el Imperio tendía por sí misma a borrar las barreras tradicionales entre conquistadores y conquistados, entre hombres libres y esclavos. Las razones de las persecuciones dirigidas contra los cristianos fueron diferentes; residen primeramente en la intolerancia cristiana, inexistente en los otros cultos orientales. Por lo general, fueron los cristianos quienes se mostraron agresivos, negándose a aceptar lo que había llegado a ser el principio esencial de la vida política, la divinidad del emperador, y rehusando también el juramento militar, que era de esencia religiosa. Pero cuando los emperadores hicieron cesar la lucha contra el paganismo oficial y contra el cristianismo, lo hicieron en nombre del principio que en otro tiempo había animado a los redactores del senadoconsulto sobre las bacanales:

«Hemos decidido —dice el rescripto de Licinio publicado en el año 313 d.C.— que convenía colocar por encima de todas las cosas lo que se refiere al culto de la divinidad, y, por esto, conceder a los cristianos, como a todo el mundo, la libre facultad de seguir la religión que quieran, a fin de que todo lo que hay de divinidades en la estancia celeste, pueda sernos favorable y propicio, a nosotros y a todos los que están colocados bajo nuestra autoridad.»

Así se terminaba, en la más pura tradición romana, una lucha sangrienta que duraba en aquel momento cerca de tres siglos.

Hemos visto que durante largo tiempo el fundamento de la sociedad romana había sido la familia. Es útil, pues, preguntarnos cómo evolucionó, en el curso de la historia de la civilización romana, la vida familiar y en qué medida permaneció fiel a los viejos imperativos o bien si consiguió separarse de ellos.

Primitivamente, lo hemos ya recordado, la vida familiar estaba dominada por el poder absoluto del padre, que lo ejercía legalmente sobre los esclavos de la casa pero también sobre su mujer y sus hijos. El *pater familias* puede, según su gusto, reconocer a los hijos que le da su mujer (entonces, en el momento del nacimiento, toma el niño en sus brazos y lo eleva con un gesto que le confiere la legitimidad), o bien exponerlos fuera de la casa, abandonándolos a quien los quisiera, lo que, en la práctica, equivalía a condenarlos a muerte o, en el mejor de los casos, a la esclavitud. Además, incluso el hijo reconocido por su padre podía ser expulsado de la casa; entonces era vendido «al otro lado del Tíber», pero el hijo que de esta manera había sido vendido tres veces se encontraba legalmente emancipado de la *patria potestas*. En los casos particularmente graves, el padre podía matar a sus hijos y a su mujer, pero la tradición requería que tan atroz decisión fuese tomada en un consejo de familia expresamente reunido al efecto. Se sabe que esta vieja práctica persistía aún en los tiempos de Nerón, ya que un senador cuya mujer había sido acusada de «supersticiones extrañas» hubo de reunir un tribunal para juzgarla. El Estado mantiene hasta el final la mayor repugnancia a intervenir en el seno de la familia y, por consiguiente, a limitar la autoridad del padre.

De hecho, no obstante, las costumbres no tardaron en suavizar las consecuencias de este estado jurídico. Cada vez fue más excepcional que un padre vendiese a su hijo como esclavo. Se admitía que un hijo vendido de esta forma permanecía libre a los ojos de la Ley, y que, a diferencia de los otros esclavos, podía hacer legalmente testamento e incluso intentar una acción contra su nuevo amo. Por otra parte, si el *pater familias* era siempre, en derecho, el representante legal de sus hijos y de su mujer, si debía dar su autorización para que fuese válido todo acto jurídico efectuado por ellos, a partir del siglo II a.C. se promulgó un procedimiento de emancipación que sustraía en la práctica a sus beneficiarios de la tutela del padre: el hijo o la mujer emancipados no dejaban de formar parte de la familia pero adquirían el derecho de poseer personalmente y de administrar sus bienes de manera autónoma.

Se concibe que en una sociedad en la que la célula familiar era tan fuerte, el matrimonio fuese considerado como un acto particularmente grave, ya que tenía por resultado introducir en la familia un elemento extraño necesario para su perennidad. El matrimonio era decidido por el padre de familia y las inclinaciones de los interesados eran raramente consultadas. Otras consideraciones estimadas más importantes determinaban la elección. Las alianzas políticas tenían un gran papel, por lo menos en la aristocracia. Se celebraban esponsales, que constituían un compromiso solemne y religioso entre las familias. Consultados los dioses, si los augurios eran favorables, se cambiaban los anillos, que tenían un valor simbólico. A veces estaban formados por dos juncos unidos entre sí por un nudo. Cuando el junco era simple llevaba grabados sobre el engaste dos bustos, el de la novia y el del novio, u otras imágenes expresando la unión de los esposos. Todos los amigos de la familia estaban presentes en los esponsales: eran los testigos del compromiso. La asistencia a los esponsales formaba parte de los múltiples *officia* del romano, de las obligaciones de la vida social a las cuales no se podía sustraer sin falta grave. Al mismo tiempo que al cambio de anillos se procedía a la firma del contrato matrimonial, estipulando la naturaleza y el montante de la dote aportada por la joven. Dichos esponsales tenían consecuencias jurídicas; si el casamiento no era luego celebrado debidamente, aquella de las dos partes que no había obtenido satisfacción podía intentar contra la otra una acción en reparación de los daños causados. Quienquiera que ya desposado se desposase una segunda vez, era considerado como bígamo. De igual modo, una desposada infiel era asimilada a una mujer adúltera, aunque su compromiso no era perpetuo. Si su desposado no se había casado con ella en el plazo convenido, era libre de contraer matrimonio con otro. Pero a veces sucedía que el alcance de los desposorios era muy largo, pues se introdujo la costumbre de desposar a niños de corta edad y en tales casos había que esperar largos años para que el casamiento pudiese ser celebrado.

A los ojos de la ley, solamente los ciudadanos romanos tenían derecho a contraer matrimonio. El *jus connubii* era uno de los privilegios inherentes a la ciudadanía romana. En la época clásica no existía ninguna limitación a este derecho, pero la tradición ha conservado el recuerdo de tiempos en los que los patricios no podían casarse con una plebeya, prohibición caída pronto en desuso. Teóricamente, los jóvenes eran considerados como aptos para el casamiento desde la edad de catorce años, y las muchachas como núbiles a los doce años.

En los primeros siglos de la República existían al mismo tiempo dos formas de casamiento: la *confarreatio*, que era propia de los patricios, y la *coemptio*, que era el casamiento plebeyo. La *confarreatio* consistía esencialmente en una ceremonia religiosa celebrada delante del altar doméstico: una sopa de harina hecha con espelta (una especie de trigo, *far*) se derramaba sobre la víctima inmolada, y una torta, también de espelta, era partida entre los esposos, que la comían. El carácter rústico y sin duda propiamente latino de este rito es evidente. Constituía el momento solemne de las bodas, pero estaba precedido y seguido de toda una serie de prácticas pintorescas que nos describen los autores antiguos.

La víspera del casamiento la novia ofrecía sus muñecas a los lares de la casa paterna. El mismo día se revestía de una túnica blanca (*tunica recta*), cuya tela era tejida siguiendo un procedimiento arcaico y que ajustaba a la cintura con un doble nudo. Su cabello era peinado con la ayuda de un instrumento especial (*hasta caelibaris*); se dividía el cabello en seis mechones que se rodeaban de cintas para reunirlos en un moño. Después, sobre el cabello así dispuesto, se colocaba un velo de color anaranjado (*flammeum*) y sobre la túnica un manto (*palla*), especie de amplio chal que rodeaba la mitad superior del cuerpo. A veces se añadía una corona de flores y diversas joyas, un collar de oro, brazaletes. En los pies, la novia llevaba sandalias del mismo color que el *flammeum*. Al día siguiente por la mañana, desde el amanecer, comenzaba la ceremonia con la consulta de los auspicios —el casamiento no podía celebrarse sino en ciertos días considerados «fastos»—; después se procedía a la firma definitiva del contrato, en el cual diez testigos ponían su nombre. Entonces, una mujer de edad (*pronuba*) y que no hubiese tenido más que un solo marido —lo que era un feliz augurio para el destino de los jóvenes esposos— tomaba en sus manos las de los dos novios y las unía. Esta unión de las manos (*dextrarum junctio*) tenía lugar en la casa de la novia y era seguida de una gran comida ofrecida por el padre de aquélla, en la que se servían ciertos manjares tradicionales. Llegada la noche, cuando brillaba la primera estrella, la novia era conducida en cortejo a la casa de su esposo. Esto daba lugar a ciertos gestos rituales representando un verdadero pequeño drama: la novia hacía ademán de refugiarse en los brazos de su madre, de los que era arrancada y arrastrada aparentemente a la fuerza. Después la procesión se formaba. Se encendían antorchas cuya luz proporcionaba presagios; una llama viva anunciaba un marido amoroso, una llama languideciente no presagiaba nada bueno. Por eso los portadores de las antorchas las agitaban tan fuerte como les era posible, para avivar la llama. Los amigos de la familia estaban allí, la cabeza coronada de hojas, así como la *pronuba* y los niños acompañantes, tres niños con padre y madre todavía vivos; dos de ellos llevaban de la mano a la novia, y el tercero, delante de ella, portaba una antorcha de madera de espino blanco encendida en el hogar doméstico. Músicos, sobre todo flautistas, acompañaban al cortejo, mientras los espectadores, a lo largo del camino, lanzaban gritos de buen augurio, tales como aquel misterioso *thalassio* del que nadie conocía exactamente el sentido. La costumbre quería también que se cantasen canciones groseras, violentamente obscenas —sin duda, tanto para apartar «el mal de ojo» como para asegurar la fecundidad de la joven pareja—. Entre tanto, el novio tiraba a los niños asistentes pequeñas monedas y también nueces —otro símbolo de la fecundidad.

En la puerta de la casa de la cual ella iba a ser de ahora en adelante la dueña, la novia debía aún someterse a todo un ritual. Para conciliarse con los dioses del umbral adornaba éste de flores y de cintas de lana y untaba de aceite las jambas. Terminada esta ofrenda, dos amigos del marido levantaban a la novia en sus brazos y la pasaban por encima del umbral; de esta manera se evitaba el temible accidente religioso que habría amenazado la vida de la joven pareja si a su entrada en la casa la esposa hubiese tropezado con la piedra del umbral. En cuanto al lecho nupcial, estaba alzado en el *atrium* o en el *tablinum*, y era allí donde la *pronuba* conducía a la novia para la consumación del casamiento, que a veces no tenía lugar sino al cabo de varios días.

Este ritual del matrimonio era sensiblemente el mismo, cualquiera que fuese el tipo de enlace. El matrimonio plebeyo tomaba el de la *coemptio*, simulacro de compra mutua y recíproca de los esposos. Existía, por último, una tercera forma, derivada de la *coemptio*: el matrimonio *per usum*, que resultaba de un estado de hecho; si una mujer vivía durante un año en casa de un hombre, se reputaba ser su esposa a la terminación de dicho período, pero era preciso que la cohabitación hubiese sido continua; tres noches consecutivas de ausencia llevaban consigo la nulidad. Tenemos aquí una aplicación del principio jurídico según el cual, y bajo ciertas condiciones, posesión equivale a título (*usucapio*).

A estas tres formas de matrimonio se superpuso, poco a poco, otra que se hizo habitual hacia el fin de la República y bajo el Imperio. El carácter fundamental de la primera era el paso jurídico de la joven bajo el *manus* del marido. Con la evolución de las costumbres, que rechazaban cada vez más el hecho de mantener a las mujeres en esta especie de servidumbre legal, fue imaginado un matrimonio *sine manu*, en el cual la esposa quedaba teóricamente puesta bajo la autoridad del padre, las más de las veces sustituida por la de un tutor legítimo. Si el marido conservaba la gestión de la dote, la esposa era libre de adquirir bienes personales y de administrarlos a su gusto; la tutela legal era en realidad poco más que una ficción, la cual, por otro lado, no podía producir ninguna dificultad verdadera a la mujer casada, pues, a su demanda, el pretor podía autorizarla a escoger otro tutor cuando el que le había sido dado no se mostraba bastante complaciente. Yendo más lejos, la legislación de Augusto dispensó incluso completamente de tutela, en ciertos casos, a las mujeres que hubiesen tenido tres hijos. Las dificultades legales se suavizan cada vez más y la mujer adquiere una personalidad libre, hasta el punto de que los padres ya no casan a sus hijas contra su voluntad. De las formas jurídicas del matrimonio no subsiste casi nada de lo que estaba destinado primitivamente a salvaguardar la posición privilegiada del *pater familias* y a mantener su autoridad legal. En lugar de una unión impuesta a los esposos, concluida por medio de un contrato ajeno a su voluntad, encontramos un matrimonio, fundado en el consenso mutuo de dos seres, que dura solamente por la voluntad común de prolongar sus efectos.

Como todos los contratos, el matrimonio era revocable. Primitivamente, el derecho de revocarlo pertenecía únicamente al marido; éste no tenía sino que reclamar a su mujer delante de testigo las llaves de la casa y decirle o hacerle decir por un tercero: *tuas res habeto* (toma tus cosas). Esta fórmula disolvía la unión. De todas maneras, la costumbre tendía a que esta repudiación sólo se realizase con el parecer del consejo de familia llamado en consulta. Si este tribunal doméstico decidía que la mujer era culpable, era devuelta a su padre, mientras su dote era retenida. En principio, el matrimonio patricio por *confarreatio* era indisoluble, pero el espíritu inventivo de los romanos imaginó una ceremonia que llamaron *difarreatio*, de efectos contrarios a la primera. No obstante, durante largo tiempo el divorcio fue una cosa excepcional. Se cita el caso de un cierto P. Sempronius Rufus, que había repudiado a su mujer porque había ido a los juegos sin su permiso, y el de Sp. Cardilius Ruga, un senador que había repudiado a la suya porque era estéril. No obstante, esta estabilidad de hecho del matrimonio (los historiadores modernos se inclinan a pensar que la realidad fue menos idílica de lo que asegura la tradición) no fue duradera. A partir de la segunda mitad del siglo II a.C., las costumbres se transformaron hasta el punto de que, hacia finales de la República, el divorcio había llegado a ser extremadamente frecuente y constituía una seria amenaza para la estabilidad de las familias.

Los autores antiguos nos han conservado el recuerdo de ciertos divorcios, particularmente escandalosos, que no tenían otro objeto que asegurar a la esposa una libertad de vida total. Se conoce la frase de Séneca sobre cierta mujer «que contaba los años no por el nombre de los cónsules, sino por el nombre de sus maridos» y la anécdota conservada por san Jerónimo acerca de una mujer que había tenido, en Roma, veintidós maridos antes de casarse otra vez todavía —¡y con un hombre que había tenido ya veinte esposas!—. Por otro lado, las cuestiones de interés parecen haber tomado un papel más importante todavía en la multiplicación de los divorcios que el deseo de gozar de la vida. Prácticamente dueñas de su fortuna, las mujeres se preocupaban poco de beneficiar con ella a un hombre que, con frecuencia, era menos rico que ellas. Preferían buscar un compañero del que podían esperar que las haría dentro de poco tiempo herederas, o cuya fortuna personal les asegurase aún más lujo. Parece también que las mujeres romanas bajo el Imperio hayan sentido repugnancia por las molestias y las fatigas de la maternidad, lo que facilitaba la ruptura de uniones que no eran más que temporales, ya que su duración no se había hecho necesaria por la existencia de hijos. También se vio con frecuencia bajo el Imperio no ya a los maridos repudiar a sus mujeres, sino éstas a sus maridos. Los textos jurídicos nos facilitan sobre este punto testimonios bien singulares. Conocemos, por ejemplo, el caso de una dama romana que habiendo tenido dificultades de dinero lo pidió en préstamo a su marido. Éste consintió en prestar el dinero, ¡pero con la condición expresa de que su mujer se comprometía a no repudiarlo! En otro caso, es una suegra quien hace un legado a su nuera bajo la condición siguiente: el legado será suprimido si la mujer despide a su marido. Una vez muerta la suegra y logrado el legado, la dama se apresuró a repudiar al marido.

Sería posible multiplicar estos ejemplos, pero es difícil considerar estos archivos de jurisconsultos como reflejo fiel de una sociedad. En todas las épocas los archivos de los tribunales, como los legajos de los abogados, han conocido historias de familias por lo menos tan tristes. Oponiendo ejemplo a ejemplo, es posible al historiador evocar otros retratos de mujeres bien diferentes, y tan verdaderos como aquéllos. No solamente Tácito celebra en sus *Annales* toda una galería de esposas heroicas, como Arria, mujer de Caecina Paetus, que quiso morir al mismo tiempo que su marido, condenado a muerte por Claudio, o aun Paulina, la mujer de Séneca, que en las mismas circunstancias se abrió las venas y sólo debió su salvación a la intervención de los soldados, pero las inscripciones nos cuentan historias conmovedoras de devoción conyugal. Se conoce el nombre de Turia, aquella esposa modelo cuyo afecto se extendió a todos los que su marido amaba; cuando éste fue desterrado y se vio obligado a ocultarse, lo ayudó en su huida y aseguró su salvación; en fin, supremo sacrificio, como sabía que no podía darle hijos, le ofreció espontáneamente ceder su lugar a una mujer más afortunada, sin abandonar una casa de la que consentía en no ser ya la dueña. La inscripción funeraria que nos perpetúa esta historia añade que el marido se negó a aceptar un sacrificio semejante.

Turia, al ofrecer a su marido sacrificarse para permitirle asegurar su descendencia, se mostraba fiel al verdadero espíritu del matrimonio romano. La finalidad de la unión de los esposos es, en efecto, la procreación de los hijos, completada con su educación, que aseguraba la permanencia moral y material de la ciudad. Todo debe inclinarse, hasta el matrimonio mismo, ante ese imperioso deber. Con este espíritu hay que comprender la singular aventura de Catón de Útica y de su esposa Marcia, tal como nos la cuenta la *Farsalia* de Lucano. Marcia, hija del orador L. Marcius Philippus, era la segunda mujer de Catón, del que había tenido tres hijos. Ahora bien, aconteció que Hortensius, el célebre orador, amigo de Catón, sintiéndose ya viejo, no quiso morir sin dejar un hijo. Hizo a su amigo confidente de su deseo y Catón aceptó prestarle a Marcia, cuya fecundidad era indudable. Marcia, consultada, aceptó; se divorció y en segundas nupcias se casó con Hortensius, al que aseguró una posteridad. Después, fallecido su segundo marido, volvió a Catón y se casó de nuevo con él. Lucano nos describe la escena de este segundo matrimonio de Catón y Marcia e insiste sobre la austeridad de estas bodas, que no trajeron una renovación de la unión carnal entre los esposos. Cada uno de ellos había seguido el camino de lo que había considerado como su deber; ni sus sentimientos personales ni menos aún la satisfacción de sus sentidos no ocupaban lugar alguno en su conducta. Historia asombrosa, que desconcierta el espíritu de los modernos, pero que está muy de acuerdo con esa *virtus*, esa disciplina de sí mismo, que nos ha parecido ser el fundamento más profundo de la moral romana.

En el fondo del matrimonio romano permanece vivo el sentimiento expresado por la fórmula del compromiso que pronunciaba, según se dice, la desposada mientras su mano se unía con la de su marido: *Ubi tu Gaius, ego Gaia* (Donde tú seas Gaius, yo seré Gaia), fórmula de identificación absoluta de las voluntades, de los seres mismos, mientras dure la unión. Que en la práctica este ideal sublime no haya podido ser mantenido siempre, ¿a quién podrá asombrar? ¿No es ya consolador que haya podido ser lo que se proponían los jóvenes esposos en la mañana de sus bodas?

Capítulo 4

La vida y las leyes

La mayor parte de los Estados modernos, por lo menos los que directa o indirectamente han experimentado la influencia del pensamiento de los filósofos del siglo XVIII europeo, tienen, respecto a Roma, una deuda inmensa. Las palabras mismas que sirven para designar sus instituciones han sido tomadas del vocabulario romano, pero la identidad de términos no nos debe ocultar ciertas diferencias fundamentales cuya ignorancia nos impediría comprender la originalidad y la historia misma del derecho en Roma, de la misma manera que la organización de la ciudad, el funcionamiento de la justicia y el reconocimiento de los derechos de los individuos. Se recordará, por ejemplo, que si para nosotros un magistrado es esencialmente un juez, un magistrado en Roma era a la vez un juez y un personaje que poseía otros poderes, diferenciados hoy día, y, desde Montesquieu, puestos los unos en la categoría de lo ejecutivo y los otros en la de lo legislativo. Tampoco deberá olvidarse que la noción de ley no es la misma en Roma que actualmente. Una ley era entonces una voluntad del pueblo, manifestada según ciertas formas, pero pudiendo aplicarse a objetos muy diferentes, lo mismo a una declaración de guerra que a la investidura de un magistrado, o a una distribución de tierras que a la adopción por un simple particular de un niño perteneciente a otra familia. Medidas legislativas muy importantes, al contrario, no derivaban de una ley; así ocurría con las decisiones de orden financiero: no existía un presupuesto oficial sometido cada año al pueblo, y las finanzas del Estado dependían de la gestión del Senado. De la misma manera, cada magistrado poseía un derecho de edicto, que era sin duda de orden legislativo. El cónsul, por otra parte, tenía poderes de policía muy extensos; bajo su sola responsabilidad podía expulsar de Roma a tal o cual individuo, reclutar tropas, etc., caso de juzgarlo necesario para ejecutar la misión que su cargo llevaba aparejada. Ni en materia civil o criminal, ni en materia constitucional, existía un código escrito, sino solamente costumbres que tenían fuerza de ley, aunque jamás hubiesen sido objeto de un voto popular. La constitución romana no fue nunca pensada por un hombre o por un grupo; se había formulado a la manera de un ser viviente que se adapta progresivamente a las condiciones cambiantes derivadas del medio en que se desarrolla y consigue sobrevivir de tal manera.

En la Roma de los reyes, y aun durante largo tiempo bajo la República, derecho judicial y derecho constitucional no estaban separados. El rey, como más tarde el cónsul, era el depositario de un conjunto de reglas destinadas a mantener las relaciones de las personas entre ellas y con la ciudad. La función primordial del rey (después del cónsul) consistía en hacer conocer estas reglas a medida que las necesidades lo imponían y según los casos que les eran sometidos. Se sentaba en su tribunal (que era un estrado sobre la multitud) y contestaba a las preguntas que le dirigían los consultantes. Lo más frecuente era que los problemas suscitados fuesen de orden civil o criminal: reclamación de un demandante víctima de alguna injusticia o de algo que creyese tal. Por lo demás, los actos de su administración no dependían más que de su capricho, templado por la costumbre. Por esta razón el derecho preexiste a la ley; las reglas constitucionales no son más que un caso particular de este derecho, del que se separaron muy lentamente, muy tarde y de una manera siempre imperfecta. Esto nos explica por qué, hasta el fin del Imperio, vemos a los emperadores dictar leyes sobre toda clase de materias. Lo hacen no como monarcas absolutos que hubiesen acaparado las prerrogativas que antes perteneciesen al pueblo, sino como sucesores de los magistrados republicanos y, antes, de los reyes. Todo el que posee una parte del poder tiene por misión fundamental asegurar el mantenimiento del orden, aquel orden del mundo que, según hemos visto, era la preocupación que obsesionaba el espíritu del romano. Y si el derecho civil o criminal tiene por objeto mantener el orden entre las personas, el derecho que llamamos constitucional tiene como fin mantenerlo o asegurarlo en las relaciones entre los particulares (o las colectividades) y la ciudad. Emana del derecho en sí mismo, del que no es, en suma, más que una aplicación entre otras. Por esta razón nos parece necesario examinar el funcionamiento del derecho, antes de exponer la formación y la evolución del sistema constitucional romano.

El derecho, en Roma, emanaba directamente de la moral, en el sentido de que, al igual que ella, tenía la ambición de asegurar la estabilidad de la ciudad. Como ella ha evolucionado: las costumbres heredadas por Roma cuando se formó el Estado no han quedado fijadas permanentemente, se han ido modificando a medida que se transformaba la ciudad misma para adaptarse a las nuevas condiciones. A los imperativos absolutos de la sociedad han sucedido leyes que concedían un lugar cada vez más amplio a los derechos de las personas, y a la legalidad estricta poco a poco se ha sobrepuesto la busca de la equidad.

En la práctica, el derecho romano comienza para nosotros con la «ley de las Doce Tablas». Se conoce con este nombre una colección de leyes que, según la tradición antigua, habría sido redactada hacia la mitad del siglo V a.C.: por una comisión especial de diez miembros, los decenviros. Esta empresa habría sido decidida, se nos dice, a petición expresa de la plebe, que se quejaba de que el derecho, que era hasta entonces puramente oral, no se aplicaba con equidad, sino que dependía del arbitrio de los magistrados, que en aquel tiempo eran obligatoriamente patricios. Los decenviros habían comenzado su trabajo por una encuesta en las ciudades griegas para aprovecharse de la experiencia extranjera. El resultado de sus esfuerzos fue condensado en doce tablas grabadas, que fueron fijadas en el Foro, cerca de los Rostros.

El texto íntegro de este código no ha llegado hasta nosotros, pero los autores antiguos han citado largos pasajes de él, de manera que lo conocemos bastante bien. Podemos comprobar que contenía un gran número de reglas de muy diverso tipo. Algunas testimonian con evidencia los orígenes religiosos del derecho, y el hecho de que las prescripciones sobre los ritos figuren al lado de las leyes de alcance puramente civil indica claramente que los dos dominios no estaban aún enteramente separados. Se nota, por ejemplo, la abundancia de reglas referentes a las sepulturas: prohibición de enterrar o de quemar un cadáver en el interior de la *Urbs*, escuadrar a la doladera la madera de la pira fúnebre, dejar en los funerales a las mujeres lacerarse las mejillas, aullar lamentaciones y depositar sobre el cadáver ofrendas de oro, sin que fuese de todas maneras obligado retirar las coronas de oro de las que pudiesen estar rodeados los dientes del muerto. Los decenviros preveían también el caso de los sortilegios por cuyo medio un hechicero podía transportar la cosecha de un campo a otro. Las Doce Tablas, como se ve, conservaban recuerdos de un pasado muy antiguo. Pero si se las compara con las leyes de la época real, de las cuales nos han sido transmitidos algunos ejemplos, no se puede dejar de reconocer el esfuerzo de modernización e incluso de laicización de que son testimonio.

La mayor parte de las leyes atribuidas a Rómulo o a Numa son, en efecto, de carácter religioso. Se refieren a las violaciones de prohibiciones sagradas o prevén casos en los que la intervención divina es manifiesta. Por ejemplo: «Si un ser humano ha sido muerto por el rayo, que no se coloque en manera alguna el cadáver sobre las rodillas ... y que no se le hagan funerales regulares». De la misma manera, en las leyes reales, la pena de muerte, pronunciada con mucha frecuencia, era concebida como una consagración a los dioses: *sacer esto* es una fórmula que se repite como un estribillo terrible. El culpable de una infracción no pertenece ya a la comunidad de los hombres, pertenece a los dioses. El castigo no tiene en manera alguna carácter propiamente moral, es como la confirmación de un hecho religioso. Sin esto, ¿cómo explicar una ley como la siguiente, que figura entre las leyes de Numa?: «Quienquiera que haya desenterrado un hito será consagrado a los dioses, él y sus bueyes». El acto por sí mismo trae aparejada una mancha que es una amenaza para la ciudadanía entera, pues compromete la *pax deorum*, el buen acuerdo con los dioses. La muerte del culpable, y de todo lo que participa de su mancha, es una medida de salvaguardia, no un castigo moral.

La supervivencia de esta concepción es evidente todavía en las Doce Tablas. Así lo vemos en la regla que dice: «Si un patrón comete un engaño con respecto a un cliente, que sea *sacer*», o aun la que condenaba de la misma manera el parricidio (es decir, el matador de un hombre libre). Pero éste ya no es el principio dominante del derecho penal; no subsiste más que en ciertos casos graves, para los cuales la noción de violación de una prohibición religiosa se mantiene particularmente viva. Más a menudo la ha sustituido la idea de una reparación por el daño causado. Se sabe que esta suavización del derecho primitivo caracteriza también la evolución del derecho griego —especialmente el ateniense— hacia finales del siglo VI a.C. y no es en manera alguna imposible que los decenviros le deban esta innovación, de la que habían encontrado la aplicación de los códigos de las colonias griegas de la Italia meridional. Tal innovación estaba llena de consecuencias. Con ella se establecía en la ciudad el principio mismo de la justicia: *suum cuique tribuere* (dar a cada uno lo que es suyo) —y en caso necesario devolvérselo, restaurar en la medida de lo posible el estado anterior—. Es probable que la idea misma de esta reparación no sea extraña en Roma antes de cualquier influencia griega; pero es probable también que ésta haya contribuido a dar de ello a los romanos una conciencia clara y por consiguiente a acelerar la maduración del derecho. A veces esta reparación toma la forma del talión, pero éste no interviene más que cuando las dos partes no se han puesto de acuerdo sobre una reparación, y aun casi exclusivamente en el caso de daño físico, para el cual es difícil fijar un baremo de reparación. El recurso al talión nunca es más que un expediente; para evitarlo, la ley estipula cifras precisas, por ejemplo, los «daños e intereses» de trescientos sextercios contra quienquiera que rompa un hueso en la persona de un hombre libre y de ciento cincuenta si la víctima es un esclavo.

A veces sorprendemos en lo vivo el trabajo del legislador, y vemos la noción de responsabilidad separarse a la vez de la de reparación y de la de sacrilegio. De esta manera, el robo de cosechas «obtenidas con el arado», si tiene lugar por la noche, lleva consigo la consagración del culpable a Ceres, y la forma del suplicio (el culpable, atado a un poste, es azotado con varas hasta que sobrevenga la muerte) tiene un valor ritual; pero el mismo crimen cometido por un impúber lleva consigo solamente la fustigación, a la discreción del pretor, y la restitución del importe del robo o del doble de este importe. Así, la sanción pecuniaria misma sustituye, en el caso del impúber, el sacrificio a Ceres y toma figura de castigo en la medida en que sobrepasa el valor real del daño causado.

Desearíamos poder descubrir en las Doce Tablas las diferentes aportaciones de los «componentes» de Roma, cribar lo que pertenece a los usos de las *gentes* patricias, lo que se ha introducido de elementos jurídicos urbanos, lo que responde a una práctica campesina. Desgraciadamente, este análisis sólo podría efectuarse con la ayuda de hipótesis que hacen que sus resultados sean más bien inciertos, y los sistemas de interpretación propuestos por los historiadores del derecho se oponen unos a otros sin persuadir nunca plenamente.

Sin duda, muchas de las prescripciones de las Doce Tablas tienen por objeto hechos de la vida rural. Se habla a menudo de cosechas, de árboles que se cortan o que se trata de proteger, de animales que cometen depredaciones en los campos. Pero todo esto es natural en una sociedad cuya economía reposa casi únicamente en la producción agrícola. Nada indica que estos elementos sean más antiguos que los otros. Toda la práctica, al contrario, está dominada por el recurso a los magistrados urbanos, al pretor, y no se encuentra rastro de una justicia rural; ésta, lo mismo que el derecho gentilicio, se debe a un contexto bien diferente. Su indudable influencia pertenece al dominio de la prehistoria del derecho. En el tiempo de las Doce Tablas, éste es decididamente urbano, lo que concuerda de una manera bastante exacta con la narración tradicional de las circunstancias que han provocado la codificación de los decenviros, si bien es verdad que la plebe —a petición de la cual fueron redactadas las Doce Tablas— representa el elemento urbano por excelencia del *Populus Romanus*. Parece incluso que, desde su origen, el derecho romano haya nacido de la dualidad esencial de la ciudad, y precisamente porque existía una plebe exterior a las *gentes*, fue necesario hacer intervenir un árbitro situado por encima de los unos y los otros y capaz de asegurar el reglamento de los conflictos que se produjesen no solamente entre las *gentes*, sino —lo que fue más importante para el desarrollo del derecho— entre éstas y los individuos aislados que no estaban protegidos por ningún grupo intermedio entre ellos y el Estado.

Uno de los caracteres más duraderos del derecho romano, aquel del que se han derivado mayores consecuencias, es sin duda la posición privilegiada que se atribuye al jefe de *gens*, al *pater familias*: sólo él es plenamente responsable, plenamente propietario, plenamente apto para obrar en justicia. Hemos recordado ya que, en el interior de la familia, ni el hijo ni la mujer poseen primitivamente ningún derecho, ninguna personalidad jurídica. Si, por consiguiente, no hubiesen existido más que familias de este tipo, el Estado sólo habría debido reglamentar las relaciones entre *patres*. Todo el resto habría dependido del tribunal de familia, ese consejo del que hemos explicado la existencia y el papel en ciertos casos. El derecho se habría reducido a algunas costumbres conocidas solamente por los *patres* y a las reglas religiosas catalogadas y conservadas por los pontífices. Pero la existencia de la plebe, su crecimiento numérico, su importancia creciente en la vida económica —pues ella parece haber concentrado, desde el origen, el artesanado y el comercio— hizo imperativa la organización de una justicia que se dirigiese ya no a grupos, sino a personas. Es este lento trabajo de desintegración de las *gentes* lo que llevó a la redacción de las Doce Tablas, consagración de un poder supragentilicio que cada uno puede hacer interesar en la solución de su propio caso y poner en movimiento en condiciones bien determinadas.

Las Doce Tablas eran consideradas por los romanos —y con razón— como la fuente y el origen de todo el derecho civil. Encontramos ya formuladas en ellas las disposiciones fundamentales que lo regirán hasta el fin de Roma, e incluso más allá. Primero, un principio que se mantiene aún vivo, la prohibición de los *privilegia*, es decir, de las leyes dirigidas a un individuo particular —lo que es el fundamento mismo de la libertad y de la igualdad jurídica—. Además, este código afirmaba el derecho de todo ciudadano a apelar a la asamblea del pueblo contra cualquier decisión de un magistrado que supusiese una pena capital (la de muerte o la de destierro). Este derecho de apelación (*jus provocationis*) constituía una limitación muy importante del *imperium* de los magistrados. El primer ejemplo de su aplicación está unido tradicionalmente a la leyenda de Horacio, vencedor de los tres curiacios y matador de su hermana. Condenado a muerte por el rey en virtud de la ley sobre el *parricidium* —lo que es un anacronismo evidente, pues la condena debería haber sido pronunciada por el padre, en estricta costumbre gentilicia—, apeló contra ella al pueblo, que, menos sensible al crimen que a la gloria del culpable, pronunció la absolución. No sabemos si el derecho de apelación al pueblo existió realmente desde la época monárquica, pero la cosa en sí misma no tiene nada de imposible en la medida en que las concepciones políticas etruscas han podido regir la organización de la más antigua ciudadanía y servir de vehículo a prácticas constitucionales emanadas de Grecia. Es cierto en todo caso que, desde el tiempo de las Doce Tablas, los magistrados que asumían el poder supremo habían perdido (si es que alguna vez lo habían poseído) el derecho de suprimir a un ciudadano sin decisión popular. Pero el *jus provocationis* no se ejercía más que en la ciudad e *inter togatos* en la vida civil. Desde el momento en que el magistrado pasaba a ser jefe de ejército, volvía a recobrar el ejercicio del *imperium* en todo su rigor, y con él el derecho de vida y muerte sobre el ciudadano enrolado. Se admite generalmente que las limitaciones producidas en el interior de la ciudad son secundarias y constituyen un progreso político. Ciertos hechos tienden a indicar, por el contrario, que esta distinción es antigua, inherente a la naturaleza misma del *imperium*; se sabe, por ejemplo, que el jefe de ejército no podía penetrar en el interior del *pomerium* sin perder su categoría de tal. Los auspicios del general no son del mismo orden que los auspicios urbanos. Inversamente, el valor de los signos enviados por los dioses que han sido consultados a propósito de un acto de la vida urbana, cesa automáticamente una vez cruzado el *pomerium*. Los auspicios tomados en el Capitolio o en el *Comitium* no son valederos en el Campo de Marte. Sea como fuere, este derecho de apelación al pueblo, de importantes consecuencias para la vida jurídica, garantizado por los ritos religiosos, continuó siendo aplicado hasta el comienzo del Imperio, y solamente cayó en desuso con el desarrollo monárquico del poder imperial.

La mayor parte de las prescripciones contenidas en las Doce Tablas conciernen al detalle del procedimiento, y vemos que las líneas más características de éste, incluso las más pintorescas, están ya fijadas. El primer principio es que no es posible recurrir a las vías del derecho sino en un cierto número de casos precisos, explícitamente prevenidos por la ley y objeto de fórmulas especiales. Si no existía fórmula concerniente al caso considerado, el demandante no podía emprender ninguna acción. Por ejemplo, un hombre a quien han quitado su esclavo, o cuyo esclavo ha huido, deberá ir en busca del magistrado (primero el cónsul, después el pretor, una vez creada la pretura judicial en el 367 a.C.) y decirle: «Afirmo que este hombre es mío en virtud del derecho de los Quirites». Son las palabras sacramentales que hay que pronunciar con exclusión de todo otro enunciado. El magistrado, reconociendo la fórmula ritual, declara abierta la acción y define el punto a juzgar. Pero no se pronuncia sobre el fondo, se limita a enunciar condicionalmente cuál sería la sentencia en el caso de que las pretensiones del demandante fuesen exactas. La decisión de hecho es pronunciada por un árbitro designado por el pretor, a veces con el acuerdo de las partes. Este árbitro es el juez (*judex*).

La primera comparecencia ante el pretor se acompañaba de todo un ceremonial, verdadero pequeño drama del que vamos a ver el esquema en el caso de la *actio sacramenti*: el demandante debía empezar por arrastrar a su adversario ante el magistrado; lo hacía pronunciando la fórmula: «*In jus te voco*» («Te llamo en justicia»). El otro debía obedecer; si se resistía, el demandante tenía el derecho de recurrir a la fuerza, pero en presencia de testigos. De todas maneras, la parte contraria podía pedir que la acción fuese diferida, prometiendo comparecer otro día. Pero en este caso debía encontrar un fiador para su promesa. Llegado el día, las dos partes se encontraban ante el magistrado. Cuando se trataba de un litigio relativo a la propiedad de un objeto mobiliario, era presentado éste, y los dos litigantes, armado cada uno de una varilla (*festuca*) que simbolizaba una lanza, hacían un simulacro de combate. Si el litigio se refería a una propiedad inmobiliaria, ésta era simbolizada por un puñado de tierra o por una teja. El magistrado intervenía y requería a los combatientes a que se explicaran; el demandante afirmaba su derecho; la parte contraria, si creía tener razón, oponía una contrareivindicación. Cada uno de ellos pronunciaba entonces un *sacramentum*, empeñando una cantidad determinada, verdadera apuesta del caso. Después de la información, aquel cuyo juramento se demostraba que era contrario a la verdad, perdía su apuesta, cuyo montante era consagrado a un sacrificio expiatorio —en razón de la falsedad del juramento pronunciado—. Tal era el esquema primitivo. Cuando el derecho se alejó de las formas religiosas, la suma ofrecida en garantía no servía ya para la expiación del falso juramento. Tomó el valor de una simple multa de carácter penal y no era exigible sino una vez había finalizado el proceso judicial.

Existían otras formas de procedimiento, sobre las cuales estamos peor informados. Todas, parece, tenían el mismo objeto: obligar a los litigantes a comparecer delante de un juez para que éste pudiese responder a la cuestión presentada al formular la instancia. El juez tenía su tribunal en el Foro desde la mañana, y los litigantes estaban obligados a presentarse antes del mediodía o la parte no compareciente era automáticamente condenada. Si la sentencia no era promulgada antes de ponerse el sol, los debates se aplazaban para el día siguiente; era ilegal juzgar durante la noche e incluso en el interior de un lugar cerrado. Júpiter *Fidius* —dios de la *Fides*— debía asistir a los debates. Prescripción que nos vuelve a llevar a un sistema de creencias muy antiguo, pero también muy extendido en el mundo antiguo: la eficacia divina está asegurada cuando, materialmente, la imagen de la divinidad «mira» la escena en la cual se desea su intervención.

El trazo esencial de este estado antiguo del derecho era la necesidad para el demandante de emplear la fórmula correcta, la única que podía ser admitida en la instancia. Durante los primeros siglos, estas fórmulas, fijadas de una vez para siempre, eran mantenidas en secreto y su lista conservada por los pontífices. Sólo en el año 304 fue publicada una colección por un secretario de Appio Claudio, sin duda por instigación de su amo. Pero bien pronto se vio claramente la insuficiencia de un sistema demasiado rígido, mal adaptado a la infinita variedad de los casos reales y también demasiado estrictamente fundamentado sobre la concepción antigua de la ciudadanía. Por ejemplo, ninguna fórmula estaba prevista para resolver los litigios entre ciudadanos y peregrinos (extranjeros a la ciudadanía romana). En principio, los peregrinos no gozaban de ningún derecho y no estaban, por consiguiente, protegidos en sus transacciones con los ciudadanos. Al ir aparejados los progresos de la conquista romana con los del comercio, el desarrollo de las relaciones de toda clase con el exterior impuso la ampliación de esta concepción anticuada. Poco a poco se estableció el uso de sustituir la fórmula oral inmutable por una fórmula escrita, exacta y, por consiguiente, apropiada a cada caso, de las pretensiones del demandante. Al mismo tiempo, se introdujo en la fórmula escrita ciertas ficciones jurídicas que extendieron de hecho a los peregrinos las disposiciones hasta entonces válidas únicamente para los ciudadanos. Esta práctica fue oficialmente legalizada por la *lex Aebutia* (hacia el 150 a.C.). Pero las antiguas *legis actiones* sólo fueron definitivamente abolidas bajo Augusto.

El nuevo sistema, *per formulas*, reposa sobre la misma dualidad que el antiguo. Comprende también una instancia *in jure* ante el pretor donde se plantean las formalidades escritas y una instancia *in judicio*, sobre el fondo del asunto, ante el juez. Pero el papel de éste se hace más sutil: no consiste solamente en conocer la materialidad de los hechos, cuya comprobación lleva anexo, automáticamente, en virtud de la ley, el montante de la reparación; la fórmula establecida por el pretor deja con frecuencia al juez la facultad de determinar equitativamente la importancia del daño o, cuando se trata de la ejecución de un contrato, medir el grado de buena fe de las partes. Por su lado, el pretor no es ya un simple testimonio oficial, que inicia la acción y vela por su desarrollo legal; el sistema *per formulas* le reconoce una iniciativa mucho mayor. En cierta medida, es el pretor quien crea la ley. Y, de hecho, al comienzo de su cargo publica un edicto enumerando los principios según los cuales recibirá las acciones. Teóricamente, el edicto del pretor, tomado en virtud de su *imperium*, depende de su sola discreción; caducado al final del año, al mismo tiempo que expira el cargo de su autor, no compromete en manera alguna a su sucesor. De hecho, los diferentes pretores que se suceden reproducen el edicto, cuya redacción es la obra de jurisconsultos profesionales, consejeros del magistrado, que se limitan a introducir modificaciones secundarias al compás de las nuevas necesidades Poco a poco, el derecho civil se constituyó de esta manera por la jurisprudencia y la práctica más que por innovaciones legislativas emanadas de las autoridades políticas: asambleas del pueblo o Senado. Revestido del *imperium*, el pretor podía tomar las iniciativas pertinentes para paliar las insuficiencias del derecho.

Muchas y muy importantes disposiciones fueron introducidas por este «derecho de los pretores», llamado con frecuencia *jus honorarium*, porque es producto del ejercicio mismo de la *honos*, o cargo de magistrado. A la cuenta de este *jus honorarium* hay que poner, por ejemplo, las excepciones, cláusulas que, introducidas en la fórmula, subordinan la decisión del juez a una condición negativa. Así, en la excepción por «fraude o dolo», el pretor invita a pronunciar tal o cual sentencia, si aparece claro que la pretensión del demandante no reposa sobre alguna picardía por su parte, o no tiene por objeto —o no tendrá por efecto— aprovecharse abusivamente de una disposición general del derecho. Es también el *jus honorarium* quien ha elaborado las modalidades del derecho de propiedad, suavizando el viejo concepto de propiedad *quiritaria* —reconocida sólo a los ciudadanos, absoluta en su principio y sin limitación alguna en sus efectos— y adaptándola a las nuevas condiciones nacidas de la conquista. Estando el derecho de propiedad reconocido solamente a los ciudadanos, todos los demás sujetos de Roma se encontraban, pues, en principio, inhabilitdos para ser propietarios, lo que en la práctica llevaba a consecuencias contrarias al orden público. Los pretores elaboraron, pues, una teoría de la propiedad de hecho, la *possessio*, que garantizaron en virtud de su *imperium*, ordenando a todos a respetar a los *possessores* (propietarios de hecho). La *possessio* se encontró entonces definida según ciertas reglas bien precisas. Se dijo, por ejemplo, que para que hubiese *possessio* era preciso que ésta no fuese producto de la violencia, que el *possessor* tuviese la voluntad de poseer, que hubiese uso efectivo durante un tiempo determinado, etc. Esta teoría, preciosa para legalizar la propiedad de los peregrinos, se aplicaba también a los ciudadanos por la ocupación de tierras conquistadas, el *ager publicus*, que perteneciendo al pueblo no eran susceptibles de propiedad quiritaria. Pero como precisaba asegurar la puesta en cultivo, y por consiguiente garantizar la estabilidad del disfrute de los ocupantes, se reconoció a éstos un derecho de *possessio*, siempre revocable, pero solamente por las vías legales. En la práctica, para poner fin a esta *possessio* se precisaba entonces una ley votada por una asamblea del pueblo; así nacieron las leyes agrarias, objeto de oposiciones tan violentas hacia el fin de la República porque tenían como objeto suprimir la *possessio* de los ocupantes —generalmente grandes señores, los únicos que disponían de los medios necesarios para asumir los gastos de explotación— para establecer colonos.

El edicto del pretor acabó por constituir lo esencial del derecho civil. Bajo el reinado de Adriano se convirtió en perpetuo; el jurista C. Salvius Julianus fue, en 129, encargado de darle una forma definitiva. Así se encontró acogida en la legislación oficial una obra inmensa, la de los jurisconsultos, que, a título privado, habían trabajado durante siglos en la elaboración del derecho y preparado las codificaciones ulteriores. Constituyó el final de la actividad legislativa de los magistrados. De entonces en adelante, la iniciativa pertenece sólo a los emperadores, cuyos edictos y rescriptos desempeñaron en la evolución del derecho el papel que en otro tiempo había pertenecido a los pretores.

Es notable que sea el siglo II a.C. el que haya presenciado esta suavización del derecho civil cuyo mecanismo acabamos de dibujar. El derecho contribuyó a esta amplificación de la ciudadanía que nos ha parecido característica de la época. Pero los factores políticos y económicos no habrían bastado para provocar esta evolución de la costumbre y de la práctica sin la influencia de los filósofos, que precisamente entonces se hace predominante. Son las doctrinas de los pensadores griegos las que aportan las soluciones a los problemas planteados por las transformaciones materiales; éstas, por sí solas, no habrían sido capaces de sugerir los nuevos caminos seguidos por los juristas. Se comenzó a concebir que el derecho existente, materializado por las leyes y las costumbres, no es más que la imagen imperfecta —perfectible, por tanto— de un derecho natural de origen divino, en el sentido de que forma parte de la naturaleza misma de la creación y pertenece al orden del mundo. De las facultades que posee el ser humano hay una, la razón, que le pone en situación de comprender este plan de la creación, y el derecho, como la moral, debe fundarse en la razón; llevando las cosas al extremo, todo el derecho se puede deducir *a priori* de los principios abstractos que estudia la filosofía. Lo que trae consigo inmediatamente una grave consecuencia: la razón, facultad humana por excelencia, es universal, y el derecho, si emana de ella, también deberá ser universal tanto en sus aplicaciones como en sus principios. Deja de estar ligado a una ciudadanía particular, a tal o cual grupo de hombres, para extenderse a la humanidad entera. Bajo el criterio de la razón no hay ciudadanos, ni peregrinos, ni hombres libres, ni esclavos, sino seres de exigencias similares.

Esto no quiere decir que se deba hacer tabla rasa de todas las distinciones existentes. En el interés mismo de los individuos, la preocupación de la conservación de la sociedad debe anteponerse a toda otra consideración, pero ya no porque la sociedad sea un fin en sí misma, sino simplemente porque la vida social ya de por sí es una de las grandes funciones de la organización natural, sin la cual el hombre no realizaría plenamente su naturaleza. El derecho civil debe, pues, pretender realizar la equidad en el interior de una ciudadanía determinada; el juego de las leyes debe apuntar, por otro lado, a mantener la existencia de esta misma ciudadanía. Pero más allá de Roma, junto a ella, habrá todos los otros grupos humanos, igualmente legítimos, igualmente respetables —en la práctica, todos los Estados, todas las ciudadanías que la conquista ha integrado en el Imperio.

La noción del «derecho de gentes» (*jus gentium*), aunque no se haya emancipado en teoría sino en tiempos bastante tardíos, y bajo la influencia de los filósofos, de hecho nunca había sido completamente extraña al pensamiento romano. Uno de los primeros ejemplos nos es proporcionado por los ritos de declaración de guerra y de conclusión de los tratados de paz, tal como los practicaba desde una gran antigüedad un sacerdote llamado *pater patratus*, el más alto en dignidad de los dos «fasciales» (los heraldos sagrados que representaban al pueblo romano en sus relaciones con el extranjero). El *pater patratus*, revestido de los atributos de Júpiter Feretriano (como el *imperator* se revestía los de Júpiter Óptimo Máximo), era el único que tenía facultades para ligar la ciudad romana con los pueblos extranjeros. El ritual que realizaba (invocación, tiro simbólico de una lanza al territorio designado por esta ceremonia como enemigo, etc.) era tan obligatorio para el Estado como en el procedimiento civil, por ejemplo, pudiera serlo el *nexum*, contrato de venta acordado en presencia de testigos. Pero en él los testigos eran los dioses. Y toda la teoría del derecho de gentes puede compararse a una teoría del contrato; la declaración de guerra formula una reivindicación de lo que el pueblo romano considera como su bien; no es legalmente enemigo (*hostis*) más que el súbdito de una nación a la cual ha sido regularmente declarada la guerra; un ciudadano cualquiera no tiene el derecho de dar muerte a este enemigo; para ello debe estar regularmente encuadrado bajo las órdenes de un *imperator* y encontrarse «en acto de servicio». Sin estos requisitos, los dioses son objeto de una ofensa y la causa de Roma, al dejar de estar conforme con el derecho, se convierte por ello mismo en una causa injusta. Reivindicación de un derecho, la guerra deja de estar justificada cuando el enemigo ha dado la reparación necesaria. Es injusto —no conforme al *jus*— continuar la destrucción de un enemigo que ya no se defiende, sino que se ha entregado. El acto de *deditio* (rendición) constituye un nuevo contrato que regula la relación de los vencidos con los romanos. Los términos de este contrato son extremadamente variables; dependen de hecho de la voluntad de los vencedores, pero en derecho se admite que han sido libremente aceptados por las dos partes —¿no es el vencido siempre libre para morir?—. El tratado que pone fin a la guerra (*foedus*) debe ser observado por los contratantes de toda buena fe (*fides*). Determina con precisión el estatuto de los vencidos, a los cuales deja con frecuencia una muy amplia autonomía. Sus tierras son en principio declaradas *ager romanus*, pero una parte es devuelta a los primeros posesores, no a título de propiedad, sino de *possessio*, sujeta al pago de un tributo anual. Las ciudades continúan administrándose conforme a una carta (*lex*) que les es concedida. Vemos que el fundamento del Imperio reside en el *foedus* más que en el derecho de conquista, y como las estipulaciones del *foedus* se pueden modificar de común acuerdo entre los contratantes, queda abierta la puerta para una evolución de la condición jurídica de los sujetos que acaba gradualmente por ser idéntica a la de los conquistadores. Esta evolución, nunca interrumpida, se termina en el 212 d.C., cuando el edicto de Caracalla extendió a todos los habitantes libres del Imperio, con todas sus consecuencias, el derecho de ciudadanía romana. Cualesquiera que puedan ser las verdaderas razones de esta medida —fueron sin duda fiscales—, no dejan de constituir el término lógico de esta ampliación gradual de la ciudadanía, a medida que se extendía el campo de aplicación del derecho romano, generador de igualdad entre los hombres.

La evolución del derecho civil nos ha enseñado que la acción decisiva había sido ejercida por la intervención, cada vez mayor, del Estado: el magistrado, en un principio simple testimonio de la introducción de la instancia, al mismo tiempo que fiador de la ejecución de la sentencia arbitral, había acabado ordenando o prohibiendo bajo su propia autoridad. También, por considerable que fuese su deuda hacia las costumbres gentilicias y su respeto de los privilegios de grupo (la familia en primer término, después los colegios y finalmente los municipios), el derecho romano debe su existencia misma a la constitución de un poder fuerte, autoritario y colocado por encima tanto de los individuos como de las colectividades. En este sentido, el derecho constitucional de Roma, si no ha sido la fuente del derecho civil, ha sido, por lo menos, su motor y su fiador.

Nos es difícil comprender cuál ha sido en Roma el principio de la soberanía. Los relatos de los historiadores antiguos nos dejan entender que este principio no era ciertamente sencillo; pero los hechos que alegan no se dejan interpretar fácilmente, pues siempre podemos preguntarnos en qué medida estos hechos no han sido imaginados o por lo menos deformados para apoyar tal o cual teoría. Acaso en ningún otro dominio en mayor medida que en el del derecho se encuentran tantos anacronismos, anticipaciones y todo lo que podría llamarse mitos jurídicos. Con todo, es precisamente a partir de estos datos como conviene razonar, fundamentando la crítica en los hechos, a veces algo más seguros, que proporcionan la arqueología o la historia de la religión.

En la época monárquica, el poder pertenece al rey, sin ninguna restricción: autoridad militar, privilegio de «decir el derecho» —que vendrá a ser, bajo la República, la tarea esencial del pretor—, de convocar a la asamblea del pueblo y de someterle las mociones, así como toda la responsabilidad sobre las relaciones con los dioses. El primer rey, Rómulo, obtiene tales poderes del hecho mismo de la Fundación, es decir, en último término, de los dioses, que, al enviarle el favorable augurio de los buitres, le han investido de una misión. Entre los dioses, es particularmente Júpiter quien aparece como el fiador (*auctor*) de la fundación de Roma y no, como se habría podido esperar y como lo habrían sin duda imaginado los mitólogos griegos en un caso semejante, el dios Marte, padre del Fundador. De hecho, Rómulo, primer *imperator*, aparece con su carro de caballos blancos, su toga de púrpura bordada de laureles, como la imagen visible de Júpiter Capitolino. No obstante, rey de «derecho divino», Rómulo se rodeó de un consejo de *patres*, el Senado, y tenía costumbre de reunir al pueblo en asambleas. Cuando desapareció (aún vivo llevado entre los dioses), se planteó el problema constitucional: ¿quién escogería al rey?; pues esta vez no se podía contar para ello con la divinidad. Tito Livio nos cuenta que hubo una generosa rivalidad entre los *patres* y el pueblo, ofreciendo cada uno al otro la iniciativa de la designación. Finalmente se decidió que el rey sería nombrado por el pueblo, y que esta designación sería ratificada por el Senado. Este compromiso tuvo importantes consecuencias; la aparente generosidad del Senado había tenido por efecto hacer reconocer a los Padres el privilegio de conferir la investidura al personaje designado por el pueblo; en otros términos, los Padres serían los fiadores (*auctores*) del *imperium* real; el pueblo debería limitarse a emitir un deseo, sin eficacia práctica.

Se puede pensar que este relato de Tito Livio es un mito jurídico datado en el período en que el Senado había adquirido la preeminencia en el Estado, preeminencia que deseaba justificar mediante precedentes. De hecho, se adivina que el papel de la aclamación popular había sido en otro tiempo más importante. Pero esta aclamación popular no era, en esencia, la expresión de una voluntad consciente de elección: era el medio de que se servían los dioses para hacer conocer su voluntad. Tenemos cierta dificultad para comprender este singular estado de espíritu, pero es evidente que explica ciertos rasgos de la constitución romana: por ejemplo, la práctica de elecciones tal como se llevaron a cabo durante toda la República. En los comicios centuriatos, por ejemplo, la decisión de la centuria llamada a votar en primer lugar adquiría un valor de presagio (*omen*) y las demás solían adaptarse a ella. Las sesiones de las asambleas eran precedidas de la toma de los auspicios por el magistrado que las convocaba, en virtud de su *imperium*; eran tomadas todas las precauciones religiosas para que los dioses pudiesen hacer oír su voz y se estaba muy atento a todos los signos desfavorables por los cuales se pudiese deducir su negativa a hablar. Un trueno que resonase súbitamente, un relámpago, una crisis de epilepsia que se apoderase de un ciudadano, eran todas cosas que acarreaban la nulidad de las operaciones comenzadas, y la asamblea era aplazada hasta el próximo día «fasto».

En un sistema semejante, la voluntad popular no tenía mucho espacio en que desenvolverse; puede parecernos que las elecciones no eran sino una enorme superchería montada por la clase dirigente —el Senado, del que eran miembros los magistrados encargados de presidir los comicios centuriatos— y que pretendía ofrecer la apariencia de la democracia. Pero este punto de vista, por justificado que pueda parecer, desconoce la convicción profunda en que se encontraban los romanos de que la presencia del pueblo, por poco activa que fuese, era indispensable para la «creación» del magistrado. La voluntad del pueblo no es la fuente del *imperium*; la asamblea no tiene ninguna iniciativa, no puede votar sino los nombres de los candidatos aceptados por el magistrado que la preside, y, lo que es más grave todavía, éste tiene el derecho de rechazar el resultado de una votación no procediendo a la proclamación (*renuntiatio*) del nombre del elegido, cosa que, con exclusión de cualquier otra, le confiere la cualidad de magistrado designado (*designatus*). Pero, de la misma manera, no es menos necesario que el pueblo se haya pronunciado para que la *renuntiatio* sea posible.

Tenemos otros testimonios que demuestran el papel esencial de la aclamación popular en la colación del *imperium*. El más significativo es sin duda la «salutación» que los soldados —no superiores que los ciudadanos—, la ciudad misma en sus cuadros militares, dirigen a su general victorioso en el campo de batalla. Esta proclamación por los soldados de su jefe como *imperator* puede parecer superflua, pues éste es ya un magistrado en ejercicio, investido de su mando por el Senado. Pero la gratuidad misma de la costumbre es garantía de su antigüedad. Se nos aparece como la supervivencia de un tiempo en que la «voz popular» tenía el valor de un presagio, de un *omen* testimoniando la voluntad divina.

Parece que el fundamento del *imperium*, su carácter jurídico esencial, del que se deducen todos los otros, sea el derecho de consultar a los dioses, lo que se llama el derecho de auspicios. Cuando el magistrado supremo —primero el rey, después los cónsules— desaparece, «los auspicios vuelven a los Padres»: cada uno de los senadores ejerce entonces, sucesivamente y durante cinco días, el *interregnum*. De esta manera el *imperium* no está nunca vacante. En efecto, es necesario para «crear» un nuevo rey o un nuevo colegio consular, que la elección sea presidida, que la *renuntiatio* sea llevada a cabo por un magistrado revestido del *imperium*. Tal es la función del *interrex*. Se comprende también por qué, como hemos ya señalado, los patricios resistieron durante tanto tiempo a la presión de la plebe que exigía el derecho de acceso al consulado. ¿Cómo se habría admitido en el *imperium* a un plebeyo que se encontraba religiosamente incapaz de asumir la función esencial, la toma de los auspicios? El expediente circunstancial imaginado para resolver este problema de derecho religioso, la creación de tribunos militares «con poder consular», pero sin *imperium*, sitúa exactamente el debate sobre su verdadero terreno, el de las relaciones con los dioses.

Es sin duda posible imaginar que tras este desarrollo de derecho pontifical se disimulaban egoísmos de clase, y que los patricios se oponían a ceder a los plebeyos una parte cualquiera del poder. Pero la creación de los tribunos de la plebe había sido una concesión mucho más grave y conocemos suficientemente la importancia atribuida por los romanos a las formas jurídicas para suponer que su respeto literal al ritual no era más que una hipocresía pura y simple.

El *imperium*, tal como hemos intentado definirlo en su realidad jurídica y religiosa, es en cierta manera la proyección en el interior de la ciudad de la omnipotencia de Júpiter Óptimo Máximo. Divino en su esencia, cargado de un «dinamismo» que confiere al que lo posee una eficacia excepcional, es la fuente de toda acción política. Cualquiera que sea el origen histórico de una concepción semejante (y es fácil adivinar en ella elementos etruscos, unidos sin duda a una teología de tradición indoeuropea), se percibe fácilmente el problema que planteaba para la organización de una ciudadanía republicana. Su campo normal era evidentemente la realeza. ¿Cómo conciliar este *imperium* tumultuoso con las exigencias de un sistema político y social en que la persona se eclipsa ante la perduración del grupo?

Los hombres que hicieron la revolución del 509 a.C., pensaron resolver esta antinomia dividiendo el *imperium* entre dos magistrados anuales iguales, que se denominaron en un principio pretores (*praetor*, de *prae-itor*, «el que marcha a la cabeza», afirman los etimologistas romanos, con los cuales no compartimos la seguridad sobre este punto), después cónsules. Pero el *imperium* no podía ser compartido: pertenece por entero al que lo posee. Los dos cónsules, por lo tanto, no lo ejercían simultáneamente, sino un día de cada dos durante el año de su cargo. Estos magistrados reemplazaban al rey y se pensaba que la corta duración de su mandato, no menos que la partición de prerrogativas, los privaría de transformarse en tiranos. Entre tanto, se creó una especie de «rey de comedia», el *rex sacrificulus*, que conservaba el nombre de rey y estaba encargado de continuar la función real en el detalle de los ritos religiosos. De esta manera, los dioses no se encontrarían desorientados y reconocerían a su ciudad.

Esta organización tenía el mérito, para la ciudad convertida en republicana, de separar en la medida de lo posible el *imperium* de su titular, de consagrarle en cierta manera como una abstracción. La noción misma del poder del Estado desencarnado había nacido.

Más tarde, el *imperium* fue todavía más ampliamente compartido. A partir del año 367 a.C., el pretor urbano fue exclusivamente encargado de «decir el derecho», función que hasta entonces era ejercida por el cónsul. Para asumirla, era necesario un magistrado revestido del *imperium*, es decir, disponiendo de un derecho de obligación, que se manifestaba esencialmente por el *jus edicendi*, el derecho de promulgar un edicto, un mandato con efectos obligatorios. Una vez más, el *imperium* intervenía como fuente y fundamento del poder.

De todas maneras, después del comienzo del siglo V antes de nuestra era, otra forma de poder había hecho su aparición con los tribunos de la plebe.

Desprovistos del *imperium*, lo que era natural, pues siendo plebeyos no gozaban del derecho de auspicios, tenían como arma el *jus intercessionis*, es decir, el derecho de oponerse a la ejecución de una orden dada por otro magistrado, incluso el cónsul. Este derecho existía ya en el interior del colegio consular, pues cada uno de los dos cónsules podía, si lo deseaba, anular los actos de su colega. La innovación consistía en armar de este derecho a magistrados surgidos de un proceso de selección de la plebe y llamados por su mismo destino a dificultar la política de los cónsules. Los peligros, la absurdidez misma de semejante sistema hacen suponer que el tribunal de la plebe era un expediente al que se recurrió en un momento de crisis, acaso exhumado de alguna lejana herencia y adaptado bien o mal a la situación del momento. ¿Cuál podía ser este poder de los tribunos que se interponía ante el *imperium* y anulaba sus efectos? Todo nos indica que es en su esencia religioso como el *imperium* mismo. Los tribunos de la plebe, puestos bajo la protección de Ceres, la diosa plebeya del Aventino, eran inviolables; quienquiera que los tocase quedaba manchado; quienquiera que les resistiese era inmediatamente ejecutado. Se tiene la impresión de ver surgir del fondo de los tiempos algún hechicero ante el cual todo el mundo retrocede. El nombre de tribuno no nos dice mucho, por lo menos directamente, sobre la historia de esta magistratura. Por otro lado, lo llevan otros magistrados además de los defensores de la plebe. La palabra, evidentemente, se relaciona con *tribus* (la tribu), es decir, una gran división del pueblo, pero esto no nos enseña gran cosa. Muy pronto, acaso desde su origen, los tribunos de la plebe tuvieron el derecho de reunir a ésta en una asamblea particular, el *concilium plebis* (que tomó más tarde el nombre de comicios tributos), llamada a elegir a los magistrados plebeyos, tribunos y ediles plebeyos. Éstos, en un principio, especialmente encargados de servir el templo de Ceres, fueron después los auxiliares de los tribunos, y estuvieron encargados de la custodia de los archivos de la plebe.

Por una especie de milagro, esta constitución disparatada consiguió funcionar sin demasiadas dificultades. Los historiadores antiguos subrayan la prudencia de los tribunos, que no usaron sino moderadamente su derecho de *intercessio*, y también la de los magistrados patricios, que se esforzaron en ser igualmente justos para todos los ciudadanos. Acaso más que por alguna «gracia», que habría también inspirado continuamente la vida política romana, el funcionamiento del sistema fue asegurado por las condiciones exteriores que pusieron casi sin interrupción a Roma en lucha con enemigos peligrosos hasta el fin de las guerras púnicas. Ante las amenazas, la necesidad de concordia era imperiosa —y la diosa Concordia fue honrada muy pronto con un templo en las cuestas del Capitolio, no lejos del *Comitium*—. Pero, sobre todo, el poder tribunicio sólo podía ejercerse en el interior del *pomerium*, y más tarde en el interior de una estrecha faja concéntrica de una milla de anchura en torno de éste. El *imperium* volvía a tener todos sus derechos sobre el resto del territorio y, naturalmente, sobre el ejército. Durante largo tiempo, una movilización general fue el remedio más seguro para poner fin a una agitación política —y los magistrados patricios no dejaron de echar mano de ella.

Al lado de los magistrados directamente salidos de la realeza (consulado, pretura) y que conferían el *imperium* a su titular, y del tribunado de la plebe, existía otra función, que en otro tiempo también había pertenecido a la realeza —por lo menos, según la tradición, a Servio Tulio— y que recibió bajo la República el nombre de censura. Los censores, en número de dos, eran elegidos por cinco años, pero la costumbre exigía que dimitiesen de su cargo al cabo de dieciocho meses. Tenían por misión la de censar a los ciudadanos y sus bienes, con vistas a proceder a una clasificación sistemática de cada uno según su «censo», es decir, su fortuna. Pero poseían también una jurisdicción moral. Podían «acusar de infamia» a quien quisieran, en razón de su conducta privada. Su poder en esta cuestión era casi discrecional; también la tradición acostumbraba a escoger como censores a personajes unánimemente respetados, llegados al término de su carrera política y de vuelta ya de enemistades personales. Fueron ellos quienes en la época clásica ultimaban las listas de los senadores y los caballeros, determinaban, por la duración de su magistratura, el montante de los impuestos y procedían a las grandes adjudicaciones de trabajos públicos. Terminadas estas múltiples tareas, los censores, al cabo de dieciocho meses, reunían a los ciudadanos en el Campo de Marte y los purificaban según un rito especial, el *lustrum*, tras lo cual volvían a ser simples ciudadanos.

A estos magistrados fundamentales se añaden otros a medida que la complicación de los asuntos y el crecimiento del territorio administrado multiplican las misiones. Para ayudar a los cónsules y magistrados que se ocupaban de las cuestiones financieras, se nombraron encargados de la recaudación de las rentas del Estado, sostenimiento de los ejércitos y custodia de las cajas públicas, que fueron los cuestores. De otra parte, al lado de los ediles plebeyos, fueron elegidos dos ediles «curules», es decir, patricios, ya que sólo los patricios odian sentarse durante su magistratura en la «silla curul»; estos ediles compartían con sus colegas plebeyos la policía de la ciudad, el mantenimiento de los edificios públicos, la vigilancia del aprovisionamiento y también la organización material de los juegos. Esta última función era muy onerosa, pues la costumbre obligaba a que los ediles contribuyesen personalmente al esplendor de la fiesta, lo que hacían con gusto, auxiliados por sus amigos, a causa de la popularidad que su munificencia les valía. Pero era muy fuerte la tentación de recuperar más tarde el dinero gastado, una vez que el favor del pueblo les hubiese llamado a más altas funciones.

Tales son las magistraturas ordinarias, elegidas según un ritmo periódico —anual para la mayor parte, quinquenal únicamente para los censores—. Pero existía una magistratura cuya historia está lejos de resultar clara, que tenía un carácter excepcional, y que después de haber caído largo tiempo en desuso, acabó por ser resucitada a título de expediente cuando se produjeron las perturbaciones políticas que determinaron la caída de la República. Esta magistratura, llamada dictadura (*dictatura*), confiere el *imperium* a su titular. Éste era escogido e investido necesariamente por el cónsul, ya que sólo un magistrado en posesión del *imperium* podía transmitir dicho poder a otro a instancias del Senado. La dictadura fue la única de todas las magistraturas romanas que escapaba a la colegiación. Sólo existía un dictador que escogiese por sí mismo a un subordinado, el jefe de la caballería (*magister equitum*). Esto no implica de ninguna manera que la dictadura fuese una función esencialmente militar. Los *equites*, que eran mandados por el *magister equitum*, eran solamente los caballeros de las primeras centurias, es decir, la aristocracia según la clasificación serviana. Tenemos en esta dictadura aparentemente la forma romana de una vieja institución itálica y sin duda más en concreto latina, pues conocemos dictadores latinos que perduraron a la cabeza de las antiguas ciudades del Lacio, a las cuales la conquista romana había privado de la autonomía. A decir verdad, la dictadura aparece como muy próxima a una suerte de realeza y el valor religioso de la función es innegable, pues, incluso fuera de cualquier período de crisis, había la costumbre de designar a un dictador encargado de alguna misión muy especial, por ejemplo clavar ritualmente un clavo en una pared del Capitolio. Este acto, cuya significación se nos escapa, no podía ser realizado por ninguna otra persona que no fuese un dictador, y ello, ciertamente, porque este título era el de un personaje desaparecido, del cual sólo los dioses habían guardado el recuerdo. En la práctica, el Senado recurría a la dictadura cuando el Estado atravesaba una crisis grave en la que la colegiación de los cónsules o el derecho de *intercessio* de los tribunos eran incompatibles con el orden y la seguridad. El dictador volvía a encontrar el *imperium* con todos sus efectos; no había de tener en cuenta ni el derecho de apelación al pueblo ni el *veto* de los tribunos. Pero la duración de su poder no podía exceder de seis meses.

La tradición ha conservado el recuerdo de un cierto número de dictaduras de la época arcaica. Muchas de ellas son dudosas, por ejemplo, la de Furio Camilo, el vencedor de los galos. El último en fecha de los dictadores regularmente investidos fue Q. Fabio Máximo el Contemporizador, encargado de restablecer la normalidad ante las victorias de Aníbal en el año 216 a.C. Fue solamente Sila quien ciento veinte años más tarde volvió a tomar el título, pero éste no hará ya otra cosa que encubrir una tiranía de hecho impuesta por las armas. Y lo mismo pasará con la dictadura que César se hará otorgar en el 49 a.C. durante la guerra civil.

Tal era, pues, el sistema de magistraturas que se formó lentamente en el curso de los primeros siglos de la historia de Roma. Aunque en un principio tuvo como objeto la administración de un territorio limitado y formado de un solo bloque, era bastante flexible para adaptarse a las nuevas necesidades resultantes de la conquista. De los dos cónsules, uno estaba generalmente encargado de la dirección de una guerra en curso y el segundo permanecía en Roma para asegurar la función del gobierno civil. Con la multiplicación de los teatros de operaciones militares y de su alejamiento, fue preciso aumentar el número de magistrados provistos del *imperium*; bastó para ello prorrogar a los cónsules y los pretores en ejercicio, limitando su *imperium* a una misión determinada (lo que se llamó una *provincia*). Estos magistrados prorrogados tomaban el título de procónsules o propretores. Podían entonces dirigir las operaciones militares o gobernar el territorio que les había sido confiado y que se llamaba su provincia. Al mismo tiempo se multiplicó el número de magistrados regulares, salvo el de los cónsules, que, bajo la República, no fueron nunca más de dos. Al comienzo del siglo I a.C. había seis pretores: dos aseguraban el funcionamiento de la justicia; uno de ellos, el pretor urbano, entre los ciudadanos; el otro, el pretor peregrino, en los procesos donde una de las partes era un extranjero. Los otros cuatro eran enviados en misión: mando de un ejército o de una flota, gobierno de una provincia. El número de cuestores era entonces de ocho: dos estaban al servicio de los cónsules, cuatro al de los pretores en misión. Sila aumentará el número de pretores y de cuestores; en lo sucesivo habrá ocho pretores y veinte cuestores, lo que supuso que ciertos propretores se vieran atribuir un cuestor. Bajo César, con ocasión del gran trabajo de reorganización del Imperio, hubo dieciséis pretores y cuarenta cuestores. Naturalmente, estos magistrados estaban ayudados materialmente por oficinas en las que trabajaban secretarios (*escribae*) y esclavos públicos. Cónsules y pretores, cuando aparecían en público en el ejercicio de sus funciones, iban precedidos de lictores portadores en su espalda de un haz de varas, símbolo terrible del poder del que eran los agentes ejecutivos. Fuera del *pomerium*, de los haces salía el hierro de un hacha.

Todas estas magistraturas no eran ejercidas en un orden cualquiera. Muy pronto se instituyó la costumbre de nombrar para las magistraturas inferiores —cuestura, edilidad— a gente joven que podía de esta manera adiestrarse y ejercer con más autoridad los cargos más pesados de la pretura y del consulado. En cuanto a la censura, era atribuida a los antiguos cónsules. De la misma manera se estableció una edad límite por debajo de la cual ningún ciudadano podía ser magistrado, y a fin de evitar que una misma persona se perpetuase en un cargo —transformando pretura o consulado en una realeza de hecho— fue admitido que la misma no podía ser reelegida cónsul antes de cierto número de años y que, entre dos magistraturas consecutivas, por ejemplo la pretura y el consulado, era preciso mantener también un intervalo, por lo generl de dos años. Todas estas medidas tuvieron por resultado regular una carrera para los magistrados (*cursus honorum*). Estamos mal informados sobre las condiciones bajo las cuales se organizó este *cursus* y sus variaciones según las épocas. En el siglo I a.C., un cuestor no podía tener menos de veintinueve años; luego era necesario obtener la edilidad y después la pretura para poder obtener el consulado. Con los años obligatorios del intervalo entre los cargos, era imposible ser cónsul antes de los cuarenta y dos años. Estas precauciones demostraron ser una barrera poco eficaz contra las ambiciones: de hecho, de Escipión a Pompeyo, muchos hombres consiguieron obtener magistraturas fuera del plazo previsto. Bastaba para ello que se produjese una crisis un poco grave o que el favor popular, hábilmente explotado, impusiese una derogación de la costumbre.

Pero el pueblo y los magistrados no estaban frente a frente. En el diálogo intervenía un tercer personaje, el Senado, consejo permanente que conservaba en la práctica muchas de las prerrogativas que los Estados modernos consideran como dependientes bien del poder ejecutivo, bien del poder legislativo. Según la tradición, el primer Senado había sido formado por Rómulo. Comprendía cien jefes de familia (*patres*), y los historiadores antiguos le conciben desempeñando un papel análogo al de un consejo de familia cercana al *pater*, llamado a dar consejos, pero sin disponer en materia de autoridad más que de una influencia moral. Si buscamos la manera de definir la fundación constitucional del Senado, estamos hoy día obligados a comprobar que todas sus prerrogativas derivaban de lo que en Roma se llamaba su *auctoritas*, palabra difícil de traducir, pues la noción que designa es compleja y comprende elementos muy diversos que la mentalidad moderna tiene alguna dificultad para reunir en un solo concepto. Etimológicamente, el término se relaciona con la raíz de la palabra *augur*; designa el hecho, para una cosa o un ser, de poseer la eficacia necesaria para comenzar felizmente una empresa, y ya hemos dicho, a propósito de las asambleas populares, hasta qué punto el comienzo de un acto era importante considerando que un feliz comienzo es prenda de un feliz término. También la *auctoritas* del Senado era garantía del valor de la medida propuesta y diríamos que esta *auctoritas* era función de la autoridad moral del Consejo, aunque esta equivalencia no tiene en cuenta la eficacia mágica implicada por la noción. Ahora bien, la conciencia de esta eficacia ha podido borrarse progresivamente, pero nunca ha desaparecido en su totalidad del pensamiento político romano, y el respeto que se tiene, aun bajo el Imperio, a las opiniones del Senado, se dirige sin duda a la sabiduría, a la *gravitas* (la seriedad) tradicionalmente atribuida a los senadores. No deja de tener también su origen en una *religio* más instintiva, sentida con respecto a una asamblea que reside en un *templum* «inaugurado», por tanto, bajo la mirada de los dioses, y a la que éstos han investido del privilegio de feliz iniciativa.

Después de la revolución del 509, el Senado, privado del rey y presidido por el cónsul, al que corresponde tener los fascios, no podía dejar de aparecer como el depositario permanente de la autoridad. Hemos visto cómo el *imperium* revierte a los *patres* bajo la forma de interregno cuando se produce la vacante del poder. Muy pronto, a los *patres* primitivos —los jefes de las *gentes* patricias— se habían añadido otros consejeros «inscritos en la lista» (*conscripti*): eran en general antiguos magistrados que habían adquirido casi automáticamente, por el ejercicio de su cargo (a partir de Sila, desde la cuestura), el derecho a sentarse en el Consejo. Salvo una decisión contraria de los censores, los senadores eran vitalicios; estaban simplemente dispensados después de los sesenta años a la asistencia obligatoria. La jerarquía de los senadores era la de las magistraturas que cada uno de ellos había ejercido; así, el cónsul más antiguo era el primero en dignidad; inscrito a la cabeza de la lista —el *album senatorium*—, tenía el título de *princeps senatus* y era el que daba en primer lugar su opinión en las deliberaciones.

La manera como el Senado ejercía su *auctoritas* ha variado según las épocas. Al principio de la República, el Senado se pronunciaba sobre las leyes después de su voto por las asambleas populares, lo que le daba la posibilidad de anularlas. En la segunda mitad del siglo IV antes de nuestra era, el orden del procedimiento fue invertido; el Senado debió pronunciarse antes de la consulta al pueblo. Se volvía, pues, a la noción primitiva de *auctoritas*, la virtud de iniciativa, y no parece que la influencia real del Senado se encontrase por ello disminuida. Desde dicha época, el consejo de los Padres había pasado a ser el de los antiguos magistrados y era su experiencia la que, de esta manera, decidía sobre las proposiciones de ley. Una proposición desaprobada desde un principio por el Senado tenía, pues, grandes probabilidades de no ser nunca llevada ante el pueblo. Sometida al voto de los comicios, era al contrario aprobada casi automáticamente gracias al sistema de voto por centurias.

Estas disposiciones habrían ya bastado para hacer de Roma una república oligárquica: los elementos de la realeza que se perpetuaban en las magistraturas estaban, en efecto, neutralizados por la autoridad de los Padres. Pues era en el Senado donde se preparaban las elecciones futuras, y los magistrados en ejercicio, preocupados por su carrera tanto como respetuosos de la sabiduría de este Consejo, que contaba, al fin y al cabo, con los mejores espíritus y los más experimentados del Estado, acostumbraban a tener en cuenta, en el más alto grado, sus opiniones.

Consejero de los magistrados, el Senado formulaba sus opiniones bajo la forma de senadoconsultos, que son, literalmente, actas de sus sesiones expresando el parecer de la mayoría. El esquema de un senadoconsulto es invariable. En cabeza viene el nombre del magistrado —generalmente el cónsul— que ha reunido el Senado; después la indicación de la cuestión que ha sido objeto del orden del día; por último, la opinión que ha prevalecido está formulada como un consejo dado al magistrado al que corresponde decretar —por edicto, en virtud de su *imperium*, por ejemplo— la medida deseada. El texto está redactado por los secretarios de sesión designados por el presidente, que velan por la fidelidad de la redacción y asumen su responsabilidad. Legalmente nada obliga al magistrado a inclinarse ante esta opinión, pero la costumbre, el buen sentido mismo, le invitan a obrar en la dirección adoptada por los senadores.

La influencia del Senado se ejercía en todos los dominios de la vida pública. Era él el que asignaba a los magistrados y a los pro-magistrados su provincia, es decir, su misión; quien les daba un ejército en tiempo de guerra y en todo tiempo les atribuía un territorio para gobernar. Esta prerrogativa implicaba en la práctica la decisión sobre cuál de los magistrados ordinarios sería prorrogado el año siguiente en una pro-magistratura. Consejo permanente del cónsul, recibía a los embajadores extranjeros o se negaba, a su merced, a recibirlos. De su seno escogía a los *legati*, que habrían de ser los enviados oficiales de Roma cerca de las potencias extranjeras. Disponiendo soberanamente de las finanzas del Estado, podían «cortar los víveres» a tal general o a cual gobernador cuya conducta no les había complacido, y así se vio a menudo a magistrados mendigarles subsidios. Se aprecia la importancia de estas funciones financieras; de hecho, el Senado era el amo del presupuesto del Estado, y esto le daba considerables medios de acción. Por ejemplo, ningún proyecto de fundación de una colonia podía prescindir de su aprobación, pues, como administrador del *ager publicus*, debía autorizar el reparto de tierras a los colonos, lo que constituía una alienación de los bienes públicos. Esto explica, entre otras cosas, por qué la Campania, tierra particularmente fértil ocupada por *possessores* que eran senadores, no pudo ser jamás escogida como lugar de una colonia en todo el tiempo que duró la República.

No obstante esta posición privilegiada que da al Senado carta blanca en la política exterior, la dirección de la guerra, la administración de las provincias, la gestión de los fondos públicos —y también, durante largo tiempo, la justicia, pues los jueces de las *quaestiones perpetuae* (tribunales permanentes competentes en materia criminal, que aparecen a partir del siglo II a.C.) son sorteados entre los senadores—, todos estos privilegios no se fundaban más que en la costumbre y legalmente nada impedía a un magistrado o a una asamblea popular pasar por encima de él, lo cual hicieron en ocasiones. En estas condiciones el Senado se inclinó con prudencia, esperando que, con la ayuda de la costumbre, todo volvería al orden.

En la práctica, durante los «siglos de oro» de la República, todo poder emanaba del Senado; él era la verdadera encarnación del Estado, y como estaba formado por las personas más ricas de la ciudad, se puede considerar que la República romana era de hecho una plutocracia. No obstante, no hay que olvidar que la fortuna de los senadores estaba únicamente fundada, por lo menos en un principio, sobre la propiedad de la tierra. Los caballeros podrían ser más ricos que ellos, pero no por eso entraban en la «carrera de los honores», que era la única que abría las puertas del Consejo supremo. Este principio, reafirmado en diversas ocasiones, y aún en vigor bajo el Imperio, pues los senadores debían poseer obligatoriamente tierras en Italia, mantiene el recuerdo del tiempo en que el Senado era el consejo de los *padres*, de las tribus rústicas. El Estado no está en manos de los hombres de negocios, sino en las de los grandes propietarios cuyos lazos con la tierra nunca se han roto del todo, y esto, ciertamente, ha contribuido no poco a asegurar la continuidad de la política romana, preocupada ante todo por defender la tierra, no aceptando la guerra más que como un medio de rechazar las amenazas, y preparando con paciencia y laboriosidad las cosechas futuras. Esto explica acaso también ciertos límites de esta política, una tendencia a no pensar los problemas en toda su amplitud, a permanecer en una perspectiva estrictamente italiana y también, a veces, a considerar a las provincias como la propiedad momentánea del gobernador. Ésta, sin duda, fue una de las profundas razones de la caída del régimen senatorial, incapaz de construir un régimen administrativo y político a escala del Imperio.

Después de la crisis de las guerras civiles, en la que Roma había estado muy cerca de una restauración monárquica, pretendida por César, la reconciliación se hizo en torno de Augusto, que deliberadamente se aplicó a salvar del sistema oligárquico vencido en Farsalia todo aquello aún utilizable. Es significativo que la revolución augustea no haya hecho nada para cambiar los nombres; las instituciones tradicionales no cambiaron en absoluto. Hubo, como en otro tiempo, un Senado, que conservó su papel de consejero del poder, magistrados elegidos según los viejos métodos que, una vez terminado el tiempo de su mandato, eran prorrogados como jefes de ejército o gobernadores de provincia. Pero si todo esto subsistió, el papel de cada uno de estos órganos del gobierno fue sutilmente desviado, y, en conjunto, la cohesión del Estado aumentó.

El problema consistió para Augusto en legalizar su propio poder y hacerlo duradero. Se presentaban muchas soluciones, entre las que dudó, aun asegurando con ellas al conjunto del Imperio una mejor administración. Podía atribuirse el consulado y guardarlo de año en año, lo que hizo en ciertos momentos. Podía también considerarse pro-magistrado encargado de provincias determinadas —de esta manera se encontraba revestido del *imperium*, por lo menos en las citadas provincias—. Esto, Augusto lo hizo igualmente, pues hubo, de entonces en adelante, a partir del 27 a.C., provincias senatoriales que continuaban siendo administradas por pro-magistrados provistos de un mandato emanado del Senado, y provincias imperiales, de las cuales el príncipe era el gobernador legal, en las que se hacía representar por lugartenientes (*legati*) escogidos a su gusto (ya durante la República, los jefes de ejército y los gobernadores se rodeaban de *legati* de su elección). Las provincias imperiales fueron aquellas en que estaba estacionado un ejército; de tal manera, el príncipe fue el comandante de todas las fuerzas romanas, el *imperator* por excelencia. El príncipe podía, en fin, por una ficción legal más sutil, atribuirse el poder de los tribunos de la plebe, lo que le ponía por encima de todos los demás magistrados y le daba un derecho de veto en el interior mismo de la ciudad, donde no se aplicaba —teóricamente— el *imperium* proconsular. También los emperadores, a continuación de Augusto, revestían desde su advenimiento «el poder tribunicio» (*tribunicia potestas*), que no hacía de ellos tribunos —la magistratura misma subsistió—, pero les daba todos los privilegios. Renovado cada año el 10 de diciembre, este poder tribunicio es cuidadosamente mencionado en las inscripciones entre los títulos del príncipe, y el número que sigue indica el año del reinado.

Así armado, utilizando todos los recursos de la constitución republicana, el príncipe tenía en sus manos todos los medios de acción. No obstante, como Augusto no quería instaurar una monarquía disfrazada, quiso justificar a los ojos de todos aquella extraordinaria acumulación de poderes, que no tenía precedente bajo la República, incluso en su agonía. Tomando una moción ya familiar a los romanos desde el siglo II a.C., fue primeramente el *princeps senatus* el personaje que en el Estado poseía la mayor *auctoritas*; a los poderes reales legales venía a añadirse, conforme a la tradición romana, una justificación de orden moral y casi religiosa. Esta *auctoritas*, expresada ya por el sobrenombre de Augusto atribuido al príncipe, la debía éste a su pasado, a los servicios prestados a la patria, pero también —y acaso más— a sus victorias, a los felices éxitos de todas sus acciones. Primer ciudadano —con esta ambigüedad que hace de él a la vez el primero en dignidad y el «más avanzado», el hombre de proa—, el príncipe personifica al pueblo romano entero, de la misma manera que el voto de la primera centuria, la centuria «prerrogativa», representaba en los comicios la voluntad del pueblo. Por esta razón, posee una de las cualidades eminentes que se reconocían al Estado bajo la República, la *maiestas* (de la que nosotros hemos derivado el término «majestad»). La *maiestas* es una verdadera virtud, una propiedad del orden moral, afirmada por los hechos, que coloca al *Populus Romanus* por encima de los otros pueblos, y al mismo tiempo por encima de todos los individuos. Durante la República, existía una *lex de maiestate Populi Romani* (ley sobre la majestad del Pueblo Romano), que castigaba con la pena de muerte toda tentativa de faltar a esta supremacía o incluso de perjudicarla moralmente. Bajo el Imperio, la ley de majestad, aplicada a la persona misma del príncipe, fue un temible instrumento de poder; en nombre suyo hablaron los innumerables delatores, hábiles para descubrir en todas partes a los adversarios reconocidos o secretos, y dispuestos a recurrir a la provocación para alcanzar sus fines —de ordinario, la condena de un enemigo y la confiscación de sus bienes, una parte de los cuales les correspondía por el servicio prestado al Estado.

Esta armadura constitucional, jurídica, religiosa y moral del principado permitió a Augusto conservar un *cursus honorum*, un Senado, las asambleas populares, y en apariencia no cambiar nada. Pero al lado de estos organismos tradicionales se creó una administración casi independiente de la otra, directamente emanada del emperador y que acabó evidentemente, bajo los últimos sucesores de Augusto, por reducir a un «orden» senatorial, sin papel político verdadero, a la que había sido la asamblea más poderosa de la

República. Como procónsul de las provincias imperiales, el emperador debía disponer de un personal numeroso dispersado por todo el Imperio. Además, enriquecido por el botín de las guerras civiles, poseedor a título personal de inmensos territorios —por ejemplo, el Egipto entero, que no fue jamás erigido en provincia, sino que permaneció siempre propiedad del príncipe—, desarrolló su casa (*familia*), cuyos agentes se diseminaban por doquier en el Imperio. Estas gentes del emperador eran, como en todas las grandes casas romanas, esclavos y libertos.

Pero, además de una burocracia doméstica, el príncipe se vio obligado a confiar otras misiones administrativas —diferentes de las atribuciones tradicionales de los magistrados— a curadores y prefectos. Hubo así curadores de los caminos, de los acueductos —que eran senadores—, mientras que otras funciones muy importantes correspondían a caballeros, por ejemplo, la prefectura del pretorio, es decir, el mando de las cohortes pretorianas, las tropas que, estacionadas en Roma, aseguraban la guardia del príncipe y contribuían con las cohortes urbanas al mantenimiento del orden en la ciudad. Caballeros eran también el prefecto de la anona —encargado del abastecimiento de Roma— y el de los vigiles —cuerpo de policía especializado en la lucha contra los incendios—, el prefecto de la flota (había dos, la flota de Miseno y la de Rávena) y muchos otros, como los innumerables procuradores que en las provincias imperiales tenían, junto a los *legati* del príncipe, el lugar de los cuestores en las provincias senatoriales.

La administración del Imperio exigía cada vez más hombres. Era preciso que estos hombres, lentamente formados en sus funciones, pudieran ejercerlas con una continuidad mayor de lo que permitía el sistema republicano o el Senado, tan celoso de los gobernadores excesivamente poderosos en sus provincias, que los mantenía largo tiempo en su lugar. Los caballeros proporcionaban estos funcionarios, y poco a poco vemos constituirse, al lado del *cursus honorum* senatorial, un verdadero *cursus* ecuestre, en el que se suceden en un orden estricto funciones militares y cargos civiles, que culminan con una de las grandes prefecturas: la de Egipto, la de la anona y sobre todo las de las cohortes pretorianas. Y como toda función administrativa lleva consigo el ejercicio de una jurisdicción, se vio a los prefectos investidos de un poder judicial en el recinto de su competencia. De esta manera, los prefectos del pretorio acabaron por poseer la jurisdicción criminal en Italia, reemplazando a los pretores.

Esta pesada máquina, muy compleja desde su origen, porque no era una creación *ex nihilo*, sino que yuxtaponía dos jerarquías distintas, los magistrados de rango senatorial y los prefectos y procuradores ecuestres, fue en su conjunto de una gran eficacia. Los gobernadores se sentían vigilados por las gentes del príncipe y esto, en general, estimulaba su celo e impedía en todo caso las malversaciones, con excesiva frecuencia toleradas bajo la República. Las antiguas compañías de publicanos no habían sobrevivido a la República, y no fue restablecido el monopolio de la percepción de los impuestos, que en otro tiempo había pertenecido a los caballeros. Lo más frecuente era que fuesen las colectividades locales las que tuviesen el cuidado de repartir la carga de los impuestos directos —contribución inmobiliaria, o *stipendium*, en las provincias senatoriales, impuesto personal, o *tributum* en las provincias imperiales—, pero estos impuestos no eran pagados más que por las ciudades de estatuto provincial de fuera de Italia, la cual estaba exenta de ellos. La administración imperial recaudaba los impuestos indirectos (tasa del 5 % sobre las sucesiones, del 1 % sobre las ventas, del 5 % sobre las exenciones, peajes o derechos de aduanas de tasas diversas). Estos procedimientos de recaudación, menos onerosos que los del arriendo, tenían sobre todo la ventaja de permitir una distribución más clara de los ingresos, que afectaban a diferentes cajas: el *aerarium Saturni* —tesoro guardado en los subterráneos del templo de Saturno—, que reemplaza al tesoro público republicano; el *fiscus* (o «canasta»), que era el tesoro particular de los emperadores, y el *aerarium militare* —caja del ejército—, alimentado, especialmente, por la veinteava parte de las herencias.

Pero los inmensos recursos del Imperio, a pesar de todo el cuidado empleado en su gestión, eran insuficientes para hacer frente a todas las cargas. Roma ha sufrido casi continuamente una crisis financiera, que los emperadores no han sabido, ni podido, remediar nunca. La capital del Imperio generaba grandes gastos: las construcciones suntuosas y gigantescas, los juegos, los constantes regalos de los emperadores a los soldados y al pueblo, y sobre todo los gastos inherentes al sistema de la anona —cuya importancia en la vida cotidiana de Roma veremos luego— diezmaban periódicamente el tesoro imperial. Con frecuencia el esfuerzo militar se encontraba frenado por la necesidad de restringir los gastos. En una amplia medida, la facilidad con la cual los bárbaros invasores pudieron penetrar en el Imperio se explica por la debilidad de los efectivos que se les pudo enfrentar. Y de esta debilidad no era únicamente responsable una cierta falta de hombres; la parsimonia del Estado era también causante de ella. Parece ser que los emperadores, para evitar contrariar a la burguesía provincial, no se decidieron a pedir un esfuerzo financiero en relación con la inmensidad de las tareas a realizar. Y para esto había una razón profunda: aun consciente de su misión imperial, el régimen instaurado por Augusto se inclinaba con exceso a la antigua concepción de la *ciudad* para que los príncipes no considerasen que el fin último del gobierno era promover la prosperidad de las comunidades locales —y primeramente de la capital—, aunque fuese en detrimento de los organismos imperiales. Este liberalismo causará, a pesar de las tentativas de reacción de los emperadores ilirios, la caída del Imperio.

Capítulo 5

Los conquistadores

Cuando los romanos fueron arrastrados por la voluntad de Aníbal a librar una lucha sin cuartel contra las fuerzas más considerables que nunca habían sido puestas en línea en ninguna guerra de la antigüedad (a excepción, acaso, las hordas bárbaras lanzadas por Jerjes contra Grecia), el ejército romano tuvo que hacer frente a cuerpos reclutados un poco en todas partes por los pueblos del mundo mediterráneo y cuyos componentes, con frecuencia mercenarios, tenían por oficio el de las armas. Aníbal, formado desde largo tiempo en la ciencia militar, era heredero de los estrategas helenísticos. Delante de él y de sus ejércitos «científicamente» organizados, encontró a las legiones romanas y sus auxiliares, que entendían poco más de la guerra que los ciudadanos de Roma y los habitantes de los municipios italianos. Los ejércitos cartagineses eran un admirable instrumento de conquista; los de Roma, una milicia nacional reducida a la defensa. Pero las legiones, después de terribles reveses al principio, vencieron finalmente a los agresores, y, acabada la guerra, Roma se dio cuenta de que ella, a su vez, había organizado un ejército capaz de enfrentarse a cualquier enemigo, sin haber, no obstante, renunciado al principio mismo del soldado-ciudadano, que siguió siendo largo tiempo el fundamento de la fuerza romana.

Polibio, escribiendo después sobre las victorias conseguidas por el ejército romano contra las fuerzas de los macedonios y de los Seléucidas —que durante mucho tiempo habían pasado por invencibles—, considera que, sin duda, estos éxitos eran debidos en parte a la armadura política y moral de la ciudadanía romana, pero que no habrían sido posibles sin una organización militar sin parangón en el mundo antiguo. Por ello ha consagrado una larga digresión a describirnos con gran detalle lo esencial de esta organización —páginas preciosas para nuestra información y a las cuales hay que recurrir para comprender lo que fue, en los tiempos más gloriosos de la República, el aparato militar de los romanos.

Roma no mantenía entonces un ejército permanente. En los tiempos antiguos, las guerras no comenzaban sino al inicio de la primavera, para terminar en otoño; durante el invierno los ciudadanos se quedaban en su casa y se procedía cada año a una nueva movilización. Más tarde, el alejamiento de los teatros de operaciones, el aumento de los efectivos disponibles, obligaron a mantener el ejército en pie de guerra durante todo el año, pero se hacía un esfuerzo para restringir esta permanencia, de hecho, al más reducido número de hombres posible. Este principio fue observado escrupulosamente, menos por deseo de economía que para evitar separar de su casa y de su tierra durante un tiempo demasiado largo a un gran números de ciudadanos.

Estaban obligados al servicio militar todos los ciudadanos dentro de ciertos límites de edad. El día fijado para el reclutamiento (*dilectus*), los hombres movilizables se reunían en el Capitolio; allí, veinticuatro tribunos militares (*tribuni militum*), previamente designados —unos por elección, otros por designación del cónsul llamado a tomar el mando del ejército—, eran repartidos entre las cuatro legiones que se querían formar y que constituían el efectivo normal de la leva. Como había muchos más hombres movilizables que los que comprendían las cuatro legiones —en tiempo de Polibio una legión comprendía normalmente cuatro mil hombres, excepcionalmente cinco mil—, se sorteaba una tribu de la que serían tomados los futuros soldados. Sobre la lista de los reclutas de cada tribu se designaba en primer lugar cuatro hombres de vigor aproximadamente idéntico, y se los destinaba a cada una de las legiones; después otros cuatro, y así sucesivamente, a fin de equilibrar tanto como fuese posible el valor físico de las cuatro unidades. Cuando los hombres de la tribu estaban ya agotados, se sorteaba una segunda tribu, después una tercera, etc., hasta que se había alcanzado el número de soldados necesario, después de lo cual, los tribunos prestaban juramento al general y, a su vez, recibían el juramento de los soldados; este juramento (*sacramentum*) era el fundamento jurídico de la condición del soldado.

Constituía un lazo personal de naturaleza religiosa entre éste y su jefe; si en el curso de la campaña el jefe era cambiado, había que proceder a una nueva prestación de juramento. Además era este juramento el que daba al soldado el derecho a servirse de sus armas contra el enemigo debidamente declarado *hostis* por los feciales. El sentido general del juramento nos ha sido conservado: el soldado se comprometía «a seguir a los jefes bajo los cuales sería llamado a combatir, contra no importa qué enemigo; a no abandonar las insignias; a no cometer ninguna acción contraria a la ley». Faltar al *sacramentum* era castigado con la muerte.

Pocos días más tarde, los soldados eran llamados y repartidos en sus unidades. Los más jóvenes, y también los más pobres, formaban los vélites, en número de mil doscientos por legión. Llevaban una espada corta de tipo español —espada corta de dos filos con cuya punta se combatía especialmente—, varias jabalinas ligeras muy largas, delgadas y provistas de una punta alargada que se doblaba con el choque y hacía el arma inutilizable en cuanto tropezaba con un obstáculo. Como armas defensivas, un escudo redondo (*parma*) de un diámetro de tres pies —menos de un metro— y un casco de cuero (*galea*) que, por lo general, recubrían de una piel de animal, con frecuencia una piel de lobo —el animal de Marte, el dios de la guerra—. El resto de los soldados legionarios estaban repartidos en *hastati*, *principes* y *triarii*. Todos llevaban la armadura completa: una coraza (*lorica*) hecha de tiras de cuero muy gruesas, reforzada en medio del pecho por una placa de hierro de unos veinte centímetros cuadrados. Los más ricos tenían derecho a llevar una coraza de mallas de metal, tomada, al parecer, de los galos. En la cabeza un casco de metal (*cassis*) coronado con un penacho de plumas de púrpura o negras, de las cuales nos dice Polibio que «daban al hombre una bella apariencia y helaban de terror al enemigo». El escudo era convexo, de 75 centímetros de ancho y de 1,20 metros de largo, con un grosor en los bordes de una «palma» (aproximadamente 7 centímetros); estaba hecho de dos planchas unidas una con otra; en su parte central, un saliente de hierro (*umbo*) hacía desviar los proyectiles, evitando que las armas arrojadizas se hundiesen en su superficie. Las armas ofensivas eran la espada y los dardos (*pila*). La espada era la misma que la de los vélites, el «gladio» hispánico. Los *pila* —de los que estaban provistos únicamente *hastati* y *principes*— tenían un asta de madera de una longitud aproximada de 1,50 metros, y un hierro, de la misma longitud, armado de un gancho. El hierro estaba sólidamente fijado al asta: en tiempo de Polibio, el asta estaba metida en el hierro hasta la mitad de su longitud por medio de remaches; más tarde (después de las reformas de Mario), uno de los remaches fue reemplazado por una clavija de madera, que se rompía bajo el peso del dardo cuando éste se había hundido en el escudo; una segunda clavija, ésta de hierro, mantenía el conjunto, pero el asta giraba en torno de este punto fijo, se inclinaba hacia el suelo y trababa al combatiente. El mismo resultado fue conseguido en otros momentos por procedimientos diferentes. César cuenta, por ejemplo, al comienzo del libro de la *Guerra de las Galias*, el efecto producido por los dardos cuyo hierro estaba templado sólo en la extremidad. La punta se hundía en los escudos, pero la base de hierro se plegaba y era imposible retirar el arma cuando había ensartado juntos varios escudos galos, tanto que el enemigo prefería librarse de una protección que, por esta causa, era embarazosa, y combatir al descubierto.

El *pilum*, de peso variable entre 700 y 1.200 gramos, era un arma temible, cuyo alcance medio llegaba a los 25 metros. Pero soldados ejercitados, en condiciones favorables, podían lanzarlo hasta 40 metros e incluso más lejos cuando estaba provisto de una correa (*amentum*) que aumentaba su velocidad inicial. Su fuerza de penetración era suficiente para atravesar a buena distancia tres centímetros de madera de abeto e incluso una placa metálica.

Los *triarii* estaban provistos de una lanza (*hasta*) más larga y menos robusta que servía para el combate cuero a cuerpo, y no como arma arrojadiza.

La repartición entre *hastati*, *principes* y *triarii* se hacía según la edad de los soldados; los más jóvenes eran los *hastati* (en número de mil doscientos), después venían los *principes*, en igual número, y, por último, seiscientos *triarii*.

La legión estaba articulada en manípulos (*manipuli*), que eran primitivamente de cien hombres cada uno, puestos bajo el mando de un jefe de centuria (*centurio*). Había diez manípulos de *hastati*, diez de *principes* y diez de *triarii*. Más tarde, desde el siglo IV a.C., el manípulo primitivo fue a su vez articulado en dos centurias, cada una de las cuales estaba bajo el mando de un centurión, pero el centurión de la centuria de la derecha (*centurio prior*) tenía bajo sus órdenes el manípulo entero. Los vélites no estaban divididos en manípulos ni en centurias: eran atribuidos a los manípulos que servían en el combate, cuando no eran pura y simplemente incorporados al manípulo.

La formación de combate era la siguiente: los *hastati* estaban dispuestos en primera línea. Cada manípulo —en la legión de cuatro mil doscientos hombres— constituía un rectángulo de ciento veinte hombres (diez filas de seis hombres por centuria, en el caso en que los vélites estuviesen integrados en el manípulo; las dos centurias estaban colocadas en línea). Entre dos manípulos consecutivos se dejaba un intervalo que estaba cubierto, en segunda línea, por un manípulo de *principes*. Los manípulos de *triarii*, que formaban la tercera línea, y que tenían un efectivo menor (sesenta hombres, además de eventualmente cuarenta vélites), cubrían los intervalos dejados por los manípulos de *principes*, lo que daba una formación en tresbolillo. En el interior de la centuria, los hombres estaban normalmente distanciados entre sí unos 90 centímetros, pero, según las peripecias del combate, las filas se abrían o se apretaban.

La legión así dispuesta era desplegada en el combate en líneas sucesivas. Los *hastati* avanzaban los primeros, tiraban sus dardos sobre el enemigo y combatían cuerpo a cuerpo. Victoriosos, llevaban su acción hacia adelante, seguidos a alguna distancia por las otras dos líneas. Rechazados, retrocedían en buen orden entre los intervalos de los *principes*, que, llevados de esta manera a primera línea, entraban en combate a su vez. Durante este tiempo, los *triarii*, rodilla en tierra, el escudo apoyado en la espalda, la lanza inclinada, punta hacia adelante, formaban como una especie de muro, detrás del cual se rehacían las unidades deshechas. Si el enemigo derrotaba a los *principes*, era el momento de entrar en acción los *triarii*: sus manípulos se acercaban los unos a los otros hasta formar una línea continua y lanzaban el último asalto, el contraataque que debía ser decisivo.

Esta táctica tenía una gran ventaja: la articulación de la legión en unidades poco numerosas, los intervalos observados y la permanencia en reserva de efectivos siempre disponibles, permitía hacer frente a situaciones extremadamente variadas. Los vélites aumentaban aún más esta movilidad: ya independientes de la centuria a la que estaban agregados, o bien formando sus dos últimas filas, o llenando los intervalos entre dos manípulos sucesivos si se deseaba formar un frente continuo, o bien lanzados como «tiradores» por delante de la primera línea, para realizar escaramuzas preliminares. La formación no compacta no había sido siempre la de la legión, que al principio de la República presentaba una masa compacta. Pero la experiencia enseñó a los romanos los peligros de una formación demasiado rígida. La guerra contra Pirro, en la que la legión hubo de oponerse a los elefantes, les enseñó la ventaja de dejar intervalos entre las unidades, a través de los cuales los animales podían cargar sin causar ningún mal. Cuando las legiones romanas se enfrentaron en Pidna a la falange macedónica, todo el mundo griego tenía los ojos fijos en el espectáculo de los dos ejércitos combatientes, considerados ambos como invencibles. Pero la falange, masa formidable erizada de picas, se dislocó bajo los golpes de los legionarios que la atacaron por todas partes, dejaron que penetrase en sus filas, que se cerraron sobre ella, se deslizaron por las brechas y finalmente la destruyeron.

Esta legión del siglo II a.C. era el resultado de una larga evolución de la táctica. Sus armas —las que hemos citado— habían sido tomadas de todos los pueblos que los romanos habían tenido que combatir: la espada era hispánica; el *pilum*, sin duda, samnita; el escudo, imitado —nos dice Polibio— del de los griegos. La distribución de las armas —*pilum* para las dos primeras líneas, *hasta* para los *triarii*— era entonces una innovación relativamente reciente, pues no se traducía todavía en la nomenclatura y se continuaba llamando a los hombres de la primera fila *hastati*, siendo así que ya no llevaban *hasta*. Los *triarii* llevaban en el lenguaje diario el nombre de *pilani*, lo que indica que en otro tiempo habían estado dotados —ellos solos— del *pilum*, y el primer centurión de la primera cohorte de los *triarii* conservó hasta el fin del Imperio el nombre de *primus pilus* y era el oficial de tropa de más elevada dignidad y, generalmente, el más antiguo. Bajo el Imperio hubo en los ejércitos, convertidos en permanentes, un ascenso regular; los nuevos centuriones comenzaban por mandar la segunda centuria del décimo manípulo de los *hastati*, y al final de su carrera llegaban a primípulos.

Hacia el fin de la República, y acaso después de Mario, se introdujo en la legión una división nueva. A la organización antigua se superpuso la división en cohortes, cada una de las cuales comprendía un manípulo de *hastati*, un manípulo de *principes* y un manípulo de *triarii*, puestos bajo el mando de un tribuno de cohorte. Había, pues, diez cohortes por legión. No es cierto que esta innovación haya respondido esencialmente a una modificación de la táctica legionaria, sino más bien al deseo de constituir unidades fácilmente separables para llevar a cabo determinadas misiones.

También se debe a Mario la institución de la insignia legionaria. Hasta entonces, cada manípulo tenía su insignia, cuyos movimientos servían para transmitir las órdenes A partir de Mario, la insignia legionaria fue un águila, primero de plata, después, bajo el Imperio, de oro; en el combate era llevada en primera línea y guardada por el primípulo de la legión. Esta águila estaba rodeada de atenciones religiosas; se le ofrecían sacrificios y tenía su capilla en el campamento, no lejos de la tienda del general.

La legión era la unidad fundamental del ejército romano, pero muy pronto, al lado de este cuerpo de ciudadanos, se utilizaron fuerzas complementarias, los «auxiliares» proporcionados por los aliados. En principio solamente los ciudadanos podían ser incorporados a una legión; esta regla responde aparentemente a una preocupación religiosa, ya que los lazos que unían a los soldados con el *imperator* reposaban sobre la naturaleza misma de la ciudadanía. De la misma manera, los contingentes aliados estaban formados dentro de la nación de la que procedían y tenían sus cuadros nacionales. En el ejército romano constituían cuerpos adjuntos a las legiones, y en el combate se los utilizaba en las dos alas. Estaban colocados bajo el mando de «prefectos de los aliados» (*praefecti sociorum*), oficiales romanos nombrados por el cónsul. La organización de los cuerpos aliados era extremadamente variable; dependía de los hábitos de cada ciudad, cuyos contingentes conservaban su armamento tradicional. Los aliados italianos —los únicos que tenían derecho al título de *socii*— estaban formados en cohortes. Más tarde, cuando se reclutaron tropas en otras naciones, se dio a estos recién llegados el nombre de *auxilia*, y al final de la República, cuando los italianos, convertidos todos en ciudadanos, fueron enrolados en las legiones, no hubo en el ejército romano más que tropas legionarias y *auxilia*. Éstas proporcionaron unidades especializadas que faltaban en la legión: honderos, arqueros, piqueros, etc.

Se sabe que en el ejército de la Roma real, las primeras centurias, formadas por ciudadanos más ricos, eran llamadas las centurias de caballeros. En dicha época la caballería era la flor del ejército, pero más tarde su papel disminuyó a medida que se afirmaba la preponderancia de la infantería legionaria. En la legión descrita por Polibio figuran solamente trescientos caballeros, divididos en diez escuadrones (*turmae*) de treinta hombres. Un efectivo tan débil se prestaba poco al uso en masa de la caballería en el campo de batalla; por esto las cargas eran excepcionales. Se recurrió, para utilizar a los caballeros, a diversos procedimientos; por ejemplo, se les unieron vélites a caballo y combatiendo entre los caballeros; pero sirvieron sobre todo para las misiones de reconocimiento y para la persecución de una infantería en fuga que volvía la espalda.

La debilidad de la caballería legionaria se hizo sentir con frecuencia; por esto se recurrió, desde los tiempos de las guerras púnicas y muy ampliamente, a la caballería auxiliar reclutada en los países donde los caballeros eran numerosos y reputados: en la Galia, en España, en África, y César mismo formó durante sus primeros años de sus campañas en la Galia una caballería germana que le rindió —en el momento del levantamiento de Vercingétorix— los mayores servicios.

Una de las características de la legión romana —aquella de la cual los romanos mostraron acaso el mayor orgullo— era el cuidado con el cual, por la noche, se encerraba en un campamento. Esta preocupación por la seguridad, adquirida al precio de un gran esfuerzo por parte de los hombres que debían diariamente —cuando el ejército se trasladaba— entregarse a verdaderos trabajos de fortificación, parecía a los romanos signo de una superioridad no sólo militar, sino moral sobre los bárbaros, e incluso sobre los ejércitos helenísticos. Polibio describió con gran detalle el campamento romano, al que considera como «una de las cosas más bellas y serias» que merecen la atención de sus lectores.

El campo que nos describe Polibio es el campo más habitual, el que está hecho para contener a las dos legiones con las tropas aliadas, la caballería y los cuerpos especiales, que formaban entonces normalmente el ejército de un cónsul. Según las condiciones —efectivos, situación general, por ejemplo—, las dimensiones mencionadas por Polibio pueden haber variado, pero los principios generales quedan inmutables y es en la disposición del campamento donde hay que buscar el origen de la arquitectura militar romana bajo el Imperio.

Hacia el fin de la etapa, cuando se acercaba la noche, un tribuno y varios centuriones salían en reconocimiento para determinar el emplazamiento del campo. Se escogía con preferencia un lugar elevado, la pendiente de una colina que proporcionase puntos de vista sobre el país cercano e hiciese imposible cualquier sorpresa. Era necesario también que hubiese cerca una aguada —un río, o a falta de él una fuente abundante— de acceso seguro y fácil y prados para el forraje de los caballos. Cubiertas, en la medida de lo posible, estas condiciones, el tribuno fijaba el emplazamiento del *praetorium* (la tienda del general) plantando una bandera blanca. Con relación a este punto se organizaba todo el conjunto, según reglas fijas.

Se comenzaba trazando el *praetorium*: un cuadrado de 60 metros de lado; después se dibujaban dos grandes vías perpendiculares que se cortaban delante del *praetorium*. Una de estas vías, orientadas de norte a sur, se llamaba *via principalis* (la calle mayor); correspondía al *cardo* de las ciudades fundadas ritualmente. La otra era el *decumanus maximus*, cuyo trazado teórico prolongaba hacia el este y el oeste el eje del *praetorium*. La *via principalis* conducía a las puertas principales derecha e izquierda, el *decumanus maximus* a la puerta *praetoria* (puerta del general) mirando hacia el este, y a la *porta decumana* (puerta decumana) abierta al oeste. Es posible advertir que el ritual religioso era observado y que el trazado de un campamento recuerda muy de cerca el de un *templum* urbano. Pero lo cierto es que, en la práctica, la disposición del terreno condicionaba la orientación. De todas maneras, la influencia del ritual también se deja adivinar: la puerta pretoriana, orientada en principio hacia Oriente, es la puerta de buen augurio por excelencia (en la toma de los auspicios es de Oriente de donde vienen los presagios favorables). Es ella la que se abre en dirección del enemigo, y por ella se hacía salir a las tropas para llevarlas al combate. La puerta decumana era la puerta maldita por excelencia. Los soldados condenados la utilizaban para marchar al suplicio.

Una vez determinados los ejes del campamento, se asignaba un emplazamiento en él a las diferentes unidades. Los oficiales —*legali*, tribunos, prefectos de los aliados— eran instalados a lo largo de la *via principalis*. Todo el espacio comprendido entre ésta y la puerta pretoriana se reservaba a las tropas legionarias y a los aliados. Las tiendas estaban dispuestas en filas dobles y daban a vías secundarias, paralelas al *decumanus maximus*. La caballería, dispuesta por escuadrones, lo bordeaba; detrás se situaban los *triarii*, que eran los soldados de infantería de más elevada dignidad. Más atrás todavía, seguían los *principes*, después los *hastati*. Las tropas de los aliados, jinetes e infantes, ocupaban los emplazamientos más alejados del *decumanus maximus* y, por consiguiente, los más cercanos al atrincheramiento exterior.

Detrás de la *via principalis* estaba primeramente el cuartel de los oficiales, con el *praetorium* en el centro, flanqueado del *quaestorium* y del foro. Éste era la plaza pública donde se celebraban las reuniones y estaba dominada por el *tribunal*, el estrado ocupado por el general, que se sentaba en él como los magistrados en el Foro romano, haciendo justicia y administrando los asuntos del ejército. El *quaestorium* servía para las distribuciones de víveres y todos los servicios materiales. A una parte y otra del foro y del *quaestorium* acampaban las tropas distinguidas, caballería e infantes, legionarios y tropas auxiliares unidas personalmente al general y que éste había reclutado en virtud de su *imperium*. Los vélites no estaban instalados en el interior del campamento. Encargados de los puestos avanzados, acampaban en torno del atrincheramiento, cerca de las puertas, no entrando en él más que en caso de que el campamento estuviese sitiado.

Cuando la tropa llegaba al emplazamiento del campo, encontraba realizadas las distribuciones y señaladas por banderines de diversos colores. Inmediatamente, los soldados, sin dejar las armas, se situaban en la línea del futuro atrincheramiento y comenzaban a cavar el foso, tirando la tierra hacia el interior, con el fin de formar un talud (*agger*), que completaban con paladas de tierra y coronaban luego con una empalizada continua (*vallum*). Cada soldado llevaba preparadas a este efecto una o varias estacas, que formaban parte de su equipo individual. Una distancia de unos 60 metros se dejaba libre entre el atrincheramiento y las primeras filas de tiendas; era un espacio precioso para los movimientos y los agrupamientos parciales, y, sobre todo, colocaba las tiendas fuera del alcance de las armas arrojadizas del enemigo.

En el curso de la historia de Roma, la técnica de los campamentos se modificó. La composición de los ejércitos cambió, lo que obligó a adaptar las dimensiones, e incluso la forma del campamento, a las tropas que debía abrigar. Además, el ejemplo de las prácticas seguidas por los pueblos a los que había que combatir y la naturaleza del terreno, inspiraron a tal o cual general innovaciones diversas. Hubo por ello campamentos rectangulares y no cuadrados, pero también campamentos en forma de media luna, en círculos o triangulares. En fin, la organización misma del ejército, que asignaba a las tropas residencias casi permanentes, contribuyó a transformar los campamentos en fortalezas susceptibles de resistir verdaderos asedios. Se previeron defensas interiores y esta preocupación condujo a dividir el campo en sectores, según la utilización táctica de las diferentes unidades. Muchas ciudades situadas en las fronteras del Imperio tienen por origen haber sido campamentos permanentes (*castra stativa*), donde una muralla de piedra o de ladrillo reemplazaba al viejo *agger* y el *vallum* perecederos.

Muy pronto los ejércitos romanos recurrieron a los servicios de especialistas —obreros del hierro y la madera— para ejecutar toda clase de trabajos de campaña. Estos *fabri* (obreros) fueron el núcleo de un verdadero cuerpo de ingeniería independiente de la legión y puesto bajo la autoridad de un prefecto designado por el general. Bajo el Imperio, la función del prefecto de los obreros (*praefectus fabrum*) era ejercida por un caballero. Este oficial no se ocupaba, en tiempo normal, de los trabajos ejecutados por la tropa misma: fortificación de los campamentos, construcción de los caminos, etc., pero estaba encargado de velar por el mantenimiento y la reparación de las armas individuales, por la construcción y puesta en funcionamiento de las máquinas de guerra, así como por ciertos trabajos excepcionales en el momento de los sitios.

El recurso a los medios mecánicos no se hizo frecuente en las operaciones militares sino a partir del siglo III antes de nuestra era, cuando el ejemplo de los griegos de Sicilia y de la Italia meridional enseñó a los romanos su existencia y su uso. El gran desarrollo de las máquinas no data, en los ejércitos griegos, más que del período helenístico. Su técnica fue rápidamente llevada a su punto de perfección, y no parece que los romanos hayan mejorado lo que recibieron de aquéllos. Por otra parte, era difícil esperar innovaciones mientras el principio mecánico sobre el cual estaban fundadas dichas máquinas bélicas permaneciese invariable.

Existían dos grandes categorías de máquinas: las que servían para lanzar proyectiles y las que tenían por objeto proteger al personal con ocasión de los ataques contra un enemigo protegido. Las primeras comprendían las catapultas, las balistas, los onagros y los escorpiones. Las catapultas no eran más que gruesas ballestas, cuyos dos brazos curvados penetraban por una extremidad en un haz elástico retorcido. La torsión de éste tendía a provocar la rotación del brazo y esta fuerza era utilizada para lanzar violentamente un disparo, que en las pequeñas máquinas no era otra cosa que una gruesa flecha. El proyectil podía ser más pesado cuando la máquina era de grandes dimensiones. Las catapultas eran armas de tiro directo, como la ballesta, y con una velocidad inicial relativamente considerable. La balista estaba fundada en el mismo principio que la catapulta, pero lanzaba proyectiles mucho más pesados, gruesas piedras o vigas que obraban menos por su velocidad que por su peso. La balista era utilizada en tiro por elevación para franquear el obstáculo de un muro, por ejemplo. Tenía, pues, un papel semejante al de nuestros obuses y morteros.

El onagro reposaba sobre un principio diferente, no el del arco, sino el de la honda. Constaba esencialmente de un largo brazo de palanca articulado sobre una pieza asentada en una plancha giratoria horizontal, movida a su vez por un haz de cuerdas retorcidas. En reposo, la palanca estaba vertical; con la ayuda de un torno se la llevaba hacia atrás, lo que tenía por efecto tensar los haces motores; al saltar de modo brusco la palanca, se proyectaba vivamente hacia adelante y al término de su trayectoria encontraba un robusto freno. Los proyectiles que se había colocado en la extremidad de la palanca —balas de hondas, piedras, bolas de grasa o de resina inflamadas— eran despedidos al choque y lanzados hacia el enemigo. En cuanto al término «escorpión», parece haber designado, según las épocas, ya una especie de catapulta, ya un onagro de pequeñas dimensiones.

El material de sitio propiamente dicho era bastante variado, e iba desde el ariete, simple tronco de árbol, enorme viga que servía para abatir las puertas de una ciudad o más frecuentemente los mismos muros, para sacudirlos e intentar abrir brecha en ellos, hasta obras móviles que se construían en el lugar mismo de su uso. El ariete, que debía ser puesto en movimiento a brazo, exigía que se protegiese a los soldados contra el tiro del enemigo. Por esta razón estaba colocado bajo una especie de cobertizo sobre ruedas provisto de un techo sólido, recubierto de un revestimiento incombustible, por ejemplo, pieles de animales recientemente desollados. Había también cobertizos análogos que se acercaban al muro y permitían a los soldados atacar con picos su misma base para demolerlo. Pero lo más frecuente era recurrir a trabajos de zapa comenzados a buena distancia del muro y que se conducían pacientemente por debajo de él hasta el interior de la ciudad. La finalidad de este trabajo no era proporcionar un acceso a la plaza sitiada, sino minar los fundamentos de la muralla. Cuando se juzgaba que el trabajo de zapa había llegado bajo la muralla, lo ensanchaban enmaderándolo cuidadosamente, después se prendía fuego a la madera y al cabo de algún tiempo la bóveda se hundía, arrastrando con ella el muro y las torres, ocasionando la brecha buscada; pero el trabajo de zapa no podía ser fácilmente realizado en secreto; el ruido no tardaba en revelarlo. Una vez señalada la dirección de la zapa, también los sitiados abrían una contramina por debajo de la del sitiador, lo que provocaba un desmoronamiento de la galería, o bien la inundaban derivando hacia ella alguna alcantarilla. Las excavaciones de Dura-Europos nos han revelado el trabajo subterráneo al que se libraron partos y romanos en el curso del sitio que sufrió la guarnición imperial antes de que la ciudad cayese en manos de los primeros. Los esqueletos de los soldados yacían aún en las galerías, en el lugar donde había desembocado el contraataque de los sitiados.

César, en su *Guerra de las Galias*, nos ha dado abundantes noticias sobre el material de que se sirvió durante los sitios. El ariete primitivo era empleado siempre, pero utilizaba también instrumentos más eficaces para desempotrar las piedras de la muralla. Ganchos enmangados en sólidas pértigas (*falces murales*, hoces murales) eran maniobrados por soldados abrigados bajo manteletes de protección. César nos presenta también a los sitiadores construyendo torres móviles de madera, que hacían rodar hasta entrar en contacto con la muralla, de manera que dominasen el camino de ronda y, mediante el tiro de los arqueros, honderos y el de las máquinas, hacer una porción del mismo insostenible para los defensores. Cuando se disponía de mucho tiempo y de mano de obra, se elevaba, paralelamente a la muralla atacada, una terraza hecha de toda clase de materiales: árboles con sus ramas, tierra acarreada y restos diversos y se la elevaba progresivamente frente al enemigo, de forma que los sitiados sobre la muralla perdían la ventaja de su posición y dejaban de dominar a los sitiadores.

El arte romano de la poliorcética, continuación del de los ejércitos helenísticos, si no ha progresado mucho, por lo menos ha transmitido a Bizancio y desde allí, indirectamente, a los pueblos de Occidente, toda la tradición destinada a sobrevivir hasta que la invención de la pólvora de artillería viniese a transformar las condiciones de la guerra.

Roma, largo tiempo potencia continental, no tuvo al principio marina, pero sus aliados latinos de Antium ejercían la piratería ya antes de las guerras púnicas. Los romanos debieron construir una flota para hacer frente a la concurrencia cartaginesa. Comenzaron por imitar el tipo de los navíos púnicos y bien pronto adquirieron una habilidad suficiente para poder alinear escuadras contra las de sus enemigos. Se aseguraron el dominio del mar desde la primera guerra púnica; más tarde, las flotas romanas fueron completadas por auxiliares proporcionados por los aliados de Oriente. Bajo el Imperio, las costas italianas estaban defendidas por dos escuadras: una estacionada en Rávena y la otra en Misena.

La disciplina del ejército romano era extremadamente severa. La severidad de las leyes, tal como la hemos entrevisto para los primeros tiempos de Roma, se conservaba por entero. La prestación del *sacramentum* daba al *imperator* derecho absoluto de vida y muerte sobre sus soldados, y también el derecho a castigarlos corporalmente. Los generales no dejaban de usar uno y otro derecho.

Polibio nos ha transmitido el recuerdo de escenas de la vida de la tropa en campaña. Nos cuenta cómo, cada mañana, un hombre del décimo manípulo de cada una de las órdenes (*hastati*, *principes*, *triarii*) se presentaba en la tienda del tribuno que mandaba la legión y recibía de éste una tablilla sobre la que iba inscrito el santo y seña. Una vez de regreso en su unidad, transmitía en presencia de testigos la tablilla al comandante del manípulo siguiente (el noveno), quien, a su vez, lo remitía, siguiendo el mismo ceremonial, al comandante del octavo, y así sucesivamente, hasta que la tablilla hubiese llegado a manos del jefe del primer manípulo, quien la devolvía finalmente al tribuno antes de la caída de la noche. De esta manera, antes del comienzo de las guardias de noche, el jefe de la legión estaba seguro de que todos los comandantes de unidad conocían el santo y seña. Si una de las tablillas no le había sido devuelta a tiempo, le era fácil encontrar al culpable, que era severamente castigado.

La guardia de noche se aseguraba de la siguiente forma: los vélites tenían por misión velar sobre el atrincheramiento del campo y proporcionar a cada puerta un puesto de diez hombres. Los otros soldados estaban de servicio en la tienda del comandante y en la de los tribunos. Cada tarde, el primer hombre de guardia de cada manípulo era conducido ante el tribuno por un suboficial, y para cada puesto era remitida a los soldados de servicio una tablilla (*tessera*) que llevaba inscrito un signo determinado correspondiente a los cuatro relevos de la noche. Cuatro caballeros, por otra parte, recibían la misión de efectuar cuatro rondas, una por cada relevo. Cuando el clarín sonaba, anunciando el comienzo de uno de los turnos, los caballeros comenzaban la ronda acompañados de testigos, dirigiéndose uno después del otro a cada uno de los hombres de la guardia, haciéndose entregar su *tessera*; si uno de los centinelas estaba dormido o había desertado de su puesto, lo hacían constar por los testigos que les acompañaban y continuaban la ronda. A la mañana siguiente, las *tesserae* eran llevadas al tribuno, que comprobaba inmediatamente las irregularidades. Una información rápida permitía encontrar al culpable, que era inmediatamente presentado ante un tribunal formado por los tribunos y condenado a muerte.

El suplicio era aplicado en condiciones particularmente bárbaras: el tribuno tomaba un bastón y con él rozaba al condenado; inmediatamente después de lo cual todos los soldados lo aporreaban a bastonazos y a pedradas. Si por un milagro el condenado no moría en el acto, era lanzado fuera del campamento y abandonado.

El suplicio del apaleamiento era también el castigo de los ladrones, de los soldados convictos de falso testimonio, de los desertores e incluso el que se aplicaba en casos de insubordinación caracterizada. Cuando una unidad entera era culpable, por ejemplo, si un manípulo había abandonado su lugar en el combate, los soldados que formaban parte de él eran «diezmados»: la unidad culpable era reunida aparte delante de la legión y se sorteaba el nombre de un hombre por cada diez. Aquellos cuyo nombre había salido eran entonces ejecutados; los otros recibían raciones de cebada en lugar de trigo y debían acampar fuera del atrincheramiento hasta que fuesen rehabilitados por alguna acción brillante.

Existían también otras penas menos rigurosas: degradación, pérdida de diversas ventajas resultantes del tiempo de servicio cumplido, expulsión ignominiosa del ejército y penas corporales.

El terror, de todos modos, no era el único medio al que se recurría para asegurar la disciplina. Las recompensas estaban previstas; a menudo el botín obtenido sobre el campo de batalla era, por lo menos en parte, abandonado a los soldados; o bien el general daba una cantidad de dinero a tal o cual que se había distinguido en un golpe de mano. A veces incluso la soldada era aumentada a título definitivo. Pero en la más antigua tradición, los soldados se mostraban más sensibles sobre todo a las recompensas honoríficas, y las inscripciones funerarias de los veteranos no dejan de mencionarlas. Los historiadores antiguos aseguran que desde la época real los soldados eméritos recibían la *hasta pura* —asta de lanza sin hierro—, símbolo cuyo sentido exacto ignoramos. Más tarde, a esta condecoración fueron añadidos brazaletes de plata o de oro, cadenas de metales preciosos, collares (*torques*) y medallones (*faleras*) de bronce o de oro, que se llevaban sobre la coraza. Collares y faleras tenían un origen extranjero; los primeros habían sido tomados de los usos galos; los segundos, de los etruscos. Las coronas, de las que existía una gran variedad, parecían ser una imitación de las que en los juegos de Grecia recompensaban a los vencedores. Algunas de entre ellas eran concedidas a los generales: corona triunfal a los que habían obtenido el triunfo, corona obsidional —hecha de césped— al que había liberado una ciudad sitiada. La corona cívica indicaba que el beneficiario de esta recompensa había salvado personalmente en la batalla la vida de un ciudadano romano; estaba hecha de hojas de encina; la corona mural estaba destinada a quien primero escalara la muralla de una ciudad enemiga;

la corona vallar, a quien franquease primero el atrincheramiento de un campo fortificado.

Al final de la República y bajo el Imperio dichas recompensas no eran atribuidas indistintamente a los soldados de todos los rangos; collares, brazaletes y faleras estaban reservados a los soldados de fila y a los centuriones; *hastae purae* y coronas, salvo las coronas cívicas, murales y vallares, no podían ser concedidas sino a los oficiales (tribunos, prefectos, comandantes de legión). El triunfo, recompensa suprema, sólo podía ser otorgado al general revestido del *imperium* con mando durante una campaña.

El triunfo era una ceremonia extremadamente pintoresca, que en todos los tiempos ha impresionado a las imaginaciones. Primero sólo era una acción de gracias del *imperator* que, seguido de sus soldados victoriosos, subía al Capitolio a dar gracias a Júpiter Óptimo y Máximo por la protección concedida durante la campaña. Pero bien pronto se rodeó de toda una legislación muy compleja impuesta por los celos y la prudencia puntillosa del Senado. El cortejo triunfal no dejaba de estar emparentado, evidentemente, con la *pompa circensis*, la procesión que precedía a los juegos. Como los juegos, marcan uno de los grandes momentos en que los dioses intervienen en la vida de la ciudad, y es muy probable que la influencia del ritual etrusco haya contribuido a regular su ordenación. El triunfador, revistiendo el traje de Júpiter —túnica de púrpura bordada de oro, toga también de púrpura realzada de oro (*toga picta*), sandalias doradas, cetro de marfil coronado de un águila, el ave sagrada de Júpiter, corona de laurel, la cara cubierta de afeites rojos, a la manera de las estatuas etruscas—, era verdaderamente Júpiter personificado, que subía solemnemente a su morada capitolina.

El cortejo se formaba en el Campo de Marte, fuera del *pomerium*; entraba en la ciudad por el *Forum Boarium* y desfilaba a lo largo del Circo Máximo, después de haber tributado al pasar un homenaje a Hércules Invencible, patrón helénico de los triunfadores, en su templo vecino del *Ara Maxima*. Después, una vez cruzado el Circo, caminaba en toda su longitud la vía Sacra, descendiendo la Velia y cruzando el Foro antes de ascender por la Subida del Capitolio (*Clivus Capitolinus*). A su paso, todas las puertas de los templos estaban abiertas para que las divinidades estuviesen presentes.

Iban a la cabeza los magistrados en ejercicio y los senadores. Después, tocadores de cuerno precediendo una larga teoría de portadores cargados con el botín arrebatado al enemigo, con todo lo que había de más precioso él: estatuas, vasos de oro y de plata, montones de armas y de monedas, e incluso representaciones simbólicas del país, de sus ríos, de sus ciudades y, en fin, de los jefes enemigos cuando éstos no figuraban personalmente en el triunfo. Después del botín de guerra, los victimarios conducían a los animales destinados al sacrificio solemne, toros blancos inmaculados, con los cuernos dorados, las cintas rituales (*vittae*) sobre el cuello. Con los victimarios marchaban los *camilli*, niños que servían a los sacerdotes y les tendían, en el momento del sacrificio, las páteras de oro. Detrás de las víctimas seguían los principales cautivos, cargados de cadenas. Durante largo tiempo la costumbre impuso que fuesen ejecutados en prisión durante la celebración del sacrificio; y aunque es muy probable que en la época primitiva fuesen inmolados públicamente a Júpiter, después de la victoria de Paulo-Emilio, en el 167 a.C., fue más y más frecuente que se conservase la vida a los prisioneros ilustres, por lo menos cuando habían luchado valerosa y lealmente contra Roma. Los ejemplos célebres de Yugurta y de Vercingétorix, que fueron ejecutados, el primero con ocasión del triunfo de Mario, y el segundo después del de César, se explican por los crímenes de que se habían hecho culpables —a los ojos de los romanos— estos dos adversarios de la majestad romana. Yugurta no sólo había asesinado a sus hermanos, sino provocado la matanza de numerosos ciudadanos y súbditos romanos, con desprecio de los tratados; en cuanto a Vercingétorix, era responsable de matanzas análogas y también había violado la fe de los juramentos.

Los prisioneros iban inmediatamente seguidos de su vencedor, el *imperator* triunfante, cuyas vestiduras ya hemos descrito. Su carro, en el que iban también sus hijos, se veía rodeado de una multitud de *ludiones*, actores a la moda etrusca, que danzaban al son de la lira y se entregaban a diversas contorsiones cómicas. En fin, siguiendo al carro triunfal, los ciudadanos que el enemigo había hecho prisioneros y a quienes la victoria del general había liberado, precedían, la cabeza rapada, tocados del gorro de los libertos, a la muchedumbre de los soldados vencedores. Éstos cantaban coplas mezcladas de elogios y notas satíricas alusivas a sus jefes.

Estas coplas satíricas encontraban su justificación en la *religio* del triunfo; éste, uno de los más altos momentos religiosos de la ciudad, estaba, por su exaltación, incluso cargado de peligros. Las divinidades eran propicias a desear la humillación del que se eleva, y la felicidad suprema está cerca de los trastornos de la fortuna. También, para alejar los celos de los dioses, era necesario tomar todas las precauciones posibles. Las burlas sobre el triunfador, proclamadas a voz en cuello, era uno de los medios de disminuir su felicidad, de hacer que ésta no se cumpliese sin mezcla de la copa de amargura ofrecida a Némesis. La risa, por sí misma, tenía la virtud de apartar la malevolencia divina, y ya veremos cómo la ciudad se preocupaba, en otras circunstancias, de divertir a sus dioses. En fin, el triunfador estaba protegido por amuletos colocados sobre su persona y suspendidos debajo de su carro; el principal era la imagen del sexo masculino (*fascinus*), remedio por excelencia contra el «mal de ojo» (*invidia*). Era ésta la imagen que los niños, hasta que habían llegado a la edad de tomar la toga viril, llevaban encerrada en una bula de oro pendiente de su cuello; también se la colocaba en los huertos para alejar a los demonios.

A partir del Imperio, el derecho de triunfo no pertenecía más que al emperador. ¿No era él, y sólo él, quien estaba revestido del *imperium* superior? Y, comandante único de todos los ejércitos, tenía la responsabilidad religiosa de las operaciones militares, conducidas, «bajo sus auspicios», por sus *legati*. Pero en orden a satisfacer las ambiciones legítimas de sus generales, los emperadores quisieron conceder a los que se habían distinguido particularmente los ornamentos triunfales (*insignia triumphalia*), es decir, el derecho a llevar, en las ceremonias oficiales, el vestido de los triunfadores y la corona de laurel. Se les elevaba también una estatua entre las de los grandes triunfadores, cuyo recuerdo conserva la historia. Pero tal distinción no tardó mucho en ser prodigada. A partir de Trajano, parece que todos los cónsules tuvieron el derecho a llevar el vestido triunfal, lo que le quitó gran parte de su valor.

La crisis de las guerras púnicas marcó el apogeo del ejército verdaderamente nacional, aquel que excitó la admiración de Polibio. Ya con anterioridad ante la gravedad de la amenaza, el Estado había debido algunas veces renunciar al principio de reclutamiento en vigor después de la reforma serviana, que en la práctica excluía del servicio militar a los ciudadanos de las clases menos afortunadas. Fue preciso incorporar a los de las últimas clases y llegar hasta la liberación de esclavos. Además, el enriquecimiento general que siguió a las conquistas, en el siglo II a.C., hizo pronto intolerable a los ciudadanos ricos los diez o dieciséis años (diez para la caballería y dieciséis para los infantes) durante los cuales debían servir como simples soldados. Al contrario, los pobres, menos apegados a la vida civil, eran más y más tentados por la aventura militar, con todas las posibilidades de enriquecimiento que les ofrecía. Hacía largo tiempo que los soldados percibían un sueldo. Su institución está tradicionalmente ligada a Camilo, que se había visto obligado a recurrir a ello a causa de la duración del sitio de Veies. El sueldo variaba según se tratase de un jinete o de un infante, de un soldado cumpliendo su tiempo de servicio obligatorio o de un voluntario. Se comprende que este sistema acabase en la formación de un ejército profesional, tanto más cuanto que el sueldo no era el único atractivo; la esperanza de botín, la promesa de una distribución de tierras una vez terminadas las campañas, todo esto contribuyó a transformar profundamente el carácter tradicional del ejército. Cuando la guerra de Yugurta, a fines de siglo, Mario no tenía bajo sus órdenes más que legiones compuestas de voluntarios que habían escogido el oficio de soldado. Por lo tanto, la reforma de Mario, que abría oficialmente el ejército a todos los ciudadanos, incluso a los *capite censi*, los que carecían de toda fortuna, no hizo otra cosa que legalizar una situación de hecho. Esta reforma, tan importante por sus consecuencias en la historia de Roma, había sido impuesta primero por las costumbres.

Otro hecho vino a ampliar el reclutamiento: a consecuencia de la guerra social, todos los italianos habían adquirido el derecho de ciudadanía. No había pues razón para incorporarlos en las unidades de *socii* (aliados); la evolución de hecho, que había tendido durante largo tiempo a acercar a *socii* y legionarios, acabó en asimilación total. Por consiguiente, al principio del siglo I a.C.. el ejército romano no estaba ya integrado tan sólo por soldados originarios del Lacio y de las colonias romanas; provenían de todas las regiones de Italia —a excepción de la Galia cisalpina, que no tendrá derecho de ciudadanía sino a partir de César—, y se siente menos estrechamente solidaria del *Populus Romanus*, sino más bien obligada sólidamente por los lazos personales que le unen al *imperator*. Desde este momento, los soldados no son llamados para una sola campaña: se enganchan por un período de dieciséis años, y durante todo este tiempo no dejan de ser soldados. Estas medidas tuvieron por efecto constituir una verdadera clase militar en contraste con la masa de los ciudadanos. Aun licenciados, los antiguos soldados están sometidos a ciertos deberes. Su antiguo general puede llamarlos para formar cuerpos especiales de veteranos. Y los jefes, durante las guerras civiles, no dejaron de hacerlo. Más tarde, las colonias de veteranos establecidas en el Imperio formarán la base de la defensa nacional.

A estas consecuencias políticas inmediatas o lejanas de la reforma de Mario se añadirán otras que modificarán la composición tradicional de la legión. Desaparece la distinción de los *hastati*, *principes* y *triarii*, todos recibieron el *pilum*. En fin, como hemos dicho, a la división en manípulos se superpuso la división en cohortes homogéneas. Al mismo tiempo, los vélites desaparecieron y fueron pura y simplemente incorporados a la legión, y ésta aumentada a seis mil hombres.

Tal era el ejército en el momento en que comenzaron las guerras civiles. Convertido en permanente, estaba al servicio de los que ejercen un mando y se esfuerzan por todos los medios en ganar el espíritu de los soldados. El ejército de César sigue a su jefe, cuyo honor creen que ha sido ultrajado, y no duda en combatir contra otras legiones al mando de otros jefes. Finalmente fue Octavio quien, con su habilidad y el prestigio que le daban sus victorias, consiguió hacerse reconocer como jefe único. Después de Accio (31 a.C.) disponía de unas cincuenta legiones.

Una vez establecido el régimen imperial, ciertas legiones fueron licenciadas y sus veteranos establecidos en colonias, pero muchas de ellas fueron mantenidas de manera permanente y constituyeron un ejército que se distribuyó en las provincias. Al final del reinado de Augusto había veinticinco legiones: ocho en las dos Germanias, a lo largo del Rin; tres en España; dos en África (las únicas bajo las órdenes de un gobernador de rango senatorial, aunque esto no duró mucho tiempo, y pronto recibieron como las otras un legado del emperador y fueron estacionadas en Numidia, en una provincia imperial); dos en Egipto; cuatro en Siria (pues esta provincia estaba muy expuesta a las incursiones de los partos, después de la derrota de Carrhes); dos en la Pannonia; dos en la Dalmacia y dos en la Mesia. Vemos que esta repartición era esencialmente un dispositivo de defensa contra los invasores procedentes del exterior o los insumisos, de los que quedaban todavía islotes considerables —por ejemplo, en España—. En tiempos sucesivos, el mismo principio fue seguido por los emperadores, que aumentaron el número total de las legiones —treinta y tres a partir de Septimio Severo—. La defensa se fundaba en las fortificaciones alineadas a lo largo de los *limes* (zonas fronterizas) y en elementos móviles. Además de las legiones, las provincias recibían destacamentos de tropas auxiliares, como la guardia de una plaza importante o la vigilancia de una ruta. Por esto, durante largo tiempo un cuerpo de sirios (*numerus Syrorum*) aseguró el orden en la región de Lalla Maghnia, en la vía de Mauritania Cesariana.

Italia, durante el Alto Imperio, estuvo mucho tiempo sin tropas legionarias. Pero como era necesario garantizar la seguridad personal del emperador y prevenir los levantamientos populares en la misma Roma, Augusto creó cuerpos especiales: cohortes pretorianas, cohortes urbanas y cohortes de vigiles.

Las primeras no son más que el desarrollo de una vieja institución republicana. Se designaba con el nombre de *cohors praetoria* la unidad escogida para formar una guardia personal del general en campaña. Los hombres que la componían —a partir del tiempo de Escipión el Africano— estaban exentos de las faenas ordinarias del campamento y percibían una soldada superior a la de sus camaradas. Octavio, después de Accio, organizó para él una guardia pretoriana del mismo tipo, pero en lugar de estar integrada en una legión, fue constituida en unidad autónoma, integrada por nueve cohortes de quinientos hombres cada una aproximadamente. La mayor parte estaba formada por soldados de infantería, pero a su lado había también jinetes (aproximadamente noventa por cohorte). En principio no se admitía en estas cohortes privilegiadas más que a italianos pertenecientes a países en los que había ciudades romanizadas desde largo tiempo. Pero poco a poco las regiones de reclutamiento se extendieron. De todos modos, hasta Septimio Severo, el número de italianos permaneció con mucho como el más considerable en el interior del pretorio. A partir de Septimio Severo, la proporción se invirtió, y se encuentran pretorianos llegados de todas las provincias, pero muy particularmente de origen danubiano. Ello se explica porque la Roma conquistadora estaba a punto de ser absorbida por el Imperio que ella misma había creado, y como los emperadores llegaban de Siria o de África, las fuerzas que los sostenían eran los vencidos de ayer.

Al lado de las cohortes pretorianas, Augusto creó, como hemos dicho, las cohortes urbanas —primero en número de tres, después de cuatro—, que tenían los mismos efectivos que las pretorianas, pero en vez de ser mandadas por un prefecto de orden ecuestre, agente directo del emperador, estaban a las órdenes de un senador, el prefecto de la ciudad (*praefectus urbi*). A decir verdad, este pequeño ejército senatorial, imaginado sin duda por Augusto para dar una satisfacción al Senado y hacerle admitir más fácilmente la institución de una guardia imperial estacionada en el interior de la ciudad, no tuvo jamás una gran importancia y su papel quedó muy borroso al lado del de los pretorianos.

Las cohortes de vigiles no eran más que un cuerpo técnico encargado de luchar contra los incendios. Su número era de siete y cada una de ellas tenía la responsabilidad de dos de las catorce zonas de la ciudad, con destacamento en Ostia. Efectuando rondas nocturnas, los vigiles estaban llamados a desempeñar el papel de las patrullas de policía.

Los historiadores modernos se complacen en proclamar que una de las causas de la decadencia romana fue la intervención de los pretorianos en la política; juicio severo, sin medias tintas, sugerido por la lectura de Tácito, que es el espíritu más claramente partidista de entre todos los escritores antiguos y el menos apto para comprender la verdadera complejidad de los problemas. Si es verdad que los pretorianos impusieron a la muerte de Calígula la elección de Claudio como emperador, no lo hicieron sino después de dos días de dudas, de cabildeos, durante los cuales el Senado se mostró incapaz de resolver por sí solo la crisis gubernamental. En medio de la confusión general, únicamente los pretorianos se hicieron sentir porque solamente ellos estaban en condiciones de expresar una opinión simple y clara. Y no fue, por más que se haya dicho, la codicia la que los impulsó, sino la lealtad a la sangre de Germánico, el prestigioso *imperator*, que continuaba encarnando para ellos la gran tradición de César y de Augusto. Continuaron obstinadamente fieles a aquel *sacramentum* prestado en otro tiempo por sus predecesores al príncipe que había formado sus cohortes. El peligro que constituían no era sin duda ilusorio, pero es injusto pretender que estos soldados escogidos, disciplinados, no eran más que una soldadesca ávida por conquistar el poder. La realidad era muy otra: al instalar, contrariamente a toda tradición republicana, un ejército en el interior de la ciudad, Augusto había introducido no tanto unos agentes de ejecución brutal, capaces de imponerse por la violencia, como una fuerza política mantenida hasta entonces cuidadosamente al margen. El ejército pretoriano, heredero de la tradición de las guerras civiles, pero, más allá de ellas, de la religión del *sacramentum*, continuó siendo lo que había sido siempre el ejército romano: un instrumento devoto en cuerpo y alma de su *imperator*. Y el *donativum* que recompensaba esta fidelidad no era más que la generosidad tradicional, obligada, del magistrado hacia sus administrados, del patrón hacia sus clientes, del edil que daba juegos al pueblo. En el momento en que Galba, durante el año de los tres emperadores, adoptó a Pisón, el consejo del príncipe duda sobre si se proclamará la adopción en los Rostros, en la Curia o en el campamento; y es que en el régimen instituido por Augusto existían tres instancias, tres asambleas cuyas aclamaciones eran capaces de conferir la investidura imperial: el pueblo y el Senado —como bajo la República—, pero también el ejército, cuya voz era legítimo escuchar. Y finalmente es ante las cohortes pretorianas donde Galba irá a presentar a su hijo adoptivo. ¿Cómo habría podido ser de otra manera? La asamblea popular, ya reducida a la insignificancia en los tiempos de la República oligárquica, aún había disminuido más en importancia después de las reformas de Augusto. El Senado, dividido, había demostrado que, privado de su guía, el *princeps* no poseería ya su antigua *auctoritas*. Quedaba el ejército, que tenía por lo menos la fuerza y la *fides*. De buen o mal grado, Roma volvía a las antiguas modas de la colación del poder. El viejo mito republicano —el *cedant arma togae* («que las armas se inclinen ante la toga»)—, «leitmotiv» de la teoría ciceroniana de la ciudadanía, no había resistido a la prueba de los hechos. El principado augusteo había eliminado cualquier vestigio de democracia civil; en su lugar se alzaba una democracia militar impuesta por la lógica de la tradición romana que seis siglos de oligarquía no habían podido abolir. Los pretorianos son el ejército de la ciudad; el *imperator* al que aclaman tiene más probabilidades de imponerse que ningún otro. Pero los ejércitos de las provincias gozan del mismo derecho; cada uno proclama a su propio general y de nuevo se produce la guerra civil. Vendrá el momento en que el ejército tomará conciencia de su unidad —al precio de largas crisis— y el Imperio, dejando de marchar a la deriva en busca de un principio de poder, de oscilar entre la monarquía ilustrada estoica y la teocracia de inspiración semítica, encontrará por fin alguna estabilidad en la tiranía militar de un Diocleciano. Pero era ya muy tarde, y el Imperio, envejecido, privado de fuerzas vivas, se encaminaba ya a su fin.

Capítulo 6

La vida y las artes

El Imperio de Roma no habría sido más que una conquista efímera si no hubiese hecho otra cosa que imponer al mundo por la fuerza una organización política e incluso unas leyes. Su verdadera grandeza reside acaso más en lo que fue —y sigue siendo— su expansión espiritual. Fue dicha expansión la que abrió en Occidente inmensas regiones a todas las formas de la cultura y del pensamiento y en Oriente permitió sobrevivir y conservar su virtud fecundante a los tesoros de la espiritualidad y del arte helénicos. A veces es posible ceder a la tentación de soñar un mundo en el que Roma no hubiese existido, pero ello permite sólo medir mejor el papel inmenso que tuvo en la historia del pensamiento humano.

Entre todos los milagros que contribuyeron a hacer de Roma lo que fue, acaso el más maravilloso sea aquel por el cual la lengua de los campesinos latinos llegó a ser, tan sólo en pocos siglos, uno de los instrumentos del pensar más eficaces y duraderos que la humanidad haya conocido. Muchas páginas de la historia de la lengua latina se nos escapan. El paciente trabajo de los filólogos —estos arqueólogos del lenguaje— nos ha reconstruido algunas, y sabemos ahora que la lengua latina, en la forma que la escribieron Cicerón y Virgilio, es el resultado de una larga evolución iniciada milenios antes en el seno mismo de la comunidad indoeuropea, pero bruscamente acelerada entre los siglos VI y II antes de nuestra era, cuando la lengua del rústico Lacio, en el que se habían mezclado elementos de origen diverso —itálicos, etruscos, y acaso todavía otros—, recibió la misión de expresar las concepciones de toda clase que se habían desenvuelto lentamente en el interior de la ciudad romana. Sabemos también que la lengua escrita, la de los autores que llamamos clásicos, no era igual a la que los romanos hablaban comúnmente: las reglas y la estética misma del latín literario son resultado de una elección consciente, de un trabajo voluntario que ha rechazado las mil facilidades ofrecidas por la lengua hablada, que ésta ha conservado y que aparecen de nuevo en los textos tardíos, cuando las disciplinas se relajan.

Una de las primeras tareas de los escritores latinos consistió en llegar a una perfecta claridad y a una perfecta precisión del enunciado, no dejando lugar a duda alguna. Es digno de mención que los más antiguos textos conservados sean fórmulas jurídicas, sin duda porque la ley es el primer dominio en el cual se ha sentido la necesidad de asegurar una permanencia de la palabra y de la frase. Pero es cierto también —lo muestra la historia de la redacción de las Doce Tablas— que el primer trabajo se había dirigido al enunciado oral, habiendo sido aprendida de memoria la fórmula antes de ser grabada sobre la madera o el bronce. Ahora bien, el enunciado oral que pretende ser conservado debe obedecer a ciertas leyes, descubrir el ritmo de la lengua, someterse a repeticiones de palabras o incluso simplemente de sonoridades. Por muy lejos que nos remontemos en la historia de la lengua latina, encontramos siempre esta preocupación por la fórmula de encantamiento —que no es necesariamente mágica— en la que el pensamiento se construye de acuerdo con un ritmo monótono y se apoya a la vez sobre la aliteración y sobre la asonancia, incluso sobre la rima. La primera prosa latina, en sus humildes comienzos, está muy cerca de la poesía espontánea, lo que los romanos llamaron el *carmen*, y que es a veces «danza» del lenguaje y a veces gesto ritual de ofrenda, repetición mágica, lazo sonoro que abarca lo real. Situada entre estas dos necesidades —precisión total de no dejar escapar nada de esa realidad que se quiere aprehender, y de ritmo—, la prosa no tarda en disciplinarse, en recalcar reiteradamente las articulaciones de la frase, en un principio simples clavijas que sirven de sutura a la misma; después signos de clasificación que afectan a los diferentes momentos de la exposición; al final verdaderos instrumentos de subordinación que permiten construir frases complejas y jerarquizadas. Al mismo tiempo el vocabulario se enriquece; a fin de poder precisar las nociones se crean nuevas palabras que la frase yuxtapone en un abanico de matices. La riqueza del vocabulario, que

Cicerón utilizará tan ampliamente, no es en la lengua latina una floración gratuita, sino el resultado de un trabajo de análisis que tiene la ambición de no dejar nada en la sombra, y, por temor a las definiciones abstractas y a las fórmulas generales, enumera tanto como sea posible todos los aspectos de un objeto, de un acto, de una situación.

En este esfuerzo para señalar sin equívocos el valor exacto de una afirmación, la lengua construye con todas sus piezas, ante nuestros ojos, una delicada maquinaria; no le basta enunciar un hecho, debe indicar también en qué medida el que habla hace suyo este enunciado, si quiere darle una objetividad plena y entera o si, por el contrario, es únicamente el eco de otro, o bien se limita a evocar una simple posibilidad. La forma del verbo empleado cambiará según los casos. Los gramáticos distinguieron *a posteriori* un gran número de categorías: por ejemplo, el modo «real», el modo «potencial» —cuando la posibilidad se concibe como un puro punto de vista del espíritu—, el modo «irreal» —cuando lo que es teóricamente posible se encuentra, desde el punto de vista del que habla, desmentido por la realidad—. Habrá también todo un sistema de estilo indirecto que objetiva el enunciado haciendo de él un objeto subordinado al verbo introductor, no haciéndolo solidario del sujeto que habla, y aun salvaguardando la posibilidad de expresar los diferentes aspectos (temporales, modales, etc.) introducidos por el primer sujeto, aquel cuyas palabras se repiten. Lo que hoy día parece a veces a los jóvenes latinistas un dédalo inextricable, se revela como un maravilloso instrumento de análisis capaz de descubrir matices que escapan a muchas lenguas modernas y de imponer al espíritu distinciones que le obligan a pensar mejor.

En esta evolución sintáctica no parece que el ejemplo de las construcciones griegas haya ejercido una influencia apreciable. Lo que los gramáticos del siglo pasado consideraban como helenismos, pertenecen de hecho las más de las veces a tendencias propias del latín. Los helenismos de sintaxis sólo aparecen muy tarde, cuando la lengua clásica había alcanzado su plena madurez. No pasa lo mismo con el vocabulario, que admitió muy pronto términos tomados del griego. En Roma los griegos estaban en todas partes; comerciantes desde el siglo VI, viajeros venidos de la Italia meridional, bien pronto esclavos llevados al Lacio después de la conquista de los países griegos o helenizados. Había en esta Italia, donde se mezclaban tantas razas, una «lengua franca» italo-helénica que ha dejado su huella en la historia del latín. Por vía de préstamo popular, es decir, oral, mediato o inmediato, se introdujeron así nombres de monedas, de instrumentos domésticos, términos técnicos aportados por los navegantes, los comerciantes, los soldados. Todos estos elementos fueron rápidamente asimilados e incorporados al viejo fondo de la lengua. Abundan en Plauto, cuyo teatro se dirige al público popular. Pero después de las guerras púnicas iba a plantearse un nuevo problema que no debía encontrar su solución hasta más de un siglo más tarde.

La llegada a Roma de los filósofos, después de la conquista de Macedonia, había sido preparada, como hemos dicho, por un largo período durante el cual se había proseguido la helenización de las clases selectas romanas. Sin duda, algunas familias de tradición campesina opusieron una seria resistencia a la invasión del pensamiento griego, pero el ejemplo mismo de Catón el Censor, el más ardiente adversario del helenismo, nos manifiesta que era una resistencia desesperada. Catón conocía el griego, lo hablaba incluso, lo leía con gusto. Es significativo que la primera obra histórica consagrada a Roma haya sido escrita por un senador romano en griego, en la misma época en que Plauto componía sus comedias. En aquel momento la lengua culta no era aún el latín, sino el griego; la prosa literaria latina nació mucho tiempo después de los comienzos de la poesía nacional. Los filósofos llegados en embajada en el 155 a.C., no tuvieron ninguna dificultad en hacerse entender por un vasto público al cual se dirigieron en griego, y era posible creer que la literatura latina estaba condenada a contentarse con la expresión poética, abandonando al griego los dominios del pensamiento abstracto. A pesar de este grave inconveniente, los escritores romanos consiguieron en algunas generaciones forjar una prosa latina capaz de rivalizar con la de los historiadores y los filósofos helénicos. Apoyándose sobre las conquistas ya realizadas —especialmente las de la lengua política formada por la redacción de los textos jurídicos y las actas de las sesiones del Senado—, no dudaron en redactar primero narraciones históricas, para las cuales el vocabulario tradicional era suficiente y que podían utilizar ejemplos extraídos de las epopeyas nacionales compuestas a finales del siglo III por Naevius y Ennius. Es muy probable que el libro de los *Orígenes*, escrito por Catón en latín, debiese mucho a la *Guerra púnica* del primero y a los *Annales* del segundo. Al mismo tiempo, las exigencias de la vida política imponían a los hombres de Estado tomar frecuentemente la palabra en público; a veces era en el curso de debates muy complicados que se desarrollaban en el Senado; otras precisaba obrar sobre la masa del pueblo reunida ante los Rostros; en otras ocasiones, por último, el orador debía pleitear ante el tribunal y persuadir a un jurado. Por desgracia, se han conservado muy escasos fragmentos de esta prosa latina del siglo II a.C. El único texto completo de Catón que se ha conservado es el libro *Sobre la agricultura*; la exposición, puramente técnica, no admite mucho la elocuencia ni las sutilezas de una narración vivamente llevada. No obstante, se adivina en este mismo texto y en los fragmentos conservados de los discursos de Catón, que la prosa latina ha adquirido ya una madurez notable. Sin duda testimonia aún una cierta rigidez; la frase es con frecuencia corta, tajante como una fórmula legal; las proposiciones se yuxtaponen paralelamente las unas a las otras en series interminables, pero a veces esta monotonía no carece de grandeza ni de fuerza. A la herencia rítmica del *carmen* se añaden las conquistas realizadas por el arte oratorio, la necesidad de persuadir, presentando primero a los auditores todos los aspectos de un pensamiento y resumiéndolos después en una breve fórmula susceptible de grabarse profundamente en el espíritu. En esta prosa elocuente se unen ya las dos cualidades de la frase ciceroniana, la *gravitas* —seriedad— y el número. Incluso su rigidez, semejante a la de las estatuas arcaicas de arte helénico, contribuye a dar una impresión de autoridad. Desde los tiempos de Catón, el latín ha llegado a ser ciertamente una lengua digna de los conquistadores del mundo.

Quedaba aún por anexionar a la prosa latina el dominio de la especulación pura. Era necesario conseguir que la lengua expresase lo abstracto, lo cual no dejaba de tener graves dificultades. El latín poseía todo un juego de sufijos heredados del sistema indoeuropeo, pero los usaba con moderación y generalmente para designar cualidades fácilmente comprensibles, muy próximas aún a lo concreto. Lo abstracto para él permanecía casi extraño. ¿Cómo, en estas condiciones, traducir en la lengua nacional los juegos dialécticos de los filósofos griegos? Los primeros escritores que lo ensayaron estuvieron a punto de renunciar a ello. La confesión desesperada de Lucrecio, al quejarse de la pobreza de su lengua materna, se ha hecho célebre; otras confesiones de Cicerón, y aun de Séneca, hacen eco a la del poeta que había emprendido la tarea de hacer asequible a un público latino el pensamiento de Epicuro y de Demócrito. La noción misma de filosofía no respondía a ninguna palabra de la lengua. Había que crear un dialecto nuevo, tomando la forma misma de los vocablos griegos, o bien transponer éstos al latín. Los dos procedimientos fueron empleados simultáneamente, pero con intenciones y contextos diferentes. Cicerón se sirve a veces de la palabra *philosophia*, pero lo hace cuando quiere designar la técnica misma; fuera de esto, recurre a un equivalente ya utilizado por Ennius, y escribe *sapientia*, que posee ya una significación en la lengua y no puede aplicarse a la especulación filosófica más que por una transposición del sentido. *Sapientia*, para un romano, no era la dialéctica en busca de la verdad, sino una cualidad mucho más vulgar, la del hombre lleno de buen sentido acostumbrado a seguir la vía recta, pero mucho más en su conducta que sobre los caminos del conocimiento. Se puede medir la importancia, para el porvenir mismo de la filosofía romana, de esta transposición inicial. Pues las palabras de esta manera buscadas conservaban de su empleo ordinario, de sus lazos semánticos, un peso, unas asociaciones de las que no podían despojarse de repente y que doblaban el pensamiento expresado. La *sapientia* seguirá siendo siempre la ciencia de regular las costumbres, lo que nosotros llamamos la «cordura», la «prudencia», antes de ser la ciencia del pensar. Otro ejemplo no menos demostrativo es la historia del término *virtus*, que servía para traducir el concepto griego de virtud. Pero mientras los griegos se servían de un término infinitamente más intelectual para expresar dicho concepto, la palabra ἁρετὴ, que implicaba una idea de integración armoniosa del individuo, primero en la ciudadanía, luego en el orden universal, los romanos emplearon un término de acción que designaba el poder del hombre en su esfuerzo sobre sí mismo. La lengua traicionaba así el doble sentido impuesto al pensamiento helénico. Se dirá acaso que todo ello era más bien el efecto de una incomprensión por parte de la raza romana, incapaz de elevarse hasta el pensamiento puro, que el resultado de un trabajo consciente sobre el vocabulario. No obstante, no se puede negar que los escritores capaces de pensar e incluso componer tratados filosóficos en griego, de conversar largamente con los filósofos griegos, a los que acogían con tanto placer en sus casas, no hubiesen dejado de recurrir, cuando se expresaban en latín, a un vocabulario del que no ignoraban las insuficiencias ni las traiciones, pero que creían más apto para operar la transposición necesaria para desarrollar un pensamiento verdaderamente romano.

Toda la literatura de la época que domina la figura de Cicerón testimonia este trabajo sobre la lengua, que es al mismo tiempo generador de un pensamiento original. De esta manera, fue creado todo un arsenal de conceptos sobre el modelo de los de los griegos, pero con matices propios importantes, y el curso de la historia ha querido que el pensamiento occidental los heredase no directamente de los arquetipos helénicos, sino de su copia latina. Lo que ocurrió no sin grandes consecuencias para el porvenir. El *logos* griego pasa a ser en Roma la *ratio*; lo que era «palabra» pasa a ser «cálculo» —y el contraste no estriba sólo en las palabras; lo es también en la actitud intelectual que simbolizan.

Las condiciones en que se fundó la lengua literaria de los romanos bastan para enseñar que su literatura no ha sido —no podía serlo— un puro calco de la literatura griega. No solamente la originalidad de los autores latinos, su temperamento propio, tendía a crear obras diferentes de las de sus predecesores, incluso cuando los tomaban como modelos, sino que el instrumento del que se servían los llevaba por caminos nuevos.

Veremos más tarde cuáles fueron los comienzos del teatro romano, todo él lleno de elementos sacados de la tradición itálica. Incluso cuando los autores tomaban argumentos de Menandro o de Eurípides, los ponían en escena con un estilo muy particular, mucho más cercano a los orígenes populares de los juegos escénicos de lo que podían serlo las obras griegas. En su modelo escogían lo que podía adaptarse a las condiciones del teatro nacional y descuidaban el resto. Es así como Plauto y Terencio, habiendo imitado, a medio siglo de distancia, comedias griegas pertenecientes al mismo repertorio —el de la Comedia Nueva—, han compuesto, a pesar de ello, piezas que presentan entre sí diferencias considerables. Menandro, adaptado por Plauto, no se parece sino muy de lejos a Menandro tal como lo ve Terencio. Mientras Terencio es más sensible a los problemas morales planteados por su asunto: problemas de la educación de los hijos, del papel del amor en la vida de los jóvenes, de la libertad que se debe dejar a cada ser para llevar una existencia a su gusto; Plauto utiliza las intrigas que le proporciona la comedia griega para defender la vieja moral tradicional de Roma —el peligro de la libertad, la necesidad de preservarse de todas las tentaciones de la vida griega—. Sería difícil concebir tesis más opuestas, a pesar de que la materia de la comedia es la misma para la una que para la otra. A través de este ejemplo preciso vemos que la influencia de la literatura griega no ha impedido a los autores romanos componer obras originales y capaces de expresar las ideas y las tendencias de su tiempo y de su raza.

Con los orígenes populares e itálicos hay que relacionar la invención de un género que los griegos apenas conocieron y que estaba llamado a tener una gran difusión, la sátira. Se denomina así, desde el siglo II a.C., a las obras mixtas de prosa y verso, este último en metros tan diversos como lo quisiese la fantasía del poeta. En las sátiras había de todo: narraciones, escenas mímicas, reflexiones morales, ataques personales, páginas de crítica literaria. Eran como una conversación llevada libremente, y es cierto que en las de Lucilio, por ejemplo, que llegó a ser el maestro de este género hacia el 130 a.C., resuena el eco de las libres conversaciones que Escipión Emiliano tenía con sus amigos en las horas de ocio, pero también durante las jornadas de armas ante Numancia, donde Lucilio había seguido a su protector. Un siglo más tarde, Horacio se apoderará de la sátira y le dará otro estilo; no obstante, en esta conversación más juiciosa, más preocupada de la perfección formal, que es la sátira horaciana, se encuentra siempre el antiguo realismo itálico, el sentido de la vida llevado a veces hasta la caricatura, y —lo que es un rasgo típicamente romano— la voluntad de instruir al lector, de enseñarle el camino de la prudencia.

Hemos dicho también cómo en el curso del siglo II antes de nuestra era despegó la elocuencia romana; las condiciones de la vida pública hacían del arte oratorio una necesidad cotidiana. La multiplicación de los procesos políticos, la importancia creciente de los debates parlamentarios en el Senado y el peso cada vez mayor de la opinión pública en los últimos años de la República, crearon numerosos oradores, ávidos de competir los unos con los otros. Con esta emulación la elocuencia se perfeccionó; los oradores reflexionaron sobre su arte, lo que tuvo sin duda por consecuencia hacerlo más eficaz, pero provocó también la formación de una estética oratoria y de una pedagogía cuya influencia se deja sentir aún en nuestra enseñanza.

En efecto, mientras las actividades puramente literarias —la poesía, la historia, la composición de obras filosóficas— eran sospechosas a los ojos de los romanos a causa de su misma gratuidad, la elocuencia aparecía como el mejor medio que podía emplear un ciudadano para servir a su patria. Ahora que los ejércitos eran permanentes, que la carrera militar parecía abierta sobre todo a algunos especialistas encargados de mantener el orden en las provincias y la seguridad en las fronteras, pareció natural formar a la juventud en los combates del foro por lo menos tanto como en los de la guerra. Vemos también a Cicerón resignarse de mala gana a hacer campaña en Cilicia como procónsul, pero consagrar largas horas a redactar tratados sobre el arte oratorio. Le parece el mejor medio para abrir el espíritu de la juventud a la vida del pensamiento si uno se esfuerza no en instruirla con un cierto número de recetas puramente formales —como hacían los retóricos griegos—, sino en impregnarla de una cultura verdadera, aprovechando las conquistas más nobles de la filosofía. Para desarrollar este programa, libros como el *Orator* o el *De Oratore* intentan realizar la concepción ya tradicional de la elocuencia y, contestando a las objeciones platónicas —que no veían en ella sino un arte de las apariencias—, hacerla la expresión más alta y más fecunda de la humanidad. En otro tiempo se tenía la costumbre de plantear a los jóvenes la comparación de Cicerón con Demóstenes. Cada cual podrá, según sus preferencias, discernir el premio a uno o a otro, poner el *Discurso sobre la Corona* por encima de las *Catilinarias*, pero es bien cierto que la perfección formal de Demóstenes, la sutilidad de sus razonamientos, el poder de su indignación, pesan menos en la historia de la cultura humana que la doctrina coherente de la elocuencia como instrumento de pensamiento, que Cicerón ha sabido elaborar e imponer, después de él, a toda la romanidad.

Después de Cicerón, que debió al poder de su palabra el éxito de su carrera política, la formación del orador fue el objeto casi único de la educación romana. Quintiliano, el representante más ilustre de estos maestros de la juventud, fue un discípulo lejano de Cicerón. Contribuyó poderosamente a mantener la enseñanza del maestro en un tiempo en el que nuevos gustos amenazaban con llevar a la literatura fuera del clasicismo, y acaso de esta forma contribuyó a acelerar la decadencia de las letras latinas, al combatir con todas sus fuerzas todo lo que podía suponer la menor renovación. Fue Quintiliano el primero que en tiempos de Vespasiano dio una enseñanza oficial a cargo del emperador. Después de la magnífica hornada de talentos que había marcado el reinado de Nerón, recibió el encargo de restaurar el viejo ideal ciceroniano, y se le debe una obra, fruto de sus reflexiones de profesor, que inspiró muchos siglos más tarde a los teóricos de los estudios literarios, desde el Renacimiento hasta la época de Rollin. A través de él, nuestra enseñanza tradicional implanta sus raíces en plena romanidad, extrae su savia del pensamiento ciceroniano, preocupado de equilibrar humanamente el gusto por la belleza, por la perfección formal y por las exigencias de la verdad. El orador debe obrar sobre los hombres —ya que éste es su oficio—, pero si hay para esto recetas a aprender, Cicerón y Quintiliano, después de él, saben que únicamente el pensamiento justo y sincero, pacientemente madurado, produce una persuasión duradera. Acaso porque extrae su origen de la retórica, nuestra enseñanza literaria tiene por carácter esencial formar los espíritus en una comprensión recíproca: el orador debe comprender a sus oyentes, prever sus reacciones, olvidarse de sí mismo e, identificándose con aquéllos, llevarlos a pensar como él. No sería posible persuadir e instruir sino en la claridad total. Tal es, sin duda, la lección más perdurable de una elocuencia que se sabía reina de la ciudad, pero que se negaba a ejercer en ella la tiranía.

Los orígenes itálicos de la literatura latina no serán nunca puestos en duda. Ciertas tendencias profundas de la raza —el gusto por el realismo, la curiosidad por todos los aspectos, incluso los más aberrantes, de lo humano; el deseo también de instruir a los hombres, de hacerlos mejores—, todo esto se encuentra en todas las épocas en los autores romanos. Todos quieren, en algún grado, servir a la ciudad, ora su patria —como Tito Livio, que redactó su *Historia* para glorificar al pueblo-rey—, ora, cuando entrevieron que Roma podía ser la patria de todos los hombres, aquella ciudad universal en la que soñaban los filósofos. Todos quieren también demostrar algo: raras son las obras gratuitas, que no tienen más justificación que su belleza. A esta belleza, por otro lado, se le encuentra una función en el orden del mundo.

Lucrecio es poeta, pone en versos admirables la filosofía epicúrea, encontrando en una serie de intuiciones geniales los resortes profundos de un sistema convertido en el cuerpo mismo de su propio pensamiento, pero experimenta la necesidad de justificar este recurso al verso alegando la utilidad de presentar agradablemente una filosofía difícil, comparando los ornamentos poéticos con la miel con que los médicos untan el borde de la copa en la que un niño beberá una pócima amarga. No parece haber tenido nunca plena conciencia del hecho de que su poesía emana directamente de su intención metapsíquica, que la belleza, la tensión de la forma épica pertenezca a la esencia de esta experiencia en parte inefable, irreductible a un puro encadenamiento de conceptos. Quiere instruir, convertir a Memmius, su protector y amigo, a una filosofía capaz de llevar la calma y la serenidad al alma humana. Sería sin duda difícil encontrar en toda la poesía griega semejante calor apostólico, muy alejado de todo «dilettantismo» estético.

No es que la poesía latina, desde antes de llegar a su pleno desarrollo, haya ignorado las voluptuosidades del arte por el arte. Sin remontarnos hasta Ennius mismo —el padre Ennius, como lo llamaron los poetas que vinieron después de él— y a su poema sobre la gastronomía *Hedyphagetica*, que no es más que una obra de puro virtuosismo sobre el modelo de las más decadentes bromas helenísticas —sin perder su intención didáctica—, se formó, en tiempos de Cicerón y de César, una escuela de poetas «nuevos», recordando a los alejandrinos. Quisieron dotar a Roma de un lujo nuevo, el de la poesía; la obra más típica de esta estética es sin duda el poema —relativamente largo para ser de un discípulo de quienes pretendían despreciar los poemas largos — escrito por Catulo para cantar las bodas míticas de Tetis y de Peleo. La mayor parte está consagrada a describir una tapicería en la que una mano divina había —nos dice el poeta— representado el mito de Ariadna. La hija de Minos, raptada por Teseo, es abandonada dormida en la ribera de Naxos. Despierta en el momento en que la vela del barco que debía llevarla al Ática desaparece del horizonte; se desespera, mas he aquí que en el cielo aparece el cortejo de Dionisos, que va a convidarla a unas bodas divinas. Aparentemente, en este poema todo es gratuito, ornamento puro, como podía serlo, en la misma época, un mosaico, un cuadro, o uno de aquellos preciosos relieves con los que se complacían en adornar las moradas. No obstante, se ha sugerido recientemente —y no sin cierta razón— que este poema ocultaba un sentido misterioso: ¿el mito de Ariadna no se encuentra, por lo general, en los relieves de los sarcófagos, donde reviste indudablemente una significación religiosa? Ariadna dormida, en el sueño que la prepara para la apoteosis, es la imagen del alma que volará, ebria de Dionisos, hacia la inmortalidad astral. En realidad, ignoramos si Catulo ha querido dar esta interpretación del mito, si no ha sido sobre todo sensible a las imágenes patéticas y pintorescas que le permitía desplegar. Pero incluso admitiendo que no hay en este epitalamio más que un mero artificio estético, no es dudoso que los fieles de Dionisos —y eran numerosos— pudieran encontrar el eco de su fe. Hasta tal punto en Roma se impregna todo de símbolos morales, que hasta en sus obras en apariencia más gratuitas la poesía tiende de una manera natural a tomar el valor de una revelación.

La escuela de los jóvenes poetas tiene la gloria de haber contado entre los suyos a Virgilio cuando, recién salido de la adolescencia, se ejercitaba en componer sus propias obras. Él también parece, como Catulo, del cual era compatriota —no hay una gran distancia de Mantua a Sirmio—, haberse complacido en un principio en tratar temas de pura mitología. Desgraciadamente, estas primeras obras de Virgilio, anteriores a las *Bucólicas*, permanecen para nosotros rodeadas de oscuridad. Aquellas que los manuscritos nos transmiten bajo el nombre de Virgilio no son con seguridad auténticas en su totalidad. Aunque así fuese, ha quedado claro, limitándonos solamente a las *Bucólicas*, que Virgilio comenzó su carrera como discípulo de los poetas alejandrinos. Las *Bucólicas*, esos cantos de pastores, o mejor cantos de boyeros, pues no hay nada en ellos que pueda evocar a los pastores emperifollados y los apacibles corderos tan apreciados en otros tiempos, son imitados de los *Idilios* de Teócrito, otro poeta italiano, ya que salió de la Sicilia griega para conquistar el mundo literario de Alejandría. No obstante, sutiles transposiciones no tardan en ofrecerse a quien compare ambas obras. En lugar del cielo ardiente, de la sequedad, de las cigarras de Teócrito, vemos en Virgilio los prados húmedos de la Galia cisalpina, bordeados de sauces irrigados por canales artificiales. No es la misma naturaleza la que cantan el uno y el otro. No es tampoco el mismo paisaje humano: Virgilio evoca los problemas urgentes de la tierra italiana. Es sabido que la primera pieza de la colección pone en escena el drama que se producía entonces en toda Italia. Para recompensar a los veteranos que los habían ayudado, Octavio y Antonio les asignan tierras a costa de los propietarios provinciales. Es posible que Virgilio haya sufrido también tal expoliación y que debido a la protección de Octavio pudiese recibir por lo menos una compensación. La historia permanece para nosotros muy oscura; pero sea cual fuere el problema personal de Virgilio, su poesía lo sobrepasa, y aparecen en esta alegoría de Tityro y de Melibea todos los desgarramientos que provocan las guerras civiles en el corazón de los pequeños propietarios. Una vez más el artista puro es desbordado por el sentido romano de la «ciudad».

Toda la historia de Virgilio como poeta queda contenida en esta evolución: el lugar cada vez mayor atribuido dentro de su obra a los problemas de la patria. Las *Geórgicas*, cuyo tema fue probablemente sugerido a Virgilio por Mecenas, si no son, como se ha sugerido acaso con demasiada frecuencia, una obra de «propaganda» destinada a devolver a los romanos el gusto por la vida rural, representan una tentativa para restaurar los viejos valores honrados en la sociedad campesina y enseñar que el ritmo «de los trabajos y los días» es, entre todas las actividades humanas, el que mejor se lleva con la armonía universal. No se trataba de arrancar de los juegos del circo a la plebe ociosa, sino de revelar a la elite culta la eminente dignidad de una clase social amenazada. La poesía de las *Geórgicas*, tan bella, tan profundamente humana, trata de curar las heridas causadas por las guerras civiles; expresión de una filosofía de la naturaleza y del hombre en la naturaleza, contribuye a restaurar el orden y la paz en los espíritus y colabora de esta manera a la revolución augustea.

El tercer grado de esta evolución del arte virgiliano lo encontramos en la *Eneida*. Esta vez se plantea el problema de Roma en sí misma. Se trata de afirmar el fundamento espiritual del régimen que nace, y para ello, descubrir el sentido profundo de la misión asignada por los dioses al hijo adoptivo de César. Pero Virgilio no quiso escribir un poema de propaganda política. Animado por una fe inmensa en el destino de la patria, creyó descubrir el secreto de los dioses: Roma había recibido el Imperio del mundo porque la raza romana había sido fundada por un héroe justo y piadoso. La *Eneida* tuvo por ambición revelar la ley secreta de las cosas y mostrar que el Imperio era el resultado necesario de una dialéctica universal, el término último de esta lenta ascensión hacia el bien de la que el poeta había tenido la intuición cuando había escrito su *IV Égloga*, anunciadora de la edad de oro. Tal es seguramente la armadura espiritual de esta epopeya, en la que Virgilio imitaba a la vez a Homero y también, fiel a la estética de los «jóvenes poetas» de sus primeros tiempos, a *Los Argonautas*, del alejandrino Apolonio de Rodas. Pero la intención profunda del poema no ha privado a Virgilio de crear una obra viviente, rica en pintoresquismo, de ternura y de grandiosidad. No es, pues, asombroso que la *Eneida*, apenas publicada —por orden expresa de Augusto, pues Virgilio, cuando murió, en el 19 a.C., no la había todavía terminado y había pedido en su testamento que fuese destruida—, pasase a ser la Biblia de la nueva Roma. En las paredes de las ciudades antiguas se leen aún grafitos en los que figuran uno o varios versos del poema. Roma había encontrado por fin su *Ilíada*, más rica que los cantos del viejo aedo, más apropiada también para desvelar en los lectores la conciencia de la continuidad nacional y de los valores morales y religiosos que constituían el alma profunda de Roma.

Contemporáneo de Virgilio y su amigo más íntimo en el círculo de Mecenas, Horacio contribuyó también a la obra de renovación emprendida por Augusto, y tanto más eficazmente acaso porque durante largo tiempo pareció no querer colaborar en ella. Deseando «añadir una cuerda a la lira latina», creó de raíz una poesía lírica inspirada directamente en los poemas eólicos. Fue preciso ante todo adaptar los metros de sus modelos griegos al ritmo de la lengua latina, lo que no se hizo sin delicadas trasposiciones. Después de haberse proporcionado el instrumento, quiso hacerle expresar sentimientos que hasta entonces no habían apenas encontrado su lugar en la literatura de Roma; es lo que los poetas alejandrinos habían confiado al epigrama —el placer de vivir, los tormentos y los placeres del amor, la felicidad y la amistad, las impresiones más fugitivas sentidas mientras pasan los días y las estaciones vuelven—; todo esto proporciona a Horacio los temas de sus *Odas*. Pero, poco a poco, de esta poesía de lo cotidiano se desprende una filosofía concreta, deudora en alto grado del epicureísmo profesado por Mecenas, pero que no tardó en superarlo. Repugnando todas las dialécticas y todas las demostraciones abstractas, Horacio pide solamente al espectáculo del mundo —un rebaño de cabras pegado al flanco de una colina, un santuario ruinoso, el frescor de una fuente, los primeros soplos del viento del oeste sobre la campiña helada— la revelación de lo que el universo contiene de misterio divino. Y pronto esta sabiduría, cuya plenitud se dilata en contemplación mística, autoriza al poeta a convertirse en el intérprete de la vida religiosa romana. Como a Virgilio, se le vio cantar la permanencia de las grandes virtudes de la raza encarnada en Augusto. Las odas nacionales dan una voz elocuente a esta nueva valoración del viejo ideal que las guerras civiles parecían haber comprometido para siempre. Y con ocasión de los Juegos Seculares del año 17 a.C., consagrando el retorno de la paz con los dioses, la gran reconciliación de la ciudad con los Inmortales, fue Horacio quien compuso el himno oficial cantado en el Capitolio por un coro de jóvenes y de muchachas.

Por este tiempo Horacio, reflexionando sobre el papel del poeta en la ciudad, dirá que sólo él, en medio del desencadenamiento de las pasiones, sabrá mantener un corazón puro; figura ejemplar ofrecida a la imitación de los ciudadanos, conservará la moderación, el sentido de los valores eternos, semejante a los héroes legendarios Orfeo o el tebano Anfión, cuya lira encantaba a los animales y las plantas —porque estaba afinada según la armonía secreta del mundo—, ayudaba a los hombres a alzar las ciudades y a mantener en ellas las leyes. El tercer poeta del círculo de Mecenas —de los tres cuya obra ha llegado hasta nosotros—, Propercio, contribuyó también, si no a crear, por lo menos a desarrollar un género nuevo, el de la elegía. Los historiadores de la literatura antigua han investigado durante mucho tiempo cuáles podían haber sido los modelos griegos de la elegía romana. Hoy día parece casi demostrado que estos modelos no ejercieron una influencia decisiva en la formación del género. Fue en Roma, entre las manos de los predecesores de Propercio, de Gallus (aunque sus obras no se han conservado) y de Tíbulo, donde los poemas ordenados en dísticos elegíacos enseñaron a expresar los tormentos y los gozos del amor. Propercio nos ha invitado a seguir de tal forma las peripecias de su novela, muy tempestuosa, con una dama bastante voluble a la que llama Cintia y que tan pronto le colmó de sus gracias como lo abandonó para seguir a otros protectores con mayores rentas. Entre sus manos, como ocurre con Tíbulo, su contemporáneo, la elegía se hace semejante a un diario íntimo y recoge las confidencias amorosas. Parece que esta vez la poesía haya descendido definitivamente del cielo y no tenga preocupación alguna de servir a la tierra. Y no obstante, lo mismo Tíbulo que Propercio han mezclado con sus obras más íntimas poemas en los que cantan los grandes acontecimientos de su época. No son, ciertamente, los cantos de victoria que tal vez habrían deseado Mecenas y Augusto cuando los ejércitos del Imperio borraron el recuerdo de la derrota sufrida en Carrhes o pacificaron las fronteras de Germania, sino composiciones más duraderas, consagradas a la vida moral de la ciudad. Tíbulo cantó al santuario de Apolo Palatino, centro de la religión augustea; Propercio, las viejas leyendas enraizadas en tal o cual lugar de la ciudad, escogiendo aquellas que aportaban una significación particularmente importante en la perspectiva de las reformas religiosas y políticas de Augusto.

La magnífica expansión de la literatura augustea no sobrevivió a la desaparición de aquellos que habían sido sus artesanos. Después de la muerte de Horacio, en el año 8 a.C., parece como si las letras latinas hubiesen perdido toda su savia. A decir verdad, esta impresión acaso sea debida sobre todo a que no poseemos ninguna de las obras escritas por los contemporáneos de los últimos años de Augusto; sólo el nombre de Ovidio comparece para atestiguarnos que se continuaban escribiendo, incansablemente, nuevas obras. Pero las que nos ha dejado Ovidio, aunque no desprovistas de valor ni de interés, no representan en su mayor parte sino una explotación sistemática de las anteriores invenciones de Tíbulo y Propercio. Desde ciertos puntos de vista, Ovidio se muestra, más que ellos, fiel imitador de la poesía alejandrina, de la que conoce a la perfección las recetas más probadas. Versificador prolífico y hábil, da en sus *Metamorfosis* una verdadera «summa» de la mitología griega, a la que une, bien o mal, lo legendario de su país. El tema general de este poema ha sido extrañamente buscado: Ovidio ha querido dibujar un inmenso fresco que representase las transformaciones sufridas en el curso del tiempo por las cosas y por los seres; en el último plano de estos cuadros pintorescos aparece una concepción extraída de la filosofía pitagórica: la idea de que el universo está en perpetua transformación, y no fijo de una vez para siempre en un orden inmutable. Cualquiera que sea el juicio que pueda merecernos esta singular epopeya, no debemos olvidar que nunca dejó de preocupar a la imaginación de los artistas y de los escritores de la Edad Media, menos sensibles a la verosimilitud científica que al intenso simbolismo que creían adivinar, con razón o sin ella, en este inmenso bestiario.

Ovidio, desterrado por Augusto a raíz de una falta misteriosa, acabó sus días en Tomes, en la costa del mar Negro, escribiendo siempre, cantando sus penas lejos de la patria y satisfaciendo su pasión de versificador al componer poemas en la lengua bárbara que oía hablar en torno suyo. Con él moría el último representante de la poesía augustea.

Sin embargo, en Roma no faltaban los poetas. Acaso los hubo excelentes, pero su recuerdo se ha borrado, sin duda, para siempre. Sabemos solamente que la metromanía hacía estragos y los seguirá haciendo hasta el fin del Imperio. La poesía es considerada como un medio de expresión accesible al «hombre honesto». Pero lo más posible es que deje de ser verdaderamente seria, como lo era para Virgilio, Horacio o Propercio; se juega con ella como en un juego de salón, y se celebran los «bonitos éxitos» conseguidos. Son piezas fugitivas que recuerdan la antología griega, pero también con frecuencia son obras más considerables: epopeyas, tragedias destinadas a la lectura —pues el teatro literario casi ha desaparecido definitivamente, cediendo su lugar al mimo, que casi no ha dejado señales—. Es posible que esta poesía latina desconocida no haya carecido de belleza. Algunos fragmentos que sobreviven dejan entrever muy curiosas tentativas, por ejemplo, los pequeños poemas de Mecenas, que fue un estilista amanerado, gran enamorado de las imágenes impresionantes y hábil en crear tan sorprendentes juegos de palabras que el pensamiento, torturado, se deja como arrancar una verdad secreta.

Hay que esperar al reinado de Nerón para encontrar de nuevo obras que hayan sobrevivido hasta nosotros. La segunda mitad del siglo I d.C. conoció un «final de otoño» poético más maduro, quizás también más hábil que los éxitos de la gran floración augustea. Los autores han aprendido su oficio, a veces demasiado bien; se sirven de él como virtuosos, y entre sus manos la poesía se permite todas las audacias.

Persio y Lucano representan, en tiempo de Nerón, una tentativa de introducir en la poesía las especulaciones del estoicismo. El primero, oscuro, tenso, sólo tuvo tiempo, en su corta vida, de escribir algunas sátiras trémulas de indignación. Murió a los veintiocho años (en el 62 d.C.), dejando una obra en la que se expresan las convicciones políticas y morales de la aristocracia senatorial que había creído durante un momento poder apoyarse en Nerón, pero que no había tardado en desengañarse de su creencia. Estas pocas páginas, reveladoras de un verdadero temperamento de poeta, se ven entorpecidas por la influencia aún muy cercana de la retórica escolar.

El mismo reproche ha sido dirigido con frecuencia a Lucano, también un «joven poeta» que fue un «niño prodigio» y murió a los veintiséis años de edad, ejecutado por orden de Nerón por haber participado en la conspiración de Pisón (65 d.C.). Había compuesto —comenzó a escribir versos hacia la edad de quince años— un gran número de poemas de toda clase, especialmente una tragedia, pero no conservamos de él más que su epopeya de la *Farsalia* (su título exacto, el que le había dado Lucano, es *La Guerra Civil*), del cual han llegado hasta nosotros diez cantos. Pero la muerte interrumpió esta obra, que su autor había concebido como una inmensa «crónica» de la revolución que del 59 al 42 a.C. había ensangrentado a Roma y de la que había salido el régimen imperial. Lucano, al escribirla, tuvo la ambición de oponer a la *Eneida*, epopeya juliana fundada en un misticismo conformista, una epopeya de inspiración senatorial, susceptible de expresar el pensamiento político de los medios estoicos. No es exacto pretender, como se ha dicho con frecuencia, que la *Farsalia* haya sido en un principio un manifiesto de la oposición oligárquica, hostil al Imperio. No se convirtió en ello hasta que se produjo el divorcio entre el régimen neroniano y los senadores estoicos; es decir, cuando se acentuó la desgracia de Séneca, del que Lucano era sobrino. De hecho, comienza con un himno singularmente entusiasta a Nerón, que no es más que una página aduladora. Se ha dicho también que Lucano, mimado en un principio por el emperador, había suscitado los celos de éste, que veía en él un rival mejor dotado. Y la obra, ciertamente, no deja de reflejar en su desarrollo la evolución de los sentimientos del autor, aunque es mejor creer que las razones personales que podía tener Lucano para separarse de Nerón tuvieron aquí un papel menos importante que el cambio de clima sobrevenido en Roma después del asesinato de Agripina. Se comprende que Lucano, poco a poco, tome conciencia cada vez más clara de las consecuencias políticas del ideal estoico. A sus ojos, la personalidad de Catón de Útica —tan celebrado por Séneca— gana importancia. En el debate que se entabla entre las viejas formas republicanas y el mundo nuevo, del que narra la gestación, Catón pasa a ser el árbitro, como lo son los dioses del destino del mundo. La virtud de Catón lo eleva por encima de los demás hombres; es a él a quien pide inspiración, como hacían Séneca y los demás estoicos, que murieron víctimas de un tirano infiel al ideal de sus primeros años.

En una Roma renovada —la que acababa de salir del año de los tres emperadores—, la *Farsalia* habría podido ser la *Eneida* del régimen senatorial restaurado. Los acontecimientos desmintieron el sueño del poeta, pero el poema quedará para siempre como una fuente de inspiración moral, testimonio de la grandeza romana, desmintiendo a todos los que acusan a Roma de decadencia y de irremediable corrupción.

A pesar de las diferencias, de las variaciones de gusto y de las oposiciones de principios, vemos que la epopeya romana, de Ennius a Lucrecio, a Virgilio y a Lucano, permanece fiel a su vocación, que es ocuparse de los grandes problemas de la ciudad y del mundo. Se percibe también hasta qué punto la poesía latina está impregnada de religión. Lucrecio trata en vano de reducir el papel de los dioses en el mundo, aun reconociéndoles, no obstante, uno esencial, el de comunicar a los hombres, mediante los simulacros que emanan de su cuerpo glorioso, la imagen del Bien soberano; el himno a Venus, al comienzo del poema, es una de las páginas más emocionantes del lirismo religioso. Lucano destierra también de la *Farsalia* lo maravilloso tradicional, pero es para destacar mejor, en los acontecimientos de la historia, la voluntad del Destino y la acción de la Providencia. Ineluctablemente las formas más altas del pensamiento romano conducen a la meditación y a la plegaria.

De entre literatura claudiana, tan profundamente impregnada de gravedad estoica, la personalidad más eminente es seguramente la de Séneca. Hijo de un romano de España, nacido en Córdoba hacia el comienzo de la era cristiana, representa admirablemente la evolución literaria de aquel siglo del que Persio y Lucano nos han mostrado el límite extremo. Gracias a su padre, que había sido alumno aplicado de los grandes retóricos que ejercían su enseñanza hacia fines del reinado de Augusto, fue muy tempranamente introducido en los medios literarios, para los cuales la elocuencia era la finalidad suprema de la vida. Pero, por gusto, desde su adolescencia fue también llevado hacia los filósofos, uniendo en una misma admiración el estoicismo de Attalo o de los dos Sextos y el pitagorismo místico de Soción. A su lado aprendió a despreciar los valores «vulgares» y a no declararse satisfecho con las pretendidas verdades admitidas por la opinión. Admirablemente dotado, hubiese probablemente cedido, con la ayuda de los años, a la costumbre y habría recorrido con distinción la carrera de los honores, practicando como aficionado los géneros literarios más diversos, si la fortuna no hubiese venido a contrariar el cumplimiento de los votos que para él se formulaban. Habiendo enfermado en el momento de abordar seriamente sus primeras magistraturas, hubo de pasar varios años en Egipto, donde entró en contacto con los medios alejandrinos, entonces surcados por diversas corrientes religiosas y filosóficas que aumentaron su cultura. Vuelto a Roma, adquirió una gran reputación de elocuencia y se mezcló en las intrigas de la corte, de tal manera que tras el advenimiento de Claudio la influyente Mesalina le hizo desterrar a Córcega. Allí, en el silencio del destierro —un destierro al que al principio le costó mucho resignarse—, se desprendió lentamente de todo lo que hasta entonces había sido su vida. Y cuando fue llamado por Agripina, cuando ésta hubo reemplazado a Mesalina cerca de Claudio, había renunciado sinceramente a todo lo que no fuese el estudio y la práctica de la filosofía. Pero no pudo negar a su protectora asumir el cuidado de velar sobre la formación moral del joven Domicio Aenobarbo —que iba a reinar bien pronto bajo el nombre de Nerón—. Y como tutor del príncipe durante su juventud ejerció a la muerte de Claudio una especie de regencia, administrando el Imperio en nombre de su discípulo, y haciendo frente a los más graves problemas de política exterior, sugiriendo medidas administrativas y leyes que hicieron de los cinco primeros años del reinado un largo idilio entre el joven príncipe y su pueblo. Séneca, oficialmente estoico, se apoyaba en los estoicos del Senado. Pero bien pronto Nerón, en edad de reinar, abandonó los principios de su maestro, y Séneca, que había esperado realizar el viejo sueño de Platón —llevar la filosofía a la cabeza de la ciudad—, debió declararse vencido. Comprometido en la conjura de Pisón, se abrió las venas. Tal destino sin par proporcionó a Séneca la ocasión de poner a prueba los principios estoicos. Lo que antes de él había sido un juego de la Escuela, pasó a ser, en él y para él, realidad efectiva. Las obras que nos ha dejado son testimonio de su evolución espiritual, de sus vacilaciones, pero también de sus certezas profundas, a las cuales fue fiel pese a todo.

Espíritu enciclopédico, Séneca ha tratado de los problemas científicos en sus *Cuestiones naturales*, y había también estudiado las *Cuestiones de geografía* —aunque esta parte de su obra no haya llegado hasta nosotros—, siempre con la intención de discernir el orden profundo del mundo y de descubrir el plan de la creación, que creía sometido a una Providencia. Seguro de poseer la verdad, arde en el deseo de persuadir al prójimo y de llevarlo a la sabiduría, único medio para el hombre de alcanzar la felicidad. Este entusiasmo por la acción de convertir, junto a la formación oratoria que había recibido, llevó a Séneca a componer tratados morales concebidos con frecuencia como diálogos, en los cuales el autor tiene el primer papel y el interlocutor no toma jamás la palabra de manera directa, prestándole tan sólo las objeciones necesarias para que el razonamiento resalte. Tales diálogos iban dirigidos a un amigo o a un pariente.

Séneca pretende no preocuparse de la perfección literaria, sino solamente de la verdad. En realidad es demasiado artista por naturaleza para que la expresión de su pensamiento no revista por sí misma una forma elocuente. Sus análisis, compuestos de anotaciones fragmentarias, arrastran la adhesión; las viejas fórmulas de la Escuela encuentran nueva vida, al ser siempre confrontadas con una experiencia espiritual de una particular agudeza. El estilo de Séneca —tan alejado del estilo del período ciceroniano— es tanto un método de pensamiento como una forma de escritura. Se comprende que en torno suyo se formase una escuela con elementos jóvenes ávidos de renovación, y en rebelión contra la estética, para ellos convertida en trivial, de la gran prosa clásica. Séneca, para ellos, estaba adornado de todos los prestigios. Prosista de una fuerza sorprendente, fue también un poeta más que estimable. Las tragedias que de él poseemos y que no estaban destinadas a ser representadas en el teatro, sino a ser leídas o recitadas públicamente, atestiguan la misma riqueza de pensamiento que las obras morales. Parece cierto que el joven Nerón fue también seducido por esta extraordinaria facilidad y este sentido de la grandiosidad, que también se encuentra en Lucano, contrastando con la tensión bastante ruda de Persio. Pero la escuela literaria de Séneca no debía durar; desde el tiempo de Vespasiano, Quintiliano fue el encargado de inclinar a la juventud hacia el respeto a los buenos principios y de restaurar un clasicismo que, finalmente, sería la antesala de la decadencia de las letras latinas.

Con la riqueza creadora del tiempo de Nerón, se debe relacionar la novela de Petronio, este *Satiricón* respecto del cual nunca lamentaremos bastante el estado de mutilación en que ha llegado hasta nosotros, que nos oculta su composición de conjunto. Por vez primera en las letras antiguas, un autor cuenta en prosa las aventuras de personajes que no pertenecen ni a la leyenda ni a la historia. Son figuras tomadas de la sociedad de la época: dos jóvenes que abandonan sus deberes escolares, vagabundean por la Italia meridional y viven al día; un rico sirio, tan lleno de vanidad como de cándida gracia; mujeres perversas o amorosas; y todo el pueblo bajo que llena las plazas públicas, los pórticos y los albergues de Nápoles y de Tarento. El viejo realismo latino se vuelve a afirmar aquí con felicidad extrema; se adivina a un espíritu libre contemplando el espectáculo del mundo con la voluntad de no ser engañado por las apariencias y desdeñando las convenciones.

Una actitud semejante será, algunos años más tarde, la de Marcial, cuyos *Epigramas* nos convidan, también, al espectáculo de la Roma de los Flavios. Pero estas «instantáneas» no tienen la amplitud de la novela de Petronio. Escritos en versos fáciles, son, ya caricaturas, ya frágiles estatuillas, ya sabrosas anécdotas cuyo interés documental sobre las costumbres de la Roma de su tiempo permanece inagotable.

Contemporáneo de Marcial, Juvenal vuelve a encontrar la violencia de Persio. Escribe *Sátiras*, pero entre sus manos el viejo género nacional se hace más pesado de retórica, y no se ve rescatado por la libertad soberana que había mostrado Horacio. Parece que la savia se agota, a despecho de la frondosidad de la forma. Rezagado, Juvenal querría que Roma fuese, bajo Trajano y Adriano, lo que fue bajo Augusto. Si en otro tiempo la literatura latina había comenzado por ser itálica y por desbordar algo los marcos de la ciudad romana, ahora se produce lo contrario: la Roma imperial, abierta a las influencias de Oriente, desconcierta a los escritores cuyos puntos de vista nos parecen singularmente estrechos. Desde este mismo criterio, Juvenal no difiere en nada de un Tácito o de un Plinio el Joven, que también son italianos, provinciales —como Juvenal, el campaniano de Aquino—, con todas las limitaciones y las estrecheces que esto lleva consigo. Los *Annales* de Tácito, obra de su edad madura, exponen la historia de los reinados que se sucedieron desde Tiberio a Nerón (la historia de Suetonio irá de César a Domiciano) y lo hacen sin ninguna simpatía. Los acontecimientos se desarrollan conducidos por hombres cuyos móviles Tácito analiza, prefiriendo, cuando son posibles varias interpretaciones, la que hace menos honor a la naturaleza humana. Todo es presentado como un drama en el que se enfrentan los representantes de la aristocracia senatorial y la corte de los príncipes. De un lado, el deseo de servir al Estado; del otro, la envidia, la codicia, las intrigas de corte detalladas con complacencia. Se percibe muy poco la amplitud de los verdaderos problemas, el peso de las provincias en el Imperio, todo lo que los historiadores modernos se esfuerzan hoy día en comprender. Tácito aplica a la historia de la dinastía julio-claudia las viejas categorías en vigor cuando Roma era una pequeña ciudad víctima de las rivalidades de facciones, de las intrigas, de las coaliciones de las grandes familias. Desde el punto de vista político es republicano y su crítica es tanto más violenta cuanto que se dirige contra un régimen ya lejano, oficialmente condenado por la doctrina política de los Antoninos.

A medida que el Imperio desborda la ciudad romana, la literatura latina se debilita. En contraste con la renovación que experimenta entonces la expresión de la lengua griega, Roma está más que nunca sometida a la influencia de Oriente. No existe ya, ciertamente, pensamiento romano autónomo al lado del pensamiento griego; no hay más que supervivencias moribundas. Los gobernadores de provincias, los administradores, los magistrados y los comerciantes tienen por familiares a sofistas (es el tiempo, en Oriente, de la «segunda sofística»), retóricos, filósofos, artistas. Libertos de origen oriental ocupan puestos de gran responsabilidad. Y en esta simbiosis de Oriente y Occidente, la literatura de expresión latina aparece como secundaria. Sólo una obra, a mediados del siglo II, es testimonio aún de alguna vitalidad. Salida de este medio espiritual complejo, lo manifiesta hasta en sus contrastes y sus paradojas. Es la singular novela escrita por el africano Apuleyo, que en su niñez se había aplicado a hablar y a escribir las dos lenguas culturales: el latín y el griego. Su título, las *Metamorfosis*, es griego; griego también el mundo en que se desarrollan las aventuras que cuenta, pero a menudo el pensamiento, el medio espiritual, las maneras de sentir, denuncian hábitos romanos.

Es bien conocido el tema general: a Lucius, un joven aristócrata griego originario de la región de Patrás, en el golfo de Corinto, se le mete en la cabeza correr mundo para instruirse en las cosas de la magia. Llegado a Tesalia, se encuentra por azar alojado en casa de una hechicera; deseando imitarla, al ver que se transforma en pájaro, se equivoca de ungüento, y helo aquí transformado en asno. Entonces comienzan mil aventuras: una extraordinaria novela picaresca que no se termina hasta el día en que Lucius, regresando a la playa de Corinto, ruega a la diosa Isis que ponga fin a sus tormentos. Isis se muestra compasiva; Lucius vuelve a su forma humana y, agradecido, se hace iniciar en los misterios de la diosa.

Apuleyo no ha inventado esta historia; la ha tomado de un cierto Lucius de Patrás (si tal es su nombre), cuya novela ha dado lugar a otra adaptación que ha llegado hasta nosotros bajo el nombre de Luciano. Pero la ha adornado con nuevos episodios, por ejemplo la historia de Amor y Psique, y le ha dado también su conclusión religiosa, haciendo intervenir a Isis, que no aparece en el modelo. Las adiciones de Apuleyo no son ornamentos gratuitos. No es dudoso que haya intentado dar un sentido simbólico a un tema tradicional. El cuento de Psique, insertado hábilmente en el centro de la obra, es evidentemente un símbolo de inspiración platónica: es la odisea del alma humana precipitada en un cuerpo de carne, que, gracias al poder de Eros, encuentra por último su patria celeste. Psique, hija de rey, se une sin que ella lo sepa al dios Amor; en el momento en que, infringiendo la prohibición que le ha sido hecha, descubre la verdadera naturaleza de su marido, éste huye y ella debe recorrer el mundo para volver a encontrar a aquel que le ha inspirado una pasión invencible. Se reconoce en la pareja de Eros y Psique (el Alma) un tema familiar a los escultores contemporáneos de Apuleyo, que lo reprodujeron con gusto, especialmente en los sarcófagos. Es a Platón, y, sin duda, más allá del *Fedro* y del *Banquete*, a la tradición órfica, a quienes se debe esta concepción del Amor como principio cósmico. Apuleyo, que se presenta a sí mismo como platónico, ha utilizado un viejo cuento folclórico —la historia, extendida entre muchos pueblos, de la Bella y la Bestia— para construir un mito filosófico en el que se manifiesta su espiritualismo. Su filosofía no es muy original, sin duda, pero es un buen ejemplo de un pensamiento sincrético que reúne especulaciones de muy diversos orígenes y prepara el advenimiento del cristianismo. Con Apuleyo muere para nosotros la literatura latina de la Roma pagana. Los autores que vinieron después no hicieron otra cosa que repetir las ideas de otros tiempos, y volver a tomar incansablemente las mismas formas, que ya no responden a la vida real.

La literatura latina, por su variedad y también por sus contrastes, nos ilumina sobre las preocupaciones del pensamiento romano, sobre los movimientos más fugitivos de una sensibilidad que, sin duda, tomó para expresarse los géneros literarios y todo un material técnico originario de los países griegos, pero que supo también lograr creaciones originales, características de la civilización romana. La misma conclusión resulta de un estudio del arte romano.

Pese a todas las tentaciones, la civilización romana —de forma predominantemente urbana— supo crear tipos arquitectónicos a la medida de sus necesidades. Es cierto que tomó muchas cosas de Grecia, pero tuvo también tuvo en cuenta sus propias tradiciones. Existe una forma itálica de templos, de plazas públicas, que no es posible confundir con las formas griegas. Y, sobre todo, mientras las ciudades helénicas se habían preocupado, casi exclusivamente, de exaltar a sus dioses, elevándoles santuarios dignos de los Inmortales, Roma no olvidó la comodidad ni el placer de los vivientes.

Los primeros edificios cuyo recuerdo nos ha sido conservado en la ciudad son templos, pero a partir del siglo II a.C. comenzaron a multiplicarse los monumentos puramente civiles que, por su número, variedad y magnificencia, no tardaron en constituir lo esencial de la decoración urbana.

Cuando comenzamos a entrever la existencia de una arquitectura en el Lacio, hacia finales del siglo VI a.C., la influencia etrusca era la predominante. Se construyeron entonces templos que se parecen bastante a los templos griegos por su plan general, pero que difieren de ellos por particularidades importantes. Así, el santuario fue siempre levantado sobre una alta terraza (*podium*), a la que sólo se puede ascender por una escalinata dispuesta delante de la fachada. Es probable que esta disposición característica se explique por la creencia de que la divinidad no ejerce una protección eficaz más que en la medida en que su mirada descubre, efectivamente, el hombre o el objeto sobre los cuales debe enviar su bendición. Durante este período arcaico, los templos eran revestidos de placas de tierra cocida, ornamentadas con relieves y pintadas de vivos colores. El estilo de la decoración estaba emparentado con el arte jónico, que imperaba entonces por toda la cuenca occidental del Mediterráneo. Pero si esta decoración alcanza a veces una verdadera belleza, los edificios estaban construidos de una manera muy grosera; la piedra se empleaba solamente para las columnas y las hiladas del *podium*, los muros estaban hechos de ladrillos sin cocer, y todas las partes altas eran de madera. Es así como hay que imaginar los más antiguos templos de Roma: el de Júpiter en el Capitolio, el de Cástor en el Foro, o el de Ceres al pie del Aventino. Los motivos de la decoración están tomados del repertorio de las imágenes helénicas, parece que con una predilección notable por los motivos dionisíacos, los sátiros, las bacantes, y también por las formas vegetales, tratadas con amplitud y flexibilidad.

Esta arquitectura deriva visiblemente de modelos orientales, sin duda de un dórico arcaico cuya influencia continuará dejándose sentir sobre la evolución ulterior de la arquitectura sagrada en el mundo romano, a pesar de todas las aportaciones de la Grecia clásica y del Oriente helenizado.

En realidad, conocemos muy poco los edificios de la Roma republicana. Los que han sido exhumados por las excavaciones —por ejemplo, en el área sagrada del Largo Argentina— se dejan interpretar difícilmente y la cronología de las diversas construcciones está lejos de quedar clara. Sabemos únicamente que se hizo un esfuerzo para conservar tanto tiempo como fue posible la simplicidad antigua, y que los romanos estaban orgullosos de sus templos ornamentados de relieves y de estatuas de tierra cocida, que oponían al mármol y al oro de los templos griegos. Este conservadurismo obstaculizó los rebuscamientos sutiles, como las de los arquitectos de la Grecia clásica. Nunca la columna romana alcanzó la perfección de las que vemos en el Partenón. Incluso cuando se desarrolló la ornamentación de los capiteles, y se recurrió a los acanalamientos, las columnas conservaron una cierta rigidez, así como una cierta tendencia, a veces, a una extrema gracilidad; no conocieron sino muy raramente la *entasis* que en tan gran medida contribuyó a la armonía de las columnatas clásicas. Además, mientras que el Partenón estaba destinado a ser visto por todas partes, el templo romano era sobre todo una fachada. Su columnata se reducía por lo general a un pórtico anterior, o bien, cuando era períptero, los pórticos laterales tendían a eclipsarse, sea que tuviesen una anchura menor que el pórtico frontal, o sea que estuviesen reemplazados por columnas semiempotradas o por simples pilastras. El templo no es tanto un edificio en sí mismo, con su perfección propia, como la decoración de la vía pública. Está llamado a integrarse en un foro o en una área sagrada o frecuentada por las multitudes y siempre destinado a los mortales.

Con el advenimiento del Imperio, aparecieron en Roma los primeros templos revestidos de mármol y al mismo tiempo asistimos al triunfo del orden corintio. Al dórico primitivo había sucedido una interpretación más ornamentada de este orden, como puede verse, por ejemplo, en el templo dórico de Cori, que se remonta a principios del siglo I a.C. No falta el orden jónico, pero los capiteles de este tipo no representan un tipo puro. A las volutas características se añaden a menudo motivos florales que alargan la canasta y se inspiran visiblemente en los capiteles corintios. La arquitectura romana en el arte sagrado evoluciona siempre hacia una ornamentación más densa. Tenemos un buen ejemplo de este corintio «augusteo» en la Maison Carrée de Nimes, que fue construida en el 16 a.C. La finura del friso contribuye en mucho a dar una impresión de elegancia que es la nota característica de los templos de esta época. Pero pronto la ornamentación se complica, a medida que los obreros italianos y occidentales aumentan su habilidad para trabajar el mármol. Al friso de Nimes puede compararse, por ejemplo, el arquitrabe del templo de Vespasiano, en Roma, en el que se superponen varias zonas, una en la que están esculpidos motivos tomados de la liturgia —bucranios, páteras, vasos e instrumentos de sacrificio— y encima dentículos, ovas, ménsulas, en fin, todo un juego de palmetas que no dejan de recordar los motivos favoritos de la ornamentación arcaica. En esta evolución, la influencia de los edificios orientales fue ciertamente predominante. En las provincias asiáticas, las viejas escuelas helenísticas continuaron produciendo obras en las que se satisfacían sus tendencias nacionales. Los templos de Balbeck, en Siria, que son indudablemente edificios de inspiración romana, muestran a qué virtuosidad, y también a qué sobrecarga ornamental, llegó este arte romano oriental.

No obstante, no es la arquitectura sagrada lo que constituye el dominio más característico ni el más rico, y, en todo caso, conviene oponer a la frondosidad de los templos la severidad de otros edificios que son creaciones puramente romanas. Heredados del helenismo, los templos estaban construidos según la técnica tradicional de la piedra. Ahora bien, desde el fin de la República se extiende y se desarrolla una técnica nueva, la del «hormigón». El muro no está ya enteramente formado de bloques yuxtapuestos, sino de un núcleo central formado de una mezcla de cal, de arena y de materiales más duros —fragmentos de piedra y de ladrillo— que por una y otra parte están recubiertos de un paramento. Éste no tiene otro papel que el de prestarse a la ornamentación. Podía ser tan delgado como se quisiese; consistir, por ejemplo, en una placa de mármol o incluso en un simple estucado apropiado para recibir un revoque pintado. Este modo de construir era rápido y económico y exigía una mano de obra mucho menos especializada que la técnica tradicional, pero sobre todo permitía todas las audacias. Con piedras talladas, era muy difícil construir bóvedas, y más aún cúpulas. Con el hormigón, nada más fácil: un encofrado grosero, en el cual se vertía la masa líquida, bastaba para construir las bóvedas más atrevidas. Se ha podido decir que un edificio romano construido según dicha técnica no es otra cosa que una inmensa roca artificial en la que el arquitecto sitúa a su gusto los macizos y las cavidades. Desde entonces las columnatas no son más que ornamentos superpuestos; los arquitrabes y los frisos no tienen ya ninguna función orgánica y no sirven más que para crear ritmos sensibles a la vista. Resulta también que la arquitectura queda casi por completo liberada de las servidumbres que en un edificio en piedra de talla le impone la relación de los empujes y las fuerzas. Esta liberación, tan fecunda para los arquitectos modernos, fue conocida también por los de Roma, que utilizaron todos los medios que les proporcionaba.

Así se explica en gran parte el carácter monumental de los edificios imperiales, como las termas, destinadas a acoger a grandes multitudes, y los anfiteatros, que elevaron sus graderías sin la ayuda de ninguna colina cuya pendiente hubiesen podido utilizar. Así también fueron posibles las largas líneas de arcos sobre los cuales los acueductos romanos cruzan aún hoy día la campiña de Roma. El Pont du Gard, construido probablemente por ingenieros militares, muestra hasta qué grado de belleza podía llegar sin esfuerzo esta arquitectura que no tenía otro fin que la eficacia de su función.

La evolución de las otras artes plásticas no presenta ninguna innovación revolucionaria. Escultura, relieve y pintura se mantienen en una dependencia mucho más grande con relación a los modelos helénicos, pero es también posible discernir en ellos el desarrollo de tendencias nacionales que les impidieron degenerar en un simple trabajo de copia.

Las primeras estatuas que ornamentaron los templos fueron, como hemos dicho, proporcionadas por los talleres etruscos. Más tarde, los generales conquistadores pudieron encontrar gran número de modelos en los inmensos museos que constituían las ciudades griegas, pero pronto hubo también talleres que se formaron en la misma Roma, y en los que trabajaban artistas procedentes de todas las regiones del Mediterráneo para satisfacer a un público romano. Allí se desarrollaron tendencias que no eran ciertamente desconocidas del arte helénico, pero que adquirieron de pronto, gracias a este trasplante, un vigor y una fecundidad nuevos. Fue así como el arte de Pérgamo, tan enamorado del dramatismo y de las soluciones pintorescas, encontró en Roma un terreno ideal. El friso continuo, de carácter jónico, se transformó, se desarrolló y llegó hasta la creación del relieve «pictórico» que encontramos en la columna trajana.

A decir verdad, la escultura monumental romana permaneció largo tiempo arcaica. Hasta el final de la República, se decoró los templos con placas de tierra cocida, según el gusto antiguo heredado de los etruscos. Pero cuando a partir de la época de Augusto se extendió el trabajo del mármol, se vio desarrollar, paralelamente al clasicismo literario de Virgilio y de Horacio, un arte del relieve que aunaba el realismo y la gracia, y cuya obra maestra es el Altar de la Paz (*Ara Pacis*), que fue dedicado a Roma, por Augusto, en el año 9 a.C.

El friso del Altar de la Paz, tal como está hoy día reconstruido después de excavaciones extremadamente delicadas, se nos aparece en toda su grandiosidad. Inmortaliza en el mármol la ceremonia de la dedicación. Se ve al emperador con su familia, los magistrados, los sacerdotes, el Senado, yendo en procesión a realizar el sacrificio a los dioses. Los rasgos de los personajes están representados con bastante precisión para que sea posible identificarlos, según los modelos de las estatuas y las monedas contemporáneas. Y hasta los niños de la familia imperial en ellos presentes; así ocurre con Cayo y Lucio César: el mayor, penetrado de la importancia de la ceremonia, camina gravemente; su hermano menor, un poco más lejos, demuestra alguna distracción y una adolescente le invita, sonriendo, a portarse mejor. Es un momento solemne de la religión, pero la vida no se interrumpe por esto.

La estatuaria augustea no debe ser menospreciada. Con el advenimiento del Imperio, la constitución de la mística imperial se tradujo en la formación de un arte que supo, a la vez, expresar la personalidad del príncipe y el carácter divino de su misión. Ya los escultores helenísticos habían creado tipos «reales» para representar a Alejandro y los Diadocos. El recuerdo de esta iconografía, con todas sus implicaciones políticas y religiosas, se cierne sobre las representaciones de los primeros emperadores romanos: idéntica voluntad de idealizar las líneas en una eterna juventud, que es la de la apoteosis. Pero, a pesar de ello, las líneas de la cara —dibujadas con precisión—, el movimiento de los cabellos y la expresión de la mirada componen un verdadero retrato. Los escultores han partido de un rostro real y no se han contentado con expresar una abstracción, la idea del príncipe en sí mismo.

Cada vez más desde el comienzo del Imperio, el arte de la estatuaria fue buscando el realismo y estuvo preocupado por expresar las particularidades del modelo. Este sentido del retrato es uno de los caracteres más originales de la escultura romana. Cuando se trataba ya no de representar príncipes, sino simples mortales, la precisión llegaba con frecuencia hasta los límites de la caricatura. A los artistes no les faltaban clientes; eran escasos los romanos que no deseasen dejar su efigie sobre su tumba y por esto nuestros museos poseen colecciones muy variadas de bustos en los que perduran los burgueses y los grandes señores de Roma y de las ciudades provinciales. En muchos casos no es más que un trabajo de vulgar marmolista, pero la virtuosidad no es rara en ellos. Los obreros se ejercitaban reproduciendo estatuas griegas célebres; se formaban así en su oficio de modo tal que las grandes tradiciones nacidas en los talleres del Ática o de Asia a partir del siglo V a.C., se perpetuaron, mejor o peor, hasta el fin del Imperio.

Con el desarrollo del lujo, los romanos aprendieron a apreciar la pintura decorativa. Comenzaron muy pronto a colgar en los muros de sus casas cuadros de maestros griegos; pero a partir del siglo I a.C. se creó un estilo nuevo, favorecido por la técnica del hormigón, que permitió crear extensas superficies lisas apropiadas para recibir una decoración pintada. El muro entero fue dividido en zonas, cada una de las cuales llevaba una decoración diferente. Al principio se contentaron con imitar incrustaciones de mármoles de colores —lo que se llama el primer estilo—, para evolucionar en un segundo momento hacia todo un conjunto arquitectónico: columnas con su estilóbato, frisos, y entre las columnas se pintaron escenas inspiradas en cuadros célebres. Este estilo arquitectónico es lo que se llama el segundo estilo de la pintura romana y tuvo su apogeo en el siglo I antes de nuestra era; lo conocemos sobre todo por las casas pompeyanas y por algunos ejemplos conservados en la misma Roma.

Continuando la evolución, los pintores idearon el dibujar ventanas en perspectiva, a través de las cuales presentaron composiciones originales, por lo general paisajes inspirados en el arte de los jardines. Así, la naturaleza penetraba en la vida cotidiana.

Paralelamente a este estilo arquitectónico se desarrolló otro que trataba el muro como una superficie, en vez de intentar suprimirlo. Cada tablero, ampliamente desarrollado, recibía en su parte central un paisaje de pequeñas dimensiones o, todavía con más frecuencia, alguna graciosa figura: una amazona, un arimaspo, cuyas armoniosas curvas se aliaban a elementos arquitectónicos fantásticos: columnitas irreales, banderolas, pabellones de ensueño limitando el campo decorativo. Según la mayor o menor importancia concedida a la composición arquitectónica, los arqueólogos distinguen un tercero y un cuarto estilos. La Casa de Oro de Nerón fue decorada con pinturas y estucos que formaban un ligero relieve, inspirados en la decoración del tercer estilo. De ellos tomó Rafael los temas de sus «grotescos». Las ruinas de la Casa de Oro, profundamente enterradas bajo las termas de Tito —con las cuales eran confundidas—, fueron descubiertas en el curso del siglo XVI y los artistas se maravillaron de aquellas graciosas figuras, que llamaron *grotescas* por haber aparecido en el fondo de oscuras cavernas.

Dos siglos más tarde, la pintura romana iba a ejercer aún una gran influencia sobre el arte moderno, cuando las excavaciones de los reyes de Nápoles dieron a conocer los frescos de Herculano y los de Pompeya.

Los motivos de esta pintura pertenecen a un repertorio formado de elementos complejos y seguramente inspirados en gran manera en el arte helenístico. Los «cuadros» derivan directamente de las megalografías tan estimadas por los pintores griegos y que eran grandes composiciones de asunto mitológico que reproducían a veces aparatos escénicos trágicos. Los elementos puramente decorativos parecen ser el producto de una evolución más reciente y en parte inspirada por Roma. El teatro ha proporcionado esquemas de composición. No es extraordinario, en el cuarto estilo en particular, que el muro sea concebido a la manera de una fachada de *skénè* que evocase el atrio de un palacio, con sus puertas y su perspectiva de columnatas y fantásticas arquitecturas. El recuerdo de los edificios reales —los teatros romanos, de los que poseemos varios ejemplos muy bien conservados, especialmente en África, en Sabrata o en Dugga— se une de esta manera a los sueños del artista desligados de las limitaciones de la materia. La creación de un tal estilo decorativo nos prueba la importancia que tenía para los romanos este universo de ficción que, como veremos, es también característico de sus espectáculos: hacer que las cosas sean distintas de como son, embellecer lo real, rodear la vida cotidiana de ensueño y maravilla.

Parte III

ROMA FAMILIAR

Capítulo 7

Roma y la tierra

La civilización romana se nos aparece hoy día, a través de la perspectiva de los siglos, como una civilización esencialmente urbana. Y, no obstante, no era así como los mismos romanos tenían la costumbre de considerarla. A lo largo de toda su historia, a despecho de la negativa que les presentaban los hechos, estaban orgullosos de sentirse «campesinos».

En el momento en que nace el Imperio, cuando Roma ha llegado a ser la ciudad más grande del mundo, mayor que Pérgamo, Antioquía e incluso Alejandría, Virgilio no puede concebir felicidad más grande sobre la tierra que la vida campestre. Sin embargo, por atractivo que sea este elogio de la campiña, evocación de los «ocios en los vastos dominios entre la abundancia, las fuentes de agua viva, los frescos valles y el mugido de los bueyes, y la dulzura del sueño al pie de un árbol...», ¿cómo no recordar a los esclavos de las piezas de Plauto y de Terencio, espantándose, como de un castigo supremo, de ser enviados «al campo»? Contradicción cierta, malestar que sería vano negar; la vida rústica no es a los ojos de los poetas lo que a los ojos de los trabajadores. Pero nos equivocaríamos creyendo, no obstante, que la imaginación de Virgilio sea la única causa de una idealización falaz, y que el autor de las *Bucólicas* haya querido adornar de encantos imaginarios, con fines de propaganda política, una realidad dolorosa y sórdida. Los romanos, incluso en los tiempos de su grandeza, han experimentado la nostalgia del suelo nutricio, y las campiñas italianas han proporcionado a las legiones sus mejores soldados y a la ciudad sus magistrados más enérgicos y clarividentes. Incluso durante la primera guerra púnica, los jefes del ejército son aún campesinos que tienen la preocupación esencial de sus propiedades, y los historiadores se complacen evocando la gran figura del dictador Cincinato que, si hay que creer a la tradición, cultivaba su campo al pie del Janículo cuando vinieron a buscarlo para confiarle la carga del Estado.

Roma, en su origen, pasa por haber sido fundada por el pastor Rómulo, y la rudeza y simplicidad de la vida campesina quedan siempre como un ideal vigente en la conciencia romana. Se ha hablado de cómo este fondo rústico ha dejado su huella sobre la lengua misma; muchas expresiones latinas tienen su origen en metáforas campesinas y su misma antigüedad prueba que, muy pronto, la «raza» latina ha estado en posesión de las principales técnicas agrícolas. Hay que decir lo mismo, por otra parte, de todos los inmigrantes indoeuropeos que en la época prehistórica se sucedieron en la Europa occidental. Y las poblaciones mediterráneas que los arios encontraron sobre el suelo italiano vivían también de la agricultura. Las llanuras costeras han sido siempre preciosas en la península, donde tantas montañas —y en tiempos antiguos tantos bosques— limitaban las posibilidades del cultivo. Durante los primeros siglos de Roma, todo el país que rodea el Lacio estaba aún cubierto de espesuras impenetrables donde vivían fieras—especialmente lobos, cuyo recuerdo ha conservado la leyenda como animales sagrados— y en los calveros los pastores criaban sus rebaños de ovejas y de cerdos. Estos bosques permanecieron salvajes, y fueron asilo de cultos muy arcaicos, como el de los Hirpinos, en el monte Soracto, adoradores de un dios-lobo con el cual se identificaban en curiosas ceremonias mágicas. Roma no dejó de conocer tales prácticas, pues hasta el fin del Imperio se celebró en torno del Palatino el rito de las Lupercales (acaso en su origen, un exorcismo del lobo), ceremonia anual en la que tomaban parte jóvenes que corrían desnudos después de haber sacrificado un macho cabrío cuya piel, cortada en tiras, les servía para azotar a las mujeres a las que se decía que fecundaba con su contacto. No lejos del lugar de Alba, en el bosque sagrado de Diana, dominando el lago Nemi, se perpetuó un culto de la diosa cuyo sacerdote, llamado el rey de la selva, ocupaba el cargo hasta que alguien, deseoso de ocupar su lugar, conseguía degollarlo. Por todos lados sobrevivían en la campiña testimonios del pasado en el que los hombres se habían esforzado en dominar las fuerzas de la naturaleza fecunda. Ningún pueblo tan sensible como el romano al poder que emana de la tierra, a la magia de las estaciones que son el ritmo de la vida.

Sería tentador distinguir, en los diversos elementos que compusieron el pueblo romano, la aportación de cada uno de ellos; imaginar, por ejemplo, que los sabinos eran más predominantemente cultivadores sedentarios y los latinos pastores. Pero los hechos contradicen tales teorías. Según las épocas, se encuentran sabinos dedicados a la vida pastoril o, al contrario, agrupados en pueblos de labradores, mientras que muy pronto los latinos de la llanura costera tuvieron a su vez rebaños, recorriendo los herbazales de la meseta, y campos de trigo. Lo que parece cierto —hasta donde es posible juzgarlo— es que desde el comienzo prevaleció una economía de tipo mixto en la que coexistían las dos formas de vida agrícola.

En la época en que fue redactada la Ley de las Doce Tablas, la lengua había conservado el recuerdo de un curioso régimen de la propiedad. Según Plinio, los redactores de este código se servían siempre, para designar las granjas (*villae*), de la palabra que más tarde significaría «huerto» (*hortus*), mientras que la huerta se llamaba *heredium* (herencia). Sabemos así que los romanos de los primeros tiempos no poseían en entera propiedad las tierras que explotaban: la mayor parte estaban sometidas a particiones periódicas. Solamente dos arpentos (*jugera*), es decir, cosa de media hectárea, eran concedidos a cada uno de los miembros de la familia, que tenía el derecho de cercarlos (es el sentido de la palabra *hortus*, la cual designa primitivamente un lugar cercado). Hay, pues, que concebir la tierra, en esta antiquísima organización, como perteneciente a la comunidad; los ciudadanos no tienen entonces más que un derecho revocable de ocupación, lo que probablemente obedece a un vestigio de los tiempos en que la economía era sobre todo pastoril, pues esta costumbre es menos comprensible en una sociedad de cultivadores ligados a la tierra, que cada uno hace prosperar y mejorar de año en año. Acaso Roma haya nacido precisamente en la época en que el nomadismo comenzaba a ceder su lugar a un hábitat sedentario, por la fusión de los elementos étnicos inmigrados con los «campesinos» del más antiguo Lacio.

Sea como fuere, vemos que en tiempos de los reyes sólo los habitantes de la ciudad están incluidos en las tribus servianas. Después de la revolución del 509 se crearon tribus rústicas, que proliferaron rápidamente. Únicamente entonces, en el Estado oligárquico que sucedió a los «tiranos» etruscos, los elementos rurales desempeñan el papel de clase dirigente. La vida política y jurídica está condicionada al ritmo de los mercados que tienen lugar cada nueve días (los *nundinae*) y que reúnen en la ciudad a los padres de familia. La campiña, con sus cortijos, comenzaba a las puertas de Roma; el Janículo, el llano del Vaticano, el Esquilino y las orillas del Anio estaban cubiertos de explotaciones familiares donde los hijos y los yernos cultivaban la tierra bajo la autoridad del jefe de familia. Sólo había un número reducido de esclavos: el dominio, de dimensiones modestas, se bastaba a sí mismo. No se compraba casi nada; no se comía carne sino muy raramente, los días de fiesta, cuando se había ofrecido un sacrificio a los dioses, pero se guardaban bien de inmolar un buey o una vaca, animales demasiado preciosos y reservados para las ceremonias oficiales que los magistrados celebraban en nombre del Estado entero. Lo más frecuente era que la víctima fuese un cerdo o un cordero. La carne de cerdo, conservada salada (las salinas de la región de Ostia fueron bien pronto muy activas, y las caravanas de salineros pasaban por Roma, remontando el valle del Tíber y ganando la Sabinia por la ruta de la sal, la vía Salaria), servía para sazonar las legumbres y verduras que formaban la base de la alimentación, sobre todo la col, de la que se habían obtenido ya un gran número de variedades. Las legumbres eran cultivadas por las campesinas en el huerto contiguo a la casa; se encontraba en esta segunda «despensa» —nombre con que se designaba el huerto—, además de las coles, puerros, acelgas, rudas, achicorias, cohombros, etc. Las comidas se componían de sopas de espelta o de trigo, verduras hervidas con un trozo de cerdo seco y manzanas o peras casi silvestres. La vid era ya conocida: los inmigrantes arios la habían encontrado al llegar a las orillas del Mediterráneo, como lo prueba el nombre del vino, cuyas formas —vecinas en griego y en latín— no pueden ser derivadas de una etimología indoeuropea, sino como préstamos —independientes el uno del otro—, de una lengua mediterránea. No obstante, aunque las viñas hayan sido cultivadas desde tiempos muy antiguos en el país romano, el uso del vino fue en la práctica muy restringido; además estaba prohibido a las mujeres bajo pena de muerte. Algunos historiadores aseguran, no sin sutilidad, que el vino era asimilado a la sangre y que toda mujer que lo bebía introducía en ella una sangre extraña y se hacía por ello culpable de adulterio. Otros hacen observar que el vino era considerado en la medicina antigua como un abortivo, lo que explicaría su severa proscripción. Lo cierto es que el uso del vino estaba rodeado de precauciones religiosas y era uno de los cuatro «líquidos para el sacrificio», con igual título que la leche, la sangre y el agua, y se entreveía en él un poder mágico. ¿El delirio de la embriaguez no es una especie de posesión divina de la misma naturaleza que el entusiasmo profético? Era muy natural que los padres de familia hubiesen querido proteger a sus mujeres contra los peligros de lo que para ellos era una droga peligrosa que entregaba el ser a la discreción de las divinidades más turbulentas: *Liber Pater*, para los hombres; Venus, para las mujeres. También durante largo tiempo no se bebía vino en Roma más que en el curso de borracheras entre hombres, según ritos minuciosamente regulados.

Esta economía rústica, marcada de austeridad, persistió largo tiempo. En Roma mismo, los progresos de la riqueza mobiliaria, las necesidades de la vida política, que obligaba a los jefes de familia a trasladarse cada vez con mayor frecuencia a la ciudad, tuvieron por resultado inevitable su sustitución por una existencia más amplia, y así vemos cómo en el siglo II de nuestra era los campesinos del Lacio renunciaban a las costumbres ancestrales y se convertían en ciudadanos. Pero nos equivocaríamos al pensar que los campesinos latinos habían desaparecido; subsistieron, al contrario, no sólo en las montañas de la Sabinia, sino a las puertas mismas de la ciudad. Las colinas de los Castelli Romani modernos —Frascati, Tívoli, Castelgandolfo— estaban cubiertas de pequeñas y medianas propiedades directamente explotadas por sus poseedores, con un mínimo de mano de obra servil. Por ejemplo, el padre de Cicerón vivía en su dominio de Arpinum, en las riberas del Liris, y muchos habitantes de la ciudad, llegados a Roma para satisfacer su ambición y desempeñar un papel político, conservaban lazos muy estrechos con su municipio de origen, su pequeña ciudad donde sus hermanos y sus sobrinos continuaban llevando la vida de los antepasados.

No obstante, con los progresos del poder romano se produjo muy pronto una transformación social que tuvo por efecto modificar la repartición de la tierra y crear una aristocracia de propietarios en cuyas manos se concentró una gran parte del suelo italiano. Esta evolución comenzó cuando las *gentes* patricias adquirieron la preponderancia en el Estado. Ello era inevitable dada la constitución misma de la *gens*, que agrupaba un número considerable de personas bajo la autoridad del «padre», lo que ponía a su disposición una mano de obra abundante. Además, una disposición legal prohibía que una tierra saliese de la *gens*, lo que aseguraba la continuidad de la propiedad. Por el contrario, las tierras pertenecientes a plebeyos no estaban afectadas por esta disposición, de tal manera que poco a poco las tierras patricias llegaron a prevalecer considerablemente sobre las otras. Por último, hemos dicho que la propiedad privada no comprendía más que una proporción relativamente reducida de las tierras nacionales; el resto pertenecía al dominio público, y no estaba puesto directamente en explotación por el Estado, al menos en la práctica más frecuente; estaba simplemente ocupado, sin otro título que el de su usufructo en beneficio del explotador. Se comprende que este sistema fuese particularmente favorable a las grandes *gentes*, ricas en hombres y en ganado, y que no aprovechase casi en nada a los cultivadores aislados, plebeyos, sin otros auxiliares que sus descendientes directos y los trabajadores asalariados. De ello resultó un desequilibrio que aumentó el poder del patriciado a costa de los pequeños propietarios. Éstos, viviendo al día, estaban a merced de una mala cosecha, y como no disponían de mucho dinero, en un tiempo en que el trueque era aún la base de los cambios, a menudo se veían obligados a obtener préstamos cuyo interés era tanto más pesado cuanto que el numerario era más escaso en la ciudad. Muy rápidamente, los intereses alcanzaban y sobrepasaban el montante del capital. ¡Desgraciado el deudor que no podía liberarse! Si los suyos no pagaban por él era vendido como esclavo «al otro lado del Tíber», es decir, en país etrusco, y no tenía ya ninguna probabilidad de volver a su patria. Para evitar tal infortunio, el pequeño propietario lleno de deudas no tenía otro recurso que vender su tierra a su acreedor, cuyo dominio se veía así ampliado; el campesino desposeído se instalaba entonces en la ciudad e intentaba subsistir en los rangos de la plebe urbana ejerciendo algún oficio menor. Tal es, sin duda, en buena parte, el origen de aquélla. En la motivación de los trastornos que marcaron los primeros siglos de la República, se encuentra una verdadera crisis agraria. Ya hemos dicho cuáles fueron las consecuencias: la formación de una plebe consciente de su fuerza, las concesiones lentamente arrancadas a los patricios bajo la amenaza de una secesión y, finalmente, el hundimiento de los esquemas arcaicos de la ciudad, el acceso al poder de hombres nuevos y la laicización de la vida pública.

Un hecho muestra claramente el sentido de este origen campesino de la plebe. Es significativo que su primera organización política se haya formado en torno del templo de la diosa Ceres, antigua divinidad latina que presidía el crecimiento del trigo. Este templo, elevado en la vecindad del Aventino, a la salida del valle del Circo Máximo (con toda probabilidad, en el emplazamiento de la actual iglesia de Santa María en Cosmedín), sucedía a un culto instalado en este lugar por inmigrantes latinos, campesinos trasplantados allí después de la guerra latina, que habían permanecido fieles a su primera protectora. Tampoco deberá extrañar el comprobar que, durante toda la historia de Roma, esta plebe urbana recordará —de manera más o menos viva y consciente— el tiempo en que vivía libremente en el campo, y exigirá de sus defensores que obtengan tierras haciendo votar leyes agrarias.

La evolución que había dibujado la fisonomía del Lacio alcanzó igualmente al resto de Italia, donde se produjo también una cierta concentración de la propiedad. Con mucha frecuencia, en las naciones conquistadas por Roma, la burguesía local había apelado a ella para defenderse contra el partido popular, y lejos de sufrir a causa del nuevo régimen se había aprovechado de él para consolidar sus posiciones. Es lo que se comprueba, por ejemplo, en Campania. Al lado de los antiguos propietarios, los romanos instalaron en los países conquistados a colonos romanos, por lo general antiguos soldados, que se repartieron las mejores tierras. De las demás, se hacían dos partes: una era considerada como *ager publicus*, es decir, propiedad colectiva, inalienable, del Estado romano; la otra era devuelta a los indígenas ya por venta, ya por arriendo. Las zonas no cultivadas hasta entonces eran abandonadas a quien quisiera trabajarlas, como había pasado en otro tiempo en el Lacio. Estas medidas tenían por efecto permitir la permanencia de los campesinos locales, que figuraban al lado de los colonos romanos y sus descendientes. En cuanto al *ager publicus*, era generalmente ocupado, por derecho de uso, por los grandes señores romanos y también por los grandes propietarios locales, que formaban así los *latifundia*, vastos dominios en los que los esclavos criaban rebaños.

Al final de la conquista romana, el suelo de Italia se encontraba, pues, en manos de dos clases de explotadores: los campesinos de modesta condición, que continuaban los métodos ancestrales, y los poderosos propietarios, senadores romanos o ricos burgueses locales que consideraban la tierra como su principal fuente de ingresos. El contacto con los países helenísticos había, en efecto, enseñado a los romanos que existían en Oriente, en África —en las tierras ocupadas por Cartago—, explotaciones de alto rendimiento. Por otra parte, el crecimiento de la población urbana exigía abastecimientos cada vez más considerables, lo que abría a la agricultura italiana perspectivas hasta entonces desconocidas. El trigo era importado de Sicilia y de África en grandes cantidades y a precios con los que los productores italianos no podían competir, pero los precios del vino y del aceite seguían siendo muy rentables. Por todas estas razones, se asistió entonces al nacimiento de una agricultura capitalista que se implantó en Italia, sin suplantar enteramente las formas de explotación más modestas, a través de los pequeños y medianos propietarios.

Tenemos la suerte de poseer una obra que es el testimonio más curioso de esta transformación económica. Escrita por Catón, un campesino de origen modesto que había conseguido desempeñar un papel político de primer orden después de la victoria sobre Aníbal, nos informa sobre el concepto que los propietarios romanos se formaban de la vida rural, y en él se mezclan prejuicios tradicionales y nuevas ambiciones. La vida en el campo era considerada sin duda como el ideal más noble que se pudiese proponer al hombre, el que formaba las naturalezas más enérgicas y más virtuosas, pero, al lado de este idealismo innegable, Catón dejaba un amplio lugar al atractivo de la ganancia. Muy realista, sabe perfectamente que el propietario romano, ocupado por su actividad política, no podría vivir en su casa de campo; el amo no puede hacer en ella más que ciertas apariciones en los momentos más importantes, cuando se trata de orientar el trabajo para la siguiente estación; pero allí pasará todos sus momentos de ocio, y, nos dice Catón, irá allí con gusto si ha sabido prepararse una casa placentera y cómoda. De esta manera podrá vigilar a su intendente (*vilicus*), esclavo o liberto, que será su representante durante su ausencia y dirigirá a todo el personal.

Aunque Catón diga que considera un dominio de cien *jugera* (aproximadamente 25 hectáreas) como de extensión suficiente, resalta del contenido de su tratado que piensa en explotaciones más extensas, con viñas u olivares que alcancen por sí solos esta extensión. Catón conserva de la tradición la idea de que el dominio debe ser autosuficiente. Según una fórmula que se ha hecho célebre, el propietario debe «siempre vender, y nunca comprar». Todo será fabricado en la casa: utensilios, arneses, canastas, carretas, ropas de los obreros... Como en otro tiempo, las mujeres hilarán la lana de los vellones proporcionados por el rebaño y la tejerán durante el invierno; naturalmente, será en la granja donde se prensarán las aceitunas y se fabricará el aceite, en la granja donde se molerá el grano. También la propiedad debe comprender, además de las tierras para los cultivos de rendimiento —olivares y viñas—, un huerto bien regado (el exceso de verduras se venderá en el mercado), prados para alimentar a los bueyes, trigales para alimentar al personal (el exceso de trigo también será vendido), un mimbreral para la confección de las canastas y los cañizos, madera para las construcciones y la fabricación de las carretas (la leña para la calefacción será reservada al amo; las ramas, transformadas en carbón para vender), un jardín y encinares con bellotas donde se soltará a los cerdos.

El libro de Catón da las informaciones más precisas sobre las diversas instalaciones. Vemos en él, por ejemplo, que las prensas de aceite son fabricadas en la Campania, especialmente en la región de Pompeya. Es allí donde se suelen comprar; una prensa pompeyana, transportada hasta el Lacio y montada en su lugar de explotación, sale a 724 sestercios, gasto relativamente oneroso para un pequeño propietario pero empleo fructífero de fondos para un explotador «capitalista». El personal de la granja es variado. Se compone, además del *vilicus* y su mujer, de un cierto número de esclavos a los cuales se añaden los esclavos encadenados que, de día, trabajan entrabados y por la noche son encadenados en la ergástula. Estos desgraciados eran esclavos considerados como «viciosos», reticentes a la disciplina y que habían probado sus malas cualidades por sus malas acciones entre el vecindario o al intentar huir. Pero no creamos que el amo recurra con gusto a semejantes métodos: sabe que el rendimiento de los trabajadores encadenados es malo y prefiere a los esclavos libres para ir y venir a su gusto. En ocasión de los grandes trabajos, se llama a empresarios especializados que disponen de mano de obra suplementaria y toman en arriendo tal o cual tarea. Y también, como en el campo de nuestros días, las fincas vecinas se prestan equipos de refuerzo en ciertas ocasiones.

El mantenimiento de toda esta gente está minuciosamente regulado. Es interesante conocer la tasa de las raciones: cada trabajador recibe, en invierno, por mes, cuatro medidas de trigo, es decir, aproximadamente, 35 kilogramos; en verano, la ración será de 40 kilogramos (cuatro medidas y media). Los hombres que no realicen un esfuerzo físico intenso —el intendente, los encargados, los pastores— no percibirán en todas las estaciones más que tres medidas. El trigo es molido por los mismos trabajadores, que preparan de esta manera su *polenta* y su pan. Los esclavos encadenados reciben su pan ya preparado: cuatro libras (aproximadamente 1.300 kilogramos); en invierno, cinco libras cuando comienzan los trabajos de la viña con el inicio de la primavera, y de nuevo cuatro libras «cuando maduran los higos», hacia mediados de agosto. Para acompañar ese pan, aceitunas de segunda calidad o verduras confitadas en vinagre. Como bebida, los obreros tendrán a veces aguapié —hecho, según un procedimiento que se practica todavía, con agua en la que se ha macerado mosto de uva una vez prensada—, a veces vino. El aguapié, que se bebe durante los tres meses que siguen a las vendimias, no está racionado. A partir de diciembre, los obreros tendrán vino: un cuarto de litro por día durante los primeros meses; después medio litro a partir de la primavera; en verano tres cuartos de litro. Añadiendo a estas raciones las gratificaciones excepcionales con motivo de las fiestas (Saturnales y *Compitalia*, que son las fiestas campesinas por excelencia), se llega a un total de cerca de dos hectolitros por año. Los esclavos encadenados no están privados del vino, pero reciben raciones «proporcionales a su trabajo efectivo».

La vida en los dominios era dura para los trabajadores; las distracciones, muy escasas. Incluso los días de fiesta era preciso dedicarse a pequeños trabajos, y Catón tiene buen cuidado de prohibir a la granjera las visitas demasiado frecuentes a los vecinos. Especifica igualmente que el granjero y su mujer no deberán entregarse a prácticas religiosas fuera del sacrificio mensual a los lares; las relaciones con los dioses pertenecen en principio al amo, y sólo a él. Se adivina tras estos preceptos lo que verdaderamente era la vida campesina, más libre de hecho de lo que supone la disciplina impuesta por Catón.

Las supersticiones extranjeras circulaban por ella constantemente, tentaciones siempre presentes para los espíritus simples, ávidos de esperanza y de lo maravilloso. No olvidemos que este libro fue escrito en los tiempos en que la religión de Baco se extendía a través de Italia entera y daba origen a grupos de iniciados que se entregaban en secreto a prácticas orgiásticas, a veces crueles, a veces simplemente inmorales, pero siempre contrarias al buen orden. Particularmente seductora para los esclavos, a los que hacía olvidar por un momento su penosa condición, esta religión dionisíaca amenazaba con provocar desórdenes en el campo. Es sabido con qué rigor el Senado había reprimido su propagación, castigando con la muerte a los bacantes que infringiesen la prohibición. El conservadurismo religioso de Catón no es, pues, otra cosa que una precaución elemental contra un peligro bien real.

El tratado de Catón contiene también recetas de cocina rústica. He aquí, por ejemplo, la de un pastel de fiesta (el *libum*, un pastel que se ofrecía a los dioses, pero que se comía también después del sacrificio): «Triturar cuidadosamente en un mortero dos libras (750 gramos) de queso; hecho esto, añadir una libra de harina de trigo, o, si se quiere obtener una preparación más fina, media libra de flor de harina; añadir un huevo, y amasarlo todo durante un buen rato. Formar un pan que se coloca sobre hojas y cocer lentamente en el horno». La receta de las *placenta*, que da también Catón, evoca los hojaldres al queso, edulcorados con miel, de la cocina oriental. Había también «croquetas» (*globi*) de queso y de espelta, fritas con manteca de cerdo, edulcoradas con miel y sembradas de granos de adormidera. La misma receta permitía, variando la forma, confeccionar roscas, que se servían glaseadas con una capa de miel. Estas golosinas eran servidas en la mesa de los amos, pero también de tiempo en tiempo en la de los obreros: cocina sencilla, que utilizaba como ingredientes tan sólo los productos de la granja, y que Catón opone al lujo culinario que, bajo la influencia griega, comienza a introducirse en su tiempo.

El estado de la agricultura en el siglo II antes de nuestra era, tal como aparece en el libro de Catón, testimonia un esfuerzo para aumentar la producción, pero, sobre todo, al precio de una estricta disciplina de los trabajadores. No llega a pensarse que las técnicas de la explotación puedan ser mejoradas. El trabajo humano continúa siendo fundamental; ninguna máquina, ningún perfeccionamiento del arado, que es todavía el viejo arado tirado por bueyes que abre el surco bajo la presión del brazo del labrador. La principal preocupación de Catón se orienta al desarrollo de la viña, a la mejora de las especias, al injerto de los árboles frutales, todos ellos cultivos rentables cuyos productos alimentan los mercados urbanos. Pero los otros cultivos, y sobre todo el del trigo, eran descuidados porque su rendimiento era menor. Lo que a la larga tendía a especializar la agricultura italiana y a subordinar el abastecimiento de las ciudades —sobre todo Roma— a las importaciones de lejanos países. El viejo equilibrio de la economía rústica se va degradando; y como el mercado del vino, del aceite y los frutos tiene sus límites, la mayor parte de las tierras están abandonadas a los ganaderos. La cría del ganado, en efecto, no exige tantos cuidados como el cultivo del trigo; puede ser confiada a obreros menos expertos y, sobre todo, a esclavos organizados en equipos vigilados por contramaestres de formación militar. El dominio, tal como lo concibe Catón, es un compromiso entre los métodos tradicionales y la explotación «industrializada»; más allá de él, los propietarios buscarán rentas fáciles, y los lazos personales del hombre libre y de la tierra se aflojarán cada vez más a medida que la tierra italiana se empobrezca. En tanto que las provincias occidentales conquistadas ofrezcan salida para los cultivos típicamente italianos —que la Galia, por ejemplo, importe una cierta cantidad de vino—, los grandes dominios conocerán una prosperidad innegable; pero con los progresos de la romanización la misma Galia pasará a ser productora y así veremos formarse los viñedos bordeleses, borgoñones, etc. Durante algún tiempo, los senadores se esforzarán en detener una evolución que los arruina, y en tiempos de Domiciano el mismo emperador ordenará arrancar los viñedos existentes en las provincias y prohibir plantar otros nuevos. Pero será en vano, e Italia no podrá conservar su monopolio. En tiempo de los Antoninos, las tierras de África, por ejemplo, estaban plantadas de viñedos, de olivares, de higueras que hacían competencia directa a los productos italianos. Lo mismo en el ámbito agrícola que en el de la economía en general o en el de la política, Italia no conserva su posición privilegiada de otro tiempo; en este concepto tiende también a integrarse en el vasto conjunto del Imperio que la rodea por doquier. Si es verdad, tal como se ha sostenido, que la ruina definitiva de Cartago fue impuesta por Catón y por los propietarios italianos, inquietos de ver prosperar la agricultura púnica bajo el impulso de agrónomos inteligentes; si es verdad que los senadores romanos, después de la caída de la ciudad, habían reducido el número de olivares y de viñedos en la provincia de África, para desarrollar en ella vastos trigales destinados a alimentar a los conquistadores, este cálculo falló finalmente, y así pudo verse en el siglo II cómo las llanuras de la actual Túnez volvían a su primera utilización.

Los propietarios italianos no se resignaron fácilmente a ver disminuir la renta de sus tierras, y a partir del siglo I a.C. se asiste a sus esfuerzos para adaptar la explotación de la tierra a las necesidades del mercado. El tratado

Sobre la agricultura, escrito por M. Terencio Varrón, cuando tenía alrededor de los noventa años (hacia el 37 a.C.), nos informa de manera muy precisa sobre el estado de la tierra italiana al comienzo del Imperio y sobre los problemas que se planteaban a los explotadores de la misma. Oficialmente todo iba de la mejor manera posible, y Virgilio, hacia la misma época, se hace eco de Varrón: ¿qué tierra es más fecunda, mejor cultivada que la de Italia, donde las viñas dan más de doscientos diez hectolitros por hectárea, donde la calidad del trigo es comparable a las mejores? Los frutos se venden bien sobre la vía Sacra, los compradores están dispuestos a pagarlos «a precio de oro». Pero éstos son algunos ejemplos de excepción destinados sobre todo a enseñar lo que puede llegar a ser la agricultura en manos hábiles, en dominios administrados por cuenta de propietarios que no residen en ellos y disponen de una mano de obra inacabable. No se trata de pueblecillos perdidos en los Apeninos, sino de las llanuras fértiles de las costas adriáticas o de la Campania —todas tierras senatoriales—. Italia, tal como la concibe Varrón —portavoz de los grandes propietarios romanos—, se reduce a estos distritos benditos; el resto, todo lo que no se presta a un alto rendimiento, no son más que terrenos de pastoreo, abandonados a los pastores y a sus rebaños. Las exigencias del cultivo intensivo, calculado con vistas al mayor provecho posible, imponen el abandono de las tierras menos rentables. Varrón nota con satisfacción que «los antepasados, sobre la misma extensión de terreno, producían menos vino y trigo, y de peor calidad». Sin duda, pero la extensión total de las tierras en rendimiento era más considerable, e Italia podía entonces alimentar a todos sus habitantes, sin tener que recurrir a importaciones onerosas.

La preocupación casi exclusiva del rendimiento comercial conduce a Varrón a recomendar la creación de crías de lujo; no solamente las ocas y los pollos, sino los pavos, las grullas, los faisanes, las marmotas, los jabalíes y todas las especies de caza que eran consumidas en Roma en grandes cantidades incluso por la aristocracia de los municipios. Una granja, en Sabinia, citada como ejemplo, producía, con la venta solamente de los tordos criados en jaulas, hasta 60.000 sestercios (es decir, 15.000 francos-oro) cada año. La multiplicación de los banquetes oficiales, de los festines privados, el lujo creciente de la mesa, ofrecían muchas salidas a estas crías, desconocidas en los tiempos de Catón. Las granjas establecidas en la orilla del mar tenían otro recurso, el de sus viveros, en los que se criaban peces, consumidos también en abundancia, con preferencia incluso a la carne de matadero, que gozaba de escaso favor. Pero es evidente que estos recursos estaban subordinados a la riqueza de la capital y a la prosperidad general del Imperio; no interesan, por tanto, más que a un puñado de privilegiados, y su desarrollo, si llegaba a ser excesivo, amenazaba seriamente el equilibrio agrícola de Italia.

Muchos grandes propietarios, más prudentes, buscaban un suplemento de rentas en las industrias anejas cuyos materiales eran proporcionados por el dominio mismo; así las canteras de piedra o de arena, los hornos de cal, tan necesarios en una nación de constructores, las ladrillerías y las alfarerías. El uso del ladrillo, en un principio excluido de los edificios públicos, había acabado por imponerse, y a partir del comienzo del Imperio los monumentos que se construyen están revestidos de un paramento de ladrillo por encima del núcleo de hormigón. Para satisfacer estas necesidades, las ladrillerías se multiplicaron en torno de Roma y vemos, por ejemplo, como los *Domitii*, familia de la que saldrá el emperador Nerón, poseían en el Vaticano grandes fábricas que explotaban la arcilla de la colina. No es posible hablar a tal propósito de concentración industrial, ni incluso de gran industria, lo que sería excesivamente anacrónico —la antigüedad no ha conocido nada comparable con la industria moderna—, pero es cierto que únicamente los grandes propietarios, capaces de sostener un gran número de esclavos en sus tierras, podían emprender fabricaciones que no eran rentables si la producción no llegaba a alcanzar un cierto volumen. La mano de obra utilizaba sobre el terreno las materias primas, y por esta razón lo que se podía llamar «industria pesada» no tenía tendencia a concentrarse en las ciudades, donde no encontramos más que el pequeño artesanado. Esto era verdad no sólo para las ladrillerías y las alfarerías, numerosas a partir del comienzo del Imperio en ciertas regiones, especialmente la de Arretium —hoy día Arezzo—, en Etruria, pero también para las tenerías instaladas en la proximidad de los lugares de las grandes crías de ganado, y para los molinos, considerados como un anejo de la explotación misma.

Oficialmente los senadores no tenían el derecho a ejercer el comercio: toda su fortuna debía estar colocada en bienes inmuebles y existía incluso una ley que les prohibía poseer más de dos o tres navíos de pequeño tonelaje, es decir, sólo los que les eran necesarios para asegurar el transporte de los productos de sus dominios. Esta obligación contribuyó en gran manera a desarrollar la gran propiedad: los antiguos gobernadores, enriquecidos en su provincia, se veían obligados a invertir su fortuna en tierras, y pronto todas las regiones fértiles de Italia se encontraron en sus manos. Poco a poco, el movimiento se extendió a las provincias, y vio constituirse en Sicilia, en África, en Galia, en España e incluso en Grecia y en Asia, grandes dominios que nunca habían visto a sus propietarios y que éstos tampoco verían a su vez. Había procuradores estaban encargados de su aprovechamiento. Eran algunas veces simples libertos que tenían la confianza de su amo; a veces —como en el caso particular de los dominios pertenecientes a título personal a los emperadores— estos procuradores eran caballeros que encontraban en ello una actividad provechosa y consagraban su vida a esta forma de administración. Con frecuencia, estos procuradores no explotaban directamente el dominio; se servían de *contractores*, que tomaban en arriendo por un año tal o cual cosecha, por ejemplo, la de aceitunas, en una región determinada. Puede imaginarse que los cultivadores dependientes del dominio, aplastados por una jerarquía tan numerosa, encontraban una gran dificultad en satisfacer a todo el mundo y sus esfuerzos eran mal remunerados. Estos cultivadores, los verdaderos labradores de las provincias, eran, ya de condición servil, ya hombres libres que ocupaban un campo en el que eran tolerados tanto tiempo como pagasen las rentas exigidas.

En Oriente el panorama era muy semejante. Allí también encontramos los grandes dominios poseídos por romanos y los que pertenecían a la antigua burguesía de las ciudades. Una novela griega muy conocida, la historia de *Dafnis y Cloe*, nos ofrece un cuadro de lo que era la vida en las campiñas de Lesbos, en el siglo II de nuestra era. Allí viven campesinos, entre los cuales hay pequeños propietarios y otros esclavos de un rico burgués de la ciudad vecina. Todos viven una vida muy semejante, una vida ruda, dedicada por completo al trabajo en la austeridad y la pobreza. Se ve poco dinero en las manos de estos trabajadores, que se alimentan y se visten gracias exclusivamente al producto de la tierra. Los ciudadanos son ricos. Unos jóvenes burgueses llegados en cazar en el país, llevan consigo más piezas de oro que las que poseen todos los habitantes en muchas millas a la redonda. Los campesinos propietarios de su campo viven en chozas miserables; se amontonan en una sola habitación, lo que no les priva de recolectar en cada estación los frutos que les ofrece la tierra. Los esclavos habitan las dependencias de la casa señorial que mantienen, cultivando el huerto, cuidando el jardín de recreo con sus flores, sus árboles frutales, sus fuentes para el goce del amo cuando viene a pasar algunos días en el campo. Su condición servil no los hace inferiores sino en contadas cuestiones en relación a sus vecinos los cultivadores libres; deben pedir al amo, por ejemplo, permiso para casar a su hijo; sólo gozan del disfrute de una parte del rebaño y deben llevar una cuenta exacta de las reses que nacen y mueren. Pero en conjunto son casi considerados como aparceros, y en la vida cotidiana su libertad es completa.

Este cuadro de la sociedad campesina responde sin duda a la realidad de todas las provincias: pobreza, una vida dura, y sobre todo imposibilidad práctica de abandonar su cabaña y con ello su dependencia económica. Los años buenos, la cosecha basta para pagar los impuestos y los arrendamientos, pero una mala cosecha es una catástrofe, y lleva consigo la miseria y la persecución por parte de todos aquellos que, con un título cualquiera, se presentan para recibir lo que se les adeuda. Por ello no es asombroso que los campesinos se hayan a veces rebelado, incluso en los mejores tiempos del Imperio. Se nos habla de revueltas de campesinos en Egipto, donde el régimen de la tierra, heredado del sistema lágida, era el más duro y el más desfavorable para los trabajadores; pero también las hubo en Siria, en Asia Menor, donde los campesinos detestaban a los habitantes de las ciudades, a los que consideraban como sus explotadores; en la Galia, desde el primer siglo del Imperio; en Dacia; en Dalmacia, bajo Marco Aurelio. Prácticamente, el Imperio romano mantuvo a los campesinos de las provincias en un estado de semisiervos y la gran prosperidad de las ciudades no contribuyó sino en pequeña medida e indirectamente al bienestar del campo.

En las grandes propiedades, el centro del dominio era la *villa*. Primitivamente, la villa era la casa-habitación del propietario, adaptada a las necesidades del cultivo. Los restos encontrados en las excavaciones de estas villas antiguas, las indicaciones dispersas en los textos y reagrupadas por los historiadores, nos permiten representarnos con bastante precisión la historia del hábitat rural, desde sus orígenes hasta los vastos palacios de la época imperial.

Las cabañas de los pastores del Palatino que hemos evocado, con su armadura de madera, su techo de paja y sus muros de tapial, fueron muy pronto reemplazadas por casas de piedra. Estas casas no tenían todavía más que una sola pieza, que será más tarde, en la casa romana clásica, el *tablinum*, donde vivían los amos y sus hijos. Era allí donde ardía el hogar y donde se levantaba la capilla de los dioses penates, protectores de la familia. Esta pieza única se abría a un patio de tierra apisonada, rodeado de muros y al que se entraba por un amplio portal. En el centro del patio, un estanque, o más bien una charca, en la que se acumulaban las aguas de lluvia, y que servía de abrevadero. A veces, apoyadas en el muro del patio, había pequeñas celdas que servían de alojamiento a los servidores o de establo a las bestias. A partir de este plan fue desarrollándose a la vez la casa urbana y la villa rústica. En el campo se completaba con un huerto cercado, que se extendía detrás del *tablinum* y se comunicaba con el patio interior por un corredor dispuesto a lo largo del *tablinum*. Después, poco a poco, se añadieron nuevas piezas, a medida que aumentaban las necesidades. El desarrollo de los dominios, el crecimiento de la mano de obra y la complicación de los procedimientos de manufactura del vino y el aceite acabaron por crear un tipo de *villa rustica* que está representada para nosotros por los ejemplares descubiertos en las excavaciones realizadas en torno a Pompeya.

Una de las más célebres entre estas «villas» fue excavada a finales del siglo pasado, en Boscoreale, y está situada a dos kilómetros aproximadamente al norte de Pompeya. Su descripción dará una idea precisa de lo que era una granja importante —en tiempos de Nerón— en una región rica en viñedos y en olivares, típica, por consiguiente, de la agricultura italiana «capitalista».

Esta villa llama la atención primeramente por sus dimensiones relativamente considerables: se inscribe en un rectángulo de más de 40 metros de largo por 20 de ancho; de esta superficie, más de la mitad está destinada a la preparación del vino, un cuarto aproximadamente a la del aceite y a un molino doméstico; el resto está formado por habitaciones con destino al personal y a piezas de servicio. Los departamentos del amo se encontraban en el piso superior, que no se ha conservado.

Se entraba en la casa por una ancha puerta de acceso al patio anterior, que permitía la entrada de carretas. Este patio estaba rodedo, en tres de sus lados, por una columnata que coronaba la fachada del piso superior. El pórtico servía de desahogo y permitía circular al abrigo de la lluvia. El estanque central tradicional ha desaparecido; en su lugar hay cisternas que constituyen una reserva de agua; un depósito de plomo a cierta altura, que se llenaba a mano, permitía distribuir el agua con la ayuda de una canalización. Las habitaciones de servicio estaban agrupadas en la parte izquierda de la casa: cocina, comedor, baño, molino y horno contiguo. La cocina era de hogar central; el humo y el vapor de agua se escapaban por una chimenea situada encima del hogar. En un pequeño nicho en forma de templo, los dioses penates presidían la preparación de las comidas. Detalle extraño para nosotros, pero familiar a quienquiera que conozca la habitación rural mediterránea: el establo se abría directamente en la cocina, de tal manera que las bestias debían cruzarla para entrar o salir. Del otro lado, también con acceso por la cocina, se encontraba la cámara de calefacción para el baño. El hogar servía para varias finalidades: enviar una corriente de aire caliente bajo las *suspensurae* de la estufa (*caldarium*), pero también para calentar el agua que una tubería conducía a la bañera del *caldarium*. Una sala tibia (*tepidarium*) y un vestidor (*apodyterium*) completaban este conjunto termal, bastante modesto si se lo compara con el lujo habitual de las casas de recreo.

La mayor parte de la planta baja estaba, como hemos dicho, ocupada por los departamentos agrícolas. Delante de la entrada, ocupando toda la anchura del patio, se encontraba el lagar. Comprendía dos prensas, cuyas piezas de madera han desaparecido en su totalidad, pero que son fáciles de reconstruir con la ayuda de aparejos análogos encontrados en otros lugares en mejor estado de conservación y también de representaciones en las pinturas pompeyanas. Las prensas de la «villa» de Boscoreale eran del tipo de «palanca»; encima de la cuba, una larga viga de madera, articulada en una de sus extremidades, podía bajarse o levantarse según el movimiento de unos tornos que era transmitido por una polea. Existían también otros sistemas: el de las prensas de tornillo, que daban un rendimiento muy pequeño, y el de prensas con cuñas, en las cuales la presión se obtenía hundiendo con fuerza unas cuñas entre el bastimento y la parte móvil. En Boscoreale, el zumo era recogido al salir de la prensa en depósitos de mampostería construidos en el suelo. Este zumo de uva era puesto después en fermentación, según el uso de la Campania, en una especie de patio descubierto; un canal de mampostería unía a este efecto el lagar y el patio de fermentación, en el que estaban dispuestas, medio enterradas en el suelo, grandes ánforas (*dolia*), que servían también, en otros tiempos, para conservar el grano.

Un último conjunto de piezas servía para la preparación del aceite. Se encontraba entre ellas una prensa muy semejante a las de la vendimia y una especie de molino destinado a aplastar las aceitunas antes de extraer de ellas el aceite. Este almirez (*trapetum*) se componía de dos muelas en forma de semiesferas móviles en el interior de una pila igualmente de piedra. Las aceitunas, apretadas entre las muelas y la pared de la pila, eran trituradas y luego era fácil separar la pulpa de los huesos. Se evitaba de esta manera la rotura del orujo, que tenía fama de comunicar al aceite un sabor acre desagradable.

La última dependencia de la granja, una era para batir el trigo, se extendía al sur de las construcciones.

Tales «villas», numerosas en la Campania y en las regiones más ricas de Italia, corresponden a un tipo de dominio de mediana extensión. Vemos sus siluetas en las pinturas pompeyanas: muro ciego de la fachada del lado del patio, en el que se abre un ancho portal; ventanas con postigos de madera iluminando los departamentos del primer piso, y, con frecuencia, en la esquina del conjunto, una torre sirviendo de palomar. Tal era el decorado de la campiña italiana a partir del fin de la República. No muy diferente del que vemos en nuestros días en las regiones de prosperidad media, en Italia o en el sur de Francia.

Pero estas *villae rusticae*, concebidas para la explotación de un dominio, parecieron bien pronto demasiado modestas a los romanos ricos, que crearon un tipo arquitectónico nuevo, la villa *suburbana*, mucho más suntuosa, a la que iban a pasar las jornadas de descanso que las ocupaciones de la ciudad les dejaban.

Los mismos paisajes de la pintura pompeyana que nos dejan entrever las siluetas de las villas rústicas nos muestran, acaso con satisfacción, las de las quintas de recreo. Éstas estaban caracterizadas por fachadas ornamentadas de vastos pórticos, lo que, en principio, no dejará de extrañar a quien ha conservado de la casa romana la imagen clásica, escolar, de la serie tradicional —*atrium*, *tablinum* y peristilo—, documentada por tantas casas pompeyanas. Las más de las veces, estas villas se componían de un solo cuerpo de edificio alargado, con varios pisos, cada uno de ellos abierto sobre una terraza, En otros lugares, la fachada se prolongaba por medio de dos alas que, con el edificio central, formaban tres lados de un rectángulo; en otros lugares, por último, las dos alas, en vez de alargarse más allá de la fachada, se prolongaban hacia el último plano y rodeaban un parque cuyas frondas se percibían por encima de los tejados. El carácter común de estos diferentes tipos de vivienda es abrir al máximo hacia el exterior las habitaciones, a diferencia de lo que caracteriza la casa urbana clásica, cerrada sobre su *atrium* y su peristilo. Los departamentos están yuxtapuestos en una fila estrecha que da directamente sobre los pórticos.

Las excavaciones han demostrado que los pintores de Pompeya no habían hecho otra cosa que representar villas realmente existentes: por ejemplo, la villa Farnesina, descubierta en la misma Roma, junto a las orillas del Tíber, en la que todas las piezas daban, ya a un criptopórtico, ya directamente a los jardines. En Tívoli, en la célebre villa de Adriano, la fachada de la casa, anterior a las reparaciones y a las adiciones de Adriano, y que data sin duda de la época de César, estaba formada por tres pórticos como los de las representaciones pompeyanas. En Herculano, el «paseo marítimo» estaba bordeado por villas de la misma clase, con sus columnatas.

Es muy probable que este tipo de arquitectura fuese primeramente imitado de los palacios reales helenísticos. Podríamos encontrar su origen en conjuntos como el «pritaneo» real de Palatiza, en Macedonia, donde las piezas nobles están comprendidas entre un patio rectangular rodeado de pórticos y otra área descubierta bordeada también de columnatas. Sin duda faltan los modelos intermedios entre el palacio macedonio y las villas romanas, pero se puede afirmar, sin gran peligro de error, que la influencia griega fue decisiva en la formación de esta arquitectura característica del Imperio romano.

Los romanos, que habían conquistado los reinos de los sucesores de Alejandro, aprendieron en Oriente a sentir nuevas necesidades. Poseedores por derecho de guerra de inmensas riquezas, quisieron rivalizar con los príncipes orientales cuyas tierras ocupaban y darse, como ellos, residencias reales. Hasta el siglo I a.C. vivían, en la misma Roma, en casas relativamente sencillas, y sus villas campestres eran granjas en las que, en medio de las construcciones dedicadas al cultivo, se había dispuesto un departamento más o menos ornamentado. Así era todavía la villa de Escipión, el primer Africano, a donde se había retirado, en Literno, en un destierro voluntario. Séneca, que la visitó dos siglos y medio más tarde, nos dice que era una mansión triste, más parecida a una fortaleza que a una quinta de recreo; rodeada de altos muros, estaba al abrigo de un golpe de mano de los piratas o de los bandidos. En el interior, ninguna magnificencia, nada que fuese digno del hombre que había abatido a Aníbal. Séneca describe con cierto detalle los baños de Escipión: eran una sala estrecha y sombría iluminada por ventanas semejantes a aspilleras, y bien diferente de las termas particulares que construían para su uso personal, bajo el reinado de Nerón, los pequeño-burgueses enriquecidos. Esta evocación nos da la impresión de que la villa de un romano rico hacia el 180 a.C. se parecía bastante a la *villa rustica* de Boscoreale que hemos descrito. Pero dos generaciones más tarde todo había cambiado. Escipión Emiliano, el nieto del Africano, poseía a las puertas de Roma una villa suburbana que ya no era una granja, sino una verdadera mansión de recreo rodeada de jardines. Las lecciones de los reinos orientales habían producido ya sus frutos.

Tampoco es por azar que el primer gran parque cuya existencia se atestigua en Roma sea obra de Lúculo, el vencedor de Mitrídates. Sus campañas contra este rey le habían dado ocasión de recorrer territorios sometidos desde largo tiempo a la influencia de Persia. Ahora bien, los reyes de Persia poseían tradicionalmente vastos dominios de recreo con parques —que se llamaban «paraísos»—, lo suficientemente grandes para que se pudiese dejar en ellos a fieras en libertad, y en los que ciertas partes estaban dispuestas en forma de bosquecillos, vergeles y floridos jardines. En ellos estaban diseminados pabellones de caza, quioscos, salones de recepción que permitían vivir en medio del jardín. Esta tradición de los «paraísos» no había desaparecido en modo alguno bajo la dominación de los sucesores de Alejandro. Sobrevivirá incluso a la antigüedad y se perpetuará, de dinastía en dinastía, hasta la Persia moderna. Fue en Asia —en Anatolia, en Siria, países en los que la moda de los «paraísos» se había extendido muy pronto— donde los generales romanos descubrieron los jardines, fue allí donde encontraron los modelos de las quintas de recreo que bien pronto iban a proliferar en Italia.

Esta moda de los jardines y de las villas de recreo no habría conocido favor semejante si los romanos la hubiesen adoptado tan sólo por afectación y vanidad. No habrían desarrollado este arte, que en Oriente era bastante excepcional y monótono, y no habrían intentado formar de él un cuadro de su vida diaria si no hubiesen sentido confusamente que respondía a una exigencia de su sensibilidad más íntima. La vieja llamada de la tierra, aún sentida por Catón a pesar de las tentaciones «modernas» del rendimiento y de la explotación científica, no había cesado de resonar en el alma de los romanos en el curso de las generaciones siguientes, y los ejemplos de Oriente les ofrecían, de manera providencial, un medio de conciliar las viejas aspiraciones de la raza con el gusto, desde entonces irresistible, de la magnificencia. Como consecuencia, las antiguas *villae rusticae* se transformaron, se alargaron sus fachadas, se adornaron de pórticos que permitieron disponer de paseos, bien a la sombra durante el verano, bien deliciosamente calentados por los rayos del sol de invierno; los departamentos del amo se abrían ora sobre perspectivas de verdor, ora sobre patios interiores transformados en jardines cerrados. No se suprimen las edificaciones de cultivo, únicamente se las relega a la parte opuesta de los departamentos de recreo; con ello, a la caída de la tarde, los rebaños que regresaban de los pastos desfilaban a lo largo de los setos bien cortados que limitaban el parque, y la presencia, más bien adivinada que realmente sentida, de la campiña real, bastaba para dar «buena conciencia» al propietario orgulloso de no haber desertado de las antiguas virtudes.

Este gusto por los jardines, grandemente desarrollado por la conquista de Oriente, no fue de todas maneras importado como una revelación repentina por los generales vencedores. Parece haberse aclimatado primero en Campania, en el curso de una primera etapa. Los puertos campanianos estaban, en efecto, en relaciones directas con el Oriente mediterráneo, y es muy posible que la creación de Delos como puerto franco, después del año 167 a.C., atrayendo hacia el tráfico egeo a un gran número de *negotiatores* italianos, provocara desde tal época una primera transformación de la casa italiana, bajo la influencia de los modelos de ultramar. Es entonces cuando aparecen los primeros peristilos pompeyanos. Tan pronto están dispuestos como un ensanchamiento del viejo *atrium*, heredero del patio sobre el cual se abría la casa rural primitiva con su pieza única, tan pronto representan visiblemente una interpretación original de los *períbolos* sagrados que los arquitectos de las ciudades helenísticas construían en torno de sus santuarios. En uno y otro caso, el efecto buscado era el mismo: abrir las piezas en que se vive, rodearlo todo de verdor y de flores. Incluso cuando las dimensiones reducidas de que se disponía no permitían plantar un verdadero jardín, se trataba de dar la ilusión del mismo pintando árboles, bosquecillos y toda una perspectiva en el muro del fondo: se representaba entre columnas, como una ilusión, el parque soñado. Se deseaba de modo tan intenso rodearse de jardines, que incluso las piezas interiores de las casas urbanas se decoraban de manera análoga. Así lo vemos en la casa de Livia, en Roma, en el Palatino, cuyo muro está transformado en un pabellón de «paraíso». El segundo estilo de la decoración pompeyana se explica en gran parte por este deseo de suprimir todo límite espacial y de crear en torno de la casa un medio imaginario.

Una carta célebre de Plinio el Joven nos ayuda a comprender lo que un rico propietario romano esperaba de su casa de campo, y veremos cómo el texto acude en ayuda de la arqueología en su tentativa para devolver la vida a las ruinas.

«Tú me preguntas —escribe Plinio— por qué mi villa de Laurentes me encanta en tal grado. Ya no te asombrarás cuando conozcas los atractivos de la casa, la comodidad de su emplazamiento, la extensión de la playa. A diecisiete millas solamente de la ciudad se encuentra apartada del camino, pero de tal manera, que una vez hecho todo lo que se tenía que hacer, sin quitar nada al día, sin desorganizarlo, se puede venir a pasar en ella la noche ... El camino que a ella lleva es arenoso en ciertos lugares, un poco pesado para los tiros, pero rápido y cómodo para un jinete. El paisaje de uno y otro lado es variado: ya son bosques que avanzan estrechando el camino, ya éste se ensancha libremente entre los prados. Numerosos rebaños de ovejas, copiosos grupos de caballos y bueyes que han bajado de la montaña por causa del invierno, engordan en estos pastos, de primaveral tibieza.

»La casa es bastante grande para ser práctica, pero su sostenimiento no es oneroso. Inmediato a la entrada se abre un *atrium* sobrio, pero sin excesiva simplicidad; después un pórtico semicircular en forma de D, que encierra un patio pequeño pero muy alegre. Este pórtico es un maravilloso abrigo contra el mal tiempo, pues está protegido por vidrios y, más eficazmente aún, por el saliente de los tejados. En su centro se abre un salón a cielo abierto, muy risueño, al que sigue un comedor bastante bonito, que forma un saliente sobre la orilla, y cuando el mar está agitado por el viento del sur, los flecos extremos de las olas, ya rotas, vienen a bañarlo. Está abierto por todas partes con puertas de dos batientes o por ventanas tan amplias como las puertas, en forma tal que, por los lados y en su centro, mira en cierta manera sobre tres brazos de mar; por la parte de atrás tiene vistas sobre el salón descubierto, el pórtico, el pequeño patio, de nuevo el pórtico, después el *atrium*, los bosques, en fin, y a lo lejos las montañas.»

Esta villa, situada en el país de los Laurentes, se encontraba en la región de Ostia, en un país todavía hoy bastante boscoso. Vemos que Plinio el Joven apreciaba la proximidad de la ciudad y parece que le gustaba ir a caballo hasta su dominio; era un paseo de unos 20 kilómetros a través de la campiña romana, con la perspectiva de encontrar al término del camino gentes solícitas para acogerlo y toda una serie de comodidades minuciosamente calculadas. Y a lo largo del camino, entre bosques y prados, la campiña ofrecía el reconfortante espectáculo de la abundancia rústica.

La descripción de los departamentos principales y del pabellón central de la villa no es menos instructiva; lo que Plinio aprecia en la disposición de las piezas es que la naturaleza esté siempre presente: de un lado el mar, del otro la campiña, hasta las colinas de Castelgandolfo, que cierran el horizonte por encima de la cúspide de los bosques de pinos. Y la habilidad del arquitecto ha consistido en no privar nunca al dueño del paisaje que lo rodea, pues incluso durante el mal tiempo y las borrascas marinas, estaba previsto un abrigo eficaz que no impediría gozar del espectáculo. Vemos también que era conocido el uso de los cristales, así como el arte de calcular la altura de las fachadas y el voladizo de los tejados para regular la partición del sol y de la sombra. El salón al aire libre de que nos habla Plinio es una especie de patio de luces, como el que forma la sala central de las casas hispano-arábigas.

La villa de Plinio comprendía además *un gimnasium* para los criados, diversos dormitorios, una biblioteca cuya curva fachada recogía la luz solar a todas las horas del día. Naturalmente, había también termas y una piscina de agua caliente a pleno aire, desde la que, nadando, se veía el mar. Pero uno de los encantos principales del dominio estaba en los jardines, que se extendían por todas partes. He aquí cómo los describe Plinio:

«Una avenida destinada a los paseos en litera rodea el jardín; está bordeada de bojes, o de romeros donde los bojes no crecen ... Lindando con la avenida, hacia el interior de la curva, una viña joven, un cenador sombreado en el que el piso es dulce y elástico, incluso al pie desnudo. El jardín está lleno de morales y de numerosas higueras...».

En otra de sus villas, la de Toscana, el clima y el alejamiento del mar permiten cultivos más variados. La avenida destinada a los paseos está rodeada de álamos y de cenadores en los que trepan los rosales. En el centro del espacio así delimitado, un pabellón ofrecía un asilo contra el sol demasiado vivo o contra el fresco. Y, dominando las frondas, se elevaban torres que variaban los puntos de vista y las perspectivas.

Cada civilización tiene su manera propia de amar a la naturaleza; según la época, los hombres se complacen en tal o cual imagen que les encanta, mientras que otro aspecto los deja indiferentes o incluso les repele. Los romanos gustaban más que nada de los bosquecillos umbríos, las fuentes, las cuevas entre rocas, y sus jardineros habían elaborado todo un arte del paisaje «natural», en el que el artificio se aliaba con una disposición silvestre bien calculada. Estos paisajes estaban presentados a lo largo de amplias avenidas en las que se gustaba conversar con amigos o hacer ejercicio en sabias dosis. Inspirados por los temas favoritos de la pintura helenística, evocaban escenas mitológicas o decoraciones de carácter idílico.

Lo más frecuente era que las escenas mitológicas tuviesen como tema episodios extraídos del ciclo de Baco, la divinidad por excelencia de las viñas y de los vergeles. Así podía verse el triunfo del dios rodeado de bacantes, con Sileno sobre su asno y una muchedumbre de sátiros y ninfas. Los sátiros, particularmente, se prestaban muy bien como motivo para las fuentes: su odre entonces no vertía vino, sino agua fresca. Estas representaciones dionisíacas son innumerables en los jardines que conocemos, lo mismo en Roma que en Pompeya. Los escultores se ingeniaban en variar estas imágenes de divinidades rústicas, que no eran entonces simples adornos, sino también poderes reverenciados por una piedad sincera. Pues la naturaleza está animada por una infinidad de *genios*, que simbolizan su misterio. La tradición romana se unía en este punto a las creencias griegas, reflejadas por las obras de arte. Las divinidades que se encontraban en los jardines no eran los grandes dioses, las diosas del Olimpo, que pertenecían a la religión oficial y a los cultos del Estado, sino los genios más familiares, los faunos, los silvanos, las ninfas de los bosques, de las fuentes y de los lagos, Baco, Venus y sus cortejos, las Gracias y las Horas. Se les construían capillas que se parecían a los santuarios rústicos esparcidos por los campos, y esto aumentaba la ilusión. El protector titular de los huertos era el dios Príapo, un asiático originario de Lampsaca, sobre el Helesponto, del que se decía que era hijo de Dionisos y de Afrodita (Venus). Su imagen grosera, tallada a grandes golpes en un trozo de madera, representaba un hombre de pie, cuyo sexo prominente pregonaba la potencia viril. Este dios —diríamos este fetiche— violentamente naturalista había ocupado el lugar en los jardines de la Campania, y después en toda Italia, de los símbolos fálicos más antiguos que, primitivamente, estaban destinados a desviar de las cosechas los maleficios del «mal de ojo». Objeto de burlas, cantado por los poetas con estilo irónico, Príapo no dejaba de estar rodeado de una ferviente veneración en la piedad popular. Se ponía su estatua al lado de las tumbas como una promesa de resurrección y de vida. ¿No era la imagen misma del misterio de la generación, que cumplen lo mismo los granos que los frutos de las plantas y de los árboles y la simiente humana? Protegida por el dios, la tumba se convertía en surco en el que maduraban los nacimientos futuros. De esta manera el jardín se transfigura; santuario de la religión doméstica, llegaba a simbolizar la naturaleza entera todopoderosa. Volvemos a encontrar en él aquellas creencias que Catón pretendía prohibir a los labradores de su dominio. A medida que el progreso de la vida urbana tendía a alejar a los romanos del campo, el viejo naturalismo místico de la raza inventaba los medios de volver a encontrar, a cualquier precio, aquel contacto amenazado. El arte de los jardines y la moda de las villas de recreo responden a esta necesidad esencial.

Podemos así explicar las formas en apariencia más extrañas de un arte llamado a renacer, muchos siglos más tarde, en Italia y en Francia y cuya influencia ha contribuido a producir la magnífica floración de los jardines europeos clásicos, barrocos, y también de los grandes parques «a la inglesa». De todos estos estilos futuros oculta en sí los gérmenes el jardín romano. Son los jardineros romanos los que han inventado las podas artísticas de los bojes, de los cipreses y, en general, de los arbustos de hoja perenne. En su deseo de embellecer la naturaleza y conseguir que exprese, a través de las formas plásticas, las ideas estéticas o religiosas, han imaginado dar forma a estas frondosidades y prestarles apariencia de estatuas. Pudo verse así recortado en boj, sobre un césped, toda una cacería con sus bestias, ciervos o jabalíes, sus cazadores sobre sus caballos, sus ojeadores, su jauría; o bien una flota entrando en un puerto con todas las velas desplegadas. Se enseñó a las plantas a revestir armazones de madera, a agruparse armoniosamente en torno a una roca. Del jardín barroco, los parques romanos tenían ya las fuentes, los canales artificiales, los manantiales que brotan del suelo. Era frecuente que se cavase en medio del jardín un largo canal, cruzado por puentes, coronado de ligeros pabellones o de pérgolas. Un canal de esta clase se llamaba «euripo», en recuerdo del estrecho que separa el Ática de Eubea —tan vivo era, entre los romanos, el deseo de ennoblecer todo lo que constituía el ornato de su vida—. Del jardín a la inglesa, en fin, este arte anuncia las innumerables «fábricas», la voluntad de «pintar» paisajes, compuestos como un cuadro. No creemos que se trate de una simple coincidencia: los jardines romanos evocados por los autores (especialmente en las *Cartas* de Plinio el Joven), representados en los frescos, continuados a veces en Occidente por la tradición italiana o provenzal, en Oriente por los jardines persas o «árabes», han ejercido una influencia directa sobre los del mundo moderno, y no es ciertamente uno de los rasgos menos curiosos de la supervivencia de Roma esta fecundidad de un arte tomado en parte sin duda de Oriente, pero creado de nuevo por los romanos en respuesta a las exigencias más profundas de su sensibilidad.

Desde la época de Augusto, Roma poseía grandes parques, donde a los ricos señores les gustaba vivir. Después, a medida que creció la ciudad, que el terreno fue más escaso, y también que las confiscaciones acabaron por anexionar la mayor parte de los dominios urbanos a las propiedades imperiales, el «cinturón verde» menguó y desapareció. Pero en el curso de los mismos tiempos las villas se multiplicaron en Italia y en las provincias. Algunas pertenecían a los senadores, a los cuales les gustaba poseer varias en diversas regiones: villas de montaña para lo más duro del verano, villas en el borde del mar, más cercanas y más fácilmente accesibles, para las «pequeñas vacaciones». Pero en número todavía mayor habían sido construidas por los grandes burgueses de los municipios, y en las provincias más lejanas, a partir del siglo II de nuestra era, se vieron surgir casas señoriales, verdaderos castillos, donde los grandes propietarios locales pasaban casi toda su vida.

Este modo de existencia parece haber sido el de los señores romanizados de la Galia meridional. Las excavaciones efectuadas en los valles del Garona y de la Dordoña, especialmente, han revelado la existencia de innumerables villas que, un poco por todas partes, extendían los refinamientos del lujo: columnas con capiteles esculpidos, pórticos enlosados, salas termales, acondicionadas por aire caliente en el grosor de los muros y del enlosado, mosaicos preciosos, estatuas, pinturas. Cada una de estas mansiones señoriales era un centro del que irradiaba la civilización romana. En torno de ellas los trabajadores agrupaban sus cabañas; vivían al servicio del señor (*dominus*), y sus hijos permanecían junto a ellos, en forma tal que acabaron por formarse aldeas cuya sola razón de ser era el *fundus* señorial. La toponimia ha conservado el recuerdo de estos dominios, que se designaban con el nombre de su propietario completado por un sufijo, variable según las regiones. El más extendido era el sufijo *-acum*, sufijo galo que se encuentra en el origen de un gran número de topónimos en la actualidad. Según las regiones, la fonética ha hecho evolucionar estas formas de manera diferente. Así, un *Albiniacum* (dominio de Albinius) ha producido, según los casos, Albigny, Aubigny, Aubigné o Alvignac. Se apreciará la importancia del papel desempeñado por los dominios señoriales en la Galia romana, si se recuerda que los nombres derivados de una formación en *-acum* representan la vigésima parte del total de los topónimos en Francia; todavía hay que añadir a este número los nombres en *-anum*, particularmente abundantes en Provenza y en el Languedoc mediterráneo, más antiguamente romanizados, y algunos de otras formaciones menos importantes. La obra del poeta bordelés Ausonio evoca la vida en estas propiedades. Él mismo poseía una en la región de Bourg-sur-Gironde, a la cual le gustaba ir durante las fiestas que llenaban de gente las calles de Burdeos. Se complacía en encontrar allí la abundancia campestre unida a los placeres de la meditación, ya en una soledad estudiosa, ya con amigos y colegas de la universidad. Pues estas grandes villas del Imperio no eran solamente el retiro de algunos privilegiados; constituían también con frecuencia hogares de cultura intelectual donde se conservaba el pensamiento romano. Desde los tiempos de Cicerón, los jardines eran el lugar por excelencia para el *otium*, el ocio consagrado a la vida del espíritu. Al imitar las grandes arquitecturas helénicas, los romanos tuvieron buen cuidado de no olvidar los *gimnasiums*, cuyos bosquecillos habían acogido, en Atenas y en otros tiempos, a los filósofos. La Academia de Platón era un parque funerario plantado en torno a la tumba del héroe Academos, y los discípulos de Epicuro, cuando iban a Atenas, no dejaban de hacer una peregrinación al jardín del maestro, piadosamente conservado. Por ello, Cicerón, en su villa de Tusculum, tenía dos paseos, dispuestos sobre dos terrazas: el uno se llamaba la Academia, y el otro el Liceo, en recuerdo, respectivamente, de Platón y de Aristóteles.

Esta costumbre se perpetuó. El gusto por la vida intelectual —bajo todas sus formas— permaneció vivo hasta el fin entre la aristocracia romana y la romanizada, y cuando las ciudades amenazadas por los invasores debieron encerrarse en estrechas murallas, los dominios rurales continuaron durante largo tiempo abrigando los tesoros más preciosos de la romanidad.

Naturalmente, los provinciales no habían esperado las lecciones de Roma para descubrir la caza. Los galos la habían practicado siempre; los hispanos, por su lado, eran famosos por sus jaurías y sus rápidos caballos, y en Asia se mantenía viva la tradición de las grandes cacerías de los reyes de Persia. Los emperadores provinciales, especialmente los Antoninos, eran grandes cazadores, y se sabe que Antonino —un campesino— se escapaba de la ciudad en cuanto podía irse al campo para pescar o cazar. Una carta escrita por Marco Aurelio en su adolescencia a su maestro Frontón cuenta cómo pasaba sus días de vacaciones cabalgando toda la mañana a la caza de jabalíes y ciervos.

Los arreos del cazador se componían de venablos, lanzas, espadas, cuchillos, pero también de redes que servían para rodear una espesura, y que se transportaban, enrolladas, a lomos de un mulo o de un asno. Se utilizaban espantajos para asustar la caza y empujarla hacia los cazadores: eran largas cuerdas a las cuales estaban atadas de trecho en trecho plumas de pájaros, a veces teñidas de rojo. Estas plumas, agitadas por el viento, impregnadas también de un fuerte olor de fragmentos de carne aún adheridos a ellas, inquietaban a las fieras, que se apresuraban a huir. Las jaurías incluían perros de diferentes razas, los unos capaces de entablar combate con las piezas de caza más robustas, los otros, rápidos, para alcanzar a las liebres en su carrera.

Tal era la vida «en los campos». Si es verdad que la civilización romana desarrolló las ciudades y, desde ciertos puntos de vista, puede presentársenos como una civilización sobre todo urbana, no es menos cierto que los orígenes campesinos de la raza latina no fueron nunca rechazados por los descendientes de Rómulo. Aun dentro de la aristocracia, se ingeniaron al menos para encontrar un equilibrio armonioso entre las necesidades de la vida política, que exigían la presencia del romano en su ciudad, y los gustos profundos de la raza, que lo inclinaban a vivir en el campo.

Capítulo 8

Roma, reina de las ciudades

La civilización antigua, lo mismo la griega que la romana, se funda sobre una sociedad urbana. En la Atenas del siglo V, los ciudadanos, agrupados en torno de la Acrópolis, tenían mayor peso específico que los campesinos diseminados en los «demes», y si en Roma los propietarios rurales ejercieron durante cierto tiempo la supremacía, después de la revolución del 509 a.C., aquella aristocracia de terratenientes no tardó en ser absorbida por la ciudad. En la época de las guerras púnicas, todos los romanos que desempeñaban algún papel en la vida política y en la administración del Estado residían en Roma. Se trataba de una necesidad impuesta por la organización de la ciudad, en la que la ciudadanía se ejercía directamente y no permitía una delegación. De tal manera la ciudad (*Urbs* por excelencia) se identificaba con el Estado: se podían añadir o quitar territorios al Imperio (*Imperium Romanum*) sin comprometer la existencia de éste; pero el suelo mismo de la ciudad era intangible y sagrado. Una tradición múltiples veces afirmada pretendía que ningún invasor había conseguido nunca ocupar la totalidad del suelo ciudadano.

Hemos visto que, según todas las probabilidades, la vieja concepción que hacía nacer a Roma en el Palatino y crecer en continua progresión hasta alcanzar gradualmente su extensión máxima, no responde a la realidad de los hechos. No parece haber existido, en el Palatino, una ciudad propiamente dicha, sino uno o dos poblados de cabañas, establecidos allí desde mediados del siglo VIII a.C. Este primer asentamiento fue sin duda bastante próspero y otros poblados fueron levantados en su vecindad: en las pendientes del Celio, del Esquilino, del Quirinal, e incluso inmediatamente al lado del futuro Foro. Los restos de estas construcciones han sido sacados a la luz del día por excavaciones realizadas desde comienzos del siglo XX y proseguidas actualmente. Pero la ciudad propiamente dicha sólo aparece un poco más tarde, en el curso del siglo VIII antes de nuestra era, y es en el Foro donde se descubren sus primeros vestigios. Para un romano solo existe una ciudad donde hay lugar para que los hombres se reúnan para deliberar, administrar y rogar a los dioses. Y la memoria de los romanos no ha guardado el recuerdo de que ninguna función de esta clase se haya efectuado nunca en el Palatino. Por el contrario, el Foro fue siempre el lugar por excelencia de la vida política, de la vida religiosa y de las actividades jurídicas, y siguió siéndolo hasta el fin del Imperio.

Se puede concebir que el acontecimiento ciudadano que consistió en erigir el valle del Foro en centro de la vida social fue consecuencia de una intervención exterior, por ejemplo, el establecimiento en el Capitolio de una guarnición etrusca. El lugar había parecido adecuado para establecer en él un mercado, etapa en el camino que, siguiendo el valle del Tíber, permitía a las caravanas que transportaban la sal de las marismas de Ostia alcanzar la Italia central y los llanos de Etruria. Se entrevé esa primera Roma, con su ciudadela (el Capitolio) y su plaza pública (el Foro), que rodean ya ciertos lugares de culto. En torno de ella se acumulan cabañas de indígenas cada vez más numerosas, a medida que crece la actividad comercial, fuente de riqueza para todos los habitantes.

Sobre esta Roma «capitolina» reina un rey, y la tradición ha conservado en efecto el recuerdo de una presencia de Rómulo en el Capitolio, donde se sitúa también a su corregente, el sabino Tatius. Dos o tres generaciones más tarde el mercado de Roma ha atraído a tantos inmigrantes que se ha hecho necesario establecer un muro continuo. Fue el primer muro «serviano», que fijó para varios siglos el contorno de la Roma republicana. Las colinas que comprende no estaban enteramente ocupadas por los habitantes. Incluso parece que únicamente existían poblados separados, cuya población tenía por misión asegurar la defensa de un determinado sector de la muralla. Dos nociones diferentes, que más tarde se irán confundiendo, están aún netamente separadas: todo lo que está efectivamente defendido por la muralla constituye el *oppidum*, pero la ciudad (*Urbs*) está determinada por un recinto de naturaleza ficticia que no coincide con la muralla militar y que está materializado únicamente por cipos o bornes: se llama el *pomerium*. Sabemos, por ejemplo, de una manera segura que el *pomerium* no incluía el Aventino, aunque desde el primer muro serviano esta colina estuvo comprendida en el recinto.

La naturaleza del *pomerium* nace del rito mismo de la fundación: el arado del fundador, levantando los terrones al trazar el surco que libraba de las profundidades del suelo los poderes subterráneos, ha trazado en torno de la *Urbs* un círculo mágico que la separa del resto del mundo. Los presagios enviados por los dioses, los pájaros que vuelan sobre este *templum* urbano, sólo son válidos para los actos que deben ser ejecutados en la ciudad —distinción que tuvo consecuencias muy importantes para el derecho constitucional y permitió sobre todo establecer una demarcación muy neta entre el poder civil y el poder militar.

Estamos muy mal informados sobre el trazado primitivo del *pomerium*. Comprendía ciertamente el Foro y el Capitolio, también sin duda —aunque ignoramos a partir de qué fecha— el Palatino, y por lo menos una parte de las otras colinas, salvo el Aventino, incluido solamente a partir del año 49 d.C. El Campo de Marte quedaba fuera del *pomerium* hasta los tiempos del Imperio. Vasta planicie reservada a las reuniones de tropas, no podía estar incluido en los «auspicios urbanos».

El crecimiento de Roma no puede ser, pues, concebido como un fenómeno lineal: tres órdenes diferentes de hechos se yuxtaponen en él. La ciudad militar alcanza de súbito su máximo desarrollo con la construcción del muro serviano en el siglo VI. Este recinto, rehecho en diversas ocasiones, incluso en tiempos de las guerras civiles, bajo la dictadura de Sila, acabó por ser abandonado definitivamente al comienzo del Imperio, ya que los barrios habitados lo desbordaban por todas partes y formaban los arrabales, extendidos durante muchas millas a lo largo de los caminos. Únicamente con Aureliano una segunda muralla protegió de manera efectiva la aglomeración material de la ciudad.

El crecimiento de ésta fue gradual: en un comienzo cabía cómodamente en el recinto serviano; la población empezó a sentirse muy apretada al comienzo del siglo I a.C., y es en este momento cuando las viviendas particulares comenzaron a invadir el Campo de Marte y a ocupar todo el meandro del Tíber, donde hasta entonces no se elevaban más que algunos santuarios y edificios destinados a la reunión de las grandes asambleas populares o de las tropas.

La verdadera ciudad, la *Urbs*, creció de una manera mucho más lenta. En un principio no se tenía derecho a extender el *pomerium* más que en la medida en que el Estado romano, en su conjunto, aumentaba con nuevas conquistas, como si hubiese una especie de correspondencia religiosa entre el «cuerpo» de la *Urbs* y el del Imperio. Era en el interior de la *Urbs* donde se ejercía la autoridad de los magistrados urbanos, por oposición a los que recibían una provincia, es decir, una misión exterior a los límites de la ciudad. Allí se encontraban los órganos esenciales de la ciudad: los lugares de asamblea y en primer lugar la Curia, en donde se convocaba ordinariamente al Senado, así como los santuarios mayores de la religión nacional. Esquemáticamente, una ciudad es definida por un Capitolio, un Foro y un *Comitium* (lugar de reunión de los comicios). Todo lo restante es accesorio. La fundación de una colonia supone primeramente la implantación de estos tres órganos esenciales; los otros monumentos, incluso las defensas militares, se añaden después, a medida que las necesidades los imponen. Si es verdad que todas las ciudades romanas son imágenes de Roma, no hay que deducir de ello que se trate de reproducciones materiales de la metrópoli. Lo que se imita no es el plano de la ciudad, sino su esquema abstracto. Pero, como era inevitable, las ciudades provinciales se inspiran a menudo en sus monumentos y, por esta causa, es indispensable trazar la imagen de lo que fue, en su realidad concreta, la primera y la «reina» de las ciudades.

El centro político de Roma se encontraba al pie del Capitolio. Uno de los monumentos más venerados era la Curia, donde se reunía ordinariamente el Senado. La tradición pretendía que hubiese sido construida por el rey Tullus Hostilius; por esta causa se la llamaba *Curia Hostilia*. Fue utilizada durante mucho tiempo y en sus gradas se desarrollaron todas las sesiones históricas de la República. Agrandada por Sila, incendiada en el año 52 a.C., fue definitivamente reemplazada después de los idus de marzo por una nueva sala cuya construcción fue iniciada por César, pero que sólo fue terminada por los triunviros y dedicada por Octavio en el año 29. Esta *Curia Julia* perduró durante todo el Imperio, pero, incendiada bajo el reinado de Carino, fue reconstruida por Diocleciano, y es ésta la que vemos todavía elevándose al norte del Foro y devuelta aproximadamente a su antiguo estado. Con su austera fachada y sus puertas de bronce —las puertas originales fueron transportadas al Laterano a mediados del siglo XVII—, forma una masa imponente que en la antigüedad alegraba un revestimiento de mármol y estuco de color. Con una longitud de veintiséis metros y una anchura de cerca de dieciocho, era mayor de lo que habían sido la *Curia Julia* y especialmente la *Curia Hostilia*, pero es difícil dejar de comparar la inmensidad del Imperio con la relativa estrechez del lugar donde un puñado de hombres decidía el destino de las provincias.

Delante de la Curia se alzaba el *Comitium*, que era un *templum* «inaugurado». Hasta mediados del siglo II a.C., era el lugar de reunión de los comicios «curiatos» y «tributos», antes de que estos últimos hubiesen sido trasladados al Foro propiamente dicho por un emprendedor tribuno de la plebe, C. Licinius Stolon, en el año 145 a.C. La innovación de Licinius Stolon podrá parecer intrascendente; no obstante, era una verdadera revolución. En efecto, si el pueblo abandonaba el *Comitium* para reunirse en la parte no «inaugurada» del Foro, dejaba de depender de un magistrado poseedor del «derecho de auspicio» y pasaba a ser una asamblea religiosa y políticamente libre —último estadio de la emancipación respecto del patriciado—. Y, además, ya que en Roma los acontecimientos tienen a menudo dos aspectos, la innovación de Licinius Stolon tenía una consecuencia práctica en manera alguna despreciable: el *Comitium* formaba un rectángulo aproximado de 40 por 30 metros, lo que era poco para acoger a una multitud; era imposible reunir allí a más de cinco o seis mil hombres, es decir, sólo una pequeña parte de la plebe romana en el siglo II a.C. El Foro, al contrario, se extendía sobre más de dos hectáreas: era la plebe entera la que podía desde aquel momento estar presente en los comicios tributos. En cuanto a los comicios curiatos, entonces en plena decadencia, el problema no se planteaba, y, como en el pasado, los pocos figurantes que los representaban siguieron reuniéndose en el *Comitium*.

Muy pronto el *Comitium* fue enlosado, al contrario del Foro, que durante largo tiempo no tuvo más que un pavimento de tierra apisonada. Pero el enlosado afectaba a algunas reliquias venerables, entre otras una higuera sagrada. Una tradición decía que era la «higuera Ruminal», a cuya sombra el Tíber desbordado habría depositado el canastillo conteniendo a los dos gemelos, Rómulo y Remo. Y como otra tradición refiriese que los dos niños habían sido descubiertos en el Palatino, se había formado una leyenda para resolver la contradicción. Se contaba que el augur Attus Navius, en la época de los reyes, había trasladado el árbol del Palatino al *Comitium*, para probar que llegado el caso, sabía hacer milagros.

Era igualmente en el *Comitium* donde se encontraba un monumento misterioso, una tumba flanqueada por dos leones de aspecto muy arcaico, completada por una inscripción tan antigua que nadie lograba interpretarla. Se ha encontrado la base de los leones y tres cuartas partes de la inscripción. Pero no estamos más informados que los antiguos. Ellos decían a veces que era la tumba de Rómulo, pero todo el mundo sabía que el Fundador había sido llevado milagrosamente al cielo. ¿Se trataba, pues, de un simple cenotafio? Otros decían que era la tumba de Hostus Hostilius, padre del rey Tulio Hostilio, o, simplemente, la tumba del pastor Faustulus.

Sólo podemos afirmar que se trata de una tumba de estilo orientalizante y que se remonta probablemente al siglo VI antes de nuestra era. En cuanto a la inscripción, ha sido interpretada por los modernos en tan diversos sentidos que es inútil intentar entenderla. Los romanos no dejaron de guardarla tal cual estaba por respeto a su antigüedad. En el curso de las reparaciones del *Comitium* se limitaron a recubrirla con un enlosado de mármol negro.

El *Comitium*, por último, estaba bordeado por la célebre tribuna de las arengas, que se llamaba los «Rostros», por estar adornada con las proas de los navíos capturados en el año 338 a.C., durante la guerra latina, después de la victoria sobre los marinos de Antium. Estos Rostros —que los arqueólogos han creído descubrir en diferentes lugares— se elevaban al este del *Comitium* y, según el lugar hacia el cual se girase el orador, podía dirigirse ya a la asamblea reunida en el mismo *Comitium*, ya a una multitud mayor reunida en el Foro.

Más tarde fueron edificados otros Rostros. Bajo Augusto, habiendo sido definitivamente abandonado el *Comitium*, fue construida una inmensa tribuna para las arengas que ocupaba toda la extremidad oeste del Foro. Sus restos son todavía bien visibles al pie del Capitolio. Era una plataforma elevada unos tres metros sobre el Foro, y de una longitud de veinticuatro metros por un ancho de unos doce. El orador que se presentaba de esta forma al pueblo no estaba solo: en torno de él, como otros tantos figurantes, estaban sus amigos, personajes conocidos que venían a proporcionarle el apoyo de su presencia. De esta manera, las ruinas nos recuerdan lo que los textos nos enseñan acaso menos claramente: en Roma, en la vida pública, un hombre solo es sospechoso; se lo mira como un aspirante a la tiranía o por lo menos como un anarquista peligroso; para que sea escuchado es preciso que esté rodeado de amigos, así no da tanto la impresión de que habla en nombre propio, sino en nombre de todo un grupo, lo que tranquiliza y arrastra a los demás.

En la Roma republicana, el Foro no estaba destinado exclusivamente a las actividades oficiales. Era también un centro comercial y lo bordeaban por el norte y por el sur una doble línea de tiendas. Las más antiguas eran las del sur (las *tabernae veteres*), instaladas de manera que evitasen el fuerte sol del verano. Se afirmaba que se remontaban a la época del rey Tarquino el Antiguo, y, efectivamente, no es imposible que hubiesen sido contemporáneas de la Roma etrusca, comerciante y artesana. Estas tiendas, acaso al principio sencillos tenduchos de madera, eran propiedad del Estado, que las alquilaba a los comerciantes, especialmente carniceros, que tenían allí sus puestos. Más tarde, en un momento impreciso, las carnicerías fueron trasladadas al norte del Foro, a las *tabernae novae*. Entonces las *tabernae veteres* fueron cedidas a los cambistas, que realizaban al mismo tiempo operaciones de banca. Esto supone un tiempo en que el tráfico de moneda estaba suficientemente desarrollado y en el que a menudo se hacía necesario efectuar el cambio entre las diferentes monedas de los países italianos. Es verosímil que estas condiciones no se produjesen sino después de la conquista de Tarento, o acaso mucho más tarde. De todas maneras, las *tabernae novae* existían ya a finales del siglo III a.C., pues Plauto las menciona en una de sus comedias. Poco a poco todas las tiendas, las nuevas como las antiguas, fueron exclusivamente ocupadas por los cambistas. Los antiguos ocupantes fueron desplazados al norte y al sur de la plaza. En el siglo II a.C. les fue preciso abandonar el Foro para establecer su mercado; los carniceros y los pescadores tenían sus tiendas inmediatamente al norte de las *tabernae novae*, en la vecindad del Argiletum. En este lugar no tardaron en agruparse en un gran mercado (*macellum*), que se incendió en el año 910 a.C., durante la segunda guerra púnica, siendo reconstruido poco después. Es posible que desde esta época los comerciantes de legumbres tuviesen su lugar de venta especial: era la verdulería (*Forum Holitorium*), situada fuera del recinto serviano, entre la puerta Carmental y las pendientes del Capitolio. Con él hacía juego otro mercado o recinto ferial, el *Forum Boarium*, que se extendía unos centenares de metros más abajo, en la ribera del Tíber, también, sin duda, fuera del recinto serviano. Allí se reunían los ganaderos y allí acudían los campesinos que venían a comprar sus bestias de labor. Verdulerías y feria de bueyes no ocupaban entonces ninguna instalación fija; cada cual instalaba al aire libre aquello que había de vender. Los huertanos, sentados en medio de sus verduras, los ganaderos de pie junto a sus bestias, como todavía es costumbre en todo el contorno del Mediterráneo. A pesar de haber llegado a ser la capital de un Imperio, la Roma del siglo II a.C. seguía siendo una población rural: las actividades del campo llegaban hasta las puertas de la ciudad, mientras que el viejo centro político y comercial veía, como contraste, aumentar el tráfico bancario y los negocios tomaban una forma cada vez más abstracta.

Como no existía en Roma ninguna actividad separada de la religión, no es extraordinario que muy pronto el Foro sirviese para la realización de ciertos ritos. Estaba cruzado en toda su longitud por la vía Sacra, que las procesiones seguían para dirigirse del Gran Circo al Capitolio, y esta vía Sacra primitiva (antes de las modificaciones efectuadas en la época de Augusto) penetraba en la plaza entre dos de los santuarios más venerables de la ciudad: el templo de Vesta y la *Regia*: terminaba hacia el oeste en la Subida del Capitolio (*Clivus Capitolinus*), última etapa antes de llegar ante Júpiter Óptimo Máximo, cuya mirada dominaba todo el territorio donde vivía su pueblo. Fue en el Foro donde durante mucho tiempo tuvieron lugar los juegos fúnebres y los combates de gladiadores. En tales ocasiones los espectadores subían sobre el techo de las *tabernae* y sobre los terrados de las casas vecinas. Más tarde, como veremos, se construyeron en otros barrios teatros y anfiteatros más cómodos.

El templo de Vesta, restaurado hoy en parte tal como estaba en tiempos de Augusto, no era al principio más que una cabaña circular en la que ardía el fuego simbólico de la ciudad. Su techo era de paja y ramaje, en recuerdo de las antiguas cabañas del Lacio; en su centro ardía el fuego, mantenido por las vestales, pero sin contener ninguna imagen de la diosa. Era testimonio de un tiempo en que la religión era aún independiente de las representaciones materiales. En él se conservaban, no obstante, diversos objetos, entre otros una vieja estatua, probablemente un *xoanon* llegado de Oriente en fecha muy antigua. La tradición pretendía que fuese el Paladio, la estatua de Palas caída del cielo en Troya y objeto de tantas luchas, que Eneas había traído consigo al emigrar de Frigia a Italia. Con el Paladio, el templo de Vesta guardaba los penates del pueblo romano, que sólo las vestales y el Gran Pontífice podían ver. Se creía que la salvación de Roma estaba ligada a la conservación de dichos tesoros.

Bajo la República, el templo de Vesta no era más que el anexo de un conjunto más extenso: la casa de las vestales, conocida con el nombre de *Atrium Vestae*, cuya historia está unida a la evolución misma del Foro, desde sus orígenes hasta el fin del Imperio. Parece que en un principio el templo estuvo rodeado por un bosque, que se extendía hasta el pie del Palatino, y en aquel bosque se elevaba la casa de las sacerdotisas, en la que residía igualmente el Gran Pontífice, que era a la vez el presidente de su colegio, su protector y su vigilante. El *Atrium Vestae* estaba formado esencialmente por un gran patio rodeado por las cámaras de habitación y de servicio, como lo estaban las casas romanas de lo que se podría llamar primer estilo urbano. Después su arquitectura se fue complicando a medida de las necesidades, pero su carácter primitivo persistió; aún hoy, la Casa de las Vestales, tal como ahora la vemos, es notable por su patio central.

Otros dos templos fueron levantados junto al Foro al comienzo de la República: el de Saturno y el de Cástor y Pólux. El primero era aproximadamente contemporáneo del templo etrusco de Júpiter Capitolino. Elevado en las últimas pendientes del Capitolio, estaba consagrado a una divinidad cuyo verdadero carácter es para nosotros un misterio. Saturno, del que se decía que en otro tiempo había reinado sobre el Lacio, presidía aparentemente la fecundidad de la tierra. Sus fiestas, las Saturnales, se celebraban hacia el solsticio de invierno y, como el carnaval del mundo medieval y moderno, eran acompañadas de una licencia total; los esclavos ocupaban el lugar de los amos, en todas partes había regocijos y desórdenes de toda clase, como para alentar a la naturaleza con este desencadenamiento a recobrar su vigor procreador. Acaso primitivamente se llegó a ofrecer a Saturno víctimas humanas, reemplazadas más tarde por maniquíes de mimbre, los Argeos, que eran paseados y arrojados al Tíber durante una procesión que tenía lugar cada año, el 16 de mayo. Lo cierto es que el templo de Saturno fue utilizado bajo la República para guardar el tesoro público, lo que está de acuerdo con el poder del dios, cuyo símbolo llevaba el nombre significativo de Abundancia (*Ops*). El edificio sucedía, muy probablemente, a un lugar de culto más primitivo al que se superpuso. En efecto, a alguna distancia se encuentra una área sagrada donde se celebraba el culto de Vulcano, dios del fuego; esta área, indicada en su centro por un altar, nunca fue reemplazada por un templo —por razones que ignoramos—, pero es muy probable que el mismo carácter arcaico correspondiese, primitivamente, a la religión de Saturno.

El templo de Cástor y Pólux fue dedicado durante la batalla del lago Regilo, en el año 499. Fue terminado y consagrado el 27 de enero del 484. Las divinidades a las que se rendía culto fueron asimiladas a los Dioscuros griegos, pero es probable que en un principio se tratase de un «demon» o demonio a caballo, protector de los *equites*, los combatientes más acaudalados y los que hicieron la revolución del 509. El desdoblamiento de este «demon», la asimilación de la pareja así formada a los dos hijos de Zeus y Leda, fue ciertamente facilitada por la existencia en la vecindad del templo de una fuente consagrada a una divinidad de las aguas, Juturno, cuyo nombre parece indicar un origen etrusco. La presencia, uno al lado del otro, de un dios a caballo y de una diosa, no podía menos que recordar, en una Roma todavía impregnada de ideas etruscas y helenizada, la tríada, célebre en el mundo griego, de Helena y sus dos hermanos. Más tarde, el templo de los Cástores (así se lo llamaba ordinariamente) fue el santuario de los caballeros, donde se trataban los negocios de la Orden, y donde se conservaban sus archivos; allí, por ejemplo, estaba depositada la pequeña tabla de bronce en la que estaba grabada el acta que concedía (después del 340 a.C.) el derecho de ciudadanía romana a los caballeros campanienses.

Recorriendo de esta manera los santuarios que rodeaban el Foro, y que poco a poco fijaban sus variables límites, encontramos inscritas sobre el terreno las diferentes etapas de la historia de los primeros siglos. También a los ojos de los romanos el Foro, corazón de la ciudad, representaba la evolución de la misma: cada edificio guardaba la señal de su origen, que recordaba, en la piedra misma, la inscripción grabada de su dedicación y garantizaba la perennidad de una institución o de un rito. Siguiendo estas inscripciones, vemos al Foro adquirir su aspecto definitivo mientras se constituye la civilización romana.

El comienzo del siglo II antes de nuestra era fue señalado en la historia del urbanismo romano por un hecho de grandes consecuencias: la introducción y generalización de los pórticos. Como se sabe, la arquitectura griega había multiplicado por todos lados las columnatas, solucionando con ello numerosos problemas urbanos. Los primeros pórticos de Roma fueron levantados en el barrio del puerto, cuando los dos ediles curules, M. Aemilius Lepidus y L. Aemilius Paulus (dos nombres de la *gens* filohelénica por excelencia), decidieron construir (197) sobre el Tíber un puerto comercial comparable a los de las ciudades orientales. Desde el año 199, Roma tuvo un depósito de maderas de construcción situado en el interior de un pórtico cerrado, el *Porticus inter Lignarios* (pórtico de los comerciantes en maderas); al mismo tiempo se construyó otro pórtico a lo largo de una de las calles principales del Campo de Marte. Fue, probablemente, el primer ensayo para trazar una gran vía comercial, cubierta en toda su longitud y bordeada de tiendas y puestos de venta. Pocos años más tarde, el censor Catón edificaba en el Foro la primera basílica.

El nombre «basílica», llamado a tener un porvenir tan grande en la arquitectura cristiana, es un adjetivo griego que designaba por abreviación un pórtico real (Στοὰ βασιλική). Era una sala cubierta, un vasto recinto cuya techumbre estaba sostenida por una línea central de columnas y por columnatas laterales. Allí se reunían todos los que tenían ocupaciones en el Foro cuando el sol quemaba demasiado o la lluvia era en exceso violenta. Durante largo tiempo las basílicas no se utilizaron para abrigar a los tribunales, que continuaron reuniéndose al aire libre; estaban exclusivamente destinadas para la comodidad de los particulares. Su nombre nos manifiesta su origen. Fueron imitadas de los grandes pórticos cubiertos que en las ciudades de Siria, de Asia Menor, de Macedonia, acogían a los pleiteantes, y que procedían, casi siempre, de la munificencia real. Los romanos no quisieron verse menos favorecidos que los súbditos de los soberanos helenísticos.

La primera basílica de Roma, llamada con el nombre de su fundador, *Basilica Porcia*, no ha llegado hasta nosotros. Pero otra casi contemporánea, la *Basilica Aemilia*, bordea aún en nuestros días el lado norte del Foro. Algunas excavaciones profundas han permitido confirmar que este monumento, que reemplazaba a las *Tabernae Novae*, fue construido sobre casas particulares que habían sido compradas por los censores del año 179, M. Fulvius Nobilior y M. Aemilius Lepidus, responsables de su construcción.

Diez años más tarde fue alzada por el censor Sempronio Gracco, en el lugar de las *Tabernae Veteres*, la *Basilica Sempronia*. Ganó terreno también a casas particulares (entre ellas, la casa de Escipión el Africano), y continuó, más allá del *Vicus Tuscus*, el alineamiento iniciado por el templo de Cástor. Desde este momento quedan fijadas las líneas generales del Foro: la antigua plaza casi rústica ha pasado a ser una verdadera *agora* helenística: el *Tabularium*, obra maestra de la arquitectura helenística en el Lacio, construido en tiempos de Sila, no hará más que cerrar en las pendientes del Capitolio el cuadrilátero esbozado por los censores de 179 y 169.

Del viejo Foro subsisten, no obstante, algunos rasgos; no solamente las basílicas están rodeadas de tiendas que continúan la tradición de las *Tabernae*, sino que el espacio central está lleno de monumentos arcaicos. La mezcolanza sagrada del Foro nos recuerda más la Acrópolis de Atenas que el *agora*, un poco fría, excesivamente racional, de Priene o de Mileto. El pasado religioso de la ciudad subsiste. Ciertos ritos curiosos se ligan a tal o cual monumento, por ejemplo, a una estatua de Sileno —llamada comúnmente en Roma el Marsias—, que se elevaba junto a un cercado en el que crecían tres árboles: una higuera, un olivo y una vid. Este Marsias estaba representado desnudo, calzado con sandalias y tocado con un gorro frigio. Y comoquiera que este gorro (*pileus*) fuese el símbolo de la libertad, los esclavos recién liberados iban a tocar dicha estatua o consagraban a ella coronas de flores. Por la misma razón, las ciudades que habían obtenido el derecho itálico (es decir, una forma bastante liberal del derecho de ciudad) levantaban en sus foros un «Marsias».

Entre las divinidades arcaicas que tenían su santuario en el Foro, y de cuya naturaleza y función los romanos de la época clásica no tenían una idea muy clara, hay que situar en lugar especial al dios Jano. A decir verdad, este nombre se aplicaba al mismo tiempo a un dios y a su templo, o mejor al arco abovedado que se elevaba a la entrada norte de la plaza, salvando la calle llamada Argileto (*Argiletum*). La estatua misma del dios se encontraba junto al arco, encerrada en una capilla a cielo abierto y, hecho único en el panteón romano, este dios estaba representado con dos caras. La costumbre imponía que cuando la ciudad estaba en guerra las puertas de la capilla estuviesen abiertas, y que se cerrasen cuando la paz fuese restaurada. Hacia el fin del Imperio, cuando los bárbaros amenazaban Roma, la población de la ciudad exigía aún que se abriesen las puertas fatídicas, para que la divinidad acudiese en socorro de sus fieles ¿No se contaba que cuando la guerra que había seguido al rapto de las sabinas, Jano había hecho surgir, delante de los sabinos invasores, una fuente de agua hirviente que les había cortado el paso? Mil tradiciones estaban, pues, enraizadas en la tierra del Foro, tierra sagrada entre todas, habitada por el recuerdo de los héroes y por la presencia de los dioses.

La última divinidad instalada por el pueblo romano en el Foro no fue otra que la del dictador Julio César. Después del asesinato de los idus de marzo, su cuerpo fue quemado por la multitud en el extremo este de la plaza, junto a la Regia. El lugar no había sido escogido al azar: César, descendiente de Marte, volvía de esta manera a su padre, el dios de la Regia. En el emplazamiento de la pira fue elevada una columna de mármol, así como un altar. Era habitual pensar que un difunto, por el solo poder de la muerte, hubiese adquirido una especie de divinidad: nada, pues, más natural que atribuir la divinidad al héroe invencible, triunfante desde tantos años sin haber conocido la derrota, y al que el pueblo romano adoraba ya en vida. Cuando Octavio decidió hacerse cargo por su cuenta de la herencia política de su padre adoptivo, uno de sus primeros actos fue proclamar oficialmente la divinidad del «mártir». Después hizo construir delante de la pira un templo a un nuevo dios, *Divus Julius*. Este templo, según la costumbre romana, se elevó sobre una plataforma, cuya parte anterior dibujaba una curva, con el fin de reservar un espacio para el altar conmemorativo. Así se cerró el cuarto lado de la plaza, que tomó su forma definitiva, la de un trapecio alargado ante el Capitolio. En el lado sur, la vieja *Basilica Sempronia* fue reemplazada por una nueva basílica. Como César era quien la había proyectado, tomó el nombre de *Basilica Julia*, aunque fue terminada por Augusto. Era la más vasta de las basílicas romanas antes de las grandes construcciones de los foros imperiales. Más tarde, en tiempos de Domiciano, sirvió de salón de sesiones del tribunal de los «centumviros», que juzgaba las causas civiles.

Durante todo el Imperio, el aspecto del Foro no cambió mucho. Augusto elevó un arco de triunfo, pero en la entrada de la plaza, entre el templo de César y el de Vesta, en la desembocadura de la antigua vía Sacra. Tiberio construyó otro en el extremo oeste de la misma vía, delante de la *Basilica Julia*. Cerca de dos siglos después, Septimio Severo construyó un tercero, al norte de los «Rostros» augusteos. Mientras los dos primeros han desaparecido, el arco de Septimio Severo sigue dominando el *Comilium*, y su silueta es familiar a todos los visitantes del Foro. Otros emperadores añadieron algunos monumentos de menor importancia: columnas, *plutei*, que conmemoraban algún acontecimiento importante de su reinado, pero lo esencial permaneció tal como lo habían concebido los últimos arquitectos de la República.

Las siete *jugera* del Foro romano, suficientes para acoger a la plebe de la época de las guerras púnicas, resultaban muy reducidas bajo el Imperio, cuando todos los pueblos acudían a Roma para implorar la justicia del príncipe. Desde los tiempos de César había sido preciso pensar en ampliar el esquema de la vida pública, para lo cual el dictador había formado grandes proyectos. Uno de ellos, que ya en la época en que César estaba en vías de conquistar la Galia había tenido un comienzo de ejecución, era la construcción de un nuevo foro al norte de la Curia.

Este foro fue de un tipo bien diferente del antiguo y su concepción estaba destinada a cambiar radicalmente la tradición de la arquitectura urbana. Consistió en un vasto recinto rectangular rodeado de pórticos por tres de sus lados, mientras el cuarto estaba ocupado por un templo elevado consagrado a Venus. Es posible que su plano fuese inspirado por las plazas públicas de las ciudades itálicas, establecidas por lo general delante de un santuario, del que formaban como el vestíbulo. Pero también es posible que César recordase las *agorai* helenísticas que había visto en su juventud en Oriente. Puede incluso pensarse si su primera intención no habría sido la de construir una verdadera *agora*, de la que la Curia —reconstruida a su cuidado— no habría sido más que una dependencia. Después, en el campo de batalla de Farsalia, prometió a Venus elevarle un templo si le daba la victoria, y solamente entonces se habría formado la concepción definitiva del nuevo foro. Éste aparece como una síntesis original y en el futuro todos los foros imperiales se establecerán ante un templo, el de la divinidad de la particular devoción del emperador reinante.

El foro de César expresa un pensamiento político: en lo sucesivo, la vida pública ya no se desarrollará bajo la mirada de Júpiter Capitolino, sino bajo la protección «presente» de Venus, madre de los Eneidos, patrona de la *gens Julia*, pues el fundador mítico de ésta, Eneas, tenía su origen en la misma diosa. El plan mismo del *Forum Julium* indica el nacimiento de ambiciones dinásticas y la afirmación del carácter divino reconocido a los amos de Roma en la ciudad nueva.

Fiel al ejemplo de su padre adoptivo, Augusto quiso también construir un foro. Menos, sin duda, porque la vida pública exigiese un espacio mayor, que para dotar a la ciudad de un monumental conjunto personal consagrado a su propia gloria. Venus, en el pasado, había sido reivindicada como protectora no solamente por César, sino también por Pompeyo y por Sila, que pretendía ser el favorito de la diosa. Al comienzo de su carrera, Octavio quiso presentarse como el vengador de su padre. En el campo de batalla de Filipos prometió elevar un templo a Marte Vengador (*Mars Ultor*), y alrededor de este templo estableció su foro. Éste debía prolongar hacia el norte el foro de César y para ello era preciso entrar ampliamente en los barrios populares del Argileto y la Suburra. Octavio compró todos los terrenos que pudo, pero no le fue posible adquirir una superficie suficiente para ejecutar su primitivo proyecto en toda su amplitud. El foro, tal como lo vemos hoy día, desembarazado de las construcciones medievales y modernas que lo ahogaban, es de todos modos imponente. Augusto hizo colocar en hornacinas, en torno a la plaza, las estatuas de los grandes hombres del pasado, comenzando por las de Eneas y los reyes albanos, sus descendientes, y siguiendo con las de los triunfadores de la República. La comparación con el foro de César es muy instructiva para comprender el sentido de la revolución augustea; mientras sobre el primero reinaba únicamente la divinidad protectora del dictador, vemos sobre el segundo señorear a Marte, padre de los Gemelos, señor y modelo de los belicosos «hijos de la loba», presidiendo un cortejo de los *imperatores* que habían hecho la grandeza de Roma. Así, pues, estaban presentes los antepasados de las más ilustres familias, que habían combatido a César en las filas pompeyanas. Era, bajo la mirada del dios, la reconciliación nacional, el retorno a la concordia.

Los foros de César y de Augusto se extendían al oeste del Argileto y respetaban el trazado de esta antigua vía. Las construcciones de los Flavios habían de trastornar más profundamente aún todo el barrio. Vespasiano, después de su victoria sobre los judíos, decidió construir un templo a la paz, y dotar a la dinastía que instauraba de un foro análogo a los de los julioclaudios. Escogió para su emplazamiento el antiguo mercado (*Macellum*), que databa de los tiempos de la República, y lo transformó en una extensa plaza rodeada de pórticos. El templo mismo se abría sobre la columnata, a semejanza de un hexaedro; toda la plaza formaba un *templum*, un área sagrada cuya parte central parece que había sido dispuesta en forma de jardín. Salas anexas incluían una biblioteca. El conjunto, alojado en el interior de un inmenso peristilo, debía ser silencioso y tranquilo, verdadero asilo apropiado para la meditación, lejos de la multitud que seguía frecuentando la basílica Aemilia y las callejuelas de bastante mala fama que se encontraban en la vecindad del foro.

Domiciano siguió la obra comenzada por su padre creando un nuevo foro destinado a unir el de los julio-claudios con el templo de la Paz. Este foro, inaugurado solamente por Nerva, era llamado con frecuencia el *Forum Transitorium* (la plaza del Pasaje). Era tan sólo un ensanchamiento del Argileto, entre su salida al Foro romano y el comienzo de la Suburra. Pero en lo alto de la plaza, Domiciano, fiel a la tradición comenzada por César, edificó un templo a su protectora divina, Minerva. Los arquitectos de Domiciano, debieron resolver problemas muy complejos para construir este foro. Se trataba, en efecto, de coordinar la diferente orientación entre la basílica Aemilia, en el Foro romano, y los foros imperiales, cuyo eje era paralelo a la Curia. Para ello diseñaron en forma de curva el extremo menor de la plaza, que presentaba de esta forma una alianza especialmente feliz de líneas curvas y rectas.

Al comienzo del reinado de Trajano podía parecer que toda la parte central de Roma estuviese acabada. El *Forum Transitorium* equivalía al último eslabón de una serie de plazas con peristilo que no tenían parangón en el mundo. Más allá comenzaban las primeras cuestas de las colinas, de tal modo que cualquier ampliación de los foros parecía imposible. A pesar de ello, el primero de los Antoninos consiguió crear un nuevo conjunto destinado a sobrepasar en magnificencia y en extensión a todos los precedentes.

El foro de Trajano, cuyo gran eje es paralelo al del foro de César, fue la obra de un griego helenístico, el arquitecto Apolodoro de Damasco. De una concepción gigantesca, reunió en un solo sistema varias grandes funciones urbanas hasta entonces separadas. Mientras que desde el siglo II a.C., el mercado estaba prácticamente separado del foro, Apolodoro quiso crear, uno al lado de otro, un centro comercial y un centro judicial e intelectual. El botín tomado a los dacios proporcionó a Trajano los medios de emprender la obra. Para conseguir un espacio suficiente se comenzó por comprar todos los terrenos situados entre el Foro y el Quirinal, al oeste del Foro. Después, con una audacia extraordinaria, los ingenieros se propusieron nivelar toda esta área, y para ello cortaron profundamente el Quirinal, del que hicieron un acantilado abrupto en lugar de la colina en suave pendiente que era antes. La inscripción de la columna que finalmente se elevó entre la basílica y el área sagrada de la tumba imperial, nos enseña que la altura de las tierras removidas con ocasión de estos trabajos alcanzó hasta 38 metros. Si se recuerda que la superficie del conjunto se inscribe en un rectángulo de 210 por 160 metros, se tendrá una idea de la grandeza con que Apolodoro concibió su obra. El foro de Trajano no es indigno de ser citado junto al Coliseo —al cual es posterior en un cuarto de siglo— como una de las realizaciones más gigantescas del genio romano.

Tal como fue proyectado por Trajano, el foro no era, a diferencia de los precedentes, un recinto sagrado en torno a un templo. Esto habría de serlo, más tarde, después de la muerte de Trajano, cuando Adriano consagrará un santuario a su predecesor divinizado, al oeste de la biblioteca, según una idea extraña al mismo Trajano. Antes del templo de Trajano divinizado, la única presencia divina en este foro era la de la diosa Libertad, que tenía una capilla en el ábside nordeste de la basílica. Este hecho es bien característico de las consignas oficiales del reinado, que se presentaba como un retorno al viejo liberalismo augusteo y asociaba a los senadores —por lo menos en teoría— a la administración del Imperio.

El foro de Trajano comprendía varias zonas con diversos usos. Era primero una gran plaza rectangular en cuyo centro se elevaba una estatua ecuestre del emperador. Se penetraba en ella por un arco monumental que daba sobre el foro de Augusto. El enlosado estaba formado por grandes bloques de mármol blanco, y a lo largo de los lados mayores del rectángulo corría un pórtico de mármol de color, coronado por un ático con estatuas de dacios prisioneros y de escudos. Detrás de los pórticos se abrían dos hemiciclos. En ellos acostumbraban a reunirse filósofos acompañados de sus discípulos, retóricos, escritores deseosos de dar a conocer sus obras. Durante todo el Imperio, las *scholae* del foro de Trajano fueron un centro muy activo de vida intelectual.

Hacia el noroeste, la plaza estaba bordeada por una basílica, llamada —a partir del nombre gentilicio de Trajano— *Basilica Ulpia*. Fue incluso, después de la de Majencio, la basílica más vasta de Roma. Dividida en cinco naves por cuatro líneas de columnas, alcanzaba una longitud aproximada de 130 metros, mientras que la *Basílica Julia* era más corta en unos 30 metros. Además, la parte central se prolongaba por medio de ábsides laterales que aumentaban aún más la capacidad de este edificio, enteramente cubierto de un armazón de madera. La decoración interior era de una gran magnificencia. Los arquitectos habían empleado en ella mármoles de diversos colores: mármol blanco de Luna para el revestimiento de las paredes a fin de aumentar la claridad; mármol del Pentélico para los frisos sobre las columnas, y para las mismas columnas granito gris; mármol africano de color amarillo y otras muchas clases de mármol veteado.

Al otro lado de la basílica lindante con la plaza, dispuestas al abrigo del ruido y de la multitud, se abrían dos bibliotecas sobre el área donde se elevaba la columna gigantesca, de una altura de 38 metros, en cuyas espirales de mármol se desarrollaba la historia de la guerra dácica y que era coronada por una estatua de Trajano —hoy día reemplazada, desde los tiempos de Sixto V (en 1588), por una estatua de san Pedro.

Las bibliotecas del foro de Trajano no eran las primeras que se conocieron en Roma: ya existía una, como hemos dicho, en el foro de la Paz. Pero incluso éste iba a añadirse a varias otras. La primera en fecha había sido la de Asinio Polión, que había hecho de ella un anexo del *Atrium Libertatis* con ocasión de las restauraciones efectuadas en tiempos de Augusto.

Hacia la misma época, el mismo Augusto había instalado otras dos en las dependencias del templo de Apolo, en el Palatino: una estaba consagrada a obras en lengua latina, la otra a obras griegas. Pero mientras las bibliotecas de Asinio Polión, de Augusto y de Vespasiano han desaparecido totalmente, como muchas otras —por ejemplo, la del pórtico de Octavio—, la biblioteca de Trajano subsiste aún parcialmente. Era, como las bibliotecas del mundo helenístico, una sala rectangular en cuyos muros se habían abierto nichos con estantes que contenían los *volumina*, los rollos de papiro o de tela encerrados en sus estuches. Delante de la entrada, una hornacina más grande abrigaba la estatua de alguna divinidad —¿acaso Minerva?—, pues el trabajo intelectual, como todas las actividades humanas, debía desarrollarse bajo las miradas de los dioses. En torno de la sala corría un plinto muy saliente, al que se subía por tres escalones. Desde él era fácil alcanzar los estantes más elevados.

El foro de Trajano, con sus anexos, terminaba hacia el noroeste la hilera majestuosa de los foros imperiales, que culminaba en la columna triunfal destinada no sólo a servir más tarde de modelo a Marco Aurelio, sino a inspirar a los arquitectos del siglo XIX francés. Pero Trajano no se contentó con haber construido el foro más grandioso de Roma. Aprovechando los derribos gigantescos que había sufrido el Quirinal, dobló el hemiciclo nordeste de la plaza principal con un monumental mercado, que, largo tiempo oculto por edificios modernos, aparece hoy día completamente despejado.

Este mercado fue construido en la pendiente de la colina. Comprende dos terrazas. Una, la planta baja, está en el mismo plano que el foro. Forma su fachada una hilera semicircular de arcadas; cada uno de los arcos se abre sobre una tienda (*tabernae*). Encima de esta primera fila de tiendas corre una galería iluminada por una línea de ventanas, que servían a otras *tabernae* semejantes a las de la planta baja. Un sistema de escaleras ponía en comunicación los dos pisos.

La terraza superior, colocada más atrás que las construcciones precedentes, forma un sistema mucho más complejo, comunicado por una ancha calle que todavía existía en la Edad Media, y que llevaba el nombre de vía Biberatica —probablemente deformación de su nombre antiguo, vía Piperatica o calle de la Pimienta—. Había en ella otras tiendas agrupadas en diferentes conjuntos, con entradas por corredores o incluso por patios interiores que formaban patios de luces.

Este mercado es ciertamente un testimonio de la intensa actividad comercial que conoció la Roma de Trajano, pero no es menos característico de un aspecto muy importante de la economía de su tiempo. Acaso su construcción fue menos inspirada al emperador por el deseo de dotar a la ciudad de un gran almacén cómodo, que por el de reunir en un mismo edificio los servicios hasta entonces dispersos de la *annona*, que aseguraban, bajo el control del Estado, el abastecimiento general de la población. Se han encontrado, en efecto, al lado de las *tabernae*, oficinas y salas destinadas a la vigilancia. Desde allí era posible abarcar de una sola ojeada todas las idas y venidas de los comerciantes. Por otra parte, es sabido que los tesoros imperiales (*arcarii Caesariani*) tenían sus servicios instalados en el foro de Trajano. Ahora bien, estos tesoros tenían por función percibir las tasas correspondientes a las operaciones comerciales, y también preparar las compras del Estado con los grandes importadores. Es, pues, probable que el mercado de Trajano sirviese de almacén de distribución de los géneros destinados a ser vendidos al pueblo o incluso, a veces, distribuidos gratuitamente. En la misma inmensidad del monumento tenemos la prueba del gran papel desempeñado por los organismos del Estado que en la práctica controlaban todas las importaciones. Se revelan ya los primeros signos de la estratificación de la economía, que llegaría a ser una de las llagas del Bajo Imperio y contribuiría a paralizar el mundo romano.

Sin embargo, el Mercado de Trajano no servía únicamente a las necesidades del abastecimiento oficial y a los servicios de la anona. Se comprenderá fácilmente que los «artículos coloniales» como la pimienta y las especias, vendidos en las *tabernae* de la vía Piperatica, no formasen parte de las distribuciones administrativas. Otros almacenes, en los que se han descubierto restos de estanques destinados a conservar el pescado vivo, eran seguramente utilizados por comerciantes independientes, que encontraban allí cómodas instalaciones.

Al principio del siglo IV fue construida una última basílica: la de Majencio, que terminada por Constantino lleva hoy día el nombre de éste. Como el conjunto monumental de los foros imperiales comprendido entre el de Trajano y el templo de la Paz no permitía prever una extensión de los mismos sobre idéntico eje, Majencio construyó su basílica en la vía Sacra, en un espacio todavía libre. No citaríamos aquí este monumento, que no parece haber tenido un papel importante en la historia monumental de Roma —ya que en el siglo VI se había olvidado su verdadero destino, y el papa Honorio, un siglo más tarde, arrancó las tejas de bronce que lo recubrían para ponerlas en la techumbre de San Pedro, en el Vaticano— si no representase una tentativa arquitectónica interesante, que debía más tarde inspirar a Miguel Ángel. Majencio no imitó las basílicas tradicionales, sino las grandes salas de las termas. El techo no constaba de un armazón de madera recubierto de un artesonado, también en madera, sino de una bóveda de hormigón, que descansaba sobre muros laterales muy gruesos y pilares en el arranque de los arcos de la bóveda. Es sabido que Miguel Ángel soñó, cuando se intentaba reemplazar la vieja basílica vaticana por una iglesia que sería la mayor del mundo, en colocar la cúpula del Panteón sobre la basílica de Constantino: así nació la primera concepción de san Pedro.

Hemos querido seguir paso a paso la evolución del centro monumental urbano, cuadro y decorado de la vida pública desde sus humildes comienzos hasta la magnificencia de los foros imperiales, pero durante los diez siglos de esta historia el resto de Roma evolucionó también. Hemos evocado incidentalmente las transformaciones acaecidas después de las guerras púnicas, cuando se crearon las calles porticadas a través del Campo de Marte, y un puerto con sus depósitos en el barrio del Aventino. Hay que añadir varias plazas con peristilo semejantes a las de las ciudades helenísticas y áreas sagradas en torno a templos de toda clase. Los textos antiguos no han conservado el recuerdo de todos estos conjuntos, y, a veces, la casualidad de las excavaciones en los barrios modernos pone al descubierto restos de monumentos que plantean enigmas a los arqueólogos, que no siempre pueden resolverlos. Fue el caso, por ejemplo, de los templos del *Largo Argentina*, exhumados un día por trabajos urbanos, y que han quedado hasta ahora anónimos. Tales descubrimientos contribuyen, no obstante, a hacernos ver la fisonomía real de la Roma antigua, con sus plazas enlosadas y sus templos innumerables, no todos revestidos de mármol, sino muchos de ellos conservando aún visible el armazón de toba gris violácea de grano grueso característico de los edificios de la época republicana. Entre estas plazas corrían calles con frecuencia muy estrechas, pavimentadas con losas irregulares y flanqueadas por casas a veces muy altas. De trecho en trecho, edificios públicos interrumpían este dédalo. Estaban situados un poco al azar, ya que Roma no conoció nunca —dejando aparte el sistema de los foros imperiales— el plan regular que aparece en las ciudades asiáticas descubiertas en nuestros días: Mileto, Assos y muchas otras. Todo lo más, ciertas grandes vías se dejan adivinar irradiando en forma de estrella desde el Foro romano hacia las puertas del recinto serviano: la *Alta Semita*, que sigue la cresta del

Quirinal, el *Vicus Patricius*, que recorre el valle entre el Viminal y el Esquilino, y varias otras continuadas por las grandes carreteras imperiales, El Campo de Marte, exterior al recinto serviano, tenía como arteria principal la vía Lata —nosotros diríamos la calle Mayor—, que no era más que la parte urbana de la *via Flaminia*, la gran ruta del norte. Pero entre las mallas muy flojas de esta red reinaba el desorden más completo, y todos los esfuerzos para triunfar sobre la anarquía de los constructores no consiguieron más que resultados parciales. Roma crecía demasiado aprisa y la tradición religiosa impedía el traslado de los santuarios existentes, e incluso modificar demasiado el lugar donde se alzaban. Esto pudo verse bien claro, por ejemplo, cuando César concibió el proyecto de ensanchar la ciudad y darle dimensiones en relación con el crecimiento de su población. Al comprobar que el Campo de Marte, destinado primitivamente a la reunión del ejército y de los comicios centuriatos, así como a los entrenamientos de la juventud en los ejercicios militares, estaba amenazado por las construcciones privadas, César quiso desviar el curso del Tíber, suprimir los meandros formados por el río desde el puente Milvius y darle un nuevo curso a lo largo de las colinas vaticanas. De esta manera se habría anexionado a la ciudad todo un llano —los actuales *Prati*—, que habrían formado un nuevo Campo de Marte. El antiguo Campo de Marte hubiese podido ser edificado entonces según un plan racional. Roma habría llegado a ser, por su ordenación, la ciudad más grande del mundo y la más armoniosa. Los trabajos comenzaron. Se empezó a excavar el nuevo lecho del río, pero no tardaron en producirse presagios funestos. Fueron consultados los libros sagrados, y se echó de ver que los dioses eran hostiles al proyecto. Bien es cierto que mientras tanto el dictador había sido asesinado. Octavio no tuvo más remedio que abandonar el grandioso plan de su padre, y el Tíber siguió corriendo por donde los dioses lo habían puesto.

Más tarde, tras el incendio del año 64 d.C., se presentó una nueva ocasión de rehacer la ciudad. Nerón intentó aprovecharla como administrador bien informado y espíritu abierto a las ideas modernas. Después de desescombrar quiso abrir anchas avenidas para evitar, en el porvenir, creando una especie de cortafuegos, incendios tan catastróficos. Pero la opinión pública fue hostil a estas sabias medidas; se decía que en las calles demasiado anchas penetraría el sol de manera peligrosa y que el calor excesivo provocaría epidemias. Fue preciso contemporizar con esta oposición del espíritu público, y aunque el emperador consiguió limitar la altura de las casas particulares y también proscribir los materiales excesivamente combustibles, no consiguió modificar en profundidad el urbanismo romano.

De todas maneras, algunos barrios privilegiados fueron sustraídos bajo el Imperio a la proliferación insensata de las casas particulares. De la misma manera que los emperadores habían conseguido pacientemente situar sus foros en el centro de la ciudad, consiguieron, en el curso del siglo I de nuestra era, ocupar enteramente el Palatino para convertirlo en una residencia imperial.

Dicha colina había sido escogida por Augusto por motivos que se fundaban a la vez en razones sentimentales y políticas. Él mismo había nacido en el Palatino, en una calle que se llamaba «calle de las cabezas de buey» (*ad capita bubula*), acaso por algún destacado anuncio o por la decoración de un edificio. El azar que le había hecho nacer en la colina sagrada fue utilizado a conciencia. No solamente fijó en ella su residencia, contentándose con una casa modesta que en otro tiempo había pertenecido al orador Hortensius, sino que decidió consagrar el Palatino a su dios protector, Apolo. El proyecto se remonta al año 36 a.C., en el curso de la campaña dirigida contra Sexto Pompeyo, quien, dueño del mar, sembraba el hambre en Roma y se presentaba como favorito de Neptuno, mientras que en Oriente, Antonio, disfrazado de Dionisos, se exhibía junto a Cleopatra. Neptuno (Poseidón) había sido en la *Ilíada* el más ardiente campeón de los aqueos. Apolo, por el contrario, había combatido por los troyanos. Ahora bien; los romanos, ¿no eran también troyanos? Octavio, protegido por el dios, extendía sobre Roma entera, en un momento crítico de su historia, aquel patronazgo.

El templo de Apolo Palatino, el primero que fue elevado a un dios griego en el interior del *pomerium*, era de una gran magnificencia. Se elevaba en el centro de una gran plaza rodeado de un pórtico de mármol y debajo de éste fueron colocadas las estatuas de las cincuenta hijas de Danaos y de sus prometidos, los cincuenta hijos de Egiptos. Delante del templo se levantó una estatua colosal del dios, representado como citarista, cantor armonioso de la paz nuevamente conseguida. Las actividades guerreras de Apolo eran recordadas en los relieves que decoraban las puertas: la matanza de las Nióbidas y la victoria del dios sobre los celtas cuando intentaron el saqueo del santuario de Delfos. En lo alto de la techumbre brillaba la cuadriga del Sol.

Las intenciones místicas de este conjunto no se nos aparecen completamente claras, aunque no cabe duda de que existían, y el apolonismo augusteo, religión a la vez pitagórica y solar, hay que buscarlo acaso en el origen de la teología imperial que hemos visto desarrollarse en los siglos II y III. Lo cierto es que Apolo era el dios de los emperadores, y su santuario, resplandeciente de mármol de Luna, dominaba la Roma imperial, al igual que sobre la Atenas de Pericles habían brillado el casco y la lanza de la Promacos de Fidias.

Augusto, que trataba de aparentar simplicidad en todas sus acciones, no quiso habitar en ningún palacio. Su casa era la de un ciudadano. Pero a partir de Tiberio se vio que era necesario dotar al príncipe de una morada más grande. Los servicios que dependían directamente de la casa imperial se hacían más y más numerosos y complejos; la ficción que trataba de hacer del emperador el primer ciudadano de Roma no podía ser ya mantenida. Así, pues, Tiberio construyó en el Palatino, no lejos de la vieja casa de Augusto —que es acaso la que las excavaciones han descubierto hace un siglo y se conoce con el nombre de Casa de Livia—, un palacio más adaptado a las necesidades reales. De este palacio, todavía sepultado bajo los jardines de la villa Farnesia, no conocemos prácticamente nada. Solamente sabemos que ocupaba la cumbre noroeste del Palatino y dominaba por consiguiente el Foro romano. Calígula, sucesor de Tiberio, agrandó el palacio hacia el noroeste y llevó su entrada hasta el templo de Cástor, que formó así el vestíbulo de la residencia imperial. Calígula pensó incluso construir un puente sobre el Velabro, a fin de unir su palacio con el templo de Júpiter Capitolino. De todas estas extravagancias quedan sólo escasos vestigios. Los grandes trabajos ejecutados más tarde por Domiciano han transformado tan profundamente el barrio que no es posible encontrar con alguna certeza las señales de su anterior estado. Se adivina no obstante que desde aquel momento la pendiente del Palatino que mira al foro estuvo ocupada por poderosas construcciones destinadas a ampliar la superficie de la colina. La calle que subía al Palatino, la vieja *Clivus Victoriae* (Subida de la Victoria), estaba encajada entre altos muros y asegurada por medio de arcos.

Nerón continuó el ensanchamiento de la mansión imperial, pero hacia el sur. Su palacio fue llamado *Domus Transitoria* (Casa de Paso) porque, según el pensamiento de su creador, debía unir el conjunto imperial del Palatino a la inmensa villa de recreo —los antiguos jardines de Mecenas— que poseía en el Esquilino. Concepción gigantesca que contribuyó no poco a suscitar la oposición de la burguesía y de la aristocracia contra el emperador. La caída de Nerón y la reacción que la siguió provocaron la dislocación de este dominio desmesurado que evocaba con exceso los barrios reales de los déspotas de Oriente. La Casa de Oro (*Domus Aurea*) que sucedió a la *Domus Transitoria* después del incendio del 64, y que ocupaba el valle donde se encuentra hoy día el Coliseo y las pendientes del Celio hasta los confines de los jardines de Mecenas, fue desmembrada por Tito; las construcciones que ocupaban su parte central fueron recubiertas de una gruesa capa de tierra y sirvieron de basamento para las termas de Tito. Hoy día las excavaciones han liberado esta Casa de Oro, que debió a su «destrucción» el cruzar los siglos casi intacta, en tanto que las termas de Tito, al contrario, casi no pueden reconocerse.

Domiciano, inspirándose en el ejemplo de Nerón, si no llegó a rehacer —cosa imposible— el inmenso palacio desmembrado, quiso por lo menos dotar a Roma de una nueva residencia imperial, digna de la monarquía de derecho divino que intentaba crear. Le bastó para ello ocupar los terrenos ya en parte anexionados por Nerón en el mismo Palatino. Las antiguas residencias de Tiberio y de Calígula no fueron destruidas; continuaron siendo utilizadas, pero la casa de Domiciano, elevada junto a ellas, las sobrepasó en amplitud y magnificencia.

El plano de este palacio es bastante complejo. Comprendía varios conjuntos diferentes, formados de peristilos yuxtapuestos y montados sobre terrazas de niveles diferentes. Desde ciertos puntos de vista, la casa de Domiciano se puede comparar a las villas suburbanas que los senadores construían por todas partes en Italia, pero da mayor importancia a los patios cerrados y menor al desarrollo de las fachadas. Este deliberado propósito se explica indudablemente por razones de seguridad y también de etiqueta. Pero si se dejan aparte las salas de ceremonia y la del trono, donde el emperador daba sus audiencias o donde administraba justicia rodeado de sus consejeros, no es ciertamente más que una villa de recreo lo que Domiciano quiso edificar en el corazón mismo de Roma. Los departamentos que miraban al valle del Circo Máximo, situados a un nivel inferior de los anteriores, se abrían sobre jardines más extensos y más ornamentados que los contemporáneos de Pompeya, pero de un estilo semejante, con sus juegos de agua, sus estanques de formas complicadas, sus jardineras de albañilería y sus pórticos. Había incluso, como en las villas de Plinio, un hipódromo, es decir, un pórtico doble, alargado, cuya forma recordaba la de los estadios griegos. Era un lugar destinado al paseo, un jardín secreto rodeado de bosquecillos y refrescado por fuentes.

Con Domiciano, el Palatino es prácticamente un solo palacio. No queda casi espacio para casas particulares. Los sucesores de Domiciano continuarán habitando la colina, añadiendo cada uno un nuevo monumento, pero sin cambiar nada de la disposición general del conjunto. Es notable que Domiciano rompiese la tradición julio-claudia que dirigía la morada imperial a la parte del Palatino orientada hacia el Foro romano y la llevaba a dominar el centro de la ciudad. En adelante, los emperadores miran hacia el sur y el oeste y es la masa de su palacio la que a primera vista se ofrece a los que llegan de Oriente por la vía Appia.

Roma ha quedado, en la imaginación de los hombres, como la ciudad de los juegos por excelencia. Sus templos, sus palacios, sus inmensas plazas públicas y sus pórticos han sido olvidados, en tanto que se recuerdan todavía sus anfiteatros y sus circos. No obstante, hubo que esperar largos siglos antes que se abordase la construcción de edificios destinados únicamente a los espectáculos. La naturaleza había dibujado, en el valle Murcia, un lugar que se prestaba admirablemente a los desfiles, a las procesiones y a las carreras de caballos —que fueron las manifestaciones más antiguas de juegos—. Este valle, de pendientes suaves, se extendía entre el Palatino y el Aventino. Un arroyo discurría por su eje —lo que más tarde sería la *spina*—; de una anchura de 150 metros y una longitud de 600, el valle Murcia pasó muy rápidamente a ser lugar de reunión del pueblo entero los días de fiesta. Bastaron arreglos rudimentarios para trazar en él una pista e instalar a los espectadores en asientos de madera que se montaban o desmontaban según las necesidades. Después, poco a poco, se realizaron diversas mejoras: se construyeron *carceres* —las galerías de las que salían los carros que tomaban parte en la competición cuando se abatía ante ellos la barrera que las cerraba—, se rodeó la pista de un pequeño muro para separarla de la de los espectadores, se adornó la *spina* de estatuas, se elevó en sus extremos los bornes o los siete huevos móviles que indicaban por su posición el número de vueltas dadas por los tiros. Incluso algunas veces, como en tiempos de César, se dieron en el circo otros espectáculos diferentes de las carreras, por ejemplo una cacería (*venatio*) en la que figuraban fieras, o un simulacro de batalla, con millares de hombres y elefantes de combate. Hubo que modificar entonces la disposición habitual. César hizo rodear la arena de un amplio foso lleno de agua, barrera suficiente para impedir a los elefantes o a las fieras saltar sobre el público. Este foso duró hasta los tiempos de Nerón, que embelleció mucho el circo —conducir un carro era una de sus pasiones— y añadió nuevas filas de asientos. Hasta el fin del Imperio los príncipes realizaron mejoras diversas. Ya Augusto, después de la victoria de Accio, había levantado sobre la *spina* un obelisco traído de Heliópolis, en Egipto. Constantino, tres siglos y medio más tarde, erigió otro que hizo traer de Tebas. El primero se eleva hoy día en Roma en la *piazza del Popolo*; el segundo, delante de la basílica de San Juan de Letrán.

Desde finales del siglo III a.C., más exactamente desde el año 221, el censor C. Flaminius Nepos comenzó la construcción, en el Campo de Marte, de un segundo circo: fue el llamado *Circus Flaminius*, que dio su nombre al barrio vecino.

Estos dos circos fueron, por lo que sabemos, los únicos monumentos de este tipo que conoció Roma. El Circo del Vaticano, donde fueron martirizados los cristianos bajo Nerón, era solamente un campo de carreras privado, construido por Calígula en sus jardines. Fue, por otro lado, destruido en parte en el siglo IV para la construcción de la primera basílica de San Pedro. Nunca figuró entre los monumentos de la ciudad propiamente dicha.

Bajo la República, los combates de gladiadores tenían lugar en el foro y esta costumbre persistió hasta los tiempos de César. Parece que los romanos sintieron durante mucho tiempo cierta repugnancia a construir edificios adaptados para dicho espectáculo, que no pertenecía a una tradición propiamente nacional; tan sólo en el año 264, durante los funerales de Junius Brutus, se dieron los primeros combates de gladiadores, según una costumbre de la Campania —aún más particularmente samnita— que representaba en sí misma una suavización de los sacrificios humanos realizados en otro tiempo sobre la tumba de los grandes personajes. Un siglo y medio más tarde, los combates de gladiadores fueron admitidos, pero a título muy excepcional, en el programa de los juegos públicos, y la aristocracia romana, en vez de fomentar el gusto popular, parece haber hecho cuanto pudo para satisfacerlo lo menos posible y en las peores condiciones de comodidad, voluntariamente mantenidas. Pero hacia el fin de la República, fue preciso hacer concesiones, y ya los magistrados de dicha época impulsaron los juegos ofrecidos al pueblo al presentar numerosas parejas de gladiadores empeñados en combates sin misericordia. En el año 29 a.C., Statilius Taurus edificó el primer anfiteatro en piedra de Roma.

El anfiteatro, que se considera generalmente como uno de los monumentos característicos de la arquitectura romana, es, pues, en realidad, una tardía adquisición de la misma. Su origen parece haber sido campaniense —como los mismos espectáculos de gladiadores—, y el más antiguo anfiteatro conocido hasta ahora es el de Pompeya. Data de los tiempos de Sila (hacia el año 80 a.C.) y fue construido lejos del centro de la ciudad, en un saliente del recinto. Este anfiteatro de Pompeya es interesante porque nos permite comprender el origen de un tipo de monumento que en su principio fue directamente emparentado con los circos. Se ve el esfuerzo de los arquitectos por aprovechar un accidente natural del terreno, como los romanos en el valle Murcia. La arena fue instalada en un nivel inferior con relación al suelo exterior, y en la pendiente así formada se montó el graderío. De los tres pisos de gradas, el de en medio se encontraba al mismo nivel del suelo de la ciudad; únicamente el superior estaba edificado sobre muros de sustentación y se llegaba a él por escaleras exteriores —visibles aún en una pintura pompeyana célebre, que perpetúa el recuerdo de una riña entre gentes de Pompeya y gentes de Nola, ocurrida en el curso de una representación—. El carácter primitivo del monumento, tal como aparece en dicha imagen, hace suponer que los anfiteatros fueron en un principio circos acortados: la arena conserva siempre la forma de una elipse —en contraste con la *orchestra* circular del teatro griego—, porque era la disposición que permitía aumentar al máximo el número de espectadores sin aumentar desmesuradamente las dimensiones del conjunto.

El anfiteatro de Statilius Taurus fue destruido por el gran incendio del año 64 d.C. Nerón lo reemplazó enseguida por otro en madera, levantado en el mismo emplazamiento. Pero no se trataba más que de un expediente circunstancial. En esta época los juegos habían llegado a ser una necesidad política, un medio para el emperador de ocupar los ocios de la plebe urbana y de satisfacer bien o mal sus instintos de violencia. Por ello Vespasiano decidió, una vez restablecida la paz, construir un anfiteatro capaz de reunir a la mayor parte de la población. Así se construyó el anfiteatro Flavio, que se designa todavía hoy con el nombre de *Coliseum*, el Coliseo.

Este anfiteatro, el más grande del mundo romano, fue construido en el emplazamiento de los jardines de la Casa de Oro neroniana. Ocupó la depresión donde Nerón había dibujado un inmenso estanque. Este emplazamiento tenía una ventaja: devolvía al pueblo el terreno confiscado durante el reinado precedente; además, su configuración permitía evitar grandes trabajos de desescombro: la arena se situaba naturalmente en la cavidad del lago y las pendientes vecinas del Celio y de la Velia se prestaban a sostener el graderío.

La inauguración del Coliseo tuvo lugar durante el gobierno de Tito, en el año 80. Fue acompañada de cien días de juegos, que reunieron toda clase de espectáculos: cacerías, combates de hombres y animales, batallas navales, carreras, duelos de gladiadores... Y ya en el colmo de su generosidad, Tito hacía distribuir de vez en cuando vales en los que estaba indicada la concesión de regalos. El beneficiario no tenía más que presentarse en las oficinas del emperador para obtener un esclavo, o unos vestidos preciosos, u objetos de plata y otras mil cosas.

El anfiteatro no estaba terminado, sin embargo, al inaugurarse; diez años de ímprobos trabajos no habían podido aún elevar más que cuatro plantas de gradas. Domiciano completó el edificio añadiendo, para aumentar su capacidad, un piso de madera y disponiendo en lo alto de la fachada escudos ornamentados.

Las dimensiones totales exteriores del Coliseo son de 188 metros por 156; las de la arena, de 80 por 54. El muro exterior —sin la superestructura de madera— alcanzaba una altura de 48 a 50 metros. El monumento tenía la forma de una elipse y su fachada se componía en la antigüedad de tres pisos de arcadas horadadas, por encima de las cuales corría un cuarto piso interior, ornado de pilastras corintias. Las arcadas de los tres primeros pisos estaban separadas por pilares, cuyos capiteles eran de orden dórico en la planta baja, jónico en el primer piso, y corintio en el segundo. Las gradas reposaban sobre una serie de galerías abovedadas concéntricas, cuyo número iba disminuyendo de piso en piso. Estas galerías servían de corredores para la circulación de los espectadores: un sistema de escaleras, por último, permitía un acceso fácil y la evacuación rápida de una gran multitud por amplios *vomitoria*.

La arena estaba rodeada de una empalizada; entre esta empalizada y las primeras gradas —que estaban sobreelevadas cuatro metros con relación a la arena— se extendía un corredor destinado al servicio y que se utilizaba al mismo tiempo para proteger al público contra los eventuales asaltos de las fieras. Los días de mucho sol se tendían encima de este inmenso anfiteatro velas de lino sostenidas por palos. Un cuerpo especial, formado por marineros de la flota, estaba encargado de maniobrar tales velas, lo que, con el viento, podía presentar serias dificultades.

La arena estaba extendida sobre un piso sostenido por bóvedas altas de cinco a seis metros de altura. Eran los bastidores desde los que se regulaba el espectáculo; trampas, montacargas, alcantarillas, jaulas y fosos para las fieras ocupaban aquel subsuelo. El piso de la arena era suficientemente impermeable para que se pudiese transformar en estanque, donde evolucionasen barcos de guerra en simulacro de combate.

El Coliseo fue, hasta el fin del Imperio, no solamente el anfiteatro por excelencia, sino el símbolo mismo, a los ojos del pueblo, de la Ciudad Eterna. Beda el Venerable escribía aún a principios del siglo VIII:

> *Tanto tiempo como dure el Coliseo, durará también Roma;*
> *cuando caiga el Coliseo, Roma también caerá;*
> *y cuando Roma caiga, caerá también el mundo.*

Si el Coliseo no ha caído, si está aún en pie en más de sus tres cuartas partes, el mérito no pertenece a la posteridad de los antiguos romanos. Transformado en fortaleza por los barones de la Edad Media, en cantera de travertino por los constructores de la Roma del siglo XV, amenazado de destrucción por haber sido escenario del suplicio de los mártires cristianos, pese a todo ha cruzado los siglos, a pesar del lento trabajo de las termitas humanas que lo han despojado de sus mármoles, de las grapas de metal que unían sus piedras, del plomo que las empotraba... Su armoniosa fachada, a despecho de la masa enorme que reviste, es hoy día visible de una sola mirada, en el fondo de una perspectiva digna de él, creada para él. No obstante, aún hay viejos amantes de Roma que añoran las callejuelas que lo encerraban en otro tiempo y que no permitían verlo hasta el último momento, y donde, por la noche, buscaban refugio todos los vagabundos de la ciudad. El Coliseo ha perdido acaso su misterio romántico al encontrarse desembarazado de obstáculos, pero la visión que tenemos de él es sin duda más exacta de esta manera que la que podían tener los contemporáneos de Domiciano o de Trajano.

Existió también en Roma otro anfiteatro que se puede aún reconocer en el muro de Aureliano, donde forma un bastión no lejos de la puerta Mayor. Se designa ordinariamente con el nombre de *Amphitheatrum Castrense*, lo que acaso signifique simplemente Anfiteatro Imperial. Los arqueólogos creen poder fechar su construcción durante el gobierno de Trajano. Es probable que fuese, como en el Vaticano el Circo de Nerón, un monumento privado, edificado en el interior del dominio imperial.

Antes de disponer de anfiteatros —que, como hemos dicho, no eran más que circos adaptados a los espectáculos de las cacerías y combates—, Roma tuvo sus teatros, inspirados en un principio en los modelos griegos. Y de la misma manera que los primeros anfiteatros romanos imitaron a los de la Italia meridional, los primeros teatros fueron construidos a imitación de los que los romanos veían en las colonias griegas o en las ciudades helenizadas de la Gran Grecia o de Sicilia. Pero igual que las obras que en ellos se representaban, que aunque tomadas de un repertorio ya utilizado por los poetas griegos, no presentaban menos caracteres específicamente romanos, estos teatros no fueron idénticos a los griegos.

Un teatro griego, en efecto, se compone esencialmente de un espacio circular, la *orchestra*, en el cual, en torno a un altar, evoluciona el coro. Los actores, mezclados en principio conel coro en la *orchestra*, habían acabado por ser instalados en un estrado, el *proskénion*, situado detrás de aquélla. Como telón de fondo, la fachada de un edificio, la *skénè*, que sirve de bastidor, y su longitud es prácticamente igual al diámetro de la *orchestra*. Los arquitectos romanos modificaron este plan. Como las piezas teatrales romanas no utilizaban coros, limitaron la *orchestra*, reduciéndola a un semicírculo, en el que instalaron a los espectadores preferentes. El *proskénion* (llamado en latín *pulpitum*) estaba más bajo y más cerca de la *orchestra*; lo más frecuente era que estuviese adornado por hornacinas alternativamente semicirculares y rectangulares, de las que brotaban fuentes. Además, se había generalizado el empleo del telón; un tabique escamoteable, deslizándose sobre unas ranuras, sale del pavimento y aísla la escena; se baja al comienzo de la representación para volverlo a levantar al final de la misma. La antigua *skénè* subsiste, incluso es más elevada que en el teatro griego, y su función es semejante, pero su fachada es mucho más compleja. Se le da el aspecto de un palacio, a veces con una altura de tres pisos, y el *pulpitum* intenta representar el atrio de un palacio o bien una plaza pública, según se trate de una tragedia o de una comedia. Varias puertas (tres o cinco, según la longitud de la escena) ponen en comunicación el *pulpitum* y la *skénè*. Por ellas los actores entran o salen, según las necesidades de la acción.

Las primeras piezas teatrales romanas, a partir del año 145 a.C., fueron representadas en teatros de madera, que se edificaban y desmontaban para cada fiesta. Los espectadores estaban de pie, pues se estimaba que una excesiva comodidad no hacía más que ablandar al pueblo y darle, como había pasado en las ciudades griegas, un gusto excesivo por las representaciones escénicas. Hay que esperar hasta mediados del siglo I a.C. para que se osase construir un teatro de piedra, provisto de graderíos en los que fuese posible sentarse. Aun esta innovación, debida a la munificencia de Pompeyo, en el año 55 a.C., hubo de excusarse con una curiosa estratagema: Pompeyo colocó en lo alto de la *cavea* (el graderío) un templo de *Venus Victrix* (Venus Victoriosa), de forma que el teatro mismo podía parecer como una escalera monumental que conducía al santuario.

El teatro de Pompeyo se elevaba en el Campo de Marte, no lejos del circo Flaminio, y, pronto, del anfiteatro de Statilius Taurus. César, para no ser menos ante el pueblo que su rival vencido, quiso también construir un teatro. Escogió un emplazamiento cercano al Capitolio e incluso, en el proyecto primitivo, apoyado en la colina. Sin duda recordó el teatro de Dionisos, en Atenas, edificado en las pendientes de la Acrópolis. Pero no tuvo tiempo de llevar a término los trabajos y no pudo sino proceder a la compra del terreno, que, por otra parte, se vio que era insuficiente cuando Augusto comenzó la definitiva construcción. El teatro que vemos hoy día está separado del Capitolio por varios edificios y por la calle que salía del recinto serviano a través de la puerta Carmental. No está en manera alguna adosado a la roca. Acaso haya una razón para esta modificación del proyecto: el deseo de Augusto de acercar este teatro al templo de Apolo, que se elevaba en el *Forum Holitorium*, y al que las restauraciones de un partidario de Antonio, Sosius, acababan de dar nuevo brillo. Sea como sea, este teatro fue inaugurado bajo la invocación de Apolo, con ocasión de los Juegos Seculares del año 17 a.C. Augusto lo dedicó a la memoria de su sobrino, el joven

Marcelo, muerto en el año 23, en el momento en que, sin duda, el emperador pensaba en adoptarlo.

La fachada del teatro de Marcelo se parece mucho a la del Coliseo, que visiblemente deriva de él. Se observa el mismo juego de arcadas superpuestas, la misma alternancia de estilos arquitectónicos. Pero el aspecto general está hoy día profundamente modificado por el añadido en el tercer piso de un palacio que Baldassare Peruzzi construyó para los Savelli, a principios del siglo XVI. Los trabajos de Peruzzi han hecho desaparecer las arcadas con columnas corintias y las han reemplazado por una fachada lisa, de forma que el teatro de Marcelo queda como aplastado por esta mutilación, que los derribos recientes hacen todavía más visible. Se admite que podía contener aproximadamente 14.000 espectadores, lo que no es mucho al lado de la multitud inmensa —unas 50.000 personas— que cabían cómodamente en el Coliseo.

Otro teatro, el de Balbus, construido hacia la misma época que el de Marcelo —fue terminado en el año 13 a.C.— y en el mismo barrio, no podía contener más de 7.000 personas. Vemos que los teatros de Roma no tenían en total sino una capacidad que alcanzaba apenas la mitad del anfiteatro Flavio. Estas cifras bastan para demostrarnos hasta qué punto el teatro era menos apreciado que los juegos del anfiteatro. No hay que pensar por ello en una falta especialmente atribuible a alguna particular estulticia de la raza romana: en todo tiempo los espectáculos que se dirigen a la inteligencia encuentran menos adeptos que aquellos que satisfacen los instintos más bajos y elementales, con frecuencia en detrimento de la simple decencia.

En fin, existía en Roma, desde comienzos del Imperio, una última categoría de monumentos públicos que tuvo hasta la Edad Media un favor extremo, hasta el punto de parecernos hoy inseparables de la civilización romana: las termas. No obstante, al igual que los anfiteatros, no fueron introducidas en Roma antes del final de la República. Como los anfiteatros, hicieron su aparición en la Campania, y las encontramos en Pompeya desde los tiempos de Sila, y con seguridad todavía antes. Derivan de la palestra griega. Primitivamente no eran otra cosa que unas cabinas estrechas y oscuras utilizadas para las abluciones después de los ejercicios de los adolescentes y de los hombres en la arena de la palestra. Y las más antiguas termas de Pompeya —las termas llamadas «de Stabies»— conservan muchos caracteres de este origen; se ve en ellas, en efecto, como perteneciente a la primera fase del edificio, un extenso patio rodeado de columnas destinado al entrenamiento físico de la juventud; las instalaciones balnearias no son aún más que un anexo muy secundario; no están alimentadas más que por el agua sacada de sus proximidades. Pero, poco a poco, se iban introduciendo modificaciones y mejoras a su primitivo plan. En efecto, las termas sirvieron cada vez menos para el descanso y aseo de los atletas; tuvieron cada vez más como clientes a los ociosos de la ciudad, que acudían a buscar en ellas una ocupación para los atardeceres. Explicaremos más adelante cuál era la atmósfera de estas termas, su ambiente, su papel en la vida diaria. Aquí nos limitaremos a recordar su evolución en la historia arquitectónica de Roma.

Como en Pompeya, pero con un retraso de cerca de un siglo, los primeros baños públicos de Roma fueron destinados a acoger a la juventud dedicada a ejercitarse en la carrera, la lucha o las armas. Fue Agripa quien hacia el año 33 a.C. las construyó para completar el terreno de ejercicios que había hecho disponer en el Campo de Marte, no lejos del Panteón. Estas primeras termas, antecesoras de las grandes termas imperiales, llevaban entonces el nombre griego de *laconicum* o baño lacónico, porque el uso del baño caliente después del mantenimiento físico se tenía como costumbre original de Laconia. Agripa las abrió a la juventud tomando a su cargo los gastos de funcionamiento y mantenimiento, como lo hacían en las ciudades helenísticas los mecenas reales, cuya generosidad se encargaba, para siempre o para un tiempo determinado, del aceite necesario para los efebos de *un gimnasium*. Hasta entonces los baños existentes eran establecimientos privados cuya entrada se pagaba. En el año 33 a.C. había, según se dice, ciento setenta en el conjunto de la ciudad. Estos baños privados subsistieron a pesar de la competencia que les hicieron los establecimientos imperiales, cuyo uso era gratuito.

Después del *laconicum* de Agripa vinieron las termas de Nerón, anexas a su *gimnasium* del Campo de Marte; después las de Tito, en el emplazamiento de la Casa de Oro, donde Trajano, al comienzo del siglo II d.C., construirá otras que llevan su nombre. Las más grandiosas, y también las más célebres, siguen siendo indudablemente las Termas de Caracalla, cuyas ruinas se elevan al sur del Aventino, y las de Diocleciano, donde se ha instalado, al lado de la iglesia de Santa María de los Ángeles, el Museo Nacional de Roma.

En estos monumentos de la magnificencia imperial se encuentra siempre aproximadamente el mismo plano, que tenía por objeto ofrecer al bañista un vestidor (*apodyterium*), una sala fría (*frigidarium*) para las primeras abluciones, una sala tibia (*tepidarium*), en la que el cuerpo se habituaba gradualmente a soportar una temperatura elevada, y, por último, la estufa o *caldarium*, sobrecalentada para provocar una abundante transpiración. Cada una de estas salas estaba provista de pilones o de bañeras llenas de agua, donde se rociaba el cuerpo o se mojaba enteramente. Tal era el esquema más sencillo. Las grandes termas imperiales son evidentemente más complejas: no sólo, por ejemplo, en las Termas de Caracalla, el *frigidarium* era inmenso, capaz de acoger a toda la multitud de los bañistas, sino que los *apodyteria* habían sido multiplicados y el *caldarium* completado con varias cabinas particulares.

Pero, sobre todo, las instalaciones balnearias propiamente dichas no formaban más que una parte del conjunto: galerías para el paseo, jardines, terrazas, a veces bibliotecas y con frecuencia tiendas, hacían de las termas públicas las «quintas de la plebe». Los problemas técnicos planteados por la calefacción de enormes cantidades de agua y la de las estufas secas eran resueltos de manera muy ingeniosa por procedimientos diversos. El más habitual consistía en disponer bajo el pavimento diversas salas calientes, y en el espesor de los muros, canalizaciones provistas generalmente de un revestimiento de ladrillos o formadas por conductos de barro cocido por donde circulaba el aire caliente. El calor era proporcionado por inmensos hornos calentados con leña, situados en el subsuelo. Además, por lo general estaba previsto un acueducto particular para conducir el agua necesaria.

Todos estos dispositivos existían ya en los baños privados, especialmente en las quintas de recreo, desde hacía largo tiempo, por lo menos desde el siglo II a.C. Los arquitectos que crearon las termas imperiales no tuvieron más que adaptarlas a las dimensiones gigantescas de estos edificios; la única dificultad consistía en hacer que el poder de los hornos de calefacción fuese el adecuado al volumen de las salas, y también en dosificar el calor de manera conveniente calculando el circuito de los gases de la combustión. Pueden imaginarse las dificultades teóricas de semejantes problemas, resueltas de una manera empírica por obreros formados en tal técnica; desgraciados los que se mostraban inferiores a su tarea, pues los romanos se quejaban fácilmente cuando el baño no estaba a su gusto.

El problema más grave, ya que interesaba no solamente al funcionamiento de los baños públicos, sino a la seguridad misma de Roma, era el abastecimiento de agua de la ciudad, cosa que retuvo con frecuencia la atención de los poderes públicos. Tenemos la suerte de estar informados de una manera muy exacta respecto a este gran servicio público gracias a un tratado redactado por uno de los «curadores de las aguas», Sextus Julius Frontinus. Este personaje, un senador de alto rango amigo de Plinio el Joven, recibió de Trajano el encargo de reorganizar totalmente las conducciones y la distribución del agua. Él mismo nos explica cómo bajo la República éste había sido trabajo de los censores: desde Augusto había sido casi asumido por la *familia principis*, es decir, por las gentes del emperador. Bajo la dinastía julio-claudia, el curador, de rango senatorial, había cedido el lugar a un procurador de rango ecuestre, simple administrador nombrado por el príncipe y dependiente únicamente de él. Devolviendo al curador la dirección efectiva del servicio, Trajano restituyó al Senado una de sus prerrogativas, al mismo tiempo que subrayaba la importancia que revestía a sus ojos tal función.

El primer acueducto fue construido en el año 319 a.C. por el censor Appio Claudio, el mismo que trazó la vía que llevaba de Roma a Capua, la célebre vía Appia. Appio Claudio, uno de los espíritus más abiertos de su tiempo, se inspiró, sin duda, en los métodos empleados por los ingenieros de las ciudades griegas de la Italia meridional. Métodos, por otra parte, muy simples y que no sobrepasaban, en sus principios, los que pudieran emplear los campesinos para regar sus campos. El acueducto era un canal de mampostería asentado en la superficie del suelo o hundido en la tierra y después recubierto, que seguía la pendiente natural del terreno a costa de innumerables sinuosidades. Se trataba de economizar el declive del canal, de manera que se mantuviese su altitud a un nivel siempre superior al del depósito terminal. No hay que admirarse al conocer que el *Aqua Appia*, acueducto verdaderamente arcaico que salía de un manantial situado a unos 11 kilómetros de Roma, tenía una longitud efectiva de 16.500 metros. No recorría, levantado sobre el terreno, en la proximidad de la ciudad, sobre muros de sostenimiento o sobre arcos, más que 88 metros. Esta técnica rudimentaria solía tener una consecuencia desastrosa: el acueducto, a partir del manantial, perdía rápidamente altura y el agua llegaba a su depósito final sin ninguna fuerza. Lo que impedía, por lo tanto, la distribución a presión. El agua iba a un simple estanque donde cada cual iba a sacarla. El exceso se perdía en las cloacas o bien era vendido a los tintoreros, lavanderos o a los propietarios de baños privados, que la hacían recoger y transportar por sus esclavos.

Bajo la República, otros tres acueductos fueron añadidos al *Appia*: el *Anio Vetus* en el 972 a.C., el *Marcia* en el 144 y el *Tepula* en el 125. El primero era una derivación del Anio, el río de Tibur (Tívoli), que se precipitaba en el Tíber a alguna distancia, aguas arriba de Roma. Era un agua de mala calidad, dura y por lo general turbia. El *Marcia* es testimonio a la vez de la calidad del agua y de la técnica de la conducción. Se captaron para su construcción fuentes bastante alejadas, en el país sabino; se descubrió, además, el procedimiento del sifón invertido, es decir, la puesta a presión de una parte de la canalización para cruzar un valle, evitando interminables sinuosidades. Fue con ello posible llevar el agua a las colinas de la ciudad. El Palatino y el Capitolio tuvieron así sus primeras fuentes. Esto no dejó de encontrar su resistencia: los conservadores pretendieron que era impío llevar a la colina sagrada, al Capitolio, un agua venida del extranjero. Pero Marcius Rex, autor del proyecto, consiguió llevarlo adelante y los dioses aceptaron la innovación.

La *Tepula*, construida para traer un suplemento considerado indispensable dado el rápido crecimiento de la población, no distribuyó más que un agua tibia —lo que originó su nombre—, muy poco apreciada por los romanos, grandes aficionados al agua fresca.

En el año 33 a.C., Agripa, edil después de haber sido cónsul —lo que era contrario a la costumbre, pero mostraba la importancia atribuida por Octavio a la misión encargada a su colaborador—, emprendió una reorganización total de la red. Modernizó el trazado de los acueductos, generalizó el empleo de arcos, pero sin recurrir todavía a los conjuntos tan grandiosos de los acueductos construidos un siglo más tarde por Claudio y Nerón. Aumentó el caudal de las conducciones existentes captando nuevos manantiales y creó otros dos, el *Julia*, en el mismo año de su nombramiento, y el *Virgo* (la Virgen), que fue inaugurado en el 19 a.C. y servía particularmente a los baños de Agripa, en el Campo de Marte. A él se debe uno de los acueductos que cruzan la campiña romana, aquel cuyos arcos son los más bajos y menos audaces, pero que soporta él solo los tres canales del *Marcia*, del *Tepula* y del *Julia*. Al disponer de nuevas conducciones, Agripa multiplicó las fuentes en toda la ciudad, hasta el punto de que un día Augusto, a quien el pueblo pedía insistentemente una distribución de vino, respondió: «Mi yerno Agripa os ha dado bastante agua para beber». Toda esta agua entregada al público era un regalo del príncipe. A cambio de ella no había que pagar retribución alguna. Pero en principio no existían concesiones a los particulares. Algún privilegio, no obstante, existía desde la República en favor de algunos grandes personajes, generales vencedores a los que el Senado había testimoniado el reconocimiento nacional concediéndoles el privilegio de ramificar para sus usos domésticos una derivación de los acueductos públicos. Estas concesiones, muy excepcionales, se multiplicaron a la larga. Bajo el Imperio fueron una de las formas de la liberalidad imperial, y al fomentar la corrupción, convirtieron en habitual el procurar derivaciones clandestinas con la complicidad de los subalternos. Frontino, al encargarse de poner orden en la administración, se dio cuenta de que los *aquarii* (los fontaneros) habían organizado un verdadero servicio cuyo responsable llevaba el nombre significativo de «encargado de las picaduras» (*a punctis*), es decir, de las punciones operadas en los conductos públicos.

A los seis acueductos precedentes, que servían casi únicamente a los barrios de la orilla izquierda, Augusto, después de la muerte de Agripa, añadió un séptimo, la *Alsietina*, procedente de un lago de la Etruria. Esta agua no era potable; en los proyectos de Augusto debían servir tan sólo para alimentar la *Naumachia* —anfiteatro destinado a ofrecer espectáculos náuticos— que él mismo había hecho construir en el Transtevere. Pero esta Naumaquia tuvo una existencia efímera; duraba aún bajo Nerón, que hizo de ella el marco de grandes fiestas nocturnas, pero desapareció después de él. El agua de la *Alsietina* fue entonces utilizada para regar los numerosos jardines de la orilla derecha, en las pendientes del Janículo.

Los más grandes y más célebres acueductos romanos, cuyos arcos salvan aun hoy día los campos, desde los montes Albanos hasta la puerta Mayor, fueron construidos entre los años 47 y 52 d.C. por Claudio y Nerón. A pesar de los esfuerzos de Agripa, los barrios altos de la ciudad carecían de agua. Para servirlos fue preciso establecer canalizaciones de un nivel muy elevado. Ésta es la razón por la cual el *Claudia* y el *Anio Novus* (el primero, obra de Claudio, el segundo de Nerón) se encuentran aún, en la puerta Mayor, elevados 32 metros por encima del suelo. Desde allí era fácil conducir el agua, por un sistema de sifones, hasta los palacios imperiales.

Se puede evaluar el volumen de agua distribuido en Roma por la red oficial, hacia fines del siglo I d.C., en 992.000 metros cúbicos, aproximadamente, en veinticuatro horas. Esta cantidad es considerable, incluso si se admite que la población de la ciudad se elevaba a un millón de habitantes. No debe olvidarse que Roma carecía de una industria que utilizase grandes cantidades de agua; toda iba destinada al uso público, a los particulares que se beneficiaban de concesiones, a los baños, a los talleres de tintorería, a los batanes, a los curtidores, sobre todo a las fuentes. En todas partes, casi en cada esquina, manaba una fuente. Se puede juzgar, por la abundancia de agua viva en Pompeya, del gusto verdaderamente italiano por el agua corriente, uno de los lujos de los que una ciudad mediterránea puede difícilmente privarse. En la Roma imperial este lujo se satisfacía con una increíble munificencia. Algunas de estas fuentes eran verdaderos monumentos, cuya tradición ha sido continuada en la Roma barroca por conjuntos como la fuente de Trevi y la de la plaza de España.

El agua no servía solamente para el placer de los ciudadanos. Tenía también su papel en la limpieza de la ciudad. Tradicionalmente se elogia a los romanos por haber concebido y dispuesto un sistema eficaz de alcantarillas. Conviene, de todas maneras, no formarse un juicio demasiado rápido, aunque sea lisonjero, sobre la red de cloacas romanas. Es cierto que la geografía misma de la ciudad imponía, desde su origen, el establecimiento de canales de desagüe para desecar los terrenos pantanosos de las partes bajas y evitar la acumulación de las aguas que descendían de las colinas. Estos canales no eran de hecho más que el ahondamiento y la regularización de la red hidrográfica natural. Se pueden distinguir tres principales: uno servía el Campo de Marte como desecador del pantano de la Cabra y fue este arroyo canalizado el que utilizó Agripa para formar el Euripo de su terreno de entrenamiento, el *Campus Agrippae*; el segundo —el más importante— servía a la región del Argileto y cruzaba el Foro romano. Es conocido con el nombre de *Cloaca Maxima* y goza de una gran celebridad. Durante largo tiempo los historiadores han atribuido su construcción a los Tarquinos y han citado su desembocadura en el Tíber —una bóveda en piedra de talla— como prueba de la habilidad de los arquitectos romanos del siglo VI antes de nuestra era. Hoy día está probado que esta bóveda tan admirada no fue edificada sino en tiempos de Augusto, cuando Agripa, no contento con reorganizar la red de conducciones, modernizó también la de las alcantarillas, y, por otra parte, se ha encontrado la prueba de que la *Cloaca Maxima* fue, durante largo tiempo, un canal al descubierto, por lo menos hasta finales del siglo III a.C. Es muy probable que la construcción de la *Basílica Aemilia* hiciese necesario recubrirla a causa de la elevación del suelo a que dio lugar. Esta alcantarilla, la más importante de Roma, tenía por función esencial asegurar el desagüe del foro, evitando que la plaza fuese invadida por las aguas que bajaban entre el Quirinal y el Viminal. Accesoriamente arrastraba al Tíber detritos e inmundicias. El tercer canal era el que, bajo la *pina* del Circo Máximo, seguía el valle Murcia, entre el Palatino y el Aventino. Conducía las aguas de estas dos colinas y una parte de las del Celius, que tendían a formar un pantano en lo que se llamaba el Pequeño Velabró (*Velabrum Minus*), en el emplazamiento donde se construyó el Coliseo.

Entre estas tres grandes alcantarillas, por otra parte ramificadas y divididas a veces entre muchos canales sucesivamente excavados, se extendían ramales secundarios, pero no muy numerosos. Muchos barrios carecían de ellas. La evacuación de las aguas de lluvia y de las inmundicias se efectuaba por la misma calle, a lo largo de adoquines en forma de badén situados en la parte central, y si existían letrinas públicas junto a las plazas y en las termas, muy a menudo las casas particulares carecían de ellas —sobre todo las casas pobres, donde la acumulación de la población llegaba al máximo—. Sabemos por los autores antiguos que los inquilinos no sentían ninguna preocupación por tirar a la calle sus aguas sucias. Roma no era ciertamente una ciudad limpia. Por esto la circulación de las aguas sobrantes, que manaban de las fuentes, era preciosa para asegurar una higiene rudimentaria.

En fin, el agua de las fuentes públicas era utilizada con ocasión de incendios. Como no existían conductos a presión, era preciso sacar el agua de los estanques y, formando una cadena, transportarla cubo por cubo. Este procedimiento tan primitivo daba un débil rendimiento, y veremos como los «vigiles», encargados de la lucha contra el fuego, empleaban medios más enérgicos cuando el siniestro era de importancia.

En esta Roma tan diversa, que reunía los conjuntos monumentales más grandiosos y gigantescos edificios donde se congregaban multitudes, junto con la vialidad más primitiva, ¿cómo estaban alojados los simples particulares?

Hace menos de medio siglo que los arqueólogos admitían que las casas de Roma eran todas ellas casas de *atrium*, y los testimonios de los textos les parecían corroborados por las excavaciones de las ciudades de la Campania, es decir, entonces esencialmente por las excavaciones de Pompeya. Hoy día el desarrollo de los trabajos de esta clase emprendidos en Herculano y en Ostia, así como en la misma Roma, han cambiado nuestra perspectiva. Sin duda, la casa clásica con *atrium* fue durante largo tiempo la morada romana típica, pero también muy pronto —acaso desde el siglo II a.C.— se empezaron a construir casas de habitación bien diferentes, que muy pronto llegaron a ser las más numerosas, y que se designaban desde la antigüedad con el nombre de *insula* (isla). Bajo el Imperio, las casas de Roma pertenecían a los dos tipos, y, naturalmente, existía un gran número de formas intermedias, pero se puede afirmar que las *domus*, es decir, las casas con *atrium*, que exigían una superficie relativamente considerable y no podían alojar más que a una sola familia, estuvieron en regresión constante frente a las *insulas*, mucho más económicas, y, para sus propietarios, de un rendimiento infinitamente más elevado.

Conocemos, por las más antiguas casas pompeyanas, el tipo clásico de la *domus*, que no deja de recordar, desde ciertos puntos de vista, determinadas formas de la casa griega y anuncia la casa mora de tiempos más cercanos a nosotros. Su carácter esencial es el de estar cerrada sobre sí misma; toda la vida está centrada en el *atrium*, pieza a cielo abierto en medio de la cual un estanque recoge las aguas de lluvia. Este *atrium* puede ser más o menos vasto; su tejado, inclinado hacia el interior, puede estar sostenido por una simple armazón o bien puede inclinarse hacia el exterior para derramar las aguas no en el estanque (*impluvium*), sino en canalillos que las conducen a la calle; puede todavía estar sostenido por columnas que transforman el *atrium* en un verdadero peristilo. Pero sea cual sea el dispositivo adoptado, el plan se mantiene idéntico, e idéntica es también la función del *atrium*, que está destinado a proporcionar luz a la morada sin que sea necesario abrir ventanas al exterior.

En esta casa, cerrada sobre sí misma, se entraba, pasada la puerta, por un corredor (las *fauces*) que conducía directamente al *atrium*. A veces una puerta, entre este vestíbulo y el *atrium*, impedía a los indiscretos echar una ojeada a la casa cuando la puerta principal estaba abierta. En el eje de la entrada y simétricamente con las *fauces* en relación al centro del *atrium*, se abría el *tablinum*, considerado como la pieza principal de la morada y el centro de la vida familiar. Su nombre indica acaso que en su origen no era más que una barraca o casucha hecha de tablones de madera (*tablinum* deriva, evidentemente, de *tabula*, tabla), pero en la época clásica se mantenía el recuerdo de la época en que el *tablinum* era el dormitorio del amo y de la señora de la casa. Allí se encontraba, por lo general, la capilla de los dioses penates, donde se conservaban las mascarillas de los antepasados en las casas nobles. También se guardaban allí los archivos familiares, los libros de cuentas y los recuerdos preciosos. El *tablinum*, abierto sobre el *atrium*, daba además, generalmente, al jardín o a un patio que se extendía detrás de la casa. Comunicaba con el jardín, ya por medio de una puerta practicable, ya por una amplia ventana. Se evitaba una corriente de aire demasiado violenta entre el *atrium* y el jardín utilizando postigos móviles o colgaduras, o aun mamparas o un tabique plegable, que se situaba según las necesidades.

A un lado y otro del *tablinum* se encontraban dos alas (*alae*), piezas relativamente grandes —aunque menores que el *tablinum*— que podían recibir diversas utilizaciones: por ejemplo, servir de comedor o de salón. En fin, en torno del *atrium* se abrían otras piezas destinadas a diferentes usos. La cocina, en las casas pompeyanas, no parece haber tenido un emplazamiento fijo; lo más usual era que se encontrase en la vecindad del *tablinum*, y también solía ser con frecuencia contigua a las letrinas.

A veces las dos piezas que daban a la calle, a un lado y otro de la entrada, estaban separadas del resto de la casa y comunicaban directamente con el exterior. Eran tiendas (*tabernae*) alquiladas a comerciantes o artesanos.

La *domus* tenía con frecuencia varios pisos para aumentar el número de piezas disponibles. No olvidemos que una familia romana comprendía, además de las personas libres, muchos esclavos, incluso en las casas relativamente modestas. Para alojar a todos los servidores y para separar a los hombres de las mujeres, era preciso disponer de departamentos múltiples e independientes, lo que no era fácil si la casa no tenía más que planta baja.

Las piezas situadas en los pisos se abrían sobre el *atrium*, pero también sobre la calle, y a veces estaban adornadas con balcones salientes, como veremos en las *insulae*.

Tal era la casa clásica. Hoy día parece demostrado que en su origen no era una casa ciudadana, sino una morada campesina, y que su evolución consistió en adaptarse gradualmente a las condiciones urbanas. Se admite que el *atrium*, con su estanque central, deriva del patio interior que hemos encontrado en las *villae rusticae*. Esta teoría parece ilustrada y demostrada por los descubrimientos del Foro romano, donde, efectivamente, se han descubierto, sobre la antigua necrópolis vecina del templo de Antonino y Faustina, vestigios de casas de piedra, en las que la pieza de habitación, simple cabaña rectangular, está precedida de un patio. Pero es probable, al mismo tiempo, que esta evolución no fuese tan sencilla como a veces se ha pensado. Otras influencias han podido mediar para dar al *atrium* las funciones que —como hemos visto— tiene y el aspecto que se le conoce en la época clásica.

En la época de Cicerón, en efecto, la casa de un gran señor estaba hecha para acoger cada mañana a la multitud de los clientes. Desde el alba, a veces desde antes de amanecer, se abren las puertas que dan a la calle y todo el mundo puede entrar para la salutación matinal. La ceremonia tiene lugar en el *atrium*, que no es entonces el amable peristilo que vemos en Pompeya, sino una especie de sala de amplias dimensiones, con frecuencia sin *impluvium*, y donde el *compluvium* —la abertura del techo— es muy pequeña e incluso a veces no existe. El término mismo *atrium* acaba por designar en la lengua corriente a toda clase de gran sala destinada a las recepciones oficiales. Es posible que esta clase de *atrium* enteramente cubierto (lo que Vitruvio llama el *atrium* en «tortuga», *atrium testudinatum*) en el que la abertura está reducida a una estrecha chimenea (*atrium displuviatum*), que evacua las aguas al exterior y que quizá tenga un origen diferente de los otros, proceda de un tipo de casa etrusca que se reproduce en las urnas funerarias, como las de Chiusi; en éstas vemos, efectivamente, una especie de cabaña rectangular cuyo techo ofrece cuatro pendientes inclinadas hacia el exterior, pero sin parhilera; en lugar de ésta, una amplia abertura rectangular, semejante a una enorme chimenea, constituye un pozo de iluminación. Este tipo de casa parece pertenecer a la Italia central y acaso más especialmente a las regiones montañosas del Apenino. Sería él quien habría producido los *atria displuviata* o *testudinata* de la arquitectura romana clásica. Representa, en efecto, una solución elegante al problema de la iluminación y de la evacuación de humos en un tiempo en el que no se disponía de vidrios, y en el que las ventanas no podían ser agrandadas desmesuradamente. Pero si se puede admitir que esta forma de *atrium* haya quedado integrada en un plan más complejo, no se ve claro cómo habría podido por sí sola sugerir los dos caracteres esenciales de la casa romana clásica, su disposición axial y, sobre todo, el hecho de que, cerrada hacia el exterior, abra todas sus piezas a un espacio interior. La evolución de la *domus* está conforme a lo que ya hemos dejado entrever de la civilización romana: es el resultado de una compleja síntesis que integra elementos tomados de diversas regiones de Italia. Las exigencias de la vida social han contribuido a imponer los *atria* de grandes dimensiones, mientras que el crecimiento de las familias, resultado a la vez del enriquecimiento general y también de la estabilidad propia de la familia patricia, hacía indispensable la multiplicación de los departamentos privados. La acción conjugada de estos diferentes factores ha provocado la creación de una *domus* mixta original, cerrada a la vez sobre sí misma —como la casa gentilicia de las explotaciones rurales— y en algunas de sus partes capaz de acoger a un gran número de clientes. La casa pompeyana puede ayudar a representarnos lo que eran las casas de la Roma republicana, pero no nos da una imagen fiel de ellas.

Hemos visto cómo las grandes casas de la Roma imperial habían a su vez evolucionado: el palacio de Domiciano en el Palatino, lo que podemos adivinar del de Tiberio, la Casa de Oro de Nerón..., nos han enseñado que los arquitectos habían multiplicado los pórticos, abiertos a veces sobre jardines, y cerrados otras sobre patios peristilados. La misma evolución aparece ya en Pompeya, cuando a la antigua casa con *atrium* se hubo yuxtapuesto el peristilo. Éste había ocupado el lugar de la vieja huerta y había sido transformado en jardín de recreo. Al mismo tiempo, el *atrium* se convirtió en una pieza menos severa; sus dimensiones aumentaron y fue preciso recurrir a columnas para sostener el maderamen, ya en número de cuatro, una en cada ángulo (*atrium tetrasylum*) o bien más numerosas. Es lo que los arquitectos romanos llamaron *atrium* corintio. Una gran mansión como la Casa del Fauno se presenta como una hilera de patios separados por salones; pasado el umbral se penetra en un *atrium* a la antigua, en el cual se abría un *tablinum*. Más allá venía un primer peristilo, o mejor un *atrium* corintio, cuya área central, ampliamente abierta, presentaba el tradicional estanque. Un salón simétrico al *tablinum*, llamado *oecus*, según una palabra griega, adornado de un mosaico precioso que representaba la batalla de Arbelas, daba a la vez a este primer peristilo y a otro más grande que se extendía más allá. Además, junto al primer *atrium* existía otro tetrastilo, a cuyo alrededor se agrupaban diversas cámaras formando un departamento privado.

Tan lujosas moradas, que exigían un inmenso terreno, eran evidentemente muy escasas en Roma. Pero los grandes señores no dudaban en comprar junto a su casa otros inmuebles que derribaban para agrandarla y construir peristilos, en los que se complacían en plantar árboles. Así fueron la casa de Tampilius, en el Quirinal, que fue la propiedad de Attico; la del rico Craso, con sus seis olmos venerables, en el Palatino, no lejos de la de Hortensius y la de Cicerón. Estos magníficos «hoteles particulares» fueron la excepción, y con el tiempo muchos fueron desmembrados. Cada vez más, a partir del Imperio, la casa de habitación más extendida fue la *insula*.

Tenemos la suerte de conocer las *insulae* por las excavaciones de Ostia. Este puerto de Roma, de fundación muy antigua, había sido especialmente desarrollado por Sila y Augusto; su prosperidad data del comienzo del Imperio, y su rápida decadencia, después de la creación por Trajano del puerto de Centumcellae (Civitavecchia), provocó su abandono durante el curso de los siglos III y IV de nuestra era. Invadida lentamente por las arenas, Ostia se encontró como fosilizada y las excavaciones modernas nos han devuelto una ciudad imperial, muy semejante, ciertamente, a lo que Roma había sido durante la misma época.

La casa de vivienda, tal como la vemos en Ostia, presenta, respecto a la *domus* clásica, dos diferencias esenciales: en lugar de estar como ésta centrada en torno a un patio interior, se vuelve hacia el exterior y se abre ampliamente sobre la calle; por otra parte, el *atrium* desaparece; no existen más que patios de luces muy estrechos, pero que no son jamás utilizados como piezas de habitación. Además —lo que es una diferencia menos esencial, pues, como hemos visto, la *domus* también tenía varios pisos— las *insulae* eran generalmente muy altas. Mientras la *domus* no comprendía sino dos o tres pisos a lo más, la *insula* podía tener hasta siete u ocho. Este hecho, la elevación considerable de las casas de vivienda en Roma, es ciertamente antiguo. Cicerón mismo nos enseña que, en su tiempo, existían pisos muy altos que alquilaba la gente pobre. Es probable que, desde los tiempos de las guerras púnicas, los arquitectos hubiesen tratado de ganar en altura un espacio del que no disponían en superficie. Pero vemos, con el ejemplo de Ostia, donde las casas más antiguas son aún *domus* clásicas muy semejantes al tipo pompeyano, que las *insulae* propiamente dichas no debieron hacer su aparición sino en el siglo I antes de nuestra era, para generalizarse en la Roma augustea y, sobre todo, después del incendio de Nerón.

La *insula*, por su aspecto exterior, recuerda de muy cerca a los inmuebles de los barrios bajos de Nápoles, de Génova o, en Francia, de la vieja Niza. Cada planta está dividida en pisos independientes, a los cuales se sube por una escalera directamente desde la calle. La iluminación estaba asegurada por grandes ventanas abiertas en la fachada o que daban a los patios de luces del interior. La planta baja estaba generalmente ocupada por tiendas, cada una de ellas constituida de una pieza independiente abierta ampliamente a la calle y cerrada por la noche con postigos móviles. Entre las diferentes piezas que componían un piso, ninguna tenía un destino especial: no había cocina, baños ni tampoco letrinas. El agua, como hemos dicho, no subía a los pisos y era preciso irla a buscar a la fuente de la esquina más próxima. Lo que era un inconveniente menor de lo que nos pueda parecer, pues las tardes estaban ocupadas por largas visitas a las termas, donde se atendían los cuidados higiénicos con una atención y eficacia que podrían envidiar los habitantes de muchas ciudades modernas. No estaba previsto nada para la calefacción —como tampoco, por otra parte, en las *domus*—. Cuando hacía mucho frío se contentaban con encender braseros y era también sobre brasas de carbón vegetal como se preparaba la comida, cuando no se iba a comprar, por algunos sueldos, platos ya preparados al *Thermopolium* vecino. Los inquilinos de las *insulae* tenían poco personal de servicio, pero incluso los pobres debían de todas maneras prever el alojamiento de dos o tres esclavos, sin los cuales un romano se habría sentido deshonrado; por la noche se extendía para ellos un jergón de paja en el suelo, si no dormían directamente encima de él enrollados en una manta. El amo mismo no disponía sino de un camastro un poco más confortable: un colchón, formado por una tela tensada sobre un marco, y algunos cojines, pero sin sábanas —el uso de éstas es prácticamente desconocido en esta época.

Algunas de las *insulae* de Ostia estaban formadas por inmuebles muy hermosos. Su fachada estaba adornada de balcones salientes que avanzaban ampliamente sobre la calle. Otras tenían pórticos monumentales, en los que el ladrillo contrastaba con los revestimientos de estuco; a veces un pórtico separaba la casa de la calzada, para comodidad de los compradores que iban a hacer sus adquisiciones en las *tabernae* de la planta baja. Más arriba se abrían filas de ventanas, cuya proporción, rítmicamente calculada, no dejaba de comunicar al edificio una cierta majestad.

Desgraciadamente, no todas las *insulae* romanas se parecían a las de Ostia, y la imagen que podemos formarnos de ellas según los textos está lejos de ser tan halagüeña. La principal preocupación de los arquitectos era darles la mayor altura posible, a fin de alojar el mayor número de inquilinos. Los emperadores tuvieron que intervenir. Augusto prohibió construir *insulae* de más de setenta pies de alto, es decir, aproximadamente 20 metros. Precaución al parecer insuficiente, pues Trajano se vio obligado a reducir aquel límite a sesenta pies (algo menos de 18 metros). Pero parece que estas sabias precauciones no fueron siempre observadas. Incluso cuando lo fueron, otros reglamentos tenían por resultado privar a los albañiles de dar a las construcciones fundamentos suficientemente sólidos. Existía, en efecto, una ley que limitaba el grosor de los muros exteriores de las casas particulares; según Vitrubio, su grosor máximo no podía ser más que de un pie y medio, es decir, un poco menos de 0,45 metros. Esta regla tenía por objeto economizar el terreno. Mientras los empresarios aceptaron el empleo de piedra de talla, unida a la mampostería, para las paredes maestras, no fue más que un mal a medias, pero cuando se pusieron a construir preferentemente en ladrillo, se resintió la solidez de las *insulae* y con el tiempo los hundimientos se multiplicaron. Son numerosos los testimonios antiguos que nos hablan de la fragilidad de los inmuebles. Vitrubio, Juvenal, Marcial y Séneca se hacen eco de los textos jurídicos.

Para aligerar la construcción, los pisos superiores estaban colocados sobre viguetas entrecruzadas, y los muros construidos con materiales de escasa resistencia, a veces simple mezcla de tierra y paja; la casa entera no era entonces más que un simple esqueleto, cuyos intervalos estaban cerrados por tabiques sin ninguna solidez. Todo marchaba bien mientras la madera se mantenía firme; pero a la menor cesión, el edificio amenazaba ruina, se producían grietas, que se reparaban mejor o peor, hasta el momento en que todo se venía abajo. Además —y éste era un peligro todavía más grave—, tales edificios eran eminentemente combustibles. Los incendios eran frecuentes y devastadores. La madera de las vigas, secada por los veranos romanos, ardía de un solo golpe; el fuego se comunicaba de un lugar a otro; en unos instantes todo el barrio se encendía y, por poco viento que hiciese, hectáreas enteras quedaban devastadas. Es lo que sucedió en el año 64 d.C., cuando el incendio de Nerón, en el que una tercera parte de la ciudad quedó destruida. También, desde el momento en que se declaraba un incendio, había que dar al fuego su parte. Los «vigiles», llamados a toda prisa, derribaban los inmuebles amenazados, para crear un vacío delante del azote. Cuando éste se detenía al fin, falto de combustible, centenares de personas se encontraban sin alojamiento y sin recursos. Pero ya los obreros de algún empresario, especulando en medio de las ruinas, comenzaban a quitar los escombros y se preparaban para edificar nuevas *insulae*, tan frágiles y tan vulnerables como las que acababan de arder.

Es difícil de imaginar la intensa actividad, el verdadero frenesí de construir de que dieron prueba los romanos. Los alquileres de las *insulae* aseguraban a los propietarios sumas importantes: 4.000 francos de oro, cifra dada como ejemplo por un texto del *Digesto*, parece haber sido el producto medio anual de una ínsula. Ésta era alquilada a un inquilino principal, que subarrendaba los pisos y sacaba de ello un beneficio substancial. Un solo propietario poseía generalmente diversas *insulae*. En un terreno de su propiedad hacía elevar varias *insulae* por sus propios esclavos, y el dinero invertido en la operación le aseguraba intereses considerables. Tampoco era extraño ver a los más importantes financieros de la ciudad empeñados en especulaciones inmobiliarias de esta clase, sin poder, no obstante, construir lo suficiente para responder a la demanda de una población en crecimiento continuo. Hacia el fin del Imperio existían en Roma 46.602 *insulae* y únicamente 1.790 *domus*.

El origen de las *insulae* queda obscuro para nosotros. Es posible que este tipo de morada hubiese sido importado de Oriente, acaso de Siria, ¿pero es necesario recurrir a esta hipótesis? La misma tendencia que ha llevado a la casa romana a abrirse hacia el exterior y a suprimir los *atria*, ha podido muy bien obrar aquí. ¿Acaso una *insula* es otra cosa que la parte anterior de una *domus*, con sus tiendas, sus pisos independientes, y amputada de todas las partes anexas? Solución arquitectónica impuesta por la estrechez de los terrenos a edificar, ha podido muy bien haber sido creada por los mismos arquitectos romanos para resolver los problemas que les planteaba el desarrollo de la ciudad. Según el espacio de que disponían, han adaptado la *insula* imaginando tres tipos diferentes: tan pronto la *insula* se alarga, toda fachada, a lo largo de una calle, como se adosa a otros edificios; tan pronto está formada por dos crujías distintas de departamentos, y presenta dos fachadas sobre dos calles paralelas cuando el terreno, muy largo y muy estrecho, imponía este desarrollo lineal; ora, en fin, la *insula*, cuando el arquitecto disponía de un cuadrilátero sensiblemente tan ancho como profundo, ofrecía cuatro fachadas, cada una de las cuales daba sobre las calles que envolvían la *insula*, y los diferentes cuerpos de construcción se articulaban en el interior sobre estrechos patios. Todas estas variantes son, muy probablemente, innovaciones puramente romanas.

Aunque la *insula* y la *domus* sean muy diferentes, es fácil comprender el paso de la una a la otra. Así, vemos que en Herculano la *domus*, con su *atrium*, fue, poco tiempo antes de la destrucción de la ciudad, transformada en *insula*. Bastó para ello con suprimir el jardín, aumentar el número de pisos existentes y disponer, en la planta baja, en la línea de tiendas, las escaleras necesarias. Observamos así, sobre una materia viva, el nacimiento de una creación arquitectónica: bajo nuestros ojos se forma un nuevo tipo urbano, impuesto por necesidades sociales y económicas, pero preocupado también por la belleza. A la armonía de los viejos *atria*, resultante de sus proporciones y de su volumen interno, sucede una estética de fachadas, utilizando los ritmos de vanos y huecos, según principios nuevos bien diferentes, por ejemplo, de los que vemos en los templos o los teatros, animados por el movimiento de las columnatas o de las arcadas. La *insula* no puede recurrir a estos ornamentos tradicionales; edificio utilitario, pide a la sola coordinación de sus partes, a la puesta en valor de los diversos aparejos que la componen —pilares, arcos de descarga, superficies planas— el secreto de una severa belleza. Es significativo que el Mercado de Trajano, construido cuando la *insula* era ya predominante en la arquitectura privada, haya utilizado también como ornamentos la mezcla de aparejos, y haya renunciado a disimular bajo revestimientos de mármol el ladrillo de que está hecha su fachada. Así se formó una tradición arquitectónica verdaderamente romana, menos prestigiosa acaso que la del templo griego, pero más directamente utilizable para las moradas humanas, y que persistió a través de los siglos, marcando con su huella la arquitectura de la Italia medieval y hasta la de muchas ciudades del sur de Francia, donde el empleo sistemático del ladrillo en grandes y severas fachadas deriva, sin duda alguna, de modelos romanos.

Capítulo 9

Los placeres de la ciudad

Horacio, hacia los cuarenta años de su vida, no se resignaba gustosamente a vivir en la ciudad. Pasaba la mayor parte del tiempo ya en su campiña de Tibur, ya en la orilla del mar, en la «blanda Tarento». Pero el esclavo a quien había encargado el cultivo de su dominio de Tibur no compartía el entusiasmo de su amo. Sin duda en otro tiempo había deseado vivir con más holgura que en la ciudad y soñado en las largas noches de invierno en las que se duerme bien comido y bien bebido con las provisiones acumuladas en la despensa, pero una vez convertido en *vilicus*, se había desengañado y había echado de menos más de una vez los placeres de la ciudad. Horacio se lo recuerda irónicamente: «Ahora —le dice— tú deseas la ciudad, y los juegos, y los baños, ahora que eres granjero ... Tú y yo no admiramos las mismas cosas ... Un mal lugar, una taberna con abundante cocina te inspiran el pesar de haber dejado la ciudad, lo veo bien claro, y también el pensar que esta pequeña propiedad produciría pimienta e incienso más rápidamente que viñedo; que no haya a tu alcance una taberna para proporcionarte vino, ni una moza complaciente que toque la flauta para hacerte danzar con su música, y caer pesadamente en el suelo...».

Los gustos del granjero de Horacio nos pueden parecer vulgares, pero no dejaban de ser los de la plebe romana, ávida de los placeres fáciles que no se encuentran en el campo. Beber despacio entre las mozas, bailar, ir a los juegos, frecuentar los baños, cosas que solamente la vida urbana permite, y también, acaso, esa clase de placer menos fácilmente definible que se experimenta al codearse cada día con otros seres humanos. La plebe romana —y no solamente la plebe— es de buen grado sociable. El mismo Catón ¿no prohibía ya a sus granjeros, a la granjera, sobre todo, acoger demasiado liberalmente en la finca a los vecinos habladores en busca de compañía? El primer placer de un romano es encontrar a los amigos en el foro, en el Campo de Marte, bajo los pórticos de las plazas públicas, en las termas, y en su casa —si es rico y puede ser dadivoso—, entregándose por la noche a cenas interminables seguidas de borracheras prolongadas hasta altas horas de la madrugada. Si, por el contrario, su condición no le permite este lujo, quiere regalarse por lo menos en la taberna.

Los encuentros entre amigos eran frecuentes, obligados en una ciudad, a pesar de todo relativamente pequeña, cuyo centro fue largo tiempo una sola plaza pública y donde, pese al crecimiento de la población, uno de los primeros deberes de los hombres importantes consistía en conocer por su nombre a cada uno de los ciudadanos que podía encontrarse durante el día. Sin duda, al final de la República y bajo el Imperio, los romanos ricos llevaban consigo un esclavo especialmente encargado de apuntarles los nombres que habían podido haber olvidado; el *nomenclator* —así se llamaba a este secretario de memoria infalible— no existía todavía en el siglo II a.C., y su intervención es un testimonio de la fidelidad de los romanos al viejo principio que quería que en el foro no hubiese desconocidos. Una buena parte de las costumbres romanas se explica por la razón de que la vida social está fundada primordialmente sobre las relaciones personales. Cada individuo existe con relación a su familia, a sus aliados, a sus amigos, y también con relación a sus enemigos; hay alianzas tradicionales y enemistades que no lo son menos. Los principios políticos cuentan menos, en general, que los ligámenes de hombre a hombre. Hemos visto que la vida ciudadana reposaba, por lo menos tanto como sobre las leyes, sobre estas relaciones regidas por la costumbre.

Los textos literarios nos han conservado el recuerdo de las conversaciones entre amigos que tenían lugar a propósito de cualquier tema. A veces era, en el curso de una fiesta, el encuentro de algunos senadores que se separaban de la multitud y trataban una cuestión importante. Varrón introducía de esta guisa los tres libros de su tratado *Sobre la agricultura*. Mientras el pueblo asiste a las ceremonias, algunos grandes señores campesinos están allí, en el templo de Tellus (la Tierra) durante la fiesta de las sementeras, o bien en la *Villa publica*, en el Campo de Marte, un día de elecciones. Hablan lentamente, cuentan, analizan con una obstinación y una sutilidad de pueblerinos. Para ellos, Roma es siempre el pueblo grande, la ciudad a la que se viene para tratar de sus negocios, los de la finca, los de la patria, pero también por el solo placer de hablar. Otros diálogos literarios, de los que no conocemos más que el pretexto y el cuadro, ponen en escena a unos senadores, que regresan a su casa, una vez terminada la sesión de la Curia, y continúan interminablemente las discusiones que acaban de tener lugar. Es significativo que los autores latinos hayan vuelto a cultivar con predilección el género griego del diálogo, pero transformándolo; en vez de la pura dialéctica platoniana, han querido crear de nuevo —a veces al precio de alguna pesadez— la atmósfera de las conversaciones verdaderas que ocupaban tantas horas de la vida romana. El vagabundo del foro era tan esencial que Catón mismo, como hemos visto, se había resignado a introducir una novedad llegada de Grecia, la primera basílica.

Como puede imaginarse, no solamente los grandes personajes integraban los grupos que discurrían por el foro. El bajo pueblo estaba también allí, ansioso de hablar, aunque lo que dijese importase menos a los negocios del mundo. Y, con frecuencia, lo que lo apasionaba no era ninguno de los grandes problemas del momento, sino sencillamente, como hoy día a los campesinos de Provenza bajo los plátanos de sus paseos, el desarrollo «dramático» de alguna partida de juego. Conocemos estos juegos del bajo pueblo; grabado en las losas del foro, queda su recuerdo tangible. Estos juegos se jugaban sobre rectángulos cruzados por líneas geométricas trazadas en el suelo. Se los encuentra en Roma en las losas de la *Basílica Julia*, en los peldaños que llevaban al templo de Venus y de Roma, en el Campo de los Pretorianos, y también, bien lejos de allí, en Timgad, en África, y en Jerusalén, en la residencia de los gobernadores romanos. Servían para jugar a las tabas, a los dados —aunque este juego estuviese oficialmente prohibido, como todos los juegos de azar, aunque ello no impidiese al mismo Augusto practicarlos incluso en su litera—, o bien a los «latróculos», especie de jaque cuyos peones figuraban soldados. Todos estos grafitos nos sugieren las diversiones del bajo pueblo, los jugadores acurrucados en torno del tablero, los espectadores comentando los lances, mientras pasan y vuelven a pasar los graves senadores en toga, y en torno al estrado del pretor, no lejos de allí, suenan las voces, las invectivas, las súplicas de los litigantes...

Después de mediados del siglo II, se ofrecieron otras distracciones a los ociosos del foro. Se había visto llegar a Roma, tímidamente primero, después en mayor número, a filósofos griegos en busca de discípulos. En un principio habían llegado los epicúreos. Predicaban éstos que la vida humana tenía por última finalidad el placer, que cada ser busca ante todo la satisfacción de su propia naturaleza. No les faltaron seguidores; a su palabra acudían los jóvenes abandonando los ejercicios del Campo de Marte. Pero los magistrados se sintieron agitados. En vano aseguraban los filósofos que el placer cuyo evangelio predicaban no era el de los sentidos, y que no enseñaban en manera alguna el libertinaje, sino la abstinencia; los senadores ordenaron al pretor que expulsase a aquellos impertinentes. No obstante, la juventud se había aficionado a las lecciones de los filósofos. Muchos senadores sentían, a pesar suyo, una viva atracción por estas libres palabras, y cuando en el año 154 (o 155) llegaron a Roma tres filósofos, Carneades, Diógenes y Critolaos, para sostener la causa de Atenas, todo el mundo se apretujó en torno suyo para oírlos. De los tres, Carneades era el conferenciante más brillante. Un día tomó la palabra públicamente y pronunció un elogio de la Justicia, lo que gustó mucho a los romanos, que se consideraban como el pueblo más justo del mundo. Carneades demostró que la Justicia era la más noble y la más útil de todas las virtudes, pues sólo ella fundaba los Estados y las leyes. Todo el mundo aplaudió. Pero al día siguiente, el mismo Carneades volvió a tomar la palabra sobre el mismo tema y demostró lo contrario de lo que había sostenido la víspera. Sostuvo que la Justicia, por muy excelente que fuese en sí misma, era, en realidad, una quimera imposible, pues, decía, si los romanos quisiesen ser perfectamente justos, deberían restituir sus conquistas. ¿La guerra no es una forma de injusticia? Pero si los romanos tenían la candidez de renunciar a sus conquistas, ¿no se portarían como unos tontos? ¿La Justicia no sería, pues, una forma de la estulticia? En tales condiciones, ¿cómo hacer de ella una virtud? Carneades, sosteniendo esta paradoja, trasladaba al foro las polémicas de las escuelas filosóficas griegas familiares a los atenienses, habituados a oír censurar irónicamente el dogmatismo de los estoicos. Pero puede imaginarse el escándalo que provocaron en Roma dichos tan desacostumbrados y la confusión de los senadores, que tomaron al pie de la letra la ironía del académico. Se apresuraron los trámites del asunto oficial que había conducido a Italia a los tres filósofos y se los devolvió a su casa.

La embajada del 155 quedó grabada en la memoria de los romanos; el eco de las dos conferencias de Carneades no se extinguió pronto y a los filósofos que llegaron después a Roma, en número mayor que nunca, no les faltaron discípulos, a pesar de las prohibiciones oficiales. Por lo general vivían como familiares de los grandes, de los que, poco a poco, se convertían en amigos; y en ciertos casos en directores espirituales. No todos eran griegos; había también orientales helenizados, y asimismo italianos convertidos al pensamiento griego, como Blossius de Cumas, estoico, que fue el consejero más escuchado por T. Gracco y contribuyó en gran manera a traducir en hechos un ideal de humanidad (*philanthropia*) predicado por los maestros del Pórtico. Hacia la misma época, otro pensador estoico, Panetius, era el compañero de Escipión Emiliano, y su influencia, extendida ampliamente entre los amigos y los aliados de los *Cornelii*, hizo conocidas las ideas estoicas entre los aristócratas romanos. Estos filósofos daban su enseñanza en las casas de sus protectores, y también en sus villas de recreo. ¿Pero cómo podía prohibirse que tomasen la palabra en público hombres que tenían como garantía a los senadores y magistrados más influyentes? No obstante, al comienzo del Imperio y bajo Domiciano los filósofos todavía serían expulsados de Roma, pero estas medidas eran tomadas más bien que contra los filósofos auténticos contra predicadores que se apoyaban tan pronto en el cinismo —invitando a sus oyentes a un desprecio total de las reglas más elementales de la vida social—, tan pronto en un misticismo en el que las prácticas adivinatorias y mágicas tenían un gran peso, lo que no dejaba de suponer graves peligros para el orden público. Estos reflejos elementales de defensa contra un peligro muy real condujo a veces al castigo de auténticos pensadores; pero les bastaba alejarse un momento de la ciudad y retirarse a la casa de algún amigo para regresar una vez pasada la tempestad.

Estamos bien informados sobre las desventuras de los filósofos en los tiempos de Nerón y de Domiciano por la biografía de Apolonio de Tyana, que nos ha sido contada por Filostratos. Después de haber recorrido todo el Oriente y una parte de las ciudades de Grecia, Apolonios, que decía fundarse en el neopitagorismo y pretendía, a fuerza de ascetismo, haber llegado a entrar en comunicación directa con los dioses, concibió finalmente el proyecto de ir a Roma. «Ahora bien —dice Filostratos—, en este tiempo Nerón no toleraba que se fuese filósofo; los filósofos le parecían una raza indiscreta en la que se encubrían los adivinos y, finalmente, el manto de filósofo conducía, al que lo llevaba, ante los jueces, como si practicase la adivinación.» Ya Musonio, otro filósofo, al que tal vez hay que identificar con el maestro de Epicteto, Musonio Rufo, había sido preso, y cuando Apolonio avanzó por la vía Appia, acompañado de treinta y cuatro discípulos llegados con él de Oriente, encontró a Filolaos de Cittium no lejos de Aricia. Este Filolaos —dice Filostratos— era un hábil orador, pero tenía horror a las persecuciones. Había abandonado Roma por su propia voluntad sin esperar a que se le expulsase, y cada vez que encontraba un filósofo en su camino le aconsejaba alejarse lo más rápidamente posible. En el borde del camino se entabló un diálogo entre los dos hombres. Filolaos reprochó su imprudencia a Apolonios: «Arrastras tras de ti —le dijo— un coro de filósofos (ya que, en efecto, todos los discípulos de Apolonios se podían reconocer como tales, por sus mantos cortos, sus pies desnudos, sus cabellos flotantes), y vienes a meterte en la boca del lobo, sin saber que los oficiales de Nerón os detendrán a todos en las puertas de la ciudad incluso antes de que hayáis hecho amago de entrar». Apolonios comprendió que el miedo había nublado la razón a Filolaos. Pero vio también el peligro, y volviéndose hacia sus discípulos devolvió la libertad a todos aquellos que deseasen regresar. De los treinta y cuatro discípulos bien pronto no quedaron más que ocho, y fue con este grupo con el que Apolonios entró en la ciudad. De hecho, los guardianes de las puertas no les pidieron nada, y todo el mundo se fue a la posada para cenar, ya que era al atardecer. Durante la comida, entró en la sala un hombre evidentemente ebrio, que se puso a cantar. Estaba pagado por el emperador para ir en tal forma, de taberna en taberna, cantando las melodías compuestas por Nerón. Quienquiera que lo escuchase distraídamente o se negase a darle su óbolo se hacía culpable de lesa majestad. Apolonios comprendió el juego y lo esquivó pagando al cantor. Esta aventura recuerda un pasaje en el que Epicteto evoca a los agentes provocadores de la policía imperial que se sentaban cerca de los bebedores en las tabernas y les hablaban mal del emperador. Desgraciado aquel que hiciese eco a sus palabras: era inmediatamente detenido y encarcelado.

Apolonios, a fuerza de prudencia, evitó las persecuciones directas. Fue interrogado por el prefecto del pretorio Tigelino, pero sin mala voluntad. Por otra parte, contaba con serios apoyos, especialmente con el de uno de los cónsules, que le reverenciaba y se interesaba por su pensamiento. Así, pues, consiguió hacerse oír donde le pareció bien. Fue más afortunado y más hábil que uno de sus compañeros, que aprovechó la inauguración de los baños de Nerón para lanzar una saflama contra el lujo en general y contra el uso de los baños en particular, a los que consideraba como un refinamiento contrario al orden de la naturaleza, y hubo de ser alejado por la policía imperial para poner fin a sus discursos.

Más tarde, en tiempos de Domiciano, Apolonios tuvo nuevas dificultades con la autoridad. Pero esta vez la cosa fue más grave. Fue llamado a Roma, detenido y conducido ante el tribunal del emperador. Estaba acusado, entre otras cosas, de practicar la magia. La iniciativa del asunto no procedía, por otra parte, de Domiciano, sino de un tal Éufrates, filósofo de tendencias estoicas, rival de Apolonios, al que perseguía con su odio. Le denunció al emperador, asegurando que en Oriente se entregaba a una propaganda hostil al príncipe. Éste convocó a Apolonios y le dio ocasión de justificarse. Deseaba sobre todo saber en qué medida Apolonios estaba mezclado en conspiraciones de la oposición; por lo demás, estimaba en su justo valor las querellas de los filósofos y su actitud parece haber sido cercana a la de Galión, gobernador de Acaia, cuando los judíos ortodoxos llevaron a san Pablo ante su tribunal. Mientras el orden público no fuese alterado, más valía no meterse en tales cosas.

Hacia la misma época, y más todavía al comienzo del reinado de Trajano, Éufrates continuó frecuentando las casas de los notables romanos y dando conferencias públicas. Fue muy admirado por Plinio el Joven, que convidaba a sus amigos para oírle. Éufrates no era más que uno de los innumerables sofistas en torno del cual se apretujaba el auditorio. Frecuentaba también, como sus semejantes, los pórticos de los nuevos foros y compartía con los retóricos los aplausos del público.

Los retóricos habían aparecido en Roma aproximadamente por la misma época que los filósofos y habían sido incluidos en las mismas medidas de expulsión, pues se les reprochaba, como a los filósofos, desviar a la juventud en detrimento de su entrenamiento militar. Poco a poco, sin embargo, habían vuelto. Los jóvenes romanos, a comienzos del siglo I a.C., acudían a escuchar sus lecciones e incluso iban a Grecia para aprender el arte de hablar con los más célebres de ellos. Era difícil, en estas condiciones, proscribir de Roma a los maestros de una ciencia que parecía cada vez más el indispensable complemento de todo hombre culto y, según Cicerón, de todo romano digno de este nombre. Al comienzo del Imperio, el estudio de la retórica era el coronamiento normal de la educación. Después de haber aprendido los rudimentos con el gramático (*grammaticus*), el joven, hacia los quince años, comenzaba a ir al retórico. Allí se ejercitaba en componer discursos sobre los temas que su maestro le proponía. Ciertos días, todos los alumnos se entregaban a una especie de concurso, tratando el mismo tema y rivalizando con sus camaradas en ingenio para encontrar argumentos nuevos o giros particularmente patéticos. En tales ocasiones eran invitados con frecuencia a asistir al concurso los padres de los alumnos, los personajes conocidos y los oradores notables. Se daba el caso de que hombres maduros se pusiesen en sus filas o de que los maestros mismos hiciesen una demostración de su virtuosismo.

Los retóricos tenían escuela en las exedras de los foros —por lo menos en la época de Adriano—. Allí se iba a escuchar las declamaciones de sus discípulos. A veces, terminada la lección, el público se desparramaba por los pórticos y continuaba discutiendo los méritos de tal o cual discurso. Al comienzo de los fragmentos conservados del *Satiricón* vemos cómo el retórico Agamenón se entrega a una violenta improvisación, mientras los estudiantes invaden el jardín y critican sin contemplaciones la declamación que acaban de oír. La vida intelectual no está, como en nuestros días, desterrada de la calle; está presente en todas partes, en la plaza pública, en las salas abiertas a todo el mundo, en las conversaciones, y constituye un importante aspecto de las actividades sociales.

Al lado de las arengas de los filósofos, de las declamaciones de los retóricos y de sus discípulos, hay que dejar el lugar correspondiente a las lecturas públicas (*recitationes*). Esta moda fue promovida en tiempos de Augusto por Asinio Polión —el primero que dotó a Roma de una biblioteca—. Los escritores tomaron desde entonces la costumbre de presentar sus obras en público en el curso de sesiones para las cuales se cursaban invitaciones especiales. Eran raros los romanos cultivados que, bajo el Imperio, no tuviesen alguna ambición literaria: uno componía poemas, epopeyas o tragedias, poemas históricos o didácticos; otro obras históricas, elogios, tratados de todas clases. Todo ello era presentado, como diríamos nosotros, «en primera audición». El autor solicitaba la crítica y era una obligación de cortesía presentarle observaciones, mezcladas con muchos elogios. Los emperadores mismos no desdeñaban figurar entre el público, cuando no hacían leer sus propias obras como el primer llegado. Este hábito ejerció una profunda influencia en la vida literaria. Las obras fueron pensadas cada vez más en función de una lectura pública. Los autores buscarán efectos de conferenciante y terminarán cada una de sus parrafadas con una *sententia*, una fórmula vivaz que despierte la atención del oyente y resuma lo que acaba de ser dicho.

Sucedía a veces que las lecturas públicas eran organizadas por libreros emprendedores que aprovechaban este medio para hacer conocer las novedades o las «reediciones». Era, por otro lado, una costumbre establecida desde largo tiempo en Grecia, puesto que Zenón, el fundador del estoicismo, cuenta que había oído leer en Atenas, en la tienda de un librero, el segundo libro de las *Memorables* de Jenofonte. En Roma, las librerías —como las salas de declamación— eran el lugar de reunión de los intelectuales, que discutían problemas literarios: los jóvenes escuchaban, los viejos clientes peroraban entre los libros cuyos rollos, cuidadosamente colocados, se alineaban encima de ellos. La puerta de la tienda estaba cubierta de inscripciones anunciando las obras en venta; a veces el primer verso de un poema era reproducido bajo el busto del autor. La publicidad se desplegaba en los pilares vecinos. Estas librerías estaban situadas, naturalmente, en la vecindad del Foro: en el Foro mismo en tiempo de Cicerón, más tarde a lo largo del Agileto; después de la construcción del Foro de la Paz, se encuentran en la vecindad de las bibliotecas de Vespasiano; los *Sosii*, los más importantes libreros de Roma en tiempo de Augusto (fueron, especialmente, los «editores» de Horacio), estaban establecidos cerca de la estatua de Vertumnio, a la salida del *Vicus Tuscus*, en el Foro romano. Tales eran, para la elite de los romanos, las diversiones que les ofrecía la ciudad a medida que la cultura se generalizaba. En este progreso y esta vulgarización de la vida intelectual, el papel de los griegos fue preponderante. Los conferenciantes de los foros imperiales eran los mismos que se hacían oír, en otros momentos de su carrera, en las *agorai* de las grandes ciudades orientales. A través de todo el Imperio, era un vaivén incesante de intelectuales, de profesores que transportaban las ideas y las modas. Pero encontraron en Roma oyentes particularmente atentos, y, muy pronto, discípulos que se revelaron con frecuencia dignos de sus maestros. Deberemos insistir sobre la verdadera originalidad de la cultura romana en relación a la *paideia* helénica. Aprovechemos para dejar constancia de que la *urbanitas*, en Roma, era inseparable de un cierto ideal intelectual y de que el ocio de los ciudadanos —de los más distinguidos entre ellos— no estaba consagrado a los goces más groseros.

En Grecia, los jóvenes se formaban en el *gimnasium* y su cultura intelectual venía a completar la educación de su cuerpo. El *gimnasium* no tenía por principal objeto formar a los soldados de la ciudad; el deporte y los ejercicios físicos eran un fin en sí mismos, un «arte de la paz» del que se esperaban almas bien templadas, equilibradas y nobles. Se preparaban, con los cuerpos mejor dispuestos, atletas dignos de figurar en los Grandes Juegos y llamados a contribuir de este modo a la gloria de su ciudad.

En Roma, al contrario, la gimnasia pura, el atletismo considerado como un arte por sí mismo, fueron desconocidos durante largo tiempo. En el Campo de Marte los jóvenes seguían un entrenamiento casi exclusivamente militar: saltar, lanzar la jabalina, correr con o sin armas, nadar, acostumbrarse al frío y al calor, luchar con la lanza, montar a caballo. Pero todo esto sin arte, sin ninguna preocupación de perfección estética. Por esto, cuando en el año 169 a.C., Paulo-Emilio celebró en Anfípolis unos juegos gimnásticos, los soldados romanos no hicieron un buen papel.

Los primeros espectáculos de atletas habían sido introducidos en Roma por Fulvius Nobilior, un senador filohelénico, en el 186 a.C. Pero los concurrentes eran en su mayor parte griegos llamados *ex profeso* para tal circunstancia. El público romano no parece haber tomado un gran interés en ellos. Preferían los juegos tradicionales, sobre todo los espectáculos de gladiadores y de animales. No obstante, hacia el final de la República, las exhibiciones de atletas se multiplicaron con los progresos de la «vida griega».

Pompeyo no quiso prescindir de ellos con ocasión de las grandes fiestas que señalaron la inauguración de su teatro, y César, en el 46, construyó *ex profeso* un estadio provisional en el Campo de Marte. Demasiados romanos habían recorrido los países griegos y vivido en los acantonamientos de las ciudades de Asia para no haber adquirido algún conocimiento de este arte, incluso si creían en el fondo de sí mismos que no se trataba de otra cosa que de una diversión pueril, indigna de un hombre libre. Si el entusiasmo de las multitudes griegas por los triunfos atléticos les parecía muy exagerado, semejante faceta de la gloria no podía dejar de seducirlos. Las numerosas estatuas traídas a la ciudad después de las conquistas habían acabado por imponer los cánones de la belleza masculina en los que se inspiraba el ideal del gimnasio. Y poco a poco se abrió ante ellos este mundo nuevo.

Siempre había habido en las ciudades latinas luchas de encrucijada en torno de las cuales se agolpaban los mirones. Augusto, nos dice Suetonio, se complacía mucho en tales espectáculos y con frecuencia los opuso a especialistas griegos. Sin duda esperaba infundir a los romanos el gusto por el atletismo, que era muy vivo en él. Es a él a quien corresponde el honor de haber instituido, para conmemorar su victoria de Accio, los juegos celebrados cada cuatro años en la ciudad de Nicópolis, que había fundado cerca de Accio. Al hacer esto quería honrar a Apolo, su protector, pero también imitaba conscientemente el rito griego de los Grandes Juegos. Los juegos de Accio figuran al lado de los de los cuatro grandes santuarios helénicos, Olimpia, Delfos, Corinto y Nemea. Y su ceremonial fue reproducido en Roma y utilizado en la dedicación del templo de Apolo Palatino. Hubo, al lado de los combates de gladiadores, carreras de carros y exhibiciones de atletas en el Campo de Marte. Estos juegos de Augusto no sobrevivieron mucho tiempo después de su reinado, pero desde entonces la costumbre quedó establecida y el atletismo tuvo derecho de ciudadanía romana.

El triunfo de los juegos griegos culminó evidentemente en el reinado de Nerón. De todos modos, el entusiasmo por el atletismo es anterior a la institución de un concurso quinquenal llamado Juegos Neronianos (*Neronia*) y a la dedicación del *gimnasium* del Campo de Marte, para el cual el emperador, siguiendo el ejemplo de los soberanos helenísticos, previó una dotación de aceite de la que se beneficiaba cualquiera que se entrenase, fuese senador o caballero. Sabemos, por un tratado de Séneca, el *Discurso sobre la brevedad de la vida*, que data del año 49 d.C., que los nobles romanos se apasionaban por los campeones de atletismo, que los acompañaban en el estadio y en la sala de ejercicios, compartiendo sus pasatiempos y siguiendo la ascensión de los nuevos atletas que honraban con su protección. Nerón, al multiplicar los espectáculos de esta clase, estaba, pues, lejos de introducir una innovación; no hacía más que seguir una moda ya establecida. A partir de Nerón los juegos griegos fueron multiplicándose. Los célebres Juegos Capitolinos, instituidos por Domiciano, atrajeron grandes multitudes y continuaron siendo célebres por lo menos durante los siglos II y III de nuestra era. Domiciano, como antes Nerón, había añadido a los concursos de atletas competiciones puramente literarias: un premio de elocuencia griega, un premio de elocuencia latina, otro de poesía; esto nos prueba hasta qué punto el ideal de la *paideia* era entonces aceptado en su totalidad. Excelencia del espíritu y excelencia del cuerpo no están ya separadas; Domiciano construyó un edificio especial para sus concursos: un estadio, en el Campo de Marte, cuya forma se puede hoy día reconocer aún en la plaza Navona, en el Campo de Marte, y algunos de sus fundamentos han sido puestos a la luz del día por excavaciones recientes. Treinta mil espectadores podían alojarse cómodamente en él, lo que nos prueba, a pesar de lo que se haya dicho en contra, la popularidad de aquellos espectáculos. Sin duda algunos espíritus tradicionalistas encontraban obstáculos que oponer a tal consagración de la *paideia* griega; la oposición senatorial no perdió ocasión tan excelente para protestar contra esta infidelidad a la tradición de los antepasados, pero Roma no podía dejar a las ciudades de Oriente el monopolio de los concursos de atletismo. Capital del mundo, debía acoger todas las formas de la gloria y no rechazar, en nombre de un conservadurismo estrecho, un ideal de belleza humana que antaño había inspirado el clasicismo griego. También lo que chocaba a la mayor parte de los detractores del atletismo era que había degenerado de sus primeros fines, y en lugar de formar armoniosamente el cuerpo de los que se entregaban a él, tendía a producir campeones con músculos hipertrofiados, a propósito de los cuales escribía Séneca:

«Qué ocupación más tonta, mi querido Lucilius, y bien poco conveniente para un hombre cultivado, aquella que consiste en ejercitar sus músculos, reforzarse la nuca y entrenar los flancos. Una vez hayas conseguido engordar como deseas, que tus músculos hayan engrosado, nunca llegarás, no obstante, a tener la fuerza y el peso de un buey gordo...».

Pero tales consideraciones no impedían que algunos jóvenes tomasen lecciones gimnásticas de atletas de renombre, cuyas orejas aplastadas eran testimonio de gloriosos combates, e incluso ciertos ricos romanos tenían en su casa, al lado de su médico, a especialistas que los entrenaban o llegaban incluso a regular minuciosamente los detalles de su vida.

Los espectáculos de atletismo importados de Grecia no llegaron a entusiasmar tanto a las multitudes romanas como los juegos nacionales, pues no pertenecían como éstos a la tradición religiosa más profunda de la ciudad. Hemos recordado los principales edificios en que se daban estos juegos. Es conveniente que evoquemos ahora los espectáculos que en ellos se ofrecían y analicemos, tanto como sea posible, su significación para la multitud ciudadana.

Los juegos romanos, en su esencia, son actos religiosos. Representan un rito necesario para mantener las buenas relaciones deseadas entre la ciudad y los dioses; este carácter primitivo no será olvidado jamás, y hasta muy adelante, la costumbre impuso que se asistiese con la cabeza descubierta a los combates del anfiteatro o a las carreras del circo, como se asistía a los sacrificios.

Los juegos más antiguos fueron los juegos romanos (*Ludi Romani*), llamados también Grandes Juegos (*Ludi Magni*). Se celebraban en los idus de septiembre y duraban, al comienzo, cuatro días, antes de extenderse a dieciséis días completos después de la muerte de César. Comenzaban con la ofrenda solemne a Júpiter de un gran banquete en el que participaban los magistrados superiores y los sacerdotes; después el mismo Júpiter, representado por el cónsul o el pretor en traje triunfal —toga bordada resplandeciente de púrpura y corona de encina—, iba en cortejo desde el Capitolio hasta el circo. Le acompañaba la ciudad entera, alineada en sus cuadros cívicos, los caballeros a la cabeza, seguidos de las centurias de jóvenes. Detrás de ellos venían los concursantes, rodeados de danzarines, de mimos, de todo un carnaval burlesco en el que se encontraban las siluetas de los silenos y de los sátiros, indecentes y abigarrados. Conocemos bien a estos danzarines, con sus contorsiones bárbaras; figuran ya en las pinturas de las tumbas etruscas, y es sin ninguna duda del mundo etrusco de donde los ha tomado el ritual romano, cuando los Tarquinos instituyeron estos juegos. La marcha del cortejo iba acompañada de una música estridente de flautas, de tamboriles, de trompetas... Después de los danzarines avanzaban los portadores; sobre sus espaldas, en angarillas, llevaban pesados objetos preciosos sacados para esta ceremonia de los tesoros sagrados: vasos de oro, jarras llenas de perfumes, todo lo que la ciudad poseía de más rico y de más raro. Por último, llegaban los dioses: antiguamente representados por maniquíes revestidos de los atributos de cada divinidad; más tarde —a partir del siglo III a.C.— se paseó a las estatuas mismas. Llegado al circo, el cortejo se detenía, los dioses eran instalados en el *pulvinar*, su lecho sagrado, sobreelevado, desde donde podían gozar mejor del espectáculo.

Tal era el ceremonial de los Grandes Juegos, y también el de los Juegos Plebeyos, que no tardaron en duplicar a los primeros. Pero estos juegos no eran los únicos del calendario romano. A cada crisis bajo la República, más tarde a cada nuevo acontecimiento, venían a añadirse otros. Después de los grandes desastres de la segunda guerra púnica, los Juegos Apolinarios (año 212) reservaron un amplio espacio a las demostraciones hípicas y a los «volatineros» (*desultores*), probablemente bajo la influencia de Tarento.

Otros juegos estaban relacionados con los cultos agrarios: juegos de Ceres, en el mes de abril, juegos de Flora, que les sucedían y duraban hasta el 3 de mayo. En ellos las exhibiciones ordinarias se mezclaban con ritos particulares, cuya significación no es siempre clara para nosotros —como tampoco lo era para los romanos—. En los juegos de Ceres se soltaban en el Circo zorros a cuya cola se había atado una antorcha encendida. En los juegos de Flora, era la costumbre que las cortesanas de la ciudad se exhibiesen en danzas lascivas, completamente desnudas. Este último rito es bien claro: se trataba de la primavera del año, del retorno a su pleno vigor de las fuerzas de la fecundidad, y nadie se habría atrevido a suprimir un espectáculo tan indecente por temor a hacer el año estéril.

En el 204, cuando los romanos, por orden de los Libros Sibilinos, trasladaron a su ciudad a la diosa Cibeles, que fueron a buscar a Pessinonte, en Frigia, instituyeron juegos en su honor. Fueron los *Ludi Megalenses*, celebrados por vez primera según el rito habitual de los juegos romanos. Pero en el 194 se intercalaron en ellos representaciones teatrales, que tomaron cada vez más importancia. Ya desde el año 140, los *Ludi Magni* llevaron aparejadas representaciones semejantes, e incluso, si hay que creer a Tito Livio, los primeros juegos escénicos habrían sido introducidos desde el año 364 a.C., en el curso de una terrible peste, a fin de apaciguar la cólera de los dioses. Estaban entonces directamente imitados de un rito etrusco. Todavía no eran más que pantomimas sin recitación. La juventud romana, a su vez, se habría dedicado a danzar de la misma manera, añadiendo a la pantomima palabras satíricas y cantos. De esta unión entre la poesía popular y la danza sagrada habría nacido un género nuevo que se llamó *satura* y que fue un esbozo del teatro. Pero el teatro no apareció con certeza hasta el año 240, cuando el tarentino Livio Andrónico utiliza la *satura* para la puesta en escena de una intriga dada. Roma acababa entonces de vencer a Cartago y había impuesto su primacía no solamente en Italia continental, sino también en Sicilia, y las ciudades griegas la miraban con cierto respeto. Los romanos, para no quedar atrasados, parecen haber querido modernizar sus ceremonias arcaicas, y fue sin duda entonces cuando pidieron a

Livio Andrónico que reformase los juegos inspirándose en los de las ciudades griegas.

Esos primeros juegos escénicos, en realidad, debieron parecer bastante torpes a los espectadores griegos que tuvieron el privilegio de asistir a ellos. Encontraron viejos argumentos, ya utilizados en su patria: temas de tragedia tratados por Eurípides y varios otros estilos tradicionales, todos ellos representados de manera extraña. Mientras que en Grecia el actor desempeñaba un papel del principio al fin de la pieza, representando siempre a un solo personaje, he aquí que en Roma ciertas partes de un mismo papel eran confiadas a dos actores diferentes. Uno se encargaba de hacer los gestos y el otro salmodiaba el poema al son de una flauta con la que un músico, desde la misma escena, acompañaba la declamación. Esta curiosa costumbre era un vestigio de la vieja pantomima sagrada que subsistió gracias a la tendencia romana a aceptar las innovaciones, pero que pretendía a la vez que fuesen presentadas como simples modificaciones de un pasado que no era totalmente preferido.

Desde finales del siglo III a.C., no hubo casi juegos sin representaciones teatrales. Éstas se alternaban con las carreras de carros, y esto explica la prolongación de los juegos, que tendieron a ocupar un número de días cada vez más considerable. Ello tuvo por resultado provocar el nacimiento de un teatro latino que produjo en algunas generaciones de poetas un verdadero florecimiento de obras notables. En los días más sombríos de la segunda guerra púnica compuso Plauto casi todo su teatro. Y no era entonces él sólo quien escribía comedias. El campaniense Naevius, mayor que él, hizo representar también un gran número. Naevius y Plauto sacaron sus composiciones del repertorio de la comedia griega «nueva», cuyas obras databan de menos de un siglo y continuaban siendo representadas en las ciudades griegas. Estas adaptaciones gustaron, pues ponían en escena tipos humanos que si eran válidos para la Grecia helenística, no lo eran menos para la nueva Roma, helenizada y abierta a todas las corrientes de la vida mediterránea. Se encontraban en ella, como en Grecia, comerciantes enriquecidos, cortesanas ávidas, jóvenes deseosos de aprovecharse de la fortuna paterna, esclavos bribones dispuestos a ayudarles en esta tarea. Sus aventuras gustaban al público popular. Esta comedia, exenta de alusiones políticas, al contrario de lo que sucedía en la antigua comedia ateniense —la de Aristófanes—, se adaptaba maravillosamente a Roma, donde los magistrados no habrían tolerado la libertad satírica permitida en los tiempos de Pericles. No se habría tampoco aceptado una pintura de la verdadera vida social contemporánea, la de las familias romanas, que se consideraba por encima de las miradas indiscretas. Pero la atmósfera puramente griega de esta comedia, en la que los nombres de los personajes, el supuesto lugar de la escena y las alusiones a las instituciones y a las costumbres transportaban a los espectadores bien lejos de Roma, servía de excusa a las mayores audacias. El mundo de la comedia quedaba entonces al margen del mundo real, el de la ciudad; esto basta para que no se plantee el problema de su moralidad. El público se divierte, y con él, los dioses. El rito de los juegos ha alcanzado su finalidad.

El azar de la transmisión de los textos ha hecho que conozcamos infinitamente mejor la comedia de esta época que la tragedia. De ésta no poseemos más que pequeños fragmentos y el recuerdo de algunos títulos. Bastan no obstante para dejarnos entrever lo que los romanos, en el tiempo de las guerras púnicas, pedían a la tragedia; los temas son griegos, sin duda, pero estaban por lo general escogidos del ciclo de la leyenda troyana, donde Roma se complacía en encontrar sus lejanos orígenes. Era el recuerdo de Troya, de la epopeya homérica, quien daba sus títulos de nobleza a la civilización que estaba en camino de afirmarse. Es significativo que se quisiese envejecer a Roma y así integrarla en la más antigua historia del mundo mediterráneo: la del conflicto que había opuesto a aqueos y frigios y donde Grecia iba a buscar el comienzo de sus crónicas.

Al mismo tiempo, existían varias leyendas que tenían sus prolongaciones italianas. Los colonos de la Magna Grecia habían querido encontrar en la tierra donde se instalaron recuerdos de un tiempo más antiguo —ya se tratase, como se ha creído durante largo tiempo, de una pura invención, ya, como parece lo más probable, se haya pretendido revivir en estas leyendas hechos históricos contemporáneos de antiguas emigraciones del este al oeste—. Sea como fuere, las ciudades de Italia meridional, las del Lacio mismo, estaban integradas en la mitología helénica y las tragedias no desorientaban en manera alguna a los romanos; al contrario, confirmaban en ellos el sentimiento de pertenecer a la comunidad cultural mediterránea. Hacía, por lo demás, largo tiempo que el arte etrusco, y también la literatura oral, habían familiarizado a todos los italianos con el repertorio mítico de Grecia. Todo esto explica el gusto que podía encontrar el público en un teatro que se habría podido creer típicamente helénico e inexportable.

Al lado del repertorio griego, cómico o trágico, los primeros poetas latinos trataron de fundar un teatro propiamente nacional, poniendo en escena a personajes romanos. Inventaron la tragedia «pretexta», así llamada porque sus héroes eran magistrados romanos, revestidos de su toga bordada de una faja de púrpura (*toga praetexta*). El asunto era apropiado a la historia nacional: la toma de una ciudad, un episodio célebre de las viejas crónicas, que de esta manera se encontraban igualadas a las aventuras de los héroes legendarios. Desde este punto de vista, el teatro trágico contribuyó ciertamente a reforzar el sentido del patriotismo, a darle una significación espiritual. Ante una tragedia pretexta, los espectadores comulgaban en un mismo ideal de grandeza y de gloria; si es verdad que los héroes trágicos eran semidioses en el teatro griego, los héroes de la tragedia pretexta se beneficiaban de la misma divinización que les había valido sus hazañas. Este sentimiento era tan real que pudo verse, en el año 187 a.C., a un triunfador romano elevar un templo a Hércules Musageta (*Hercules Musarum*); así, el dios triunfador por excelencia, aquel a quien su virtud había abierto el cielo, era consagrado como compañero de las divinidades hijas de Memoria, dueñas de inmortalidad.

El desarrollo del teatro, muy rápido a partir del siglo II antes de nuestra era, no fue duradero. Sin duda hubo poetas para componer tragedias y comedias hasta el final de la República, pero las representaciones se hicieron cada vez menos con vistas al texto y se recargaron de elementos accesorios. El aparato escénico acabó por predominar. Por ejemplo, si el asunto exigía que se representase la toma de Troya, esto era un pretexto para hacer desfilar cortejos inacabables. Los prisioneros encadenados pasaban y volvían a pasar por la escena; se presentaba al público los despojos de la ciudad, cantidades increíbles de oro y de plata, vasos preciosos, estatuas, tejidos orientales, tapicerías, bordados, todo un baratillo cuyo valor intrínseco hería la imaginación de un público habituado a poner la riqueza material por encima de todas las cosas. Al mismo tiempo, esta tendencia al realismo hacía que se realizase un esfuerzo para representar de la manera más verídica los episodios legendarios en todo su horror. No era extraño que un condenado a muerte ocupase el lugar del actor en el momento de la catástrofe. El rey mítico Penteo, por ejemplo, destrozado por las bacantes, era realmente hecho pedazos ante los ojos de los espectadores; las murallas de Troya incendiadas eran un incendio verdadero; Hércules sobre su pira se quemaba realmente. Se llegaba hasta Pasifae, encerrada en la ternera de madera, ofrecida a un toro que se soltaba en la escena. No acusemos por estas salvajadas a la plebe romana de una perversidad o de una crueldad especiales. Apuleyo nos ha contado que en Corinto, en pleno país helénico, los organizadores de unos juegos habían querido aprovecharse de la maravillosa inteligencia del asno en que se había convertido el héroe de su novela para hacerlo unirse públicamente, en pleno teatro, a una mujer condenada por envenenamiento y otras fechorías abominables. La condenada, expuesta a las bestias para ser despedazada, debía comenzar por ser violada, ante los ojos de todos, por un asno.

Nos es difícil comprender el placer que podían proporcionar tales espectáculos. Reflexionando, no obstante, llegamos a explicárnoslo: el teatro, universo encantado —cosa que había sido desde sus orígenes, en la misma Grecia—, escapa a todas las reglas de la moral cotidiana; tiene por ambición y por función transportar a los espectadores a un mundo en el que nada es imposible, donde no se aplican las leyes ordinarias de la naturaleza. También el teatro romano se ha inclinado con frecuencia a convertirse en una especie de comedia de magia.

El universo maravilloso que representa no deberá encontrar nada imposible; al contrario, debe ofrecer a manos llenas riqueza y milagro. El pueblo romano, que se sabe todopoderoso, que se sabe el rey del mundo, quiere que para él, en sus juegos, el sueño pase a ser realidad. Poco importa que el sueño sea cruel, indecente, magnífico, voluptuoso o poético; es necesario que se realice y el público está pronto a silbar al magistrado poco ingenioso o demasiado mezquino para no colmar este deseo.

Se comprende que desde este momento el teatro fuese llevado fuera de las vías de la literatura. Al lado de la comedia literaria existía un género popular salido también, y sin duda más directamente, de la *pompa circensis* original y de las diversiones rústicas: la «atelana», que, originaria de la Campania, donde había sufrido la influencia de la comedia siciliana, se había implantado sólidamente en Roma. En ella se veía evolucionar a cuatro personajes estereotipados: Pappus, el viejo, Dossenus, el jorobado sentencioso, Bucco, el mofletudo, ávido de comida, parásito insolente, y Maccus, el necio. Los temas eran muy sencillos; estaban sacados de la vida diaria. Cada uno de los personajes estaba colocado en una situación dada; por ejemplo, Dossenus era maestro de escuela, o adivino, o soldado, o granjero, y la intervención de sus comparsas daba lugar a situaciones burlescas. Género esencialmente caricaturesco, la atelana seducía por su carácter familiar y no se detenía ante ninguna obscenidad. Con frecuencia la atelana servía de terminación a los juegos escénicos. Se la representaba a la manera de *exodos*, como una especie de parodia de las piezas literarias que habían ocupado la mayor parte del espectáculo.

El mimo era más ambicioso. Introducido sin duda hacia finales del siglo III antes de J. C., se mantuvo —como sucedió con la atelana— hasta el fin de la antigüedad. Respondía a una tendencia profunda del público romano. Tomando sus argumentos de los temas legendarios, como la tragedia y la comedia literaria, no desdeñaba tampoco las intrigas novelescas, tan apreciadas por los poetas cómicos. Las aventuras amorosas eran muy apreciadas en él. Tenemos la impresión de que a veces se limitaba a poner en escena sencillas trovas: la historia de un marido engañado, de un amante oculto en un armario y evacuado fuera de la casa de su bella, todo lo que, por otra parte, había sido popularizado por los cuentos milesios. Los mimos no respetaban nada: ni los hombres ni los dioses. Tertuliano se indigna de verlos arrastrar por los tablados en situaciones infamantes. Por él sabemos que existía un mimo en el que el dios Anubis era presentado como culpable de adulterio, la Luna disfrazada de hombre —sin duda para alguna aventura galante—, Diana castigada a latigazos. Otro poeta había imaginado la muerte de Júpiter y daba oficialmente lectura de un testamento burlesco. Se veía también —lo que hace pensar en las *Aves* de Aristófanes— simultáneamente a tres Hércules comilones, de cuya glotonería se hacía burla. Sería difícil comprender que se pudiese tolerar semejante falta de respeto si no recordásemos que la religión antigua no estaba desprovista de un cierto sentido del humor, tanto en Roma como en Grecia, y que los juegos tenían primitivamente como objetivo hacer reír a los dioses.

En el mimo, el texto importaba poco, sin que no obstante faltase del todo, cosa que nos muestran algunos testimonios, pero el diálogo era muy rudimentario: se reducía bien a bromas pesadas o a máximas morales fácilmente comprensibles. Lo esencial seguía siendo la gesticulación, la danza, todo lo que se dirigía a los sentidos más que a la inteligencia abstracta. Más aún que el teatro literario, la mímica era el dominio por excelencia de lo maravilloso. Plutarco nos hace saber, por ejemplo, que, bajo el reinado de Vespasiano, se presentó un mimo en el que se veía un perro que representaba tomar un narcótico y al que se había enseñado a simular el sueño y después, gradualmente, un despertar pausado. Mientras en la comedia y la tragedia —así como en la atelana— los papeles femeninos eran representados por hombres, en la mímica lo eran por mujeres, lo que provocaba en el populacho pasiones repentinas; se exigía que la actriz bailase sin ningún velo, pero con mucha frecuencia las peripecias del papel bastaban, por sí mismas, para colmar todos los deseos del público.

Era en esta atmósfera de magia y de realismo, de poesía y de trivialidad, donde se desarrollaron los juegos romanos. Incluso las carreras de carros o los combates de gladiadores están impregnados de ellas: nada, en el circo, en el anfiteatro, en el teatro, es simplemente lo que parece ser. Todo está aureolado de extrañeza y reviste una importancia sin relación con la simple realidad. La victoria de tal o cual cochero en una carrera de carros tomaba las proporciones de una victoria nacional, y, para los vencidos, de una catástrofe pública. Fuerza es creer que el espíritu deportivo no basta para explicar estas pasiones. Cuatro facciones estaban representadas bajo el Imperio: los Blancos, los Azules, los Verdes y los Rojos, y el público favorecía a la una o a la otra, más que a tal o cual cochero —lo que habría acontecido si se hubiese tratado de un apasionamiento puramente deportivo—. Estas facciones permanecían incluso cuando cambiaban los conductores encargados de hacer triunfar su color. Y eran siempre los mismos *fautores* (nosotros diríamos hoy día «hinchas») quienes aplaudían a su favorito entre los cuatro. Se ha hecho observar recientemente que esto no puede tener otra razón que la de que cada color había sido adoptado por una clase social que lo había tomado como símbolo y se identificaba con él. Así, se observa que Calígula, Nerón, Domiciano, Lucio Vero, Commodo y Heliogábalo, que fueron los más «democráticos» entre los emperadores, favorecieron todos ellos a los Verdes. Cuando Juvenal evoca una carrera escribe: «Roma entera está hoy reunida en el Circo, un gran ruido llega a mis oídos y de ello deduzco que el éxito favorece al Verde. Pues si fuese vencido, veríamos a nuestra ciudad triste y abatida como si los cónsules hubiesen sido vencidos en la polvareda de Cannas». Lo que supone, evidentemente, que la masa popular era partidaria de la facción Verde. El Senado, al contrario, y la aristocracia tradicionalista se identificaba con los Azules, y vemos al emperador Vitelio castigar con pena de muerte a los partidarios de los Verdes por haber «hablado mal de los Azules». Bajo las apariencias de una simple competición deportiva se jugaban intereses mucho más graves: ¿los dioses no concedían la victoria a quien les parecía mejor, y esta victoria no era la prueba de que los dioses habían querido favorecer, al mismo tiempo que a los cocheros y a sus tiros, a todos aquellos que se habían identificado voluntariamente con ellos y les habían confiado su suerte?

El espectáculo de las carreras ha despertado poderosamente la imaginación de los modernos, que se complacen en evocar los carros tirados por dos o cuatro caballos, los cocheros de pie, vestidos con una túnica sin mangas, estrechamente ajustada al pecho, tocados con un gorro de cuero, la parte media del cuerpo rodeada por las riendas que han ajustado a su cintura. El carro era una simple caja montada sobre dos ruedas, como en otro tiempo los carros de guerra; pero era de una gran ligereza y sólo el peso del hombre le daba alguna estabilidad. El más pequeño choque podía ser fatal, pues a gran velocidad el carro volcaba, las ruedas se rompían, las riendas se entrelazaban, mientras que el hombre no tenía otro recurso que coger, si le era posible, el cuchillo que llevaba a la cintura y cortar las ataduras de cuero que lo unían a su carro. Si no lo conseguía, su cuerpo era arrastrado por los animales y rebotaba en la pista, topando con la *spina* o contra las barreras exteriores.

En el momento de la salida, los concursantes estaban aparcados cada uno en un cercado obstruido por una barrera. Encima de ellos, el magistrado que presidía los juegos daba la señal desde un balcón, lanzando un paño blanco. En tal instante caían las barreras y los carros se disparaban todos a la vez. Recorrían siete veces el contorno del circo, es decir, una distancia como de unos siete kilómetros y medio. A cada vuelta, se descolgaba uno de los «huevos» suspendidos encima de la *spina*. Cuando todos habían sido descolgados, era el momento más apasionante de la prueba. Los carros se esforzaban por obtener el mejor lugar en el interior del circuito, rozando el borde lo más cerca posible. Muchas esperanzas se hundían cuando la rueda de algún carro se rompía contra la piedra. La torpeza o la mala suerte del conductor causaba generalmente otras desgracias, pues los concursantes, incapaces de detener el arranque de sus tiros, topaban con el «náufrago» y perecían con él, y en la multitud algún partidario de la facción adversa se regocijaba viendo el éxito de las plegarias que secretamente había dirigido a los dioses infernales, enterrando en alguna tumba, para estar más seguro de alcanzar el favor de las divinidades subterráneas, una lámina de plomo en la que había inscrito las fórmulas mágicas «consagrando» a los infiernos a los cocheros de los otros colores.

Hemos dicho que los combates de gladiadores fueron introducidos en Roma en los juegos fúnebres de Junio Bruto, en el año 964 a.C. No eran entonces más que un rito funerario, pero bien pronto los romanos se aficionaron a ellos. Mientras en los juegos del año 264 no se presentaron más que tres parejas de gladiadores, fueron veintidós cincuenta años más tarde, en los de Emilio Lépido. Con la ayuda de la emulación, fueron bien pronto centenares los gladiadores que se enfrentaron en la arena. Los grandes señores quisieron tener sus tropas personales, que mantenían en sus dominios, lejos de la ciudad, de forma que en tiempos de César fue necesario limitar, por medio de un senadoconsulto, el número de gladiadores propiedad de un mismo particular. Se quería evitar la formación de bandas armadas enteramente consagradas a su dueño y dispuestas a participar en algún golpe de mano. Ya la guerra de Espartaco había mostrado la gravedad del peligro, pues fueron gladiadores evadidos de una escuela de Capua quienes formaron el primer núcleo de la rebelión. Los principales cabecillas de las guerras civiles, Milón y Clodio, el uno de la parte del Senado y el otro de la de los *populares*, no dejaron de emplear gladiadores que les servían de guardaespaldas y también de *bravi*. Pero existían asimismo empresarios profesionales de espectáculos que mantenían bandas de gladiadores para alquilarlos —a veces muy caros— a los magistrados que tenían por misión celebrar juegos. Bajo el Imperio hubo gladiadores imperiales. Pertenecían a la casa del príncipe con el mismo título que el resto de sus gentes y servían para realzar los juegos organizados por el emperador mismo.

No todos los combatientes de la arena eran gladiadores profesionales. A menudo se utilizaban condenados a muerte que eran enfrentados, casi sin armas, a adversarios armados o a bestias feroces. Ésta era una forma de ejecución que siguió siendo practicada durante largo tiempo, pero no se exponía a las bestias más que a los esclavos y a los hombres libres que no poseían el derecho de ciudadanía romana. Ciertos condenados, escogidos entre los más jóvenes y vigorosos, en lugar de ser simplemente conducidos a la muerte, eran enrolados en una escuela y sometidos a un entrenamiento que hacía de ellos profesionales. De esta manera tenían el medio, si no de «rescatarse» por su valor, sí de escapar por lo menos del suplicio si después de tres años de aquella vida habían tenido la habilidad o la suerte de sobrevivir. Entonces recibían, como todos los demás gladiadores «retirados», la varilla sin hierro que los liberaba.

Al lado de los condenados de derecho común aparecían también con frecuencia en la arena prisioneros de guerra; bajo el reinado de Claudio fue célebre la matanza de los prisioneros británicos, en el año 47. Se sabe igualmente, por el testimonio de Josefo, que Tito se desembarazó de los prisioneros judíos en el curso de varios espectáculos, en Beritos, en Cesarea de Palestina y en otras varias ciudades de Siria. Esta costumbre se perpetuó a través de todo el Imperio, pues vemos a Constantino tratar de la misma manera a los vencidos bructeos.

Pero al pueblo no le gustaban mucho estas exhibiciones sangrientas. Prefería los combates más perfectos en los que los adversarios estaban entrenados por igual y poseían la ciencia de las armas. De esta manera, los voluntarios eran muy buscados y ser gladiador se convertía en una profesión. Quien tuviese el deseo de hacerse gladiador se inscribía en una «familia» perteneciente a un *lanista*. Prestaba un juramento terrible a aquel que iba a ser su amo, aceptando anticipadamente los peores tratamientos: dejarse pegar, quemar, herir, matar, según el capricho del amo. Después de lo cual era destinado a una escuela, verdadero cuartel donde comenzaba su entrenamiento bajo la dirección de monitores, que eran veteranos de la profesión.

En estos cuarteles reinaba una disciplina terrible. Fuera de los combates y de las sesiones de entrenamiento, todas las armas eran cuidadosamente guardadas en un local seguro (*armamentarium*) y los hombres no tenían sino muy raramente permiso para ir a la ciudad. Los indisciplinados eran sujetados con grilletes, azotados y marcados con hierros candentes. Pero la buena condición física de estos hombres, que, llegado el día, debían someterse a un esfuerzo considerable, era objeto de una atención constante. Se les alimentaba muy bien; existían alimentos especiales prescritos por los médicos para mantenerlos en buena forma. En fin, la víspera del combate en el que debían aparecer, los gladiadores tenían derecho a una *libera cena*, una comida particularmente fastuosa que, para muchos, debía ser la última. A esta comida, celebrada en público, asistían los curiosos y observaban a los combatientes de mañana. Éstos hacían todo lo posible para parecer despreocupados, beber y comer alegremente, y, con seguridad, muchos eran felices por la ocasión que al fin se les presentaba de mostrar su bravura. Séneca nos ha conservado el dicho de un gladiador célebre que, en tiempos de Tiberio, cuando los juegos eran poco frecuentes, se lamentaba de pasar en la inacción «los mejores años de su vida».

Es bien cierto que entre los gladiadores reinaba en el más alto grado el sentimiento del honor de las armas y el desprecio de la muerte. Acaso algunos pensaban que la intrepidez de la que habían dado prueba era su mejor salvaguardia ante un público cuyo favor sólo se concedía a los valientes y que, a veces, pedía el perdón para un combatiente desgraciado si había sabido mostrarse valeroso. Pero muchos no tenían ni siquiera necesidad de hacerse tal cálculo para seguir practicando el oficio que habían escogido. Se consideraban soldados: su vocación era matar, o morir. ¿No estaban mantenidos, pagados —y a veces muy bien— para ello? No es de admirar que bajo el Imperio se hubiese llamado varias veces a los gladiadores para servir en el ejército. Llegado este caso, no cedían en nada a los otros soldados: ligados por su juramento, sabían ser heroicos, incluso fuera de la arena.

Los gladiadores, bajo el Imperio, no eran ya considerados sólo como condenados a muerte en espera de ejecución, sino como atletas especialmente valientes, ya que arriesgaban su vida. Así, no era extraordinario ver a jóvenes de buena familia bajar a la arena como «aficionados» y dar de este modo testimonio de su valor. Commodo llegó a combatir públicamente: lo hizo en «nuevo Hércules», conforme a su ambición de demostrar que su *virtus* imperial no era simplemente una afirmación gratuita, sino una realidad.

El armamento y el vestido de los gladiadores nos son bien conocidos por lo que hace al período imperial, gracias a los numerosos monumentos en que figuran. Habían acabado por formarse tradiciones y se distinguían numerosas categorías de combatientes que se tenía buen cuidado de oponer en parejas con el objeto de obtener calculados efectos dramáticos. Había, por ejemplo, hombres poco armados que no llevaban más que un casco con visera, un escudo y una espada. Se los llamaba «seguidores» (*secutores*) y su ligereza en atacar y en separarse era muy apreciada. Otros combatientes rápidos eran los reciarios (*retiarii*). Iban provistos de una red con plomos colgantes, parecida a la de los pescadores, y una horquilla generalmente con tres puntas, a veces con más, como las de los pescadores de atún. Iban casi desnudos, a excepción de una corta túnica, de un ancho cinturón de cuero y de un brazal que protegía su brazo izquierdo.

Los gladiadores provistos de armamento pesado comprendían diversas variedades. Los más frecuentemente presentados eran los mirmilones, los samnitas, los galos, los tracios. Todos llevaban casco, coraza y escudo, y como armas ofensivas estaban provistos de una espada y de un puñal. La forma del escudo y la de la espada variaban. Los samnitas, por ejemplo, se cubrían con un escudo muy largo y cóncavo; su espada era corta. Los tracios se contentaban con un escudo pequeño y redondo; su espada era una especie de cimitarra. Existían también gladiadores enteramente recubiertos de hierro, a la manera de los caballeros de la Edad Media, pero que combatían a pie. Sólo se los podía vencer derribándolos y apuñalándolos por un intersticio de la coraza o por las aberturas dejadas para los ojos.

Como puede verse, estos tipos de combatientes estaban tomados de los diferentes ejércitos con los cuales se habían medido los romanos, y, naturalmente, han variado y se han diferenciado a medida que crecía la experiencia de las legiones. Tenemos la prueba de este hecho cuando fueron introducidos los *essedarii*, gladiadores que combatían en un carro tirado por caballos. Esta innovación, debida sin duda a César, era una novedad traída de la campaña contra los bretones, cuyos ejércitos comprendían unidades de este tipo. César quiso enseñar de esta manera al pueblo romano a qué clase de combate habían debido adaptarse sus tropas. Además, el virtuosismo de los *essedarii*, hábiles para retener sus tiros de caballos en las pendientes más pronunciadas y avanzar puestos en equilibrio sobre el timón de su carro, a saltar en pleno galope sobre el lomo de un caballo, todo contribuía a formar un espectáculo particularmente selecto.

Estos diversos gladiadores no eran opuestos por azar. Por ejemplo, jamás un reciario combatía con otro reciario, sino siempre con un *secutor*, un tracio o un mirmilón. Los *essedarii* combatían los unos contra los otros.

La conciencia de los modernos se escandaliza con frecuencia —y no sin motivo— del gusto testimoniado por los romanos hacia juegos tan sangrientos. Pero no sería justo denunciarlo como una tara exclusiva de los latinos de Roma. Hemos dicho que los combates de gladiadores eran de origen extranjero y que no aparecieron en la misma Roma hasta relativamente tarde. Desde ciertos puntos de vista, son una supervivencia arcaica de ritos itálicos, y su carácter religioso es innegable. A los mejores de entre los romanos no les gustaban tales ritos. El público estaba formado sobre todo por la plebe urbana, entre la que se encontraban hombres llegados de todos los países del Mediterráneo. El gran momento de los combates de gladiadores data precisamente de la época en que la plebe había dejado de ser propiamente romana, y nadie se admirará al comprobar que las ciudades de Oriente no tenían nada que envidiar a Roma en el número ni en la crueldad de estos espectáculos. Se debe deplorar lo que es una mancha de la civilización antigua entera, una concesión deplorable al gusto universal de las masas populares por la crueldad, pero sería ilógico cerrar los ojos a lo que otras épocas han podido tolerar y que testimonian un desprecio semejante por la vida humana. No olvidemos, en fin, que estos combates en la arena no se veían desde las graderías sino como siluetas disminuidas por la distancia, y sus gestos de ataque y de defensa como las peripecias de un drama deportivo más bien que como la agonía de unos seres humanos.

De la misma manera que los juegos escénicos, los espectáculos del anfiteatro estaban dominados por el deseo de lo maravilloso, de lo inédito, por la búsqueda de lo imposible. Algunos testimonios dispersos nos hacen conocer curiosas tentativas de exotismo, por ejemplo, la mención de los *gladiatores laquearii*, que estaban armados con una especie de lazo y que derribaban de lejos a sus adversarios ciñéndoles las piernas o los brazos. De la misma manera que los reciarios eran pescadores de atún transportados a la arena, los *laquearii* son evidentemente «vaqueros» transformados en cazadores de hombres. Todo lo que había en el mundo de más raro y de más pintoresco debía ser presentado al pueblo en la arena. Sin ninguna duda, para satisfacer esta ambición César imaginó ofrecer a los romanos el espectáculo de una batalla naval.

Tras su triunfo del año 46, el victorioso dictador hizo cavar en el Campo de Marte un lago artificial en el que se enfrentaron dos flotas que fueron bautizadas la una como «tiria» y la otra como «egipcia». Los navíos eran barcos de combate, estaban movidos por remeros y tripulados por soldados que libraron entre sí una batalla encarnizada.

Un espectáculo semejante fue dado de nuevo por Augusto, quien, en el año 2 a.C., hizo excavar *ex profeso* la Naumaquia de Transtevere y construyó, como hemos recordado, un acueducto especial a fin de alimentarla. Esta vez, las flotas fueron las de los «persas» y los «atenienses»; si se quiere, una especie de reconstrucción de Salamina. Más tarde, los anfiteatros que se construyeron fueron acondicionados para ser transformados en naumaquias. Los historiadores han conservado el recuerdo de la gran batalla naval que señaló la inauguración de los trabajos de desecamiento del lago Fucino, bajo Claudio. Diecinueve mil hombres fueron empeñados en el juego.

Vemos así cómo los combates de gladiadores acabaron por igualarse a los espectáculos mímicos en cuanto a realismo y grandiosidad. Desde el siglo III a.C., otro elemento maravilloso, los animales exóticos, habían contribuido a reforzar los juegos del anfiteatro. Se comenzó con una exhibición de elefantes, cuatro bestias de combate capturadas durante la campaña contra Pirro, en el combate bajo Benevento (275 a.C.). Veinticuatro años más tarde, en el 251 a.C., fueron los cien elefantes capturados con ocasión de la victoria de Palermo sobre los cartagineses. Su exhibición formaba parte del gran desfile del botín de guerra, pero al mismo tiempo sabemos que para impresionar la imaginación de los espectadores, los organizadores de los juegos hicieron realizar a estos animales varias evoluciones bajo la dirección de esclavos con bastones.

Una vez que África estuvo abierta a los romanos, los animales exóticos ya no faltaron. Ya a comienzos del siglo I a.C., se mostró al pueblo un avestruz. Bien pronto fueron leopardos y leones. Los reyes númidas, vasallos de Roma, abastecieron con gusto de bestias africanas a los grandes señores romanos con quienes les unían lazos de hospitalidad o que pensaban que podían prestarles servicios. Cada triunfador traía de su provincia algunos ejemplares de la fauna local.

Estos animales eran a veces simplemente expuestos a la curiosidad de la multitud: así las serpientes, los pájaros multicolores llegados de la India o de los confines de Etiopía; pero a veces eran empleados en combates. De la misma manera que era común oponer entre sí a gladiadores provistos de diferentes armas, también se oponían leones a elefantes, leones a tigres o a toros. El placer que se obtenía de estas luchas desiguales estaba compuesto de curiosidad y de un sentimiento más sutil: la satisfacción de ver a lo vivo el nacimiento del instinto y los recursos secretos de la naturaleza.

La tradición de las luchas entre animales y cazadores era muy anterior a los juegos romanos. Aparece ya en las pinturas minoicas, y Platón ha contado cómo en la mítica Atlántida se celebraba en fechas fijas el sacrificio místico de un toro. Es muy probable que la intervención de los espectáculos de animales en los juegos romanos se una a ritos de esta clase, cuya significación verdadera se habría borrado en sus tres cuartas partes. No se olvidará, de todas maneras, que el aparato escénico de las *venationes* utilizaba en gran medida los temas mitológicos, en los que sobrevivía confusamente el recuerdo de una zoolatría primitiva. El ciclo de Heracles, tan rico en episodios cinegéticos, contribuyó a mantener un valor sagrado en tales espectáculos. Se sabe que el emperador Commodo, de la misma manera que quiso ser gladiador en la arena, descendió a ella también como cazador y probó así su *virtus* divina. Imaginación y sentido de lo sagrado intervinieron de este modo para dar a las matanzas de animales una dignidad que hoy encontramos difícil conferirles. El gusto por tales espectáculos responde a una tendencia muy profunda del alma romana: el deseo de volver a encontrar en su pureza original las formas primordiales de la naturaleza y de comulgar con ellas en una especie de bautismo sangriento, de sacrificio colectivo en el cual la multitud se une al bestiario.

Los días en que se celebraban juegos habían ido multiplicándose en el curso de los siglos, al mismo tiempo que los programas se sobrecargaban de invenciones nuevas. No obstante, se trataba de un placer relativamente excepcional. En tales días toda la vida urbana se interrumpía y el pueblo entero se amontonaba en el teatro, en el anfiteatro o en el circo. Los otros días, no obstante, la ciudad tan laboriosa como puede serlo una ciudad moderna. La vida romana sabía dar al ocio, al placer diario. un lugar mucho más amplio que el que le damos en nuestra vida moderna. La gente se levantaba temprano, sin duda, y la mañana estaba ocupada por los deberes del Foro, de la política o de los negocios, pero el sol estaba todavía lejos de descender en el horizonte cuando ya el trabajo se interrumpía y se iniciaba el ocio. Hacia las tres en invierno y las cuatro en verano, el Foro se vaciaba, se cerraban las puertas de las basílicas —a veces era necesario soltar perros para obligar a irse a los rezagados—, los tribunales suspendían la audiencia e incluso los que hacían discursos bajo los pórticos se dirigían en pequeños grupos hacia las termas. Todas las clases sociales respetaban este rito; el comienzo de la tarde era consagrado por cada uno a sí mismo. Horacio nos presenta incluso gentes humildes que aprovechaban de tal modo su ocio; por ejemplo, un liberto, que por la mañana vendía, a otros tan pobres como él, ropas viejas, se sentaba a la sombra después de haberse hecho afeitar por un barbero en plena calle, y allí, muy a gusto, se aseaba largamente las uñas. Al despuntar el día siguiente volvería a ganarse la vida. Hasta entonces se contentaba con vivir.

Las termas imperiales, multiplicadas en el curso del siglo I de nuestra era, habían puesto el lujo de los baños al alcance de todos, y se ha escrito que las termas eran las «villas» de la plebe. Se encontraba en ellas toda clase de placeres y de cosas deleitosas. Los aficionados a la lectura disponían de bibliotecas, los que hacían discursos en pórticos y bosquecillos en donde encontrar a sus amigos. En las terrazas era posible tomar baños de sol, recomendados por los médicos, y espacios descubiertos permitían jugar a la pelota.

El mismo baño era una operación larga y compleja que se realizaba en compañía. Una vez que se habían desvestido en el vestuario (*apodyterium*), donde se dejaba —útil precaución contra los ladrones— a un pequeño esclavo al cuidado de la túnica, manto y sandalias, se penetraba en una pieza tibia (*tepidarium*), donde el cuerpo se habituaba al calor. Después se pasaba a la estufa (*sudatorium*), cuyo aire sobrecalentado y seco provocaba una transpiración abundante. Se permanecía en ella largo tiempo, mientras se cambiaban mil observaciones con los amigos o con aquellos que el azar había puesto al lado. De tiempo en tiempo se sacaba con la mano un poco de agua de un pilón y con ella se rociaba todo el cuerpo para provocar una reacción saludable, después de lo cual se efectuaba la unción. Los bañistas empezaban por limpiar su cuerpo, cubierto de sudor y de polvo, con la ayuda de una pequeña toalla llamada *strigile*, y luego, un masajista, con las manos untadas de aceite perfumado, trabajaba cada músculo, mientras el cliente se abandonaba al relajamiento.

El paso de una sala a otra requería mucho tiempo. El apetito se abría mientras tanto y se compraba a los vendedores, que circulaban de grupo en grupo, toda clase de golosinas que se masticaban en espera de la comida. Una carta de Séneca muy célebre evoca la atmósfera ruidosa y animada de las termas:

«Imagínate —escribe Séneca— toda clase de gritos ... Mientras los deportistas se ejercitan trabajando con las poleas, en tanto que se esfuerzan o por lo menos así lo representan, oigo gemidos; cada vez que vuelven a coger el ritmo de la respiración se percibe un silbido y una respiración aguda. Cuando se trata de un perezoso o de alguien que se contenta con una fricción barata, oigo el palmoteo de las manos en las espaldas, y según éstas peguen de plano o de hueco, el sonido que producen es diferente. Si encima aparece un jugador de pelota que se pone a contar los golpes, ¡toda tranquilidad se ha terminado! ... Añade a esto el pendenciero, y el ladrón cogido con las manos en la masa, y el hombre que se complace oyendo su voz mientras se baña. Añade también a todo ello gentes que saltan a la piscina en medio del estrépito de las salpicaduras del agua. Pero todos éstos tienen al menos una voz normal. Imagínate la voz aguda y agria de los depiladores ... que de repente lanzan gritos, sin callarse nunca sino cuando depilan los sobacos y entonces hacen gritar a los otros en su lugar. Hay todavía los gritos variados del pastelero, del vendedor de salchichas, del vendedor de panecillos y de todos los mozos de taberna que anuncian su mercancía con una melopea característica».

Terminado el baño se iba a cenar. Era uno de los momentos del día consagrados a la amistad y era muy corriente estar convidado en el caso de que uno mismo no tuviese invitados. Esto pasaba incluso entre las gentes más sencillas. Pero, naturalmente, los grandes señores se ofrecían mutuamente comidas fastuosas. Los romanos mismos no han dejado de criticar, en términos con frecuencia muy violentos, el lujo de la mesa. Parecería al oírlos que sus contemporáneos se las hubiesen ingeniado para gastar fortunas enteras en satisfacer su glotonería o su fantasía. En realidad, cuando examinamos los testimonios objetivos, nos admiramos, sobre todo, por la frugalidad general en la cual los menores refinamientos semejaban extravagancias. Nuestros mercados, tal como los vemos hoy día, habrían parecido monstruosos a los romanos, que se escandalizaban de que alguien se atreviese a cultivar los espárragos para mejorar sus especies, en lugar de contentarse con las variedades silvestres. Plinio el Viejo condena el comercio de productos exóticos y también, en cierta medida, el de los pescados de mar procedentes de lejanas costas. Sin duda, bajo la República, el Senado había decidido imponer leyes suntuarias que restringían el lujo de la mesa, pero estas leyes entraban en la política general que tendía a mantener las tradiciones de austeridad que se consideraban necesarias para salvaguardar la pureza de las costumbres. Se vio que tales leyes no tenían gran efecto; ¿cómo se hubiera podido privar a todo un pueblo enriquecido por sus conquistas de los refinamientos de los que los vencidos gozaban desde hacía largo tiempo? Es significativo que uno de los más célebres gastrónomos de los últimos momentos de la República haya sido Lúculo, que había hecho la campaña de Asia contra Mitrídates y había podido apreciar la dulzura de la vida en las ciudades orientales. Se debe sobre todo a Lúculo la aclimatación en Italia del cerezo, lo que hoy día no nos parece una innovación muy condenable. A finales del siglo II a.C., el filósofo estoico Posidonio presenta como uno de los rasgos característicos de las costumbres romanas la gran sobriedad en las comidas. En esta época hacía largo tiempo que en las ciudades helenísticas del Oriente y de la propia Grecia habían adoptado costumbres culinarias complicadas. Éstas penetraron en Roma lentamente y no sin grandes resistencias.

Bajo el Imperio existía un arte de la cocina del que podemos tener cierta idea gracias a un libro cuyo autor conocemos con el nombre de Aspicius, un gastrónomo célebre. Esta cocina era muy rica en especias y en hierbas aromáticas, ya indígenas, ya importadas de Oriente. Se empleaba en abundancia la pimienta, en grano o molida; el comino, el hinojo, el ajo, el tomillo, la cebolla, la ruda, el perejil, el orégano, el *silphium* (una umbelífera aromática originaria de Cirenaica y cuya especie sin duda hoy día ha desaparecido), y sobre todo el *garum*. Este *garum*, que entra en la mayor parte de las preparaciones, es análogo al *nioc-nam* de los indochinos: es una maceración en sal de intestinos de peces, principalmente de atunes y de caballas. Este producto, de sabor muy fuerte, se preparaba en toda la cuenca del Mediterráneo; era especialmente apreciado el que procedía de las pesquerías de Gades (Cádiz). Había de muchas calidades, unas muy costosas, las otras baratas. Se utilizaba también el *alec*, residuo que quedaba en las jarras una vez exprimido el *garum* líquido.

He aquí, por ejemplo, la receta de un «pato, grulla, perdiz, tórtola, paloma torcaz, palomo y otra ave»:

«Limpiar y adornar el ave, ponerla en una marmita de tierra; añadir agua, sal y eneldo y hacerlo reducir hasta media cocción. Cuando el ave está todavía dura, retirarla y ponerla en una olla de hierro (*caccabum*) con aceite y *garum* y también un poco de cebolla y coriandro. Casi acabada la cocción, añadir una pequeña cantidad de vino cocido para darle color. Machacar pimienta, apio (o apio de las montañas), comino, coriandro, una raíz de *silphium*, ruda, vino dulce, miel; aliñar el pájaro con su propio jugo, completar con un hilillo de vinagre. Volver a poner esta salsa para reducirla en la olla de hierro, ligarla con almidón y servir en un plato con el jugo».

Había recetas mucho más complicadas, como la del «cerdito de jardín», que se comenzaba por vaciar «por la boca, a la manera de un cuero de vino», y que se llenaba de pollos rellenos, de salchichas, de carne de cerdo, de tordos, de papahígos, de dátiles deshuesados, de cebollas ahumadas, de caracoles y de toda clase de hierbas. Después se le volvía a cocer y se lo asaba al horno. Después de la cocción, se sajaba el dorso y se impregnaba la carne de una salsa hecha con ruda, *garum*, vino dulce, miel, aceite...

Estas recetas nos hacen imaginar una cocina de sabor fuerte, en la que se unían los gustos azucarados y salados, desnaturalizando el aroma propio de cada cosa. El arte del cocinero consistía en hacer irreconocible el aspecto de los manjares; por ejemplo, dar a un cuarto de cerdo la apariencia de un ave, a las tetinas de las marranas (que eran muy estimadas) la de un pescado. Eran particularmente solicitadas las aves que se hacían traer de lejos: el faisán, importado de la región del Ponto Euxino; la pintada, venida de Numidia; el flamenco, de Egipto o de África; pero también la caza indígena: tordos, perdices, etc., y las aves de corral italianas, como las gallinas, los pájaros, los patos, que no estaban aún más que semidomesticados.

Macrobio nos ha conservado la carta de una comida oficial ofrecida a un grupo de sacerdotes en tiempos de César. He aquí su detalle: primeramente moluscos de mar, ostras, mejillones, un tordo sobre espárragos, una gallina hervida, castañas y una salsa de mejillones y ostras. Estos manjares eran consumidos a título de entremeses y acompañados de vino dulce. Después venía el primer plato con otros moluscos, peces de mar, papahígos, filetes de jabalí, pasteles de aves y caza. El plato principal consistía en tetinas de marrana, una cabeza de cerdo, guisados de pescado, de pato, de liebre, aves asadas... Desgraciadamente, ignoramos cuál fue el postre. Estos manjares eran, para cada servicio, ofrecidos simultáneamente en un plato a cada convidado, que escogía según su gusto. Los comensales estaban tendidos sobre tres camas, en torno de una mesa, dispuestas en herradura: era el *triclinium* —aunque el nombre designaba también el comedor entero—. Cada cama era de tres plazas, de manera que la mayor parte de las comidas no sobrepasaban en mucho los nueve convidados —el número de las Musas—. En torno de las camas circulaban los servidores; los esclavos personales de los convidados estaban también presentes, atentos a anticiparse a los deseos de su amo.

Terminada la comida, se comenzaba a beber. Era el comienzo de la *comissatio*, más o menos ruidosa según el temperamento y el humor de los convidados. El escanciador mezclaba previamente vino y agua en una crátera. El vino se bebía raramente solo; estaba muy cargado de alcohol, a fin de poderlo conservar, pues la vinificación era todavía muy imperfecta; espeso, mezclado a veces con diferentes substancias, era preciso aclararlo. A ciertos vinos se les añadía agua de mar, pero lo más frecuente era agregarles sólo agua tibia. Era un «rey del festín», designado por los comensales, quien fijaba la cantidad de copas que cada uno había de beber y la fuerza del vino. Si el «rey» era un hombre sosegado, todo marchaba de la mejor manera; se conversaba tranquilamente, se jugaba a los dados y a las tabas, se escuchaba a cantores, o músicos, o recitadores, se admiraba a juglares o equilibristas. Pero si el «rey» no sabía mantener a sus «súbditos» en sus justos límites, llegaba la embriaguez y con ella todos los desórdenes, hasta el momento en que los invitados regresaban a sus casas, sostenidos por sus esclavos.

Habitualmente, las mujeres no asistían a toda la comida, y para ocupar los lechos, entre los hombres, no había más que las cortesanas. Madres de familia y niños tomaban sus comidas sentados a una mesa particular, en el comedor. Tal era por lo menos la tradición; aunque es verdad que entre la aristocracia, las mujeres, por lo menos bajo el Imperio, tomaron la costumbre de compartir los banquetes, cuando no los daban ellas mismas.

Sería inútil insistir sobre los excesos de que nos hablan los autores antiguos. No juzguemos todas las comidas en base a la del liberto sirio Trimalción, que nos describe Petronio. Guardemos de él un rasgo particularmente significativo: el deseo de transformarlo todo en espectáculo, de presentar la comida como una pantomima que hacía, por ejemplo, que el servicio de un jabalí fuese presentado por servidores disfrazados de cazadores. Son los juegos del teatro trasladados al comedor, la misma búsqueda de lo imposible o por lo menos de lo maravilloso, que nos ha parecido tan característica de la imaginación romana.

Si el cuadro de Roma en tiempos de los reyes y al comienzo de la República nos ha mostrado una plebe miserable cargada de deudas, si el análisis de las condiciones económicas en el campo revela la existencia de trabajadores en condiciones bien precarias, prácticamente unidos al suelo que cultivaban por cuenta del amo lejano, se nota al contrario que la población de la ciudad, por lo menos después de la revolución de Augusto, era en general muy feliz. El Imperio había nacido de una reacción contra la oligarquía senatorial; César, en un principio, se había apoyado en la plebe, y Augusto, a pesar de todas sus consideraciones respecto al Senado, nunca dejó de pensar en el bienestar de los humildes. Los julio-claudios consideraron a Roma como su protegida y se mostraron generosos con ella: trabajos públicos, abastecimientos, espectáculos, todo lo tomaron a su cargo. Algunos de entre ellos, Nerón sobre todo, fueron muy queridos por el pueblo, y sería inútil explicar este sentimiento, muy duradero, por una comunión en la bajeza. Más tarde se verá a Trajano, después a Adriano y a otros, organizar una verdadera administración de la beneficencia. Lo que en las ciudades provinciales era una especie de caridad ejercida espontáneamente por las grandes familias en provecho de los humildes, fue en Roma un servicio público. Se recogía a los huérfanos, se dotaba a las jóvenes. Todo esto se añadía a las distribuciones de víveres impuestas por la tradición. No pensemos que todo fuese puro cálculo, que los emperadores pensasen comprar, por medio de regalos, la sumisión popular: tal cosa equivaldría a sostener que todo régimen político-social que se preocupa de evitar con el máximo esfuerzo la mayor cantidad posible de sufrimientos, no lo hace más que para asegurarse partidarios. El principio de la distribución de víveres a los indigentes había sido inspirado a los Gracos por su consejero, el estoico Blossius de Cumas, que distaba de ser un político demagogo. Pero se encontraba justo y humano repartir por lo menos una parte de los frutos de la conquista entre los ciudadanos, aunque fuesen libertos desde fecha reciente.

No es asombroso comprobar que los ciudadanos de Roma fueron más felices y mejor tratados que los de las otras poblaciones del Imperio; lo mismo pasaba, aunque en grados diferentes, con los habitantes de las demás ciudades, porque era hacia las ciudades donde afluía la riqueza y donde ésta podía más fácilmente distribuirse, desde los poseedores hasta los que nada tenían. La sociedad antigua, háyase dicho lo que se quiera, estaba sostenida por una verdadera solidaridad humana —solidaridad de clan, aunque electiva— cuyo ideal procedía de la época en que cada ciudad, mantenida en unos estrechos límites, debía defenderse a fuerza de cohesión contra ataques incesantes. Muy pronto los romanos elevaron un altar a la diosa Concordia, que no era otra cosa que la unanimidad cívica. Por lo tanto, sería muy injusto llamar corrupción degradante a la liberalidad, incluso a la magnificencia de los príncipes con respecto a la plebe.

Por todas estas razones, la vida en la ciudad era más placentera que en otros lugares; Roma, la más rica de todas las ciudades, era aquella en que la dulzura del vivir había de ser, de manera bien natural, la mayor de todas. Los grandes ostentaban un fasto a veces increíble —aunque parezca mezquino al lado de las prodigalidades que otros siglos han podido conocer—, pero el resto del pueblo hacía algo más que recoger sus migajas, o, lo que es peor, adquirir alguna parte de dicho fasto al precio de un trabajo duro y sin descanso. Las estatuas traídas de Oriente, los mármoles preciosos y los objetos de arte ornamentaban los pórticos y las termas. Las tabernas de Roma eran las mejor surtidas del mundo, sus tiendas las mejor abastecidas en todo género de mercancías, sus fuentes las más numerosas, sus aguas las más frescas y más puras. En aquella multitud, acaso mimada por sus amos, había también, qué duda cabe, esclavos, cuya suerte no era ciertamente envidiable, pero muchos de ellos no tardaban en ser libertos; incluso los que permanecían en condición servil, tenían su parte en los placeres de la ciudad, naturalmente placeres a su medida —aquellos que echa de menos, en el fondo del dominio de la Sabinia, el intendente de Horacio—. El acceso a las más altas funciones no les estaba vetado; bajo Claudio, bajo Nerón, bajo Domiciano, y cada vez más, a medida que se opera la inmensa mezcolanza de la capital, los libertos tienen un papel importante. Juvenal se queja de que «el Orontes desemboque en el Tíber», y que los orientales acudan en multitud a la conquista de Roma. Llegaban como esclavos o pequeños comerciantes y pronto tenían a su vez sus clientes. Debe verse en ello, sobre todo, la prueba de que Roma era acogedora y sabía reservar un lugar a los vencidos de la víspera.

Capítulo 10

Las grandes ciudades imperiales

Si es verdad que, a despecho de todas las nostalgias y de todos los sueños idílicos, la civilización romana permanece ante nuestros ojos antes que nada como un fenómeno urbano, no hay que extrañarse al comprobar que bajo el Imperio las ciudades, en Occidente como en Oriente, conocieron una prosperidad sin precedentes. De la misma manera, en el pensamiento de los romanos, la realidad fundamental de la vida política es la ciudad, y su Imperio (*imperium*) no es otra cosa, desde el punto de vista jurídico, que una federación de ciudades. Esta concepción se explica por las condiciones mismas de la conquista y seguirá siendo fundamental hasta los últimos tiempos.

Cuando Roma comenzó en el Lacio sus primeras guerras contra sus vecinos, chocó contra ciudades-Estado del mismo tipo que ella. Su objeto, en el curso de estas guerras, no era en manera alguna destruirlos, sino solamente hacerlos inofensivos; transformarlos, de enemigos potenciales, en amigos y en aliados. Muy raramente se encuentran algunas excepciones que, empero, se explican siempre. Así, la conquista de Alba fue seguida de su destrucción: su población fue llevada a Roma, sus casas destruidas. Pero es que Roma no podía dejar subsistir a la vieja metrópoli, centro de la confederación latina; al substituirla, debía asimilarla; por esta razón, Alba dejó de existir o, mejor dicho, fue incorporada material y espiritualmente a Roma, que ocupó su lugar, asumió sus funciones religiosas y celebró sus cultos. Mucho más tarde, a mediados del siglo II a.C., Escipión Emiliano recibió el encargo del Senado de destruir Cartago, de arrasarla y sembrar de sal su emplazamiento. Es que los romanos no podían olvidar que la segunda guerra púnica había tenido como finalidad bien reconocida la destrucción de Roma, del «nombre romano», y, como Cartago diese —con razón o sin ella— al Senado la impresión de preparar una venganza, la única solución consistía en eliminar a un rival animado de un odio inextinguible. Los destinos, aparentemente, no permitían la coexistencia de las dos ciudades.

Aparte de estos dos ejemplos, todo se regulaba ordinariamente por medio de un tratado en forma, que ponía fin a las hostilidades: el *foedus*, que, como hemos dicho, era el fundamento legal de las relaciones entre Roma y las ciudades sometidas. Cualquiera que fuese su contenido, tenía como resultado garantizar la supervivencia de la ciudad conquistada, y Roma consideraba uno de sus deberes primordiales socorrer, en caso de peligro, a las ciudades aliadas o sometidas. Pero no creemos que las ciudades conquistadas fuesen reducidas a la esclavitud, ni incluso que fuesen administradas por funcionarios romanos. Lo más frecuente —si se exceptúa también aquí algunos casos completamente excepcionales, como la prefectura de Capua— era que la ciudad conquistada continuase gozando de una gran autonomía, que eligiese sus propios magistrados, y que éstos, por lo general, conservasen su nombre tradicional (por ejemplo, los *meddix* en el país osco, y, más tarde, en la Galia, los *vergobretos*, especialmente en Saintes), que administrasen justicia, y que mantuviesen el orden público, y que dirigiesen las finanzas locales como en los tiempos anteriores. Roma no ejercía más que una especie de tutela y su acción no se hacía sentir más que en casos determinados, cuando era preciso imponer medidas de interés federal, tales como requisiciones de materias primas para el ejército o la marina o de víveres para la capital, o el proceder a levas de contingentes auxiliares, o el de prohibir las prácticas religiosas consideradas contrarias al orden público. Fue así como, en el año 189 a.C., las ciudades aliadas debieron suprimir de su territorio toda asociación de bacantes y también que más tarde los emperadores prohibieran los sacrificios humanos en la Galia y en África, donde las tradiciones locales tenían tendencia a mantenerlos. Las autoridades romanas, es decir, en la práctica el gobernador y sus agentes, se reservaban en el interior de cada provincia el derecho a regular las relaciones de ciudad a ciudad, juzgando las querellas, oyendo las quejas contra los magistrados locales y, sobre todo, garantizando los privilegios comerciales o jurídicos de los ciudadanos romanos. El ejército casi no intervenía, incluso cuando había un ejército en la provincia. Bajo el Imperio, únicamente las provincias imperiales —África aparte, pues, aunque era una provincia gobernada por un senador, había en ella una legión— estaban dotadas de una guarnición. Eran las más próximas a las fronteras las que estaban insuficientemente pacificadas. En las demás reinaba una profunda paz y los gobernadores se limitaban a vigilar la vida de la provincia, apoyados por el prestigio de Roma.

¿Los habitantes del Imperio tenían la sensación de ser «romanos»? ¿O bien se consideraban como sometidos, confinados o retenidos en la servidumbre por la violencia? Es imposible dar a esta pregunta una respuesta simple y valedera para todos los tiempos y también para todas las clases sociales. Un rico burgués de Mileto o de Saintes se sentía ciertamente más cercano de un senador romano que de un campesino griego o de un agricultor italiano. Pero también es cierto que Roma conoció muy pocas revueltas nacionales. A medida que los provinciales iban teniendo acceso —del que participaban cada vez en mayor número— a los privilegios jurídicos de los ciudadanos romanos, tenían el sentimiento de ser verdaderamente «romanos» antes que galos o númidas. El cuadro de la «nación», que hoy nos parece tan fundamental, apenas existía, y no era las más de las veces sino una noción vaga, sin eficacia práctica.

Una vez amos de Grecia, los romanos tuvieron como primer objetivo proclamar la libertad de las ciudades helénicas. Los historiadores modernos acusan fácilmente de hipocresía a estos conquistadores «liberadores» y subrayan que tal pretendida libertad era de hecho una esclavitud, puesto que Roma permanecía a la vez soberana y árbitro. No obstante, hay que reconocer que la conquista romana restauró, efectivamente, si no la plena y entera libertad de las ciudades, por lo menos su autonomía. El régimen romano no se parecía en nada al que habían instaurado los soberanos helenísticos sucesores de Alejandro. Mientras los reyes de Macedonia habían pura y simplemente anexionado a las antiguas ciudades integrándolas —ellas y sus territorios— a su reino, los romanos se limitaron a federarlas en el Imperio. Atenas, Esparta y otras cien volvieron a conocer sus leyes.

La situación era un poco diferente en los países de cultura menos antigua, donde no existían ciudades. En ellos, el tratado de federación se concertaba con las autoridades locales, bien con los reyes —y hubo en tal forma reinos amigos cuyo estatuto era análogo al de las ciudades aliadas—, bien con oligarquías muy contentas del apoyo de Roma, que las protegía de la presión de la plebe. Y muy rápidamente, estos pueblos y estos reinos aliados construyeron ciudades que los aproximaron a la «ciudad». Muchas veces los reyes indígenas, deseosos de modernizar su reino, tomaron la iniciativa de estas fundaciones. Se vio, por ejemplo, como la Mauritania, reino de Juba, se cubría de centros urbanos, el más célebre de los cuales era Volúbilis. En otras partes el ejemplo fue dado mediante la fundación de colonias romanas, es decir, de ciudades concebidas a la imagen de Roma y pobladas por ciudadanos instalados en las tierras conquistadas. La romanización de la Italia septentrional fue, de esta manera, activamente conducida por Augusto, que fundó nuevas colonias, como Susa, Turín y Aquileya, y se preocupó, al mismo tiempo, de desarrollar las ciudades existentes. La burguesía italiana sobre la que reposaba principalmente la prosperidad de estas ciudades, fue estimulada, y sus mismas clases dirigentes bien pronto llamadas a sentarse en el Senado. Idéntica política fue aplicada en España, en la Galia y en Britania. Es muy notable que en las grandes ciudades de Occidente, la mayor parte fundadas en los tiempos de la conquista, la aristocracia local se haya siempre considerado como romana. Vemos así a los nobles galos, desde los tiempos de Tiberio, abandonar sus nombres indígenas para adoptar la *tria nomina* del ciudadano romano. Galos y españoles se convirtieron en retóricos y en poetas e iban a Roma a ejercitar su talento, que honraba a su patria chica. El Imperio romano no ha conocido un problema colonial. Su historia cuenta con muy pocas rebeliones inspiradas por un sentimiento nacional, y las que hubo fracasaron siempre. Así, y respondiendo a la verdad, a mediados del siglo II d.C., el retórico Aelius Aristides, alabando a Roma en un discurso oficial, pudo subrayar que el Imperio entero era un conjunto ordenado de ciudades libres, integradas bajo la autoridad del príncipe. Los abusos de poder, frecuentes en la época de la República, cuando los gobernadores sólo estaban sometidos a un control poco eficaz, habían prácticamente desaparecido. Por otra parte, los particularismos locales tienden a borrarse; un mismo ideal, concepciones idénticas se extienden por todas partes no tanto por la acción de un poder central como gracias a la multiplicación de esas imágenes de Roma que eran las ciudades provinciales.

En Oriente, donde el régimen de la ciudad era antiguo, y, desde muchos puntos de vista, se parecía a la organización de la misma Roma, la vida municipal se desarrolló según los esquemas tradicionales. Alejandría, Antioquía, Mileto y Éfeso continuaron ejerciendo en Egipto y en Asia una influencia derivada de su prosperidad material y también de la intensa actividad intelectual de la que ellas eran el teatro. Las ciudades, cualquiera que fuese su importancia, poseían un presupuesto autónomo, alimentado como en tiempos de la independencia por un sistema de contribuciones directas e indirectas bastante complejo: alquiler de las instalaciones comerciales, impuesto sobre las propiedades, consumos, patentes, etc. El emperador no intervenía a través del gobernador sino cuando las finanzas locales se encontraban en dificultades. Al final de la República, las ciudades helenizadas estaban cargadas de deudas muy gravosas a consecuencia de empréstitos contraídos con los grandes capitalistas romanos. Con frecuencia habían visto disminuir sus ingresos en el curso de las numerosas guerras que habían desgarrado el Oriente mediterráneo durante los dos primeros siglos a.C. Pero Augusto se había preocupado de restablecer sus haciendas, lo que no le era difícil, puesto que él mismo y sus amigos habían acabado por concentrar en sus manos, al final de las guerras civiles, casi toda la fortuna mobiliaria e inmobiliaria de la aristocracia. Una buena parte del inmenso botín de guerra fue utilizado para poner a flote las ciudades arruinadas. Sabemos, por ejemplo, que muchas ciudades de Asia, devastadas por diversas catástrofes, recibieron importantes subvenciones. Y con el retorno de la prosperidad, la aristocracia local pudo bien pronto volver a ejercer su papel tradicional y subvenir a las principales necesidades de la ciudad: construir o restaurar los edificios públicos, celebrar juegos, proporcionar gratuitamente aceite a los *gimnasiums* para el entrenamiento y educación de los efebos, pagar a los maestros, pero también, en casos de escasez, comprar cantidades suficientes de víveres para evitar el hambre y, por consiguiente, los motines y los desórdenes. Las inscripciones nos hacen conocer algunos ejemplos de estas liberalidades, de las que no apreciaríamos su verdadera amplitud si conociésemos únicamente las fuentes literarias. Un Herodes Attico, de Atenas, es excepcional sólo por la inmensidad de sus recursos, no por el papel que asumió en su patria.

El origen de estas grandes fortunas hay que buscarlo sobre todo en el desarrollo del comercio. Sin duda, como ya hemos subrayado, las grandes burguesías de las ciudades orientales eran propietarias de tierras, y para ellas trabajaban en gran parte las gentes del campo —trabajadores libres o esclavos—, pero el producto de las tierras no bastaría para producir las inmensas riquezas mobiliarias cuya existencia comprobamos, si éstas no hubiesen sido completadas por el comercio. Los ricos figuran al frente de vastas organizaciones comerciales que aseguran el tráfico entre las provincias. La aristocracia provincial —sobre todo en Oriente— no sufre las restricciones impuestas a los senadores por la tradición romana; el comercio no les está prohibido. Si los senadores romanos logran burlar la ley, gracias a sociedades formadas por sus libertos y de las que son los propietarios encubiertos, los comerciantes de las ciudades imperiales pueden entregarse abiertamente a sus actividades.

Una de las más importantes, esencial a la vida del Imperio, es el comercio del trigo. Está ejercido por armadores-negociantes, agrupados en poderosas corporaciones. Su principal cliente era el Estado, aunque trabajaban también por cuenta de las ciudades provinciales. Existían mercados locales no menos rentables que el de la capital. Además, los mismos comerciantes se ocupaban también de otros artículos que interesaban menos a los servicios públicos. Las materias primas de la industria artesana —pieles, cera, lino, cáñamo y lana, pez y madera de construcción, etc.— circulaban gracias a ellos y alimentaban a los talleres urbanos. Una vez fabricados los productos, otros comerciantes los vendían en los mismos lugares de fabricación, en las tiendas de los mercados parecidos a los zocos —las calles de comerciantes, especializados cada uno en un comercio particular, eran habituales en las ciudades romanas, lo mismo en Oriente que en Occidente—, o los exportaban fuera de la provincia. Los productos agrícolas secundarios (además del trigo, el aceite y el vino que entraban en los abastecimientos de la anona) eran también objeto de numerosos y rentables intercambios. Hemos citado a las compañías que, en Gades, fabricaban el *garum*; existían otras en Oriente, en las orillas del mar Negro, que además del *garum* exportaban pescado seco y diferentes clases de caviar. Los comerciantes de Damasco estaban especializados en la exportación de ciruelas y frutos secos. En Siria y en Asia Menor, la fabricación de tejidos, las pesquerías de púrpura y las tintorerías eran fuentes de riqueza también importantes. Hay que añadir, por lo menos para Siria, el comercio de tránsito de las especias y de la seda. En aquellos tiempos de artesanado, las fabricaciones eran altamente especializadas, lo que aseguraba prácticamente ciertos monopolios a tal o cual ciudad. Había, por ejemplo, las telas de Laodicea, los paños y los cojines de Damasco, las sederías de Beirut y de Tiro. La seguridad, por fin, consolidada en el mar, la pacificación de inmensos territorios en Occidente, todo ello abría nuevas e importantes salidas al comercio oriental, aun cuando el Occidente tendiese cada vez más a crear industrias rivales. Los productos orientales continuaban siendo preferidos por la clientela más rica, y siempre había lugar para ellos.

Entre los países de Oriente, sólo Egipto no era considerado como una yuxtaposición de ciudades. Anexionado al Imperio solamente después de Accio, no constituyó una provincia semejante a las demás, sino que fue considerado como una propiedad personal del príncipe, sucesor de los Ptolomeos. La única ciudad de Egipto era Alejandría; creación de Alejandro y capital de los Ptolomeos, se contaba entre las grandes ciudades helenizadas del Mediterráneo, pero todo el resto del país estaba habitado por una población indígena repartida en aldeas. La urbanización, característica de la civilización romana, no pudo hacer sentir allí sus efectos. Todas las actividades vitales estaban concentradas en las manos de algunos grandes funcionarios; comerciantes y empresarios de transportes eran directa o indirectamente agentes del Estado. Así, con la excepción de Alejandría, la vida era en el conjunto del país muy diferente de lo que era en los otros países de Oriente. Campesinos sumidos en la ignorancia y la miseria, los egipcios, devotos de sus divinidades extrañas, sometidos a sus sacerdotes, pasaban como bárbaros a los ojos del resto del mundo romano. Juvenal, en su decimoquinta *Sátira*, ha contado con horror cómo los habitantes de dos aldeas egipcias, Ombos y Tentyra, habían librado batalla y cómo los primeros capturaron y devoraron a un tentyrita. Sin duda, dice el poeta, las gentes de Calagurris, en España, también comieron carne humana, pero estaban sitiados, hambrientos, y no tenían otro recurso: era el último medio de defender su ciudad; y Juvenal lo excusa. Los campesinos de Egipto no son a sus ojos sino una canalla bárbara, sanguinaria, ignorante de los sentimientos que integran la dulzura humana y que sólo pueden desarrollarse en las ciudades.

En Occidente, las condiciones originarias eran muy diferentes; de todas maneras, el cuadro de las provincias bajo los Antoninos no estaba muy alejado del que presentaban las provincias orientales. Muy rápidamente las ciudades salvan este retraso. En la Galia, por ejemplo, bastaron una o dos generaciones para que la burguesía local consiguiese crear conjuntos urbanos capaces de acoger a una población numerosa y de servir de modelo a la vida municipal. La más veces, el emplazamiento del antiguo *oppidum* no fue conservado; precaución sin duda contra eventuales levantamientos, pero también voluntad consciente de crear nuevas condiciones de vida cambiando el carácter de la ciudad. No se trata de mantener una tradición, sino de comenzar otra nueva. La ciudad galorromana no debe ser ya solamente un centro religioso y una fortaleza en la que sea posible encontrar acogida. Debe ser, además, la residencia de los notables y un centro de vida socioeconómica. Esto era más fácil de obtener en una llanura que en las colinas, tan apreciadas por los viejos *oppida*. Esta política no era reciente: ya después de su conquista por las armas romanas, Capua había sido trasladada lejos de su primitivo lugar y una nueva ciudad había sido construida para albergar al resto de sus habitantes. Dicha política fue aplicada casi sistemáticamente a la Galia, donde las capitales de las «naciones» galas fueron en su mayor parte rehechas para ser integradas en el mundo romano.

Ciertas ciudades fueron creaciones artificiales. Así Lyon, *Lugdunum* (es decir, el monte Claro), ocupó un lugar casi enteramente nuevo, que había llamado la atención de César en el curso de la campaña del año 50 a.C., contra los helvecios. Consciente de su interés estratégico, César había proyectado fundar allí una ciudad, pero no tuvo tiempo de realizar este deseo. La fundación tuvo lugar en el 43 (el 11 de octubre) y el honor correspondió a Munatius Plancus, que administraba la «Galia cabelluda», conquistada por César. Los primeros habitantes de la colonia fueron negociantes romanos expulsados de Vienne por los alobrogos algunos años antes y que habían establecido una aldea en la confluencia del Ródano y del Saona. Plancus añadió a ellos algunos veteranos de César. Tal fue el núcleo al cual vinieron a agregarse los indígenas. Poco a poco Lyon se engrandeció a expensas de su vecina Vienne, la antigua capital de los alobroges que también se había convertido en una ciudad romana. Fue en la confluencia del Saona y del Ródano donde se instaló el culto federal de las Galias, en torno a un altar consagrado a la divinidad de Roma y Augusto. Y fue allí donde todas las ciudades galas volvían, cada año, a reafirmar su pertenencia al mundo romano.

Las ciudades provinciales de Occidente estaban fundadas a imagen de Roma. De la misma manera que Roma había nacido en torno de su Foro, en rigor bastaba con un foro para formar una ciudad romana. En efecto, encontramos a lo largo de las rutas numerosos pueblos que llevan el nombre significativo de *Forum*. En Provenza mismo, Fréjus, en su origen, no fue más que un «Fórum de César» (*Forum Julium*). Estas fundaciones, al parecer, comenzaron por ser mercados en los que se reunían los campesinos de la vecindad, donde se intercambiaban las mercancías y donde se administraba justicia. Algunos mercaderes romanos o italianos fijaron en ellos su residencia; se agruparon en un *conventus*, asociación de ciudadanos romanos, y se dieron a sí mismos instituciones semejantes a las de la metrópoli: magistrados para administrar su «colegio», «decuriones», integrando un consejo, y sacerdotes. Poco a poco los indígenas notables eran admitidos para participar en la vida pública. Nacía una nueva ciudad romana.

Cuando el terreno lo permitía, se daba a la ciudad un geométrico plan racional. El foro se establecía en el centro, en la intersección de dos vías perpendiculares llamadas *cardo* y *decumanus maximus*. La primera, el *cardo*, estaba orientada de norte a sur, la segunda del oeste hacia el este. Las otras calles estaban trazadas de manera que formasen una cuadrícula regular; el muro de defensa tenía la forma de un rectángulo. Esta disposición, tal como hemos dicho, era la de un campamento militar, pero no parece ser el ejemplo del ejército lo que haya inducido a adoptarlo a los fundadores de las ciudades. Sus orígenes, probablemente, hay que buscarlos en el urbanismo oriental que da nacimiento al sistema hipodámico y que se extendió por Italia, al mismo tiempo a través de los etruscos y del ejemplo de las colonias griegas de la Magna Grecia y de Sicilia. Es posible que este plan geométrico, sistematizado por Hippodamos de Mileto, haya estado de acuerdo con ciertas prácticas itálicas, especialmente con la orientación de las ciudades según los puntos cardinales —en la medida en que cada ciudad, cada asamblea humana puesta bajo la mirada de los dioses, debe encerrarse en un *templum*—. Durante largo tiempo se ha admitido sin pruebas suficientes que la orientación del *decumanus* y del *cardo*, la preferencia por un recinto de planta cuadrada, tenían su origen en la civilización de las terramaras. Pero análisis más exactos han demostrado que los hechos sobre los que reposaba esta teoría no están suficientemente documentados. Es mucho más verosímil admitir la influencia de la «disciplina augural», esencialmente etrusca, en los ritos de fundación, y, sobre el mismo urbanismo, de los ejemplos italianos proporcionados a partir del siglo VI por las colonias griegas del sur. Hemos descubierto esta acción, en la misma Roma, en la evolución del Foro, desde el tiempo en que fue fundado el templo de Cástor, que instauró un nuevo plan ordenador.

Sea como sea, el plan rectangular teórico no se encuentra más que en un pequeño número de ciudades romanas. El tipo más perfecto es Timgad, la antigua Thamugadi fundada bajo Trajano en el año 100 d.C., para asegurar la pacificación del Orés. Pero lo más frecuente es que la configuración del terreno y la existencia anterior de un establecimiento indígena impusiesen su servidumbre e impidiesen construir una ciudad perfectamente regular. Con gran frecuencia también la primera fundación, encerrada en sus muros rectangulares, no tardaba en ser desbordada a causa del aumento de la población. Se constituían entonces barrios *extramuros*, que escapaban a las reglas religiosas y se desarrollaban con toda libertad. Encontramos un ejemplo de ello en Ostia, donde el antiguo *castrum* ha servido de núcleo a la ciudad imperial sin que la red de nuevas arterias se haya limitado rigurosamente a prolongar la cuadrícula primitiva.

Dos ciudades africanas particularmente típicas nos permiten comprender la evolución de las ciudades provinciales. En Leptis Magna, ciudad de la Tripolitania, las excavaciones han revelado la existencia de un foro que se remontaba a los comienzos de la ocupación romana. A este foro primitivo vino a añadirse un segundo, en tiempos de Septimio Severo; el foro severiano servía de centro a un nuevo barrio, como una segunda ciudad yuxtapuesta a la primera. Un fenómeno análogo se produjo en Djemila (Cuicul), ciudad fundada por Trajano en el año 97 d.C., en la intersección de la ruta de Cirta

(Constantina) a Sitifis (Setif) y la ruta del sur, que conducía a Lambesa. El lugar no era enteramente nuevo como hábitat; estaba ocupado ya por una aldea númida, encaramada sobre un esperón triangular, en la confluencia de dos valles. Los romanos se limitaron primeramente a transformar este esperón en fortaleza; el *cardo* fue trazado según el eje del esperón y corrió a lo largo del foro. En razón de la estrechez relativa del lugar, la aglomeración se alargó sin poderse desarrollar mucho ni a izquierda ni a derecha de esta calle principal. Pero la ciudad prosperó rápidamente. Tres cuartos de siglo después de la fundación, los habitantes pudieron ya construir un teatro, que instalaron fuera del recinto; veinte años más tarde construyeron unas grandes termas que, por sus dimensiones y la riqueza de su ornamentación, recuerdan las de las mayores ciudades de África. En torno del teatro y de las termas crecieron barrios nuevos que recibieron, bajo el reinado de los Severos, un nuevo foro adosado a la vieja muralla y a medio camino entre los dos monumentos. En fin, la ciudad continuaba creciendo y un barrio cristiano se formó al sur del barrio severiano, con sus basílicas, sus baptisterios y su palacio episcopal.

Como vemos, no existió ningún esquema rígido para el urbanismo provincial. Roma no impuso en manera alguna formas prefabricadas; fue dejada la mayor libertad a los arquitectos locales para ornamentar y desarrollar las ciudades. Sin duda ciertos edificios son imitados de los de la capital: termas, teatros o anfiteatros, arcos de triunfo, basílicas anexas al foro, pórticos, mercados cubiertos, curias para las reuniones del Consejo municipal; todo lo que sirve a las grandes funciones de la vida social, política, comercial, está concebido según modelos romanos. Es verdad también que el foro está por lo general dominado por un Capitolio, un templo que asocia los cultos de la tríada capitolina —Júpiter, Juno y Minerva— y con frecuencia edificado sobre una terraza artificial cuando el lugar no permitía aprovechar una elevación natural del terreno; allí también, bordeando la plaza pública, está el lugar donde se encuentran los santuarios elevados en honor de la divinidad de los emperadores reinantes —por ejemplo, en Cuicul, un templo de Venus Madre (*Venus Genitrix*), protectora de los Julii; en Nimes, la «Maison Carrée», dedicada a los dos Príncipes de la Juventud, C. y L. Caesar; en Vienne, un templo consagrado a Augusto y a Livia—; pero en todos estos monumentos no hay nada que hubiese sido impuesto a los provinciales. Era un sentimiento de reconocimiento hacia los príncipes el que hacía elevar altares y templos a su divinidad protectora; de la misma manera se procura reproducir los edificios urbanos de Roma por aparecer éstos como las creaciones más bellas y más prodigiosas del espíritu humano. No olvidemos tampoco que el modelo de esta manera presentado a los provinciales de Occidente debía mucho a la tradición de las ciudades helenísticas y que la conquista romana, lejos de provocar una interrupción en la evolución de la civilización antigua, la había hecho madurar más rápidamente y contribuyó a su difusión en el mundo entero. Era natural que los ricos burgueses de las ciudades provinciales tuviesen empeño en dotar a su patria de monumentos susceptibles de igualarla no sólo a Roma, sino también a las grandes metrópolis del Oriente.

La romanización de las ciudades tenía el peligro de crear una cierta uniformidad. No obstante, no es imposible descubrir en las ruinas señales de caracteres locales que hacen que una ciudad africana no se parezca en absoluto a una ciudad gala, hispánica o británica. Asimismo, subsistieron cultos locales cuyos santuarios, por las necesidades del rito, conservaban tipos arquitectónicos ajenos al arte y a las costumbres romanas. En el este de la provincia de África —la actual Túnez— se encuentran santuarios púnico-romanos consagrados a Baal-Saturno y a Juno-Caelestis (Tanit). Los primeros tenían un extenso patio rodeado de pórticos y capillas, en el que se realizaban las procesiones. Lo más frecuente era que los templos de esta clase fuesen construidos en la periferia de la ciudad, mientras que los templos de tipo romano estaban agrupados en torno del foro. Conocemos varios ejemplos de esta disposición, especialmente en Dugga, en Túnez y en Timgad.

Las ciudades galas poseían también ciertos tipos arquitectónicos de origen indígena: tales son los templos de *cella* circular o poligonal, rodeados o no de un peristilo, como la célebre torre de Vesone, en Périgueux, el templo de Jano, en Autun, o el de Sanxay (Vienne). Este plan singular, desconocido fuera del mundo céltico, resulta evidentemente de la adaptación de las formas arquitectónicas romanas a las exigencias de los cultos indígenas.

Incluso la casa privada no deja de presentar variaciones notables de provincia a provincia. De momento se sentiría la tentación de comparar las casas particulares de Djemila, o las de Volúbilis, en Mauritania Tingitana (Marruecos), con la casa clásica formada de un *atrium* y de un peristilo. Se encuentra en ellas, en efecto, el patio central rodeado de columnas, como en la casa itálica. Pero mientras que ésta está caracterizada por su disposición axial, la casa africana consta esencialmente de un vestíbulo de dimensiones reducidas y después de un patio, al cual dan todas las piezas de habitación y de servicio. Mucho más que la casa pompeyana, el modelo parece haber sido la casa helenística tal como aparece en Delos, en el siglo II a.C. Pero aun cuando se trate de una creación local que se remonta a la arquitectura privada púnica —de la cual no sabemos casi nada—, no es menos cierto que entrevemos como sucesora de este tipo a la casa árabe, que lo perpetúa hasta nuestros días.

En el otro extremo del Imperio, en Britania, la casa privada no es menos interesante. Es muy diferente de la morada mediterránea. Observamos que la casa, a diferencia de lo que ocurre en África o en Italia, nunca ocupa una manzana entera. Está siempre rodeada de un extenso jardín exterior al que da una especie de mirador o galería que limita un salón dividido por medio de tabiques. En las casas de mayores dimensiones existen dos departamentos en ángulo o incluso tres alas, disposición que recuerda evidentemente las grandes quintas de recreo del Alto Imperio en Italia. Es probable que este tipo de habitación sea en realidad una casa rural transportada a la ciudad y adaptada, mejor o peor, a su nuevo destino.

La densidad de las ciudades da una idea bastante exacta de los progresos de la romanización en Occidente; mientras las provincias de antigua creación, como la Narbonense, eran ricas en ciudades prósperas, en el norte de la Galia, la frontera renana y Britania proliferaban sobre todo las aldeas establecidas en torno a grandes propiedades. Cuando lleguen las invasiones bárbaras, las ciudades se rodearán de murallas y sacrificarán para ello una parte de sus monumentos e incluso de su territorio; utilizando todos los materiales disponibles, los habitantes destruirán las tumbas, numerosas a lo largo de los caminos, en los arrabales, e incorporarán en desorden mármoles, piedras de talla, tambores de columnas, fragmentos de friso y también numerosas inscripciones que deberán con frecuencia a este nuevo empleo el haber sido conservadas hasta nuestros días. Pero en su necesidad de actuar con rapidez, trazarán sus murallas lo más reducidas posible y dejarán en el exterior barrios de imposible defensa. La ciudad medieval sucederá de esta manera a la ciudad romana, pero mientras ésta se extendía ampliamente, la otra quedaría comprimida en el interior de una muralla demasiado estrecha; en este espacio reducido, las plazas públicas no tardarán en ser ocupadas por casas, los habitantes construirán sus nidos en los arcos de los teatros, los adosarán a los muros de los pórticos; las calles serán tortuosas, estrechas, y las mismas formas de la vida social se transformarán: la vieja *civitas* habrá desaparecido, al mismo tiempo que la libertad y la paz.

Conclusión

Es difícil hacer un juicio simple de la civilización romana; no lo es menos situarla en su justo lugar, entre el helenismo que la precedió y el mundo medieval que, en Oriente y en Occidente, vino después de ella.

¿Fue Roma «original»? La cuestión ha sido muchas veces planteada desde el tiempo en que Winckelmann y sus discípulos consideraron que la civilización romana no fue jamás otra cosa que un departamento del mundo griego, una provincia desheredada del helenismo, desprovista de genio y cuya acción, bien mirado, fue más nefasta que útil.

Pero Winckelmann era un historiador del arte; sus juicios eran dictados en virtud de un ideal de belleza que, en último análisis, se remontaba a los cánones del arte clásico griego. El círculo vicioso era evidente. Si se admite como un postulado que únicamente la estética de Fidias, o la de Lisipo, alcanzan la perfección, es bien evidente que sólo Lisipo Fidias o los de su escuela podrán ser considerados como artistas dignos de este nombre. ¿Pero es indispensable plantear el problema en estos términos?

En primer lugar, ¿es tan seguro que la civilización romana fuese, en todos los dominios, heredera de la civilización griega? Hemos intentado demostrar que Roma, en el orden cronológico, no sucedió a Grecia, sino que su civilización se desarrolló paralelamente al helenismo. Roma estaba ya fundada desde hacía dos siglos y medio cuando Atenas sacudió el yugo de los pisistrátidas. El primer templo de Júpiter Capitolino, el de los Tarquinos, es anterior en medio siglo al Partenón. La escuela de los maestros de Veies alcanzó su desarrollo hacia la misma época en que los atenienses colocaban en la Acrópolis a las *Korai*, de sonrisa petrificada, y los escultóricos áticos tienen con relación al arte jónico una deuda no menor que la de los escultores etruscos o romanos. Se dirá acaso que la Etruria no es Roma, y que ésta nunca contó sino con pocos artistas. La objeción tendría solamente alguna trascendencia en el caso de que se quisiese aislar a Roma de su «Imperio». Hubo un momento en que Roma absorbió las fuerzas vivas de Italia entera. ¿Quién podría pretender que Propercio, porque nació en Asia, no es un poeta romano?

Sea como fuere, es cierto que después del florecimiento del siglo VI, Roma quedó muy rezagada con respecto a Atenas. Empeñada en el curso del siglo V en luchas interminables contra los montañeses que la rodeaban, no tuvo un Pericles, ni un Fidias, ni un Sócrates. ¿Pero hay que medir la grandeza de una civilización por la temprana llegada de sus artistas y de sus filósofos? Roma, más tarde, en su madurez, tendrá los unos y los otros. Entre tanto, realizaba una obra cuya importancia sería inútil tratar de disimular Roma tuvo éxito donde Atenas fracasó. Pericles quiso construir un imperio del que su ciudad sería la cabeza. Pero el entusiasmo de los aliados de Atenas tras el final de las guerras médicas, no sobrevivió a las medidas imperialistas que intentaron transformar la confederación en imperio. Por el contrario, la conmoción formidable de la segunda guerra púnica no alcanzó más que a una parte relativamente pequeña del Imperio que Roma había sabido agrupar en torno suyo. Los aliados de Atenas se rebelaron en plena paz. Los de Roma, ante Aníbal, respetaron sus convenios y desdeñaron los ofrecimientos de un «libertador» victorioso.

Se dirá acaso que esta estabilidad de las conquistas de Roma, uno de los fenómenos más notables de su larga historia, obedece, por lo menos en parte, a causas contingentes, al hecho de que Italia es un «continente» menos expuesto a las tentaciones del particularismo que las islas del Egeo; pero tampoco debe olvidarse que su configuración geográfica favorece una división política que, en el curso de los siglos, impidió en varias ocasiones la consecución de una unidad. Ahora bien, el nombre romano supo imponer esta unidad, creando en la península una entidad política sólida y estable. El mundo helenístico había tenido sus reinos, pero se habían constituido a expensas de las ciudades, nivelando los estados existentes en la organización de una monarquía cuyo solo lazo era la persona del príncipe. En Italia y en Sicilia, Tarento y Siracusa, habían intentado constituir imperios, pero sin conseguirlo. Roma creó su imperio porque supo esquivar a la vez a la monarquía y a la tiranía y fundó su dominación sobre la participación de los vencidos en una «ciudad» indefinidamente ensanchada, lo bastante flexible para acoger a los enemigos de la víspera tanto como a los aliados y para respetar su autonomía y no subordinarlos nunca a la autoridad de un soberano único.

El Imperio de Roma fue creado por la República. Había alcanzado ya sus fronteras definitivas cuando César intentó llegar a ser el único amo. Pero César no era Roma; su monarquía naciente fue derribada por los conjurados que le dieron muerte en nombre de la libertad; de hecho, obedecían a la lógica misma de Roma, que no podía, sin renegar de sí misma, abdicar en favor de uno solo. Augusto, más hábil que su padre adoptivo, más sensible acaso a la complejidad del «fenómeno romano», tuvo como primer objetivo mantener la ciudad en su forma tradicional, no aparecer más que como el primer magistrado —legalmente reemplazable— de este sistema político que Roma había construido en torno suyo y que debía poder subsistir independientemente de la persona del príncipe.

El «poder romano» —tal es el sentido del término *imperium romanorum*, que traducimos, de manera bien torpe, por la expresión equívoca de *Imperio romano*— es una realidad abstracta, de esencia jurídica y espiritual, simbolizada, a partir del siglo I de nuestra era, por la «divinidad» de Roma, a la cual se une, pero solamente en segundo rango, la de Augusto. Una divinidad es una entidad sobrenatural que se manifiesta, sin duda, por una acción sobre el mundo, pero que se sitúa más allá de esta acción y que la sobrepasa. Jamás ninguna ciudad griega había sido divinizada en sí misma; en la época clásica gustaban de tomar una divinidad como símbolo, pero nunca el cuerpo político de los ciudadanos —lo que en Roma era el *populus*— había alcanzado este grado de trascendencia que le confería una dignidad eminente, la *majestas*, por encima de todos los seres particulares. Fue Roma quien no solamente impuso, sino —lo que es más importante todavía— formuló esta noción hasta entonces desconocida y, al mismo tiempo, dio a todos los súbditos la certeza de participar en la ciudad divina.

Se ha podido preguntar por qué milagro las conquistas laboriosas de los ejércitos republicanos se transformaron en Imperio. En realidad, no hubo jamás transformación, porque el Imperio coexiste con la conquista, el fenómeno político con el hecho militar. La primera liga latina, agrupada en torno de Júpiter Capitolino, como antes lo había sido en torno de Júpiter

Latino, es ya este Imperio. Las legiones no harán otra cosa que ensanchar poco a poco sus límites, pero el principio mismo de asociación, que es su fundamento, no se modificará, a despecho de la complejidad creciente de las estructuras administrativas. La revolución, que puso a los emperadores, en vez de los cónsules, a la cabeza del Estado, no cambió en nada la naturaleza profunda del *imperium*.

También la obra política de Roma, continuada durante tantos siglos, fue inmensa. La medimos acaso mejor en Occidente, donde la materia prima era más ruda. Cualesquiera que pudiesen ser las promesas de una civilización gala, que los descubrimientos más recientes nos dejan entrever, es seguro que las naciones sometidas no se vieron obligadas por la fuerza a adoptar en pocos años la civilización del conquistador, y que la aristocracia local quiso ser «romana» —como quisieron serlo, varios siglos más tarde, los conquistadores bárbaros—. Es significativo que, según los tiempos, vencidos e invasores hayan experimentado, ante Roma, el mismo respeto, que los jefes de las tribus galas o hispánicas hayan revestido a la toga, como a los reyes bárbaros se hayan enaltecido con el título de *imperator*. Es que esta civilización a la cual ascendían, por su derrota o por su victoria, les parecía garantizar condiciones de vida mejores, más estables, más justas, y responder a una concepción más fecunda que la que ellos conocían de la vida política e intelectual.

En el momento de la conquista romana, es indudable que la prosperidad, consecuencia de la paz, hizo mucho para provocar este deseo de asimilación en las nuevas provincias, aunque durante largo tiempo los únicos en aprovecharse de ello fueran los miembros de la aristocracia urbana. Este privilegio de los ciudadanos, en el seno del Imperio, no es exclusivo de Roma; es un rasgo fundamental de la civilización antigua en su conjunto, tanto helénica como romana, semejanza que tiene el valor de una «armonía preestablecida» entre Roma y los países de Oriente y que facilitó en gran medida el establecimiento del hombre romano en el dominio griego.

Se puede pensar que esta primacía de la ciudad fue impuesta a Roma por la naturaleza de las instituciones que ella misma hubo de darse, en el curso de los primeros siglos de su desarrollo, cuando la aristocracia rural fue inducida a establecerse en la ciudad y se transformó en una clase de grandes propietarios absentistas. En este momento, el ejemplo de las ciudades etruscas y helénicas o helenizadas de la Italia meridional ejerció ciertamente una gran influencia, y, desde este punto de vista, se puede considerar a la ciudad romana como la hermana de la *polis* griega. Y esta evolución, que proseguía paralelamente en las dos orillas del Adriático, hizo que el concepto de civilización pasase a ser inseparable del de ciudad. Pero, y ésta es una diferencia muy importante con el mundo griego, los romanos nunca aceptaron totalmente la primacía de la ciudad. Siempre consideraron que el campo es el verdadero lugar del hombre, lo mismo moral que religioso; se han sentido desterrados en la ciudad y, de tarde en tarde, se han esforzado en ofrecer a los más pobres de entre ellos, aquellos que no retenía en las riberas del Tíber la necesidad de gobernar el mundo, la posibilidad de ir a poblar colonias en las que poseerían tierras y cultivarían los campos. Y este ideal latente de «naturalismo» bastaría para establecer una oposición profunda con el pueblo helénico, infinitamente menos sensible a la llamada de la naturaleza.

Los romanos no tienen la misma concepción que los griegos de la vocación humana. Para ellos, el hombre se inserta en la naturaleza, que es el lugar por excelencia de lo divino. El sentimiento que se puede tener de los dioses es más inmediato y más perfecto entre las plantas, junto a las fuentes y los ríos, en un bosque sagrado, que en los templos de la más magnífica de las ciudades. Los filósofos griegos, bajo los pórticos, pueden a su gusto razonar sobre los dioses y elevarse de concepto en concepto hasta las más sublimes especulaciones; un romano religioso sentirá siempre repugnancia a buscar lo divino fuera de la realidad cotidiana o estacional de los ritos, cada uno de los cuales posee, en su momento, un valor único. Es su manera característica de ocupar su lugar en el orden del mundo. Un ejemplo permitirá acaso comprender esta fundamental diferencia de actitud. Sobre la Acrópolis, el Partenón desarrolla un maravilloso friso en el que se encarna el espíritu de la Atenas clásica. En Roma, en el Campo de Marte, el Altar de la Paz ofrece a nuestros ojos otro friso. Los dos son la imagen de una procesión. Pero en el Campo de Marte, lo que el artista ha querido grabar en el mármol no es, como en Atenas, la renovación anual de los mismos gestos rituales, la alternancia de las generaciones, una tras otra, para honrar a la diosa, sino un momento preciso del tiempo, un gesto determinado, único, irreemplazable, el que ha consagrado el altar para siempre. La procesión de las Panateneas, en los muros del Partenón, es el símbolo de un acto indefinidamente repetido, abstraído, de las procesiones reales; el friso romano ha fijado un gesto en su valor mágico, un comienzo absoluto, inaugurando —la palabra es romana— una era de felicidad y de paz.

De la misma manera, la religión oficial ha sido siempre sobrepasada por los actos individuales de piedad. El romano no se considera personalmente en paz con los dioses porque los magistrados hubiesen ofrecido a Júpiter todos los sacrificios prescritos por los pontífices. Para los negocios propios debía él mismo entrar en relación directa con los poderes sobrenaturales. Consciente en todo momento de la presencia divina, no rechaza ni el absurdo; sabe que cada gesto tiene un valor imprevisible, según que los dioses lo hayan encontrado agradable o se irriten con él. Su espíritu no conoce apenas, instintivamente, esa necesidad devoradora de lo inteligible, de lo universal, que, con razón o sin ella, se atribuye al espíritu helénico. Por ello, el romano estaba preparado desde larga fecha a acoger los misticismos de toda clase que afluían a su ciudad, supervivencias lejanas o modernas aportaciones. Su tolerancia no conocía más límite que la amenaza contra los valores fundamentales admitidos: el orden y la estabilidad política y social, el respeto a los juramentos y a las leyes. Pero las más de las veces se contentaba con buscar compromisos, rechazando las negativas empobrecedoras y peligrosas.

De todo ello resultó, y desde mucho antes del cristianismo, que Roma fuese la más maravillosa tierra de humanidad que el mundo hubiese conocido hasta entonces. De esta facultad de acoger todo lo que es humano, hemos intentado aportar numerosas pruebas: la historia del derecho nos da algunos ejemplos de ello, pero sobre todo lo testimonia la literatura, desde el célebre verso de Terencio (*Homo sum: humani nihil a me alienum puto:* «Hombre soy, y nada de lo que es humano me es extraño») hasta la invocación del galo Rutilio Namaciano, que decía, cuando el Imperio estaba amenazado por todas partes:

De naciones diversas has hecho una sola patria;
Los malos, bajo tu dominación, se han encontrado contentos con su derrota;
Ofreciendo a los vencidos compartir tus leyes,
Has hecho una ciudad de lo que, hasta entonces, era el mundo.

El Imperio romano se ha hundido; su armazón administrativa no ha resistido al enorme empuje de las invasiones; su capacidad de renovación se ha abierto cada vez más sobre tierras hasta entonces desconocidas, que han roto su equilibrio; pero la idea de Roma ha subsistido como un mito vivificante: el de una patria humana, que la historia nos ha enseñado que no era un sueño imposible.

Bibliografía

Sería imposible ofrecer aquí una bibliografía detallada de las obras relativas a la civilización romana. Sólo hemos querido poner a disposición del lector los medios para iniciarse más profundamente en el estudio de tal o cual cuestión particular o de abordar un tema determinado de la historia romana, en el sentido más amplio. Desde la última edición de este libro, las investigaciones, en todos los sectores de las ciencias de la antigüedad, se han multiplicado y amplificado de tal manera que nos ha parecido necesario aumentar considerablemente la bibliografía propuesta y diversificarla. Hemos insistido en las obras generales y en aquellas que, conteniendo elementos de documentación muy exhaustivos y variados, permiten un enfoque de los grandes problemas. Con todo, hemos conservado en la lista que sigue las obras antiguas que jalonan los avances de nuestros conocimientos y, a veces, restablecen una justa perspectiva, más allá de las modas y los entusiasmos pasajeros.

I. Obras generales
   A. Bibliografías
   B. Enciclopedias.
   C. Historias de la civilización.

II. Historia y política
- A. Obras de conjunto.
- B. Los orígenes.
- C. La república.
- D. El imperio.

III. El ejército y la guerra
- A. Organización. Problemas generales.
- B. Defensa del imperio.

IV. Derecho e instituciones
- A. Problemas generales.
- B. Derecho público y constitucional.
- C. Fundamentos jurídicos e ideológicos del principado.
- D. Instituciones provinciales y municipales.
- E. Derecho privado.

V. Historia económica
- A. Problemas generales.
- B. Numismática.

VI. Vida intelectual y artística
- A. Ciencias y técnicas.
- B. El lenguaje latino.
- C. Literatura:
  - Problemas generales.
  - Historia lietararia.
- D. Filosofía.
- E. Artes plásticas:
  - Obras de conjunto.
  - Escultura.
  - El retrato.
  - Orfebrería.
  - Pintura.
  - Mosaico.
- F. Arquitectura y urbanismo.
- G. Educación.
- H. Musica.

VII. Historia social

VIII. Historia religiosa

IX. Vida cotidiana y familiar
A. Obras generales.
B. Deportes y juegos.
C. Indumentaria.
D. Cocina.
E. Mobiliario.
F. En las provincias.
G. Vida familiar.

X. Geografía antigua

XI. Herculano y Pompeya.

Nota de consulta

Las obras y los trabajos están clasificados de uno en uno en la sección que corresponde a su contenido principal. Sin embargo, algunos cubren un dominio más extenso o son útiles sobre todo para un aspecto relativamente marginal. Es por ello que los trabajos relativos a la esclavitud figurarán, bien en la Historia económica (V), bien en la Historia social (VII), o incluso en la de la Música (VI, H). Por la misma razón, los trabajos concernientes a las ciudades de Campania se encontrarán en el parágrafo XI, pero también en el VI, E. Hemos indicado algunas remisiones para los trabajos importantes.

Las publicaciones periódicas son citadas en general con claridad o mediante abreviaturas transparentes. En caso de duda, habrá que remitirse a las listas de l'*Anné Philologique*. Finalmente, las siglas *ANRW* designan *Aufstieg und Niedergang* (I, B).

I. Obras generales

A. *Bibliografías*

C. Bursian, *Jahresbericht über die Fortschritte der klassischen Altertumswissenschaft*, Berlín-Leipzig, 1873-1944.
K. Chirst, *Römische Geschichte. Eine Bibliographie*, Darmstadt, 1976.
P. Grimal, *Guide de l'étudiant latiniste*, París, 1971.

R. Klussmann, *Bibliotecascriptorum classicorum*, *Die Literatur von 1878 bis 1896 einschliesslich umfassend*, 4 vols., Leipzig, 1909-1913.

J. Marouzeau, *Dix années de bibliographie classique, 1914-1924*, 2 vols., París, 1928.

— y J. Ernst, *l'Année philologique*, París, 1928 y sigs.

J. A. Nairn, *Classical Hand-List*, 2ª ed., Oxford, 1939.

J. Petit, *Guide de l'étudiant en histoire ancienne*, 2ª ed., París, 1969.

A. Piganiol, *Histoire de Rome*, col., «Clio», 5ª ed., París, 1962.

C. Samaran y otros, *L'Histoire et ses méthodes*, Encyclopédie de la Pléiade, París, 1961.

B. Enciclopedias

H. Temporini y W. Haase (comps.), *Aufstieg und Niedergang der Römischen Welt*, Berlín, 1972 y sigs., 31 vols. previstos. Citado por ANRW.

K. Bartels y L. Huber, *Lexikon der Alten Welt*, Zurich, 1965.

F. W. Cornish, *Concise Dictionary of Greek and Roman Antiquities*, Londres, s.f.

C. Daremberg, E. Saglio y E. Pottier, *Dictionnaire des antiquités grecques et romanes*, 5 vols., París, 1877-1919.

T. Mommsen y J. Marquart, *Handbuch der römischen Altertümer...*, 2ª ed., 7 vols., Leipzig, 1876-1888.

Iwan von Mueller y W. Otto, *Handbuch der klassischen Altertumswissenschaft*, Munich, 1893-1939.

Pauly, Wissowa, Kroll, *Realencyclopädie der Altertumswissenschaft*, Stuttgart, Munich, 1893-1978.

K. Ziegler, W. Sontheimer y H. Gaertner (comps.), *Der kleine Pauly, Lexikon der Antike...* (reducido por Pauly-Wissowakroll con los artículos originales), por K. Ziegler, W. Sontheimer y H. Gaertner, 5 vols., Stuttgart, 1963-1975.

T. Klauser (comp.), *Reallexikon für Antike und Christentum. Sachwörterbuch zur Auseinandersetzung des Christentums mit der antiken Welt,* Leipzig-Stuttgart, 1941 y sigs.

E. de Ruggiero y G. Cardinali, *Dizionario Epigrafico di antichità romane*, Roma, 1886 y sigs.

G. B. Pighi, C. del Grande y P. E. Arias, *Enciclopedia classica* (comprende volúmenes adicionales, cada uno sobre un ámbito determinado, por ejemplo: II,6: *La lingua latina*, Turín, 1968; III,10: *Archeologia e storia dell'arte classica; III,12:* Archeologia e storia dell'arte romana, 1. *L'architettura romana*, a cargo de L. Crema, Turín, 1959.

O. Seyffert, *A dictionary of Classical Antiquities: Mythology, Religion, Literature and Art*; sobre los germanos, revisado y editado con adiciones por H. Nettleship y J. Sandys, 4ª ed., Nueva York, 1899.

VV.AA. *Introduzione allo studio della cultura classica*, 3 vols., Milán, 1972-1974.
H. B. Walters, *A Classical Dictionary of Greek and Roman Antiquities, Biography, Geography and Mythology*, Cambridge, 1916.

C. Historias de la civilización romana

A. Aymard y J. Auboyer, *Rome et son Empire*, París, 1954.
C. Bailey, *The Legacy of Rome*, 7ª ed., Oxford, 1947.
E. Baumgarten, F. Poland y R. Wagner, *Hellenistischrömische Kultur*, Leipzig, 1913.
H. Bardon, *Il genio latino*, trad. E. Paratore, Roma, 1961.
R. Bloch y J. Cousin, *Rome et son destin*, París, 1960.
H. T. Bossert y W. Zschietzschmann, *Hellas und Rom. Die Kultur der Antike in Bildern*, Berlín, 1936.
J.-C. Fredouille, *Dictionnaire de la civilisation romaine*, París, 1968.
M. Grant, *The World of Rome*, Londres, 1960.
A. Grenier, *Le Génie romain dans la religion, la pensée et l'art*, nueva edición revisada por M. Hano, París, 1969.
P. Grimal, *Italie retrouvée*, París, 1978.
G. Grupp, *Kulturgeschichte der römischen Kaiserzeit*, 2 vols., Munich, 1903-1904.
L. Homo, *La Civilisation romaine*, París, 1930.
U. Kahrstedt, *Kulturgeschichte der römischen Kaiserzeit*, 2ª ed., Berna, 1958.
H. I. Marrou, *Décadence romaine ou Antiquité tardive?*, París, 1977.
M. Meslin, *L'Homme romain, des origines au 1er siècle de notre ère*, París, 1978.
J. C. Stobart, *The Grandeur that was Rome*, 4ª ed., por W. S. Maguinness y H. H. Scullard, Londres, 1961.
P. Wendland, *Die hellenistisch-römische Kultur in ihren Beziehungen zu Judentum und Christentum*, 3ª ed., Tubinga, 1912.
T. Zielinski, *Histoire de la civilisation antique*, París, 1931.

II. Historia política

A. Obras de conjunto

K. J. Beloch, G. de Sanctis, E. Hohl y H. von Soden, *Propyläen Weltgeschichte*, vol. II, Hellas und Rom, Berlín, 1931.
Adcock, Bury, Charlesworth, *The Cambridge Ancient History*, los vols. VII a XII tratan de la historia de Roma (diversos autores), Cambridge, 1928-1939.
Fischer Weltgeschichte, vols. 6 a 9 (diversos autores), tratan del mundo mediterráneo desde la época helenística hasta el fin del Imperio, Francfort, 1965 y sigs.

G. Glotz, *Histoire générale*, *Histoire romaine*, vol. I, por E. Pais y J. Bayel, *Des origines à l'achèvement de la conquète*, 133 a.C., 2ª ed., París, 1940; vol. II, *La République romaine de 133 à 44 av. J.-C.*, 1er vol. por G. Bloch y J. Carcopino, *César*, 1ª ed., París, 1936; 5ª ed. revisada, París, 1968; vol. III por L. Homo, *Le Haut-Empire*, París, 1935; vol. IV por M. Besnier, *L'Empire romain de l'avènement des Sévères au Concile de Nicée*, París, 1937.

L. Halphen y P. Sagnac, colección, «Peuples et Civilisations», vol. III, por A. Piganiol, *La Conquète romaine*, edición revisada, con un suplemento bibliográfico, por C. Nicolet, París, 1974. Vol. IV, por E. Albertini: *L'Empire romain*, 3ª ed., París, 1939.

E. Meyer, *Geschichte des Altertums*, 1ª ed., Stuttgart, 1893; vol. III revisado por M. E. Stier, ibíd., 1937.

A. Piganiol, *Histoire de Rome*, colección «Clio». V., véase I, A.

H. H. Scullard, *From the Gracchi to Nero. A History of Rome from 133 B. C. to A. D. 68,* Londres, 1959.

La colección «Nouvelle Clio» (L'Histoire et ses problèmes) comprende, en cuanto al mundo romano:

— vol. 7, J. Heurgon, *Rome et la Méditerranée occidentale jusqu'aux guerres puniques*, París, 1969.

— vol. 8, C. Nicolet, *Rome et la conquête du monde méditerranéen: 1. Les structures de l'Italie romaine*, París, 1977.

— vol. 8 bis, íd., 2. *Genèse d'un empire*, París, 1978.

— vol. 9, P. Petit, *La Paix romaine*, París, 1967.

— vol. 11, R. Remondon, *La Crise de l'Empire romain, de Marc-Aurèle à Anastase*, París, 1964.

B. Los orígenes

Fundamental: J. Heurgon, en «Nouvelle Clio», vol. 7 (véase II, A).

A. Alfoeldi, *Die Trojanischen Urahnen der Römer*, Bâle, 1957.

—, *Early Rome and the Latins*, Ann Arbor, 1963.

J. Berard, *La Colonisation grecque de l'Italie méridionale et de la Sicile dans l'Antiquité, l'histoire et la légende*, 2ª ed., París, 1957.

R. Bloch, *Le Mystère étrusque*, París, 1957.

—, *Les Origines de Rome*, París, 1959.

—, *Tite-Live et les premiers siècles de Rome*, París, 1965.

—, *L'Etat actuel des études étruscologiques*, en ANRW I, 1 (1972), págs. 12-21.

F. Boemer, *Rom und Troja. Untersuchungen zur Frühgeschichte Roms*, Baden-Baden, 1951.

P. Bosch-Gimpera, *Les Indo-Européens. Problemes archéologiques*, París, 1961.

P. de Francisci, *Primordia ciuitatis*, Roma, 1959.

E. Gjerstad, *Early Rome*, 6 vols., Lund, 1953-1973.
A. Grenier, *Bologne villanovienne et étrusque*, París, 1912.
J. Heurgon, *La Vie quotidienne chez les Etrusques*, París, 1961.
A. Hus, *Les Etrusques et leur destin*, París, 1980.
—, *Le Siècle d'or de l'histoire étrusque*, Bruselas, 1976.
G. A. Mansuelli, *Les Civilisations de l'Europe ancienne*, París, 1967.
M. Pallottino, *Les Origini storiche dei popoli italici*, en Relazioni del X Congresso internazionale di Scienze storiche, vol. II, 1953, págs. 3-60.
—, *Le Origini di Roma*, en ANRW I, 1 (1972) págs. 22-47.
—, *Etruscologia*, 6ª ed., Milán, 1977.
—, *La Langue étrusque. Problèmes et perspectives*, introducción y trad. de J. Heurgon, París, 1978.
A. Piganiol, *Essai sur les origines de Rome*, París, 1916.
J. Whatmough, *The Foundations of Roman Italy*, Londres, 1937.

C. La república

E. Badian, *Roman Imperialism in the Late Republic*, 2ª ed., Oxford, 1968.
—, *Tiberius Gracchus and the Beginning of the Roman Revolution*, en ANRW I, 1 (1972), págs. 668-731.
G. Bloch, *La République romaine, conflits politiques et sociaux,* París, 1913.
J. Carcopino, *Profils de conquérants*, París, 1961.
—, *Les Etapes de l'impérialisme romain*, París, 1961.
G. Colin, *Rome et la Grèce de 200 à 146 av. J.'C.,* París, 1905.
G. Corradi, *Le Grandi Conquiste mediterranee*, Bolonia, 1943.
H. Gal Sterer, *Herrschaft und Verwaltung im republikanischen Italien. Die Beziehungen Roms zu den italischen Gemeinden vom Latinerfrieden 338 v. Chr. bis zu Bundesgenossenkrieg, 91 v. Chr.,* Munich, 1976.
P. Grimal, *Le Siècle des Scipions. Rome et l'hellénisme au temps des guerres puniques*, 2ª ed., París, 1975.
J. Heurgon, *Magistratures romaines et magistratures étrusques*, en XIIIᵉ Entretiens sur l'Antiquité classique, Génova, 1966, págs. 177-196.
A. Magdelain, *Recherches sur l'imperium. La loi curiate et les auspices d'investiture*, París, 1968.
S. Mazzarino, *Dalla Monarchia allo Stato Repubblicano. Ricerche di storia romana arcaica*, Catane, 1946.
G. Niccolini, *Il tribunato della plebe*, Milán, 1932.
F. Muenzer, *Römische Adelspartei und Adelsfamilien*, 2ª ed., Stuttgart, 1963.
L. Ross-Taylor, *La Politique et les partis à Rome au temps de César*, trad. francesa de E. y J.-C. Morin; introducción y bibliografía de E. Deniaux, París, 1977.
T. Rice-Holmes, *The Roman Republic and the Founder of the Empire*, 3 vols., Oxford, 1923.

R. Werner, *Das Problem des Imperialismus und die römische Ostpolitik im zweiten Jahrhundert v. Chr.,* en ANRW I, 1, 1972, págs. 501-563.

D. El imperio

F. Altheim, *Niedergang der antiken Welt*, Francfort, 1952; trad. francesa, París, 1953.
J. P .D. V. Balsdon, *The Emperor Caius (Caligula)*, 2ª ed., Oxford, 1964.
—, *The Principates of Tiberius and Caius*, en ANRW II, 2, 1975, págs. 86-94.
J. Bidez, *La Vie de l'Empereur Julien*, París, 1930.
A. Birley, *Marcus-Aurelius*, Londres, 1966.
G. Bloch, *L'Empire romain, évolution et décadence*, París, 1921.
G. W. Bowersock, *Augustus and the Greek World*, Oxford, 1965.
G. C. Brauer, *The Age of the Soldier Imperors. Imperial Rome A. D. 244-284*, Noyes, N.J., 1975.
R. Bromwning, *The Emperor Julian*, Berkeley, 1976.
A. Calderini, *I Severi. La crisi dell'Impero nel III secolo*, Roma, 1949.
M. Canavesi, *Nerone. Saggio storico*, Milán, 1945.
J. Carcopino, *Les Etapes...* (véase II, C).
V. Chapot, *Le Monde romain*, París, 1927.
A. von Domaszewski, *Geschichte der römischen Kaiser*, 3ª ed. 2 vols., Leipzig, 1922.
M. Fortina, *L'imperatore Tito*, Turín, 1955.
A. Garzetti, *Nerva*, Roma, 1950.
F. Grosso, *La Lotta politica al tempo di Commodo*, Turín, 1964.
S. Gsell, *Essai sur le règne de l'Empereur Domitien*, París, 1894.
B. Haller, *Augustus und seine Politik. Ausgewählte bibliographie*, en ANRW II, 2, 1975, págs. 55-74.
H. Hammond, *The Antonine Monarchy* (1959-1971), en ANRW II, 2, 1975, págs. 329-353.
B. W. Henderson, *The Life and Principate of the Emperor Nero*, Londres, 1903.
—, *The Life and Principate of the Emperor Hadrian*, Londres, 1923.
—, *Five Roman Emperors. Vespasian, Titus, Domitien, Nerva, Trajan, A. D. 69-117*, Cambridge, 1927.
L. Homo, *Vespasien, l'Empereur du bon sens*, París, 1949.
ID. *L'Empire romain. Le gouvernement du monde. La défense du monde. L'exploitation du monde*, París, 1925.
W. Hüttl, *Antoninus Pius,* Praga, 1936.
A. H. M. Jones, *The Later Roman Empire, 284-602. A Social, Economic and Administrative Survey*, 3 vols., Oxford, 1964.
E. Kornemann, *Tiberius*, Stuttgart, 1960.
M. A. Levi, *Il tempo di Augusto*, Florencia, 1951.
—, *L'Impero romano, dalla battaglia di Azio alla morte di Teodosio I*, Turín, 1963.

—, *I Flavi*, en ANRW II, 2, 1975, págs. 177-207.
—, *Nerone e i suoi tempi*, Milán, 1949.
E. Manni, *Dall' avvento di Claudio all' acclamazione di Vespasiano*, en ANRW II, 2, 1975, págs. 131-148.
S. Mazzarino, *Trattato di Storia romana*, II. *L'Impero*, Roma, 1956.
A. Momigliano, *L'opera dell'imperatore Claudio*, Florencia, 1932.
B. D'Orgeval, *L'Empereur Hadrien, œuvre législative et administrative*, París, 1950.
C. Parain, *Marc Aurèle*, París, 1957.
—, *Jules César*, París, 1959.
L. Pareti, *Storia di Roma e del mondo romano*, vols. IV-V, Turín, 1953-1960.
R. Paribeni, *Optimus Princeps. Saggio sulla storia e sui tempi dell' imperatore Traiano*, Messine, 1926-1927.
S. Perowne, *Hadrian*, Londres, 1960.
P. Petit, *Histoire générale de l'Empire romain*, París, 1974.
G.-C. Picard, *Auguste et Néron. Le secret de l'Empire*, París, 1962.
A. Piganiol, *L'Empereur Constantin*, París, 1932.
D. Pippidi, *Autour de Tibère*, Bucarest, 1944.
T. Rice Holmes, *The Architect of the Roman Empire*, 2 vols., Oxford, 1928-1931.
R. S. Rogers, *Studies in the Reign of Tiberius*, Baltimore, 1943.
V. M. Scramuzza, *The Emperor Claudius*, Cambridge, Mass., 1940.
W. Seston, *Dioclétien et la Tétrarchie*, París, 1946.
R. Syme, *The Roman Revolution*... V., véase IV, C.
M. K. Thornton, *Hadrian and his Reign*, en ANRW II, 2, 1975, págs. 432-476.
L. Voelki, *Der Kaiser Konstantin*, Munich, 1957.
J. Vogt, *Constantin der Grosse und sein Jahrhundert*, Munich, 1960.
G. Walser, *Die Severer in der Forschung 1960-1972*, en ANRW II, 1975, págs. 614-656.
Sir Mortimer Wheeler, *Les influences romaines au-delà des frontières impériales*, trad. francesa de L. Thomas, París, 1960.

III. El ejército y la guerra

A. Organización. Problemas generales

P. K. Baillie Reynolds, *The Vigiles of Imperial Rome*, Oxford, 1920.
E. Birley, *The Religion of the Roman Army, 1895-1977*, en ANRW II, 16, 1, 1978, págs. 1.506-1.541.
J. -P. Brisson, *Problèmes de la guerre à Rome*, París, 1969.
G. E. Chessmann, *The Auxilia of the Roman Army*, Oxford, 1914.
P. Couissin, *Les armes romaines*, París, 1926.

R. W. Davies, *The Daily Life of the Roman soldier under the Principate*, en ANRW II, 1, 1974, págs. 299-338.

H. Delbruck, *Geschichte der Kriegkunst im Rahmen der politischen Geschichte*, 3ª ed., 2 vols., Berlín, 1920-1921.

A. von Domaszewski, *Die Rangordnung des römischen Heeres*, Bonn, 1908.

M. Durry, *Les cohortes prétoriennes*, París, 1938.

G. Forni, *Il reclutamento delle legioni da Augusto a Diocleziano*, Milán-Roma, 1953.

E. Gabba, *Esercito e società nella tarda repubblica romana*, Florencia, 1973.

—, *Per la storia dell' esercito romano in età imperiale*, Bolonia, 1974.

E. Gjerstad, *Innenpolitische und militarische Organisation in frührömische Zeit*, en ANRW I, 1, 1972, págs. 136-188.

M. Grant, *The Army of the Caesars*, Londres, 1974.

J. Harmand, *L'armée et le soldat à Rome de 107 à 50 av. notre ère*, París, 1967.

—, *Les origines de l'armée impériale*, en ANRW II, 1, 1974, págs. 263-298.

J. Helgeland, *Roman Army Religion*, en ANRW II, 16, 1, 1978, págs. 1.470-1.505.

V. Ilari, *Gli Italici nelle strutture militari romane*, Milán, 1974.

V. D. Kienast, *Untersuchungen zu den Kriegsflotten der römischen Kaiserzeit*, Bonn, 1966.

A. Koster, *Das antike Seewesen*, Berlín, 1923.

—, *Studien zur Geschichte des Antiken Seewesen*, Klio, supl., 1934.

J. Kromayer y G. Veith, *Heerwesen und Kriegsführung der Griechen und Römer*, Munich, 1928 (en Iwan von Mueller, *Handbuch*...).

—, *Antike Schlachtfelder*, 4 vols., Berlín, 1902-1931.

—, *Schlachtenatlas zur antiken Kriegsgeschichte*, Leipzig, 1922.

M. Marin y Pena, *Instituciones militares romanas*, Madrid, 1956.

E. W. Marsden, *Greek and Roman Artillery*, Oxford, 1970.

N. H. A. Ormerod, *Piracy in the Ancient World*, Liverpool, 1924.

H. M. D. Parker, *The Roman Legions*, ed. revisada por G.R. Watson, Cambridge, 1961.

W. L. Rodgers, *Greek and Roman Naval Warfare*, Londres, 1937.

D. B. Saddington, *The Development of the Roman Auxiliary Forces, from Augustus to Trajan*, en ANRW, II, 3, 1975, págs. 176-201.

E. Sander, *Die Kleidung des römischen Soldaten*, en *Historia*, 1963, págs. 144-166.

M. P. Speidel, *The Roman Army in Arabia*, en ANRW II, 8, 1977, págs. 687-730.

C.-G. Starr, *The Roman Imperial Navy, 31 B.C.A.D. 324*, 2ª ed., Cambridge, 1960.

J. H. Thiel, *Studies on the History of Roman Sea-Power in Republican Times*, Amsterdam, 1946.

D. van Berchem, *L'armée de Dioclétien et la réforme constantinienne*, Génova, 1952.

G. R. Watson, *The Roman soldier*, Londres, 1969.
G. Webster, *The Roman Imperial Army of the first and Second Century A.D.*, Londres, 1969.

B. Gastos del imperio

J. Baradez, *Fossatum Africae, recherches aériennes sur l'organisation des confins sahariens à l'époque romaine*, París, 1949.
R. Cagnat, *L'armée romaine d'Afrique et l'occupation militaire de l'Afrique par les Empereurs*, 2 vols., 2ª ed., París, 1912-1913.
H. Devijver, *The Roman Army in Egypt*, en ANRW II, 1, 1974, págs. 452-492.
Y. le Bohec, *Archéologie militaire de l'Afrique du Nord. Bibliographie analytique 1913-1977*, París, Ecole Normale Supérieure, 1979.
J. le Roux, *L'armée romaine de Bretagne*, París, 1911.
J. Lesquier, *L'armée romaine d'Egypte*, El Cairo, 1918.
J. C. Mann, *The Frontiers of the Principate*, en ANRW II, 1, 1974, págs. 508-533.
A. Poidebard, *La trace de Rome dans le désert de Syrie. Recherches aériennes* (1925-1932), 2 vols., París, 1934.
I. A. Richmond, *A Handbook to the Roman Wall*, 1ª ed., Newcastle, 1947.
W. Schleiermacher, *Der römische Limes in Deutschland*, Berlín, 1959.
M. P. Speidel, *The Roman Army in Arabia*... véase III, A.

IV. Derecho e instituciones

A. Problemas generales

J. Ellul, *Histoire des Institutions, 1/2. L'Antiquité*, col. «Thémis», 5ª ed., París, 1979.
N. D. Fustel de Coulanges, *La cité antique, étude sur le culte, le droit, les institutions de la Grèce et de Rome*, 14ª ed., París, 1893.
W. Warde Fowler, *The City-State of the Greeks and Romans*, Londres, 1893; reed., 1952.
J. Gaudemet, *Institutions de l'Antiquité*, París, 1967.
T. R. Glover, *Democracy in the Ancient World*, Cambridge, 1927.
G. Grosso, *Storia del diritto Romano*, 4ª ed., Turín, 1960.
J. Humbert, *Le droit antique*, París, 1961.
T. Mommsen, *Droit public*..., etc. (véase *supra*, I,B).
U. von Wilamowitz-Moellendorf, J. Kromayer y A. Heisenberg, *Staat und Gesellschaft der Griechen und Römer*, 2ª ed., Leipzig-Berlín, 1923.

B. Derecho público e constitucional

G. Bloch, *Les origines du sénat romain*, París, 1883.
G. W. Botsford, *The Roman Assemblies from their origin to the end of the Republic*, Nueva York, 1909.
A. Bouche-Leclercq, *Manuel des Institutions romaines*, París, 1886.
T. R. S. Broughton, *Senate and Senators of the Roman Republic: the Prosopographical Approach*, en ANRW I, 1, 1972, págs. 250-265.
R. Combes, *Imperator. Recherches sur l'emploi et la signification du titre d'imperator dans la Rome républicaine*, Montpellier, 1966.
A. H. J. Greenidge, *Roman Public Life*, Londres, 1901.
L. Homo, *Les institutions politiques romaines, de la cité à l'Etat*, 2ª ed. por J. Gaudemet, París, 1969.
P. Lambrechts, *La composition du sénat romain, de l'accession au trône d'Hadrien à la mort de Commode (117-192)*, Anvers, 1936.
—, *La composition du sénat romain de Septime Sévère à Dioclétien (193-284)*, Anvers, 1937.
M. A. Levi, *La costituzione romana, dai Gracchi a Giulio Cesare*, Florencia, 1928.
—, *Il tribunato della plebe* (y otros ensayos), Milan, 1978.
A. W. Lintott, *Prouocatio. From the Struggle of the Orders to the Principate*, en ANRW I, 1, 1972, págs. 226-267.
F. de Martino, *Storia della costituzione romana*, 6 vols., 2ª ed., Nápoles, 1970.
—, *Intorno alle origine della repubblica romana e delle magistrature*, en ANWR I, 1, 1972, págs. 217-249.
C. Nicolet, *Le métier de citoyen dans la Rome républicaine*, París, 1976.
G. Rotondi, *Leges publicae populi Romani*, Milán, 1912.
H. Rudolph, *Stadt und Staat in römischen Italia*, Leipzig, 1935.
A. N. Sherwin-White, *The Roman citizenship*, 2ª ed., Oxford, 1973.
—, *The Roman Citizenship. A Survey of its Development into a World Franchise*, en ANRW I, 2, 1972, págs. 23-58.
H. Siber, *Die plebeische Magistraturen bis zur Lex Hortensia*, Leipzig, 1936.
L. Ross-Taylor, *Roman voting assemblies from the Hannibalic War to the Dictatorship of Caesar*, Ann Arbor, 1966.
P. Willems, *Le droit public romain*, 7ª ed., por J. Willems, Louvain, 1910.
C. Wirzubski, *Libertas as a political idea at Rome during the late Republic and early Principate*, Cambridge, 1968.
K. H. Ziegler, *Das Völkerrecht der römischen Republik*, en ANRW I, 2, 1972, págs. 68-114.

C. Fundamentos jurídicos e ideológicos del principado

J. Béranger, *Recherches sur l'aspect idéologique du principat,* Bâle, 1953.

—, *Principatus. Etudes de notions et d'histoire politiques dans l'Antiquité gréco-romaine*, Génova, 1973.

J. Cerfaux y J. Tondriau, *Le culte des souverains dans la civilisation gréco-romaine*, París, 1957.

J. Deininger, *Von der Republik zur Monarchie: die Ursprünge der Herrschertitulatur des Prinzipats*, en ANRW I, 1, 1972, págs. 982-997.

P. Grenade, *Essai sur les origines du principat*, París, 1961.

E. Kornemann, *Doppelprinzipat und Reichsteilung im Imperium Romanum*, Leipzig-Berlín, 1930.

A. Magdelain, *Autoritas Principis*, París, 1947.

A. von Premerstein, *Vom Werden und Wesen des Prinzipats*, en *Abh. der bayer Akad. Phil. Hist. Abt. N. F. 15*, 1937.

O. T. Schultz, *Das Wesen des römischen Kaisertums der ersten zwei Jahhunderten*, en *Studien zur Gesch, und Kultur des Altertums*, VIII, Paderborn, 1916.

—, *Vom Principat zur Dominat*, ibíd., IX, Paderborn, 1919.

R. Syme, *The Roman Revolution*, 2ª ed., Oxford, 1962; trad. francesa de R. Stuveras, París, 1967.

L. Wickert, *Neue Froschungen zum römischen Principat,* en ANRW I, 1, 1974.

F. A. Abbott y A. C. Johnson, *Municipal Administration in the Roman Empire*, Princeton, 1927.

W. T. Arnold, *Roman Provincial Administration*, 3ª ed. por E. S. Boucher, Oxford, 1914.

R. Etienne, *Le culte impérial dans la péninsule ibérique, d'Auguste à Dioclétien*, París, 1958.

P. Guiraud, *Les assemblées provinciales dans l'Empire romain*, París, 1887.

C. Halgan, *Essai sur l'administrationdes provinces sénatoriales sous l'Empire romain*, París, 1898.

L. Harmand, *Un aspect social et politique du monde romain: le patronat sur les collectivités publiques. Des origines au Bas-Empire*, París, 1957.

—, *L'Occident romain. Gaule. Espagne. Bretagne. Afrique du Nord (31 av. J.C.. à 235 ap. J.-C.)*, París, 1960.

J. J. Hatt, *Histoire de la Gaule romaine (120 av. J.-C.-451 ap. J.-C.),* 2ª ed., París, 1960.

O. Hirschfeld, *Die Kaiserlichen Verwaltungsbeamten, von Augustus bis Diocletian*, 2ª ed., Berlín, 1905.

M. Humbert, *Municipium et civitas sine suffragio. L'organisation de la conquête jusqu'à la Guerre Sociale*, Roma,. 1978.

J. A. O. Larsen, *Representative Government in Greek and Roman History*, Berkeley, 1955.

H. G. Pflaum, *Les procurateurs équestres...* (véase VIII).

J. S. Reid, *The municipalities of the Roman Empire*, Cambridge, 1913.

I. A. Richmond, *Roman Britain*, Harmondsworth, 2ª ed., 1963.

G. H. Stevenson, *Roman Provincial Administration*, Oxford, 1939.

E. Derecho privado

V. Arangio-Ruiz, *Storia del diritto romano*, 9ª ed., Nápoles, 1946.
C. G. Bruns, *Fontes iuris romani antiqui*, 7ª ed., revisada por C. Gradenwitz, 3 vols., Tubinga, 1919.
W. W. Buckland, *A Manual of Roman Law*, Cambridge, 1925.
—, *The Main Institutions of Roman Private Law*, Cambridge, 1931.
J. Carcopino, *Les prétendues lois royales*, en Mél. Ec. fr. de Rome, 1937, págs. 344 y sigs.
E. C. Clark, *History of Roman private Law*, 3 vols., Cambridge, 1906-1914.
E. Cuq, *Manuel des institutions juridiques des Romains*, 2ª ed., París, 1928.
J. Declareuil, *Rome et l'organisation du droit*, París, 1924.
P. Frezza, *Storia del processo civile in Roma fino alla età di Augusto*, en ANRW I, 2, 1972, págs. 163-196.
J. Gaudemet, *Le droit privé romain*, colección U, París, 1974.
P. E. Girard, *Textesde droit romain*, 6ª ed., París, 1937.
—, *Manuel élémentaire de droit romain*, 8ª ed., par F. Senn, París, 1929.
M. Kaser, *Römische Privatrecht,* 1: *Das altrömische, das vorklassische und klassische Recht*, 2ª ed., 1972 (en Iwan von Mueller, *Handbuch...*).
—, *Das römische Zivilprozessrecht*, 1966 (ibíd., X, 3, 3).
H. Levy-Bruhl, *Quelques problèmes du très ancien droit romain; essais de solutions sociologiques*, París, 1934.
H. Monnier, *Manuel élémentaire de droit romain*, 2 vols., París, 1935-1938.
S. Riccoboni, F. Bavera y C. Ferrini, *Fontes iuris romani anteiustianiani*, 2ª ed., Florencia, 1940.
F. Schultz, *Prinzipien des römischen Rechts*, Munich, 1934.
C. W. Westrup, *Introduction to Early Roman Law, comparative sociological Studies:* I. *The Patriarcal Joint Family*. II. *Joint Family and Family Property*, Copenhague, 1934.

V. Historia económica

A. Problemas generales

J. Andreau, *Les affaires de M. Jucundus*, Roma, Ecole franç. 1974.
R. H. Barrow, *Slavery in the Roman Empire*, Londres, 1928.
L. Brentano, *Die Wirtschaftleben der antiken Welt*, Jena, 1929.
E. Cavaignac, *Population et capital dans le monde méditerranéen antique*, Estrasburgo, 1923.

M. P. Charlesworth, *Trade Routes and Commerce of the Roman Empire*, 2ª ed., Cambridge, 1926; trad. francesa de P. Grimal, París, 1939.

K. Christ, *Antike Numismatik. Einführung und Bibliographie*, Darmstadt, 1967.

O. Davies, *Roman mines in Europe*, Oxford, 1935.

A. Deloume, *Les manieurs d'argent à Rome jusqu'à l'Empire,* 2ª ed., París, 1892.

Les «dévaluations» à Rome. Epoque républicaine et impériale, Roma, 13-15 de noviembre de 1975, Roma, Ecole fr., 1978.

R. Duncan-Jones, *The Economy of the Roman Empire. Quantitative studies,* Cambridge, 1974.

J. Ferguson, *China and Rome*, en ANRW II, 9, 2, 1978, págs. 581-603

M. I. Finley, *The ancient Economy*, Berkeley, 1973.

T. Frank, *An Economic Survey of ancient Rome*, 5 vols., Baltimore, 1933-1940.

W. E. Heitland, *Agricola. A study in Agriculture and Rustic Life in the Greco-Roman World*, Cambridge, 1921.

S. J. de Laet, *Portorium*, Bruges, 1949.

Lefevre des Noettes, *La force motrice animal à travers les âges*, París, 1924.

—, *L'attelage, la force motrice animale à travers les âges, contribution à l'histoire de l'esclavage*, París, 1931.

H. J. Loane, *Industry and Commerce of the City of Rome (50 B.C. - 200 A. D.)*, Baltimore, 1938.

P. Louis, *Le travail dans le monde romain*, París, 1912; trad. bajo el título *Ancient Rome at work*, Nueva York, 1965.

R. Martin, *Recherches sur les agronomes latins*, París, 1971.

J. Innes Miller, *The Spice Trade of the Roman Empire (29 B. C. - A. D. 641)*, Oxford, 1969.

C. Nicolet, *Tributum. Recherches sur la fiscalité directe à l'èpoque républicaine*, Bonn, 1976.

A. W. Persson, *Staat und Manufaktur im römischen Reich*, Lund, 1923.

M. G. Rashke, *New Studies in Roman Commerce with the East*, en ANRW, II, 9, 2, 1978, págs. 604-1.378.

F. M. de Robertis, *Storia delle corporazioni e del regime associativo nel mondo romano*, Bari, 1972.

R. Remondon, *in Histoire générale du travail*, por L. H. Parias, París, 1962, vol. I, págs. 259-269.

M. Rostovtseff, *Economic and Social History of the Roman Empire*, Oxford, 1926; 2ª ed., Oxford, 1957; trad. italiana, Florencia, 1966 (con correcciones y adiciones).

G. Salvioli, *Le capitalisme dans le monde antique*, París, 1906; trad. italiana (con profundas modificaciones), Bari, 1929.

J. Toutain, *L'économie antique*, París, 1927.

H. Wallon, *Histoire de l'esclavage dans l'Antiquité*, 2ª ed., 3 vols., París, 1879.

J. P. Waltzing, *Etude historique sur les corporations professionelles chez les Romains*, 4 vols., París, 1895-1900.

K. D. White, *Agricultural implements of the Roman World,* Cambridge, 1967.

B. Numismática

J. Babelon, *La numismatique antique*, colección «Que sais-je?», París, 1944.

J. P. Callu, *La politique monétaire des empereurs romains, de 238 à 311*, París, 1969.

K. Christ, *Antike Numismatik. Einführung und Bibliographie*, Darmstadt, 1967.

M. Grant, *Roman History from coins,* 2ª ed., Cambridge, 1968.

—, *From Imperium to Auctoritas. A Historical Study of Aes Coinage in the Roman Empire, 49 B. C. - A. D. 14*, Cambridge, 1946.

H. A. Grueber, *Coins of the Roman Republic in the British Museum*, 3 vols., Londres, 1910.

H. Mattingly, *Roman coins from the earliest times to the fall of the western Empire*, 2ª ed., Londres, 1960.

—, *Coins of the Roman Empire in the British Museum*, vol. I, Londres, 1923.

H. Mattingly y E. A. Sydenham, *The Roman Imperial coinage*, 6 vols., Londres, 1923-1951.

E. A. Sydenham, *The Coinage of the Roman Republic,* Londres, 1952.

H. Zehnacker, *Moneta. Recherches sur l'organisation et l'art des émissions monétaires de la République romaine (239-31 av. J.-C.)*, Roma, 1973.

—, *La numismatique de la République romaine. Bilan et perspective*, en ANRW I, 1, 1972, págs. 266-296.

VI. Vida intelectual y artística

A. Ciencias y técnicas

Archaeonautica (revista dedicada a la arqueología submarina, la historia de la marina, etc.,), París, CNRS 1977 y sigs.

P. Brunet y A. Mieli, *Histoire des sciences*. Antiquité, París, 1935.

P.-M. Duval, *L'apport technique des Romains*, en M. Daumas, *Histoire générale des techniques*, París, 1962, I, págs. 251-254.

B. Farrington, *Science in Antiquity*, Londres, 1936.

F. M. Feldhaus, *Die Technik der Antike und des Mittelalters*, Potsdam, 1931.

R. J. Forbes, *Studies in Ancient Technology*, 9 vols., Leyde, 1964-1972.

Lefebvre des Noettes, *De la marine antique à la marine moderne. La révolution du gouvernail*, París, 1935.

K. Lehmann-Hartleben, *Die antike Hafenlagen des Mittelmeers*, Leipzig, 1923.
J. Scarborough, *Roman Medicine*, Londres, 1969.
R. Taton, *Histoire générale des sciences. La science antique et médiévale des origines à 1450*, París, 1937. Segunda parte por P. Michel y J. Beaujeu.
J. B. Zaragoza Rubira, *Medicina y sociedad en la España romana*, Barcelona, 1971.

B. El lenguaje latino

G. Devoto, *Storia della lingua di Roma*, Bolonia, 1940.
—, *Storia politica e storia linguistica*, en ANRW I, 2, 1972, págs. 457-465.
A. Ernout, *Morphologie historique du latin*, 2ª ed., París, 1927.
A. Ernout y A. Meillet, *Dictionnaire étymologique de la langue latine. Historie des mots,* 5ª ed., París, 1967.
J. B. Hofmann, *Lateinische Umgangsprache*, 2ª ed., Heidelberg, 1937.
M. Leumann, J. B. Hifmann y A. Szantyr: *Lateinische Grammatik*, 2 vols., 1963 (en Iwan von Mueller, *Handbuch*... II, 2, 1-2).
A. Maniet, *La linguistique italique*, en ANRW I, 2, 1972, págs. 522-592.
A. Meillet, *Esquisse d'une historie de la langue latine*, 4ª ed., París, 1938.
G. Servat, *Les structures du latin*, París, 1975.
V. Vaananen, *Le latin vulgaire des inscriptions pompéiennes*, nueva ed., Berlín, 1959.
—, *Introduction au latin vulgaire*, París, 1963.

C. Literatura

Problemas generales

K. Buechner, *Römische Geschichte und Geschichte der römischen Literatur*, en ANRW I, 2, 1972, págs. 759-780.
L. Castiglioni, *Il problema della originalità romana*, Turín, 1928.
J. Fonataine, *Isidore de Séville et la culture classique en Espagne wisigothique*, París, 1959.
A. M. Guillemin, *Le public et la vie littéraire à Rome*, París, 1938.
E. Heinze, *Vom Geist des Römertums*, 3ª ed., Leipzig, 1938.
W. Kroll, *Studien zur Verständnis der römischen Literatur*, Stuttgart, 1924.
F. Leo, *Die Originalität der römischen Literatur*, Gotinga, 1904.
G. William, *Tradition and Originality in Roman Poetry*, Oxford, 1968.

Historia literaria

J. Bayet, *Littérature latine*, nueva ed. con la colaboración de L. Nougaret, París,

1965.
—, *Mélanges de littèrature latine*, Roma, 1967.
W. Beare, *The Roman Stage. A short History of Latin Drama in the time of the Republic*, Londres, 1955.
C. Becker, *Sallust,* en ANRW I, 3, 1973, págs. 720-754.
W. W. Briggs, *A Bibliography of Wirgil's Eglogues*, en ANRW II, 31, 2.
E. Burck (comp.), *Das römische Epos*, her. von E. Burck, Darmstadt, 1979.
J. Christes, *Lucilius. Ein Berich über die Forschung seit F. Marx (1904-1905)*, en ANRW I, 2, 1972, págs. 1.182-1.239.
J. W. Duff, *Literary History of Rome from the Origins to the Close of the Golden Age*, 2ª ed., Londres, 1953 (ed. con un suplemento bibliográfico, Londres, 1960).
—, *Literary History of Rome in the Silver Age, from Tiberius to Hadrian*, 3ª ed., Londres, 1964.
K. Gaiser, *Das Eigenart der römischen Komödie: Plautus und Terenz gegenüber ihren griechischen Vorbilder*, en ANRW I, 2, 1972, págs. 1.027-1.113.
J. Granarolo, *L'époque néotérique ou la poésie romaine d'avant-garde au dernier siècle de la République (Catulle excepté),* en ANRW I, 3, 1973, págs. 278-360.
P. Grimal, *Le lyrisme à Rome*, París, 1978.
J. Kroymann, *Caesar und das Corpus Caesarianum in der neueren Froschung. Gesammtbiliographie* 1945-1970, en ANRW I, 3, 1973, págs. 457-487.
D. A. Leeman, *Orationis Ratio*, Amsterdam, 1972.
E. Lefevre (comp.), *Das römische Drama*, her. von E. Lefevre, Darmstadt, 1978.
G. Luck, *Probleme der römischen Elegie in der neuren Forschung*, en ANRW I, 3, 1973, págs. 361-368.
C. Marchesi, *Storia della letteratura latina*, 8ª ed., 2 vols., Mesina-Milan, 1955.
A. Michel, *Rhétorique et philosophie dans les traités de Cicéron*, en ANRW I, 3, 1973, págs. 139-208.
V. Paladini y E. Castorina, *Storia della Letteratura latina*, 2 vols., Bolonia, 1970.
E. Paratore, *Storia della letteratura latina*, 2ª ed., Florencia, 1961.
A. Rostagni, *Storia della letteratura latina*, 3ª ed., por I. Lana, 3 vols., Turín, 1964.
M. Schanz, *Geschichte der römischen Literature*, 4 vols., 1914-1935 (en Iwan von Mueller, *Handbuch...* VIII).
W. Suerbaum, *Hundert Jahre Vergil-Forschung. Eine systematische Arbeitsbibliographie mit besonder Berücksichtigung der Aeneis*, en ANRW II, 31, 1, 1980, págs. 9-358.
—, *Spezialbibliographie zu Vergils Georgika*, ibíd., págs. 395-499.
J. H. Waszink, *Zum Anfangstadium der Römischen Literatur*, en ANRW I, 2, 1972, págs. 869-927.
K. D. White, *Roman Agricultural Writers I. Varro and his Predecessors*, en ANRW I, 4, 1973, págs. 439-497.

D. Filosofía

J. M. Andre, *La philosophie à Rome*, París, 1977.
P. Boyance, *Le platonisme à Rome. Platon et Cicéron*, Actes du V³ Congrès de l'Ass. G. Budé, Tours y Poitiers, 1953, París, 1955, págs. 195-222.
—, *Le stoïcisme à Rome*, Actes du VIIᵉ Congrès de l'Ass. G. Budé, Aix-en-Provence, 1-6 de abril de 1963, París, 1964, págs. 218-254.
J. Brun, *L'épicurisme*, colección «Que sais-je?», 3ª ed., París, 1966.
—, *Le stoïcisme*, ibíd., París, 1958.
J. P. Dumont, *La philosophie antique*, ibíd., París, 1962.
W. Eisenhut, *Virtus romana. Ihre Stellung im römischen Wertsystem*, Munich, 1973.
O. Gigon, *Les grands problèmes de la philosophie antique*, trad. francesa, París, 1961.
—, *Cicero und die griechische philosophie*, en ANRW I, 4, 1973, págs. 226-261.
P. Grimal, *Sénèque ou la conscience de l'Empire*, París, 1978.
A. Michel, *Rhétorique et philosophie chez Cicéron. Essai sur les fondements philosophiques de l'art de persuader*, París, 1960.
E. Paratore, *La problematica sull'epicureismo a Roma*, en ANRW I, 4, 1973, págs. 116-204.
A. Rivaud, *Histoire de la philosophie. I. Des origines à la scolastique*, París, 1948.

E. Artes plásticas

Obras de conjunto

B. Andreae, *L'art de l'ancienne Rome*, París, 1973.
G. R. Beccati, *L'arte romana*, Milán, 1962.
R. Bianchi Bendinelli, *Les Etrusques. L'Italie avant Rome*, colección «L'Univers des Formes», París, 1973.
—, *Le Centre du pouvoir. L'art romain, des origines à la fin du 2ᵉ s.*, ibíd., París, 1969.
—, *Rome et la fin de l'Art antique. L'Art de l'Empire romain de Septime Sévère a Théodose I*, ibíd., París, 1970.
R. Bloch, *L'art étrusque*, París, 1959.
R. Cagnat y V. Chapot, *Manuel d'Archéologie romaine*, 2 vols., París, 1916-1920.
P. Ducati *Storia dell' arte etrusca*, Florencia, 1927.
C. C. van Essen, *Précis d'histoire de l'art antique en Italie*, Bruselas, 1960.
G.-C. Picard, *L'art romain*, París, 1962.
—, *L'art romain*, París-Lausana, 1968.
E. Strong, *Rome antique*, colección «Ars una, especies mille», París, 1932.

Escultura

J. J. Bernouilli, *Römische Ikonographie*, 4 vols., Stuttgart, 1882-1894.

C. Boube-Piccot, *Les bronzes antiques du Maroc.* I. *La statuaire*, 2 vols., Rabat, 1969.

F. Braemer, *L'art dans l'Occident romain...*, catálogo de la exposición del Louvre, julio-octubre de 1963.

E. Courbaud, *Le bas-relief romain*, París, 1899.

E. Esperandieu, *Répertoire général des bas-reliefs, statues et bustes de la Gaule romaine*, 10 vols., París, 1907-1929.

K. Kluge y K. Lehmann-Hartleben, *Die antiken Grossbronzen*, 3 vols., Berlín y Leipzig, 1927.

W. Lamb, *Greek and Roman bronzes*, Londres, 1929.

M. Moretti y G. Maetzke, *The art of the Etruscans*, Londres, 1970.

C. Picard, *La sculpure antique.* II. *De Phidias à l'ère byzantine*, París, 1926.

G.-C. Picard, *Les trophées romains. Contribution à l'histoire de la religion et de l'art triomphal de Rome*, París, 1957.

S. Reinach, *Répertoire des reliefs grecs et romains*, 3 vols., París, 1909-1912.

—, *Répertoire de la statuaire grecque et romaine*, 6 vols., París, 1910-1931.

C. Robert, *Die antiken Sarcophag-Reliefs*, 6 vols., Berlín, 1890-1931.

E. Strong, *Roman Sculpture from Augustus to Constantin*, 2 vol., Londres, 1907. Trad. italiana en 2 vols., Florencia, 1923-1926.

R. Turcan, *Les sarcophages romains à représentations dionysiaques*, París, 1966.

E. Will, *Le relief culturel gréco-romain. Contribution à l'histoire de l'art de l'Empire romain*, París, 1956.

El retrato

R. Bianchi Bendinelli, *L'origine del ritratto in Grecia e in Roma*, Roma, 1960.

E. Coche de la Ferté, *Les portraits romano-égyptiens du Louvre*, París, 1953.

A. de Franciscis, *Il ritratto romano a Pompeii*, en Mem. dell'Accad. Nap., Nápoles, 1951.

U.W. Hiesinger, *Portraiture in the Roman Republic*, en ANRW I, 4, 1973, págs. 805-825.

R. Paribeni, *Il ritratto nell' arte antica*, Milán, 1934.

F. Poulsen, *Probleme der römischen Ikonographie.* I. *Eine Gruppe frührömischen Porträts,* Copenhague, 1937.

V. Poulsen, *Les portraits romains.* I. *République et dynastie julienne*, Copenhague, 1962.

O. Vessberg, *Studien zur Kunstgeschichte der römischen Republik*, 2 vols., Lund, 1941.

M. Wegner y otros, *Das römische Herrscherbildnis*, Berlín, 1940-1966.

R. West, *Römische Porträt-Plastik*, 2 vols., Munich, 1933-1941.

Orfebrería

F. Coarelli, *Greek and Roman Jewellery*, Londres, 1970.

E. Coche de la Ferté, *Les bijoux antiques*, París, 1956.

A. Furtwangler, *Die antiken Gemmen. Geschichte der Steinschneidekunst im klassiscen Alterttum*, 3 vols., Leipzig, 1900.

A. Héron de Villefosse, *Le trésor de Boscoreale*, París, 1899.

J. Heurgon, *Le trésor de Ténès*, París, 1958.

R. A. Higgins, *Greek and Roman Jewellery*, Londres, 1961.

J. H. Middleton, *The Engraved Gems of Classical Times*, Cambridge, 1891.

Pintura

A. Allrogen-Bedel, *Maskendarstellungen in der römischenkampanischen Wandmalerei*, Munich, 1974.

B. Andreae, *Der Zyklus der Odysseenfresken im Vatican*, en *Römische Mitt.* LXIX, 1962, págs. 106-117.

H. G. Beyen, *Die pompejanische Wanddekoration von Zweiten bis zum Vierten Stil*, vol. I, La Haya, 1938, vol. II, 1, ibíd., 1960.

L. Curtius, *Die Wandmalerei Pompejis*, Leipzig, 1929.

N. Dacos, *La découverte de la Domus Aurea et la formation des Grotesques à la Renaissance*, Londres, 1969.

C. M. Dawson, *Romano-Campanian Mythological Landscape Painting*, Nueva Haven (Conn.), 1944.

W. Dorigo, *Pittura tardoromana*, Milán, 1966.

O. Elia, *Pitture di Stabia*, Nápoles, 1957.

J. Engemann, *Architektur Darstellungen des frühen zweiten Stils. Illusionistische römische Wandmalerei der ersten Phase und ihre Vorbilde in der realen Architektur*, Heidelberg, 1967.

M. Gabriel, *Livias Garden Room at Primaporta*, Nueva York, 1955.

A. M. G. Little, *Roman perspective painting and the ancient stage*, Kennebonck, 1971.

A. Maiuri, *La peinture romaine*, Génova, 1953.

A. Maiuri y H. J. Beyen, *Ercolano, Pompei e stile pompeiani*, Roma, 1965.

G.-C. Picard, *Origine et signification des fresques architectoniques romano-campaniennes dites 2e style,* en *Revue Archéol.*, 1977, págs. 231-252.

—, *Le second style pompéien*, en *Revue des Et. lat.*, LII, 1974, pág. 410.

G. E. Rizzo, *La pittura ellenistico-romana*, Milán, 1929.

—, *Le pitture della Casa dei Grifi*, Roma, 1936.

—, *Le pitture della Casa di Livia*, Roma, 1937.

K. Schefold, *Die Wände Pompejis, Topographische Verzeichnis der Vanddekoration*, Berlín, 1952.

—, *La peinture pompéienne. Essai sur l'évolution de sa signification*, trad. J. M.

Croisille, Bruselas, 1972.
—, *Vergessenes Pompeji. Unveröffentliche Bilder römischen Wanddekorationen in geschichtliche Folge*, Berna, 1962.
V. Spinazzola, *Le arti decorative in Pompei e nel Museo Nazionale di Napoli*, Milán, 1928.
R. Winkes, *Zum Illusionismus römischer Wandmalerei des Republik*, en ANRW I, 4, 1973, págs. 899-926.
F. Wirth, *Römische Wandmalerei vom Untergang Pompejis bis ans Ende des 3. Jahrhunderts*, Berlín, 1934.

Mosaico
C. Ampolo, A. Carandini y G. Pucci, *La villa del Casale a Piazza Armerina*, en Mélanges de l'Ec. fr., 1971, págs. 142 y sigs.
F. Baratte y N. Duval, *Catalogue des mosaïques romaines et paléochrétiennes du Musée du Louvre*, París, 1978.
M. E. Blake, *Pavements of Roman Buildings of the Republic and the Early Empire*, en Mem. Am. Acad. Rome, VII, 1930, págs. 7-159.
—, *Roman Mosaics of the Second Century*, ibíd, XIII, 1936, págs. 67-214.
—, *Mosaics of the Late Empire in Rome and Vicinity*, ibíd., XVIII, 1940, págs. 81-130.
Bulletin d'information de l'Association internationale pour l'étude de la mosaïque antique, París, 1977 y sigs.
A. Blanche, *La mosaïque*, París, 1928.
A. di Vita, *La villa della «Gara delle Nereidi» presso Tagiura. Un contributo alla storia del mosaico romano...*, suplemento a *Libya antica* II, Trípoli, 1967.
L. Foucher, *Inventaire des mosaïques de Sousse*, Túnez, 1960.
S. Germain, *Les mosaïques de Timgad*, París, 1969.
Pernice, *Die hellenistische Kunst in Pompeji. V. Paviments und figürliche Mosaïken*, Berlín, 1938.
Mosaici antichi in Italia (fascículos por regiones), a cargo de G. Becatti, Roma, 1967 y sigs.
G.-C. Picard, *Un art romain: la mosaïque*, en *Revue des Et. lat.*, XLIII (1965), págs. 506-523; véase ibíd., XLIX (1971), págs. 363 y sigs.; LIII (1975), págs. 408-420.
H. Stern y sigs. H. Lavagne, *Recueil général des mosaïques de la Gaule*, I, 1 y sigs., París, 1957 y sigs.

F. Arquitectura y urbanismo

W. J. Anderson, R. P. Spierts y T. Ashby, *The Architecture of Ancient Rome*, Londres, 1927.

M. E. Blake, *Ancient Construction in Italy, from the Prehistoric Period to Augustus*, Washington, 1947.

—, *Roman Construction in Italy, from Tiberius through the Flavians*, Washington, 1959.

A. Boethius y J. B. Ward Perkins: *Etruscan and Roman Architecture*, Harmondsworth, 1970.

G. Caputo, *Il teatro di Sabratha e l'architettura teatrale africana*, Roma, 1959.

F. Coarelli, *Guida archeologica di Roma*, 2ª ed., Roma, 1975.

—, mismo título (guía arqueológica Laterza), Roma, 1980.

—, *Architettura e arti figurative in Roma, 150-50 a.C., in Hellenismus in Mittelitalien*, Kolloquium in Göttingen, vom 5 bis 9 Iuni 1974, Gotinga, 1976.

L. Cremal, *L'architettura romana nell' età della Repubblica,* en ANRW I, 4, 1973, págs. 633-660.

—, en G. B. Pighi... (véase I, B).

P. Grimal, *Les jardins romains*, 2ª ed., París, 1969.

—, *Les villes romaines*, colección «Que sais-je?», París, 1954.

P. Gros, *Architecture et société à Rome et en Italie centroméridionale aux deux derniers siècles de la République*, Bruselas, 1978.

—, *Aurea templa. Recherches sur l'architecture religieuse de Rome à l'époque d'Auguste*, Roma, Ecole fr., 1976.

L. Homo, *Rome impériale et l'urbanisme dans l'Antiquité*, París, 1952.

E. Kirschbaum, S. J., *Les fouilles de Saint-Pierre de Rome*, París, 1961.

C. Knapp, *The care of city streets in ancient Rome*, en *Class. Weekly*, XIX, págs. 82, 83, 98; 114-118.

G. Lugli, *I monumenti antichi di Roma e del suburbio*, 2 vols., Roma, 1929-1934.

—, *Roma antica. Il centro monumentale*, Roma, 1946.

—, *Monumenti minori del Foro*, Roma, 1947.

—, *La tecnica edilizia romana, con particolare rigurado a Roma e Lazio*, Roma, 1956.

—, *Fontes ad topographiam Urbis Romae pertinentes*, 7 vols., Roma, 1952-1959.

N. Neuerburg, *L'architettura delle Fontane e dei Ninfei nell'Italia antica*, Nápoles, 1965.

S. B. Platner y T. Ashby, *A topographical Dictionary of Ancient Rome*, Oxford, 1929.

G. T. Rivoira, *Architettura romana; costruzione e statica dell' età imperiale*, Milán, 1921.

D. S. Robertson, *Greek and Roman Architecture*, Cambridge, 1928.

K. Swoboda, *Römische und romanische Paläste*, 2ª ed., Viena, 1924.

Thèmes de recherche sur les villes antiques d'Occident, Estrasburgo, 1-4 de octubre de 1971. Actas publicadas bajo la dirección de P. M. Duval y Ed. Frezouls, París, 1977.

G. Educación

C. Barbagallo, *Lo stato e l'istruzione pubblica nell' Impero Romano*, Catane, 1911.
Stanley F. Bonner, *Education in Ancient Rome*, Londres, 1977 (con una bibliografía exhaustiva).
A. Gwynn, *Roman Education from Cicero to Quintilian*, Oxford, 1926.
H. I. Marrou, *Histoire de l'Education dans l'Antiquité*, 7ª ed., París, 1975.
S. L. Mohler, *Slave Education in the Roman Empire*, en Trans. of the Amer. philol. Ass. 1940, págs. 262-280.
A. S. Wilkins, *Roman Education*, Cambridge, 1905.
G. Pire, *Stoïcisme et pédagogie, de Zénon à Marc-Aurèle, de Sénèque à Montaigne et à J. J. Rousseau*, París, 1958.

H. Música

A. Baudot, *Musiciens romains de l'Antiquité*, París, 1973.
H. Abert, *Die Musik*, en Friedlaender, *Darstellungen...* (véase IX, A).
—, *Saiteninstrument*, en Pauly-Wissowa (véase I, B).
F. J. Boemer, *Untersuchungen über die Religion der Sklaven in Griechenland und Rom,* vol. I, Wiesbaden, 1957 (sobre los músicos esclavos).
L. Laloy, *Aristoxène de Tarente, disciple d'Aristote, et la musique de l'Antiquité*, París, 1904.
G. Wille, *Die Bedeutung der Musik im Leben der Römer*, Tubinga, 1951.
—, *Musica Romana. Die Bedeutung der Musik in Leben der Römer*, Amsterdan, 1967.
—, *Aufstieg und Niedergang der römischen Musik*, en ANRW I, 4, 1973, págs. 971-997.

VII. HISTORIA SOCIAL

A. Alfoeldi *Römische Sozialgeschichte*, Wiesbaden, 1975.
E. Badian, *Publicans and sinners. Private Enterprise in the Service of the Roman Republic*, Oxford, 1972.
J. P. Brisson, *Spartacus*, París, 1959.
B. A. Brunt, *Italian manpower, 225 B.C. - A.D. 14*, Oxford, 1971.
M. Capozza, *Movimenti servili nel mondo romano in età repubblicana*. I. *Dal 501 al 174 a.C.*, Roma, 1966.
S. Dill, *Roman Society from Nero to Marcus Aurelius*, Londres, 1905.
—, *Roman Society in the last Century of the Western Empire*, 2ª ed., Londres, 1899.

A. M. Duff, *Freedmen in the Early Roman Empire*, Oxford, 1928.
M. Finley, *Slavery in Classical Antiquity. Views and controversies*, Cambridge, 1960.
A. Warde Fowler, *Social Life in the Age of Cicero*, Londres, 1908; trad. francesa, París, 1917.
T. Frank, *Some Aspects of Social Behaviour un Ancient Rome*, Cambridge, 1932.
J. Gage, *Les classes sociales dans l'Empire romain*, París, 1964.
P. Garnsey, *Aspects of the Decline of the Urban Aristocracy in the Empire*, en ANRW II, 1, 1974, págs. 229-252.
R. Gilbert, *Die Beziehungen zwischen Princeps und Stadtrömischer Plebs im frühen Prinzipat*, Bocchum, 1976.
A. Guarino, *La rivoluzione della plebe*, Nápoles, 1975.
R. Macmullen, *Roman Social Relations, 50 B.C. to A.D. 284*, Nueva Haven, 1974.
J. Macqueron, *Le travail des hommes libres dans l'Antiquité romaine*, 2ª ed., Aix-en-Provence, 1958.
M. Maxey, *Occupations of the Lower Classes in Roman Society*, Chicago, 1938.
C. Nicolet, *L'ordre équestre à l'époque républicaine*, 2ª ed., 2 vols., París, 1974.
H. G. Pflaum, *Les procurateurs équestres sous le Haut-Empire romain*, 2 vols., París, 1950.
—, *Abrégé des procurateurs équestres*, París, 1974.
G.-C. Picard, *Observations sur la condition des populations rurales dans l'Empire romain, en Gaule et en Afrique*, en ANRW II, 3, 1975, págs. 98-111.
M. Raskolnikoff, *La recherche soviétique et l'histoire économique et sociale du monde hellénistique et romain*, Estrasburgo, 1975.
—, *Les recherches soviétiques sur l'esclavage antique depuis 1965*, en *Ktema* I, 1976, págs. 195-206.
J.-C. Richard, *Les origines de la plèbe*, Roma, Ecole fr., 1978.
F. M. de Robertis, *Lavoro e lavoratori nel mondo romano*, Bari, 1963.
P. Salmon, *Population et dépopulation dans l'Empire romain*, Bruselas, 1974.
S. Treggiari, *Roman freedmen during the late Republic*, Oxford, 1969.
D. van Berchem, *Les distributions de blé et d'argent à la plèbe romaine sous l'Empire*, Génova, 1939.
J. Vogt, *Bibliographie zur antiken Sklaverei*, con la colaboración de N. Brockmeyer, Bocchum, 1971.
Z. Yavetz, *The Living Condition of the Urban Plebs in Republican Rome*, en *Latomus*, 1958, págs. 500-517.
P. R. C. Weaver, *Familia Caesaris*, Cambridge, 1972.
W. Westermann, *The Slave System of Greek and Roman Antiquity*, Filadelfia.
C. W. Westrup, *Some notes on the Roman Slave in early time. A comparative sociological study,* Copenhague, 1956.

A. J. N. Wilson, *Emigration from Italy in the Republican Age of Rome*, Manchester, 1966.
F. Altheim, *Römische Religionsgeschichte*, 3 vols., Berlín 1931-1934; trad. inglesa de H. Mattingly, Londres, 1938.
—, *La religion romaine antique*, París, 1955.
—, *Terra mater. Untersuchungen zur italischen Religionsgeschichte*, Giessen, 1931.
N. S. Bassignano, *Il flaminato nelle provincie romane dell' Africa*, Roma, 1974.
J. Bayet, *Histoire politique et psychologique de la religion romaine*, 2ª ed., París, 1969.
—, *Croyances et rites dans la Rome antique*, París, 1971.
—, *Idéologie et plastique*, Roma, Ecole fr., 1974.
J. Beaujeu, *La religion romaine à l'apogée de l'Empire*. I. *La politique religieuse des Antonins*, París, 1955.
—, *Le paganisme romain sous le Haut Empire*, en ANRW II, 16, 1, 1978, págs. 3-26.
R. Bloch, *Les prodiges dans l'Antiquité classique*, París, 1963.
G. Boissier, *La religion romaine, d'Auguste aux Antonins*, 3ª ed., 2 vols., París, 1884.
P. Boyance, *Etudes sur la religion romaine*, Roma, 1972.
A. Bruhl, *Liber Pater. Origine et expansion du culte dionysiaque à Rome et dans le monde romain*, París, 1953.
M. Bulard, *La religion domestique dans la colonie italique de Délos, d'après les peintures murales et les autels historiés*, París, 1926.
S. Calderone, *Superstitio*, en ANRW I, 2, 1972, págs. 377-396.
L. A. Campbell, *Mithraic Iconography and Ideology*, Leyde, 1968.
F. Cumont, *Les religions orientales dans le paganisme romain*, 4ª ed., París, 1929.
—, *Lux perpetua*, París, 1949.
—, *Recherches sur le symbolisme funéraire des Romains*, París, 1942.
G. Dumezil, *Jupiter, Mars, Quirinus*, París, 1941.
—, *Naissance de Rome*, París, 1944.
—, *Tarpeia*, París, 1947.
—, *L'héritage indo-européen, Rome*, París, 1966.
—, *La religion romaine archaïque, suivie d'un appendice sur la religion des Etrusques*, 2ª ed., París, 1974.
—, *Heur et malheur du guerrier*, París, 1969.
—, *Mythe et épopée. L'idéologie des trois fonctions dans les épopées des peuples indo-européens*, París, 1968.
—, *Fêtes romaines d'été et d'automme, suivi de dix questions romaines*, París, 1975.
R. Duthoy, *The Tarobolium. Its Evolution and Terminology*, Leyde, 1969.

P. -M. Duval, *Les dieux de la Gaule*, París, 1957.

J. Ferguson, *The Religions of the Roman Empire*, Londres, 1970.

W. Warde Fowler, *The religious experience of the roman People*, Londres, 1911.

J. Gage, *Apollon romain. Essai sur le culte d'Apollon et le développement du ritus graecus à Rome, des origines à Auguste,* París, 1955.

H. Graillot, *Le culte de Cybèle, mère des dieux, à Rome et dans l'Empire romain*, París, 1912.

A. Grenier, *Les religions étrusque et romaine*, París, 1948.

E. Jobbe-Duval, *Les morts malfaisants. Larvae, Lemures, d'après le droit et les croyances populaires des Romains*, París, 1924.

P. Herz, *Bibliographie zum römischen Kaiserkult (1955-1975)*, en ANRW II, 16, 1, 1978, págs. 833-910.

K. Latte, *Römische Religionsgeschichte*, Munich, 1960 (en Iwan von Mueller, *Handbuch...* V, 4).

H. Le Bonniec, *Le culte de Cérès à Rome, des origines à la fin de la République*, París, 1958.

M. Leglay, *Saturne africain. Histoire*, París, 1966.

A. Kirsopp Michels, *The Calendar of the Roman Republic*, Princeton, 1967.

R. Muth, *Vom Wesen römischer Religio*, en ANRW II, 16, 1, 1978, págs. 290-354.

D. G. Orr, *Roman Domestic Religion: the Evidence of the Household Shrines*, en ANRW II, 16, 1, 1978, págs. 1.557-1.591.

G.-C. Picard, *Les religions de l'Afrique antique*, París, 1954.

A. Piganiol, *Recherches sur les jeux romains*, Estrasburgo, 1923.

J. Scheid, *Les frères arvales. Recrutement et origine sous les empereurs julio-claudiens*, París, 1975.

—, *Les prêtres officiels sous les empereurs julio-claudiens*, en ANRW II, 16, 1, 1978, págs. 610-654.

R. Schilling, *La religion romaine de Vénus, depuis les origines jusqu'au temps d'Auguste*, París, 1953.

—, *La situation des études relatives à la religion romaine de la République (1950-1970)*, en ANRW I, 2, 1972, págs. 317-347.

—, *Les dieux de Rome*, París, 1980 (en *Dictionnaire des Mythologies et des religions*).

R. Turcan, *Le culte impérial au IIIe siècle*, en ANRW II, 16, 1, 1978, págs. 996-1.084.

—, *Les sarcophages romains et le problème du symbolisme funéraire,* ibíd., págs. 1.700-1.735.

F. Taeger, *Charisma. Studien zur Geschichte des antiken Herrscher Kultes*, 2 vols., Stuttgart, 1957-1960.

L. Ross Taylor, *The Divinity of the Roman Emperor*, Middletown, 1931.

V. Tran Tam Tinh, *Le culte des divinités orientales en Campanie*, Leyde, 1972.

—, *Essai sur le culte d'Isis à Pompéi*, París, 1964.
—, *Le culte des divinités orientales à Herculanum*, París, 1966.
M. J. Vermaseren, *Mithra, ce dieu mystérieux*, Bruselas, 1960.
H. Wagenvoort, *Roman Dynamism*, Oxford, 1947.
G. Wissowa, *Religion und Kultus der Römer*, 2ª ed., Munich, 1912 (en Iwan von Mueller, *Handbuch...*).

IX. Vida cotidiana y familiar

A. Obras generales

J. P. V. D. Balsdon, *Life and Leisure in Ancient Rome*, Londres, 1969.
F. Bethe, *Ahnenbild und Familiengeschichte bei Römer und Griechen*, Munich, 1935.
H. Blumner, *Römische Privataltertümer*, Munich, 1911 (en Iwan von Mueller, *Handbuch...*).
J. Carcopino, *La vie quotidenne à Rome à l'apogée de l'Empire*, 1ª ed., París, 1939; prefacio inédito y bibliografía de R. Bloch, París, 1975.
L. Friedlaender, *Darstellungen aus der Sittengeschichte Roms in der Zeit von Augustus bis zum Ausgang der Antoninen*, 10ª ed., revisada por G. Wissowa, 4 vols., Leipzig, 1920-1923. Trad. inglesa 4 vols., 1908-1913; trad. francesa por C. Vogel, 4 vols., París, 1865-1874.
P. Grimal, *La vie à Rome dans l'Antiquité*, colección «Que sais-je?», París, 1953.
J. Heurgon, *La vie quotidienne chez les Etrusques*, París, 1961.
H. W. Johnston, *The Private of the Romans*, Londres, 1932.
J. Marquart und A. Mau, *Das Privatleben der Römer*, 2ª ed., Leipzig, 1886.
W. B. Mc Daniel, *Roman private life and its survivals*, Londres, 1925.
U. E. Paoli, *Vita romana. Notizie di antichità private*, 4ª ed., Florencia, 1945; trad. frnacesa, París, 1955.

B. Deportes y juegos

R. Auguet, *Cruauté et civilisation. Les jeux romains*, París, 1970.
R. G. Austin, *Roman Board Games*, en *Greece and Rome* IV (1934), págs. 24-34.
J. Aymard, *Essai sur les chasses romaines, des origines à la fin du siècle des Antonins*, París, 1951.
A. Ferrua, *Nuove* tabulae lusoriae *iscritte*, en *Epigraphica*, 1964, págs. 3-44.
J. Fink, *Der Sport der Griechen und Römer in Bild und Kunst*, en *Gymnasiun*, 1951, págs. 129-139.

R. Goosens, *Note sur les factions du Cirque à Rome*, en *Byzantion*, 1939, págs. 205-209.

M. Grant, *Gladiators*, Londres, 1967.

G. Jennison, *Animals for Show and Pleasure in ancient Rome*, Manchester, 1937.

A. Piganiol, *Recherches sur les jeux romains* (véase VIII).

L. Robert, *Les gladiateurs dans l'Orient grec*, París, 1940.

H. A. Sanders, *Swimming Among the Greeks and the Romans*, en *Classical Journal*, XX, págs. 566-568.

E. Wegner, *Das Ballspiel der Römer*, Diss. de Rostock, Würzburgo, 1938.

C. Indumentaria

M. Bernhart, *Haartrachten römischer Kaiserinnen auf Münzen*, en Blätter fur Münsfreunde, págs. 188-192.

L. Bonfante Warren, *Etruscan Dress*, Baltimore, 1975.

—, *Roman Costumes. A Glossary and Some Etruscan Derivations*, en ANRW I, 4, 1973, págs. 584-614.

M. G. Houston, *Ancient Greek, Roman and Byzantine Costume*, 2ª ed., Londres, 1954.

Steininger, *Haartracht und Haarschmuck*, en Pauly-Wissowa VII, 2 (1912) col. 2109-2150.

L. M. Wilson, *The Roman toga*, Baltimore, 1924.

—, *The Clothing of the Ancient Romans*, Baltimore, 1938.

D. Cocina

J. Andre, *L'alimentation et la cuisine à Rome*, París, 1961.

—, *Apicius, De re coquinaria*, ed., trad. y comentarios, París, 1965.

B. Flower y E. Rosenbaum: *Apicius, the Roman Cookery Book*, texto y trad., Londres, 1958.

B. Guegan, *Les dix livres de cuisine d'Apicius*, París, 1933.

G. H. Harcum, *Roman Cooks*, Diss., Baltimore, 1914.

T. Kleberg, *Hôtels, restaurants et cabarets dans l'Antiquité romaine*, Upsala, 1957.

E. Mobiliario

C. Boube-Piccot, *Les bronzes antiques du Maroc. II. Le mobilier*, 2 vols., Rabat, 1975.

W. Deonna, *Le mobilier délien*, en *Délos (Exploration archéologique...)*, XVIII, París, 1938.

C. L. Ramson, *Couches and beds of the Greeks, Etruscans and Romans*, Chicago.
G. M. A. Richter, *Ancient Furniture*, Londres, 1966.

F. En las provincias

R. Agache, *La campagne à l'époque romaine dans les grandes plaines du Nord de la France d'après les photographies aériennes*, en ANRW II, 4, 1975, págs. 658-713.
S. Aurigemma, *Aspetti della vita pubblica e privata nei municipi della Tripolitana Romana,* en *Roma* XVIII (1940), págs. 197-215.
E. Birley, *Roman Britain since 1945*, en ANRW II, 3, 1975, págs. 284-289.
J. M. Blasquez-Martinez, *Historia economica del la Hispania romana*, Madrid, 1978.
R. Chevalier, *Gallia Narbonensis. Bilan de 25 ans de recherches historiques et archèologiques*, en ANRW II, 3, 1975, págs. 686-828.
—, *Gallia Lugdunensis, Bilan,* ibíd., págs. 860-1.060.
P.-M. Duval, *La vie quotidienne en Gaule pendant la paix romaine*, París, 1952.
M. Labrousse, *Recherches sur l'alimentation des populations gallo-romaines*, en *Pallas*, 1959, págs. 57-84.
R. Merrifield, *The Roman City of London*, Londres, 1965.
M. y C. H. B. Quennell, *Everyday Life in Roman Britain*, 2ª ed., Londres, 1937.
G.-C. Picard, *La civilisation de l'Afrique romaine*, París, 1959.
A. L. F. Rivet, *Town and Country in Roman Britain*, Londres, 1958.
—, *The Rural Economy of Roman Britain*, en ANRW II, 3, 1975, págs. 328-363.
C.-M. Ternes, *La vie quotidienne en Rhénanie à l'époque romaine (1er-4e siècle)*, París, 1972.
E. M. Wightman, *The Pattern of Rural Settlement in Roman Gaul*, en ANRW II, 4, 1975, págs. 584-657.

G. Vida familiar

F. E. Adcock, *Women in Roman Life and Letters*, en *Greece and Rome*, XIV (1945), págs. 1 y sigs.
J. P. V. D. Balsdon, *Roman women*, Londres, 1962.
M. Borda, *Lares. La vita familiare romana nei documenti archeologici et letterari*, Ciudad del Vaticano, 1962.
P. E. Corbett, *The Roman Law of Marriage*, Oxford, 1930.
J. Donaldson, *Woman, her Position and Influence in Ancient Greece and Rome*, Londres, 1907.
B. Foertsch, *Die politische Rolle der Frau in der römische Republic*, Stuttgart, 1935.
P. Grimal, *L'amour à Rome*, 2ª ed., París, 1980.

—, *La femme romaine*, in *Histoire mondiale de la femme*, París, 1965, vol. I.
M. Humbert, *Le remariage à Rome. Etude d'histoire juridique et sociale*, Milán, 1972.
C. Lefebure, *Le mariage et le divorce à travers l'histoire romaine*, en *Nouvelle Revue historique du Droit français et étranger*, XLIII, págs. 102-133.
H. Malcovati, E. Paratore, G. Gianelli, A. G. Amatucci, A. Calderini, y G. Corradi, *Donne di Roma antica*, en *Quaderni di Studi Romani*, Roma, 1945 y sigs.

X. Geografía antigua

M. Baratta, P. Fracaro y L. Visintin, *Atlante storico*, Novare, 1956.
J. Beaujeu, *Le monde des Romains*, en L. H. Parias, *Histoire universelle des explorations*, París, 1955, vol. I, págs. 205-254.
H. Bengtson y V. Milojčič, *Grosser historischer Weltatlas*, I. *Vorgeschichte ind Altertum*, 2 vols., Munich, 1953.
E. H. Bonbury, *A History of Ancient Geography among the Greeks and Romans*, 2ª ed., 2 vols., Londres, 1883.
L. Boulnois, *La route de la soie*, París, 1963.
L. Delaporte, E. Drioton, A. Piganiol y R. Cohen, *Atlas historique. L'Antiquité*, París, 1937.
R. K. Sherk, *Roman Geographical Exploration and Military Maps*, en ANRW II, 1, 1974, págs. 534-562.
H. E. Stier, E. Kirsten y otros, *Westermanns Atlas zur Weltgeschichte*, Braunschweig, 1956.
J. O. Thomson, *A History of Ancient Geography*, 2ª ed., Cambridge, 1948.
H. F. Tozer, *A History of Ancient Geography*, 2ª ed., Cambridge, 1935.
A. A. Van der Heyden y H. H. Scullard, *Atlas of the Classical World*, Londres, 1959.
M. Cary y E. H. Warmington, *The Ancient Explorers*, Harmondsworth, 1963.

XI. Herculano y Pompeya

P. Ciprotti, *Conoscere Pompei*, Roma, 1959.
F. Coarelli, *Guida archeologica di Pompei*, Roma, 1976.
J. M. Croisille, *Les natures mortes campaniennes*, Bruselas, 1965.
M. Della Corte, *Amori ed amanti di Pompei antica (Antologia erotica Pompeiana)*, Cava dei Tirreni, 1958.
—, *Case ed abitani di Pompei*, 2ª ed., ibíd., 1954.
Libero D'orsi, *Gli scavi archeologici di Stabi*, Milán, 1965.

R. Etienne, *La vie quotidienne à Pompéi*, París, 1966.
A. Maiuri, *L'ultima fase edilizia di Pompei*, Roma, 1942.
—, *Herculanum*, Roma, 1932.
—, *I nuovi scavi di Ercolano. I. Lo scavo, la città i monumenti pubblici, le abitazioni*, Roma, 1958.
A. Mau y F. N. Kelsey, *Pompeji, its Life and Art*, Nueva York, 1899.
J. Overbeck y A. Mau, *Pompeji in seinen Gebäuden. Altertümer und Kunstwerken*, 4ª ed., Leipzig, 1884.
Pompeiana. Raccolta di studi per il secondo centenario degli scavi di Pompei, Nápoles, 1930.
K. Scheffold, *La peinture pompéienne...* (véase VI, E., pintura).
G. Spano, *La illuminazione delle vie di Pompei*, in Atti della R. Accadem. di Napoli, 1920, págs. 1-128.
V. Spinazzola, *Pompei alla luce degli Scavi nuovi di Via dell'Abbondanza (anni 1910-1923), a cura di S. Aurigemma*, Roma, 1953.
A. Thedenat, *Pompéi*, 2 vols., 2ª ed. revisada por A. Piganiol, París, 1928.
A. W. van Buren, *A Companion to Pompeian Studies*, Roma, 1927.
—, *A Companion to the Study of Pompei and Herculanum*, Roma, 1933.